Karl Philipp Moritz
Götterlehre und mythologische Dichtungen der alten Griechen.

SEVERUS Verlag

Moritz, Karl Philipp: Götterlehre und mythologische Dichtungen der alten Griechen.
Mit 66 in Kupfer gestochenen Abbildungen nach antiken geschnittenen Steinen und
anderen Denkmälern des Altertums. 2018
Neuauflage der Ausgabe von 1903
ISBN: 978-3-95801-808-2

Korrektorat: Winnie Dronske, Julia C. Möller, Chris Kaiser
Satz: Winnie Dronske

Umschlaggestaltung: Annelie Lamers, SEVERUS Verlag
Umschlagmotiv: www.pixabay.com

Bibliografische Information der Deutschen Nationalbibliothek: Die Deutsche Nationalbibliothek verzeichnet diese Publikation in der Deutschen Nationalbibliografie; detaillierte bibliografische Daten sind im Internet über https://dnb.de abrufbar.

Der SEVERUS Verlag ist ein Imprint der Bedey & Thoms Media GmbH,
Hermannstal 119k, 22119 Hamburg

SEVERUS Verlag, 2018
http://www.severus-verlag.de
Gedruckt in Deutschland

Karl Philipp Moritz

Götterlehre und mythologische Dichtungen der alten Griechen

Mit 66 in Kupfer gestochenen Abbildungen nach
antiken geschnittenen Steinen und andern
Denkmälern des Altertums

Inhalt

Vorwort zur zehnten Auflage

Die Mythologie eines Volkes enthält die Geschichte seines mythischen Glaubens. Es ist daher die Aufgabe des Mythologen, die gewordenen Mythen und Sagen in ihrem Werden darzulegen und somit ein Bild von der allmählichen Entwicklung des Volksglaubens zu geben. Diese Aufgabe hat deswegen ihre besonderen Schwierigkeiten, weil die Mythen und Sagen als Erzeugnisse einer langen Entwicklung uns größtenteils in einer Gestalt überliefert sind, unter deren Hülle die Ablagerungen früherer Glaubensperioden oft bis zur Unkenntlichkeit verborgen liegen. Auf der Grundlage einer richtigen geschichts-philosophischen Anschauung kann die allein angemessene Methode, in welcher sich die mythologische Forschung bewegt, nur die h i s - t o r i s c h - v e r g l e i c h e n d e sein und zwar in der Weise, dass zunächst die Mythen und Sagen der Völker, welche eine gemeinschaftliche Sprachentwicklung von der Urzeit her durchlebt haben, in den Kreis der vergleichenden Forschung gezogen werden. Denn sowie die sprachverwandten Völkerstämme vor ihrer Trennung einen gemeinsam errungenen Sprachschatz besaßen, so haben sie auch gleiche Elemente des mythischen Glaubens entwickelt; die g r i e c h i s c h e Mythologie ist daher nur ein Zweig der allgemeinen i n d o - g e r m a - n i s c h e n und muss im Lichte dieser erforscht und dargestellt werden. Eine solche Behandlungsweise ist indes erst in neuester Zeit unter dem Einfluss der sprachvergleichenden Wissenschaft angebahnt und noch in den Anfängen. Daher sind der auf diesem Wege gewonnenen Resultate noch wenige und erfreuen sich noch keineswegs der vollständigen Anerkennung Seitens der Mythologien von Fach, von denen ein jeder die alten Bahnen fortwandelnd seine besondere Methode befolgt. Die Aufgabe des Bearbeiters einer Mythologie, welche nicht für gelehrte Mythologen, sondern für ein gebildetes Publikum überhaupt bestimmt ist, konnte also nur die sein, die Resultate der mythologischen Forschung, welche in mehreren großen in den letzten Jahren erschienenen Werken vorliegen, soweit es schon tunlich war, nach jenen Prinzipien zu bearbeiten. Dies ist jedoch nur in der eigentlichen G ö t t e r l e h r e versucht. Denn was die H e r o e n s a g e betrifft, so sind die darauf bezüglichen Forschungen auf dem angegebenen Wege noch am wenigsten weit gediehen, sodass eine durchgreifende Umgestaltung auch dieses Teils der Mythologie für ein größeres Publikum der Zukunft angehört. Die Heroensage ist daher im Wesentlichen nach den früheren Auflagen abgedruckt, was auch aus dem Grunde umso unbedenklicher geschehen konnte, weil das Interesse der Gebildeten an derselben weit mehr als bei den Göttermythen ein rein stoffliches ist. Die Götterlehre ist durchsichtiger, klarer und daher in ihrer Entwicklung leichter zum allgemeinen Verständnis zu bringen. In der Gestalt aber, wie dieselbe in den früheren Auflagen enthalten war, konnte sie nicht mehr genügen, sondern es war eine durchgreifende Umgestaltung derselben notwendig. Denn das Interesse, das man gegen Ende des vorigen Jahrhunderts, in welcher Zeit M o r i t z kein Werk herausgab, an der griechischen Mythologie nahm, war überwiegend ein ä s t h e t i s c h e s , was zu einer Zeit erklärlich war, wo die bildende Kunst der Hellenen durch Winckelmann dem Geiste neu erschlossen war und überall Bewunderung und Begeisterung erweckt hatte. Moritz erkannte ganz richtig im Gegensatz zu der verkehrten Ansicht, als ob in allen Mythen und Sagen ein System spekulativer Sätze über Götter und über die Entstehung der Dinge versteckt liege, den Ursprung derselben in der Phantasie, aber nicht in der Phantasie des Volkes im Allgemeinen, sondern einzelner Dichter. Daher nannte er Mythen und Sagen Dichtungen und behandelte sie ausschließlich wie Kunstprodukte, in welchen sich, wie in der Poesie überhaupt, die Verhältnisse der Dinge, das Leben und die Schicksale der Menschen spiegelten. In den Göttern sah er Begriffe und Ideen, namentlich die der Macht in persönliche Gestalten eingehüllt, deren erhabene Züge aus den großen Erscheinungen der Natur entlehnt sind, welche für die Götter die Urbilder abgaben. Dieser Auffassung entspricht die Scheu, welche der Verfasser vor der Deutung der Mythen und Sagen hatte. Denn, heißt es in der Einleitung, die Hand, welche den Schleier, der diese Dichtungen bedeckt, ganz hinwegziehen will, verletzt zugleich

4

das zarte Gewebe der Phantasie und stößt alsdann statt der gehofften Entdeckungen auf lauter Widersprüche und Ungereimtheiten. Diese Anschauungsweise, so sehr sie als Moment in der mythologischen Methode berechtigt ist, dringt, wenn sie einseitig festgehalten wird, nicht auf den Grund der Sache. Mögen wir uns noch so sehr der dichterischen Schönheiten der Mythen und Sagen erfreuen, so steht doch höher, als der schöne Schein die geschichtliche Wahrheit, welche wir in denselben als Äußerungen des Volksglaubens in seinen Anfängen, seiner Blüte und seinem Untergange zu erforschen streben. Also nicht lediglich das ästhetische, sondern vornehmlich das k u l t u r h i s t o - r i s c h e Interesse ist es, welches uns zur Betrachtung der Mythologie eines Volkes führt.

Die Form des Werkes, die Gliederung der Teile, ist im Wesentlichen dieselbe geblieben. Zwar ist der Beginn der Mythologie mit Kosmogonie und Theogonie nicht angemessen, weil dadurch leicht die Meinung erregt wird, als seien in diesem Abschnitt auch die ältesten Mythen enthalten, während umgekehrt die theogonischen und kosmogonischen Mythen einer sehr späten Periode, der Zeit der beginnenden philosophischen Spekulation, angehören. Aber hier glaubte der Herausgeber sich durch die alte Form des Buches gebunden, wie denn überhaupt es aus naheliegenden Gründen als gerechtfertigt erscheinen wird, dass die Umarbeitung sich in den einzelnen Teilen mehr oder weniger eng an das alte Werk angeschlossen hat.

Der Umstand, dass uns die Disziplinen des griechischen Altertums zuerst durch das Medium der lateinischen Sprache überliefert sind, hat die Folge gehabt, dass unter anderen die Namen der griechischen Götter und Heroen in lateinischer Form in den Sprachgebrauch übergegangen sind. Auch Moritz gebrauchte nur die latinisierten Formen und erst in einer späteren Auflage wurden die griechischen Namen in Parenthese hinzugefügt, während in der gegenwärtigen Auflage die Sache umgekehrt ist. Denn man ist mit Recht in der neueren Zeit von der Latinisierung griechischer Namen zurückgekommen und hat denselben ihre ursprüngliche Form wiedergegeben. Da indes manche griechische Götter- und Heroennamen besonders durch den Einfluss unserer Poesie sich im Sprachgebrauch eingebürgert haben, so wird man in einer nicht für Fachmänner bestimmten Mythologie eine konsequente Durchführung der griechischen Schreibweise der Namen nicht erwarten können. Das Ohr des Publikums muss sich an den griechischen Klang längst bekannter Namen erst allmählich gewöhnen.

Möge das Moritz'sche Werk auch in der gegenwärtigen Gestalt beifällig aufgenommen werden!

Berlin, Oktober 1861
Dr. Frederichs

Erster Abschnitt

Die Entstehung der Welt und die Erzeugung der Götter

(Kosmogonie und Theogonie)

Im Anfang war das C h a o s , dann die w e i t e   E r d e , der finstere T a r t a r o s und E r o s (Amor). Dem dunklen Luftraum, dem Chaos, worunter man später den ungeschiedenen Urstoff der Dinge verstand, entsteigen F i n s t e r n i s und N a c h t . Da, wo das Auge der Phantasie nicht weiter trägt, ist Chaos, Nacht und Finsternis. Aber in dieser Urnacht der Welt ist Werde- und Gestaltungslust, E r o s , rege, der schönste unter den unsterblichen Göttern. Gleich im Anfange dieser Dichtungen vereinigen sich die entgegengesetzten Enden der Dinge; an das Furchtbarste und Schrecklichste grenzt das Liebenswürdigste. – Aus dem Niederen bildet sich das Höhere. Es wird Licht. Die Nacht vermählt sich mit dem E r e b o s , dem alten Sitz der Finsternis, und gebiert den Ä t h e r und den T a g (Hemera). Die Nacht ist reich an mannigfaltigen Geburten; denn sie hüllt alle die Gestalten in sich ein, welche das Licht des Tages vor unserem Blick entfaltet.

Das Finstere, Irdische und Tiefe ist die Mutter des Himmlischen, Hohen und Leuchtenden. Die Erde erzeugt aus sich selbst den U r a - n o s oder den Himmel, der sie umwölbt. Es ist die dunkle und feste Körpermasse, welche, von Licht und Klarheit umgeben, den Samen der Dinge in sich einschließt und aus deren Schoß alle Erzeugungen sich entwickeln.

Nachdem die Erde auch aus sich selber die Berge und den Pontus oder das Meer erzeugt hat, vermählt sie sich mit dem umwölbenden U r a n o s und gebiert ihm starke Söhne und Töchter, die selbst ihrem Erzeuger furchtbar werden:

7

Herrschsüchtige und mit weit um sich greifender Macht gerüstete Titanen, den O k e a n o s, K o i o s, K r e i o s, H y p e r i o n, J a p e - t o s, die T h e i a, R h e a, T h e m i s, M n e m o s y n e, P h ö b e, T e t h y s und den K r o n o s, den jüngsten unter den Titanen; ungeheure Kyklopen, Rundaugen, den B r o n t e s, S t e r o p e s und A r g e s (benannt von Donner, Blitz und Wetterleuchten); hundertar- mige Riesen, den K o t t o s, G y g e s (Gyes) und B r i a r e u s.

Diese Kinder der Erde und des Himmels aber erblicken das Licht des Tages nicht; denn sie sind ihrem Erzeuger von Anfang an verhasst und sowie einer geboren wird, verbirgt er sie alle in einer dunklen Tiefe der Erde und lässt sie nicht ans Tageslicht kommen und freut sich des bösen Werkes. Das C h a o s behauptet noch seine Rechte. Die Bildun- gen schwanken noch zwischen Unterdrückung und Empörung. – Die Erde seufzt in ihren innersten Tiefen über das Schicksal ihrer Kinder und denkt auf Rache; sie schmiedet die erste Sichel und gibt sie als ein rächendes Werkzeug dem K r o n o s, ihrem jüngsten Sohn.

Die wilden Erzeugungen müssen aufhören; U r a n o s, der seine eigenen Kinder im nächtlichen Dunkel gefangen hält, muss seiner Herrschaft entsetzt werden. – Sein jüngster Sohn K r o n o s überlis- tet ihn, da er die Erde umarmen will und entmannt seinen Erzeuger mit der Sichel, die ihm seine Mutter gab. Aus den Blutstropfen, wel- che die Erde auffängt, entstehen in der Folge der Zeit die rächerischen E r i n y e n, die furchtbaren, den Göttern drohenden Giganten und die Nymphen des Eschenbaums, aus dessen Holz der Schaft für die blutige Lanze genommen wird (M e l i ä). – Die dem Uranos ent- nommene Zeugungskraft befruchtet das Meer, aus dessen Schaum A p h r o d i t e, die Göttin der Liebe, empor-steigt. – Aus Streit und Empörung der ursprünglichen Wesen gegeneinander entwickelt und bildet sich das Schöne.

Nun vermählen sich die Kinder des Himmels und der Erde und pflanzen das Geschlecht der Titanen fort. – K o i o s mit der P h ö b e (der Glänzenden), einer Tochter des Himmels, zeugt die L e t o (L a t o n a), welche nachher die Vermählte des Z e u s, und die A s t e r i a, welche die Mutter der H e k a t e ward. – H y p e r i o n (der Wandler der Höhe) mit der T h e i a, einer Tochter des Himmels, zeugt die E o s, den H e l i o s, den Sonnengott, und die S e l e n e.

O k e a n o s mit der T e t h y s , der Nährerin einer Tochter des Himmels, erzeugt die Flüsse und Quellen. – J a p e t o s vermählt sich mit
der K l y m e n e , einer Tochter des O k e a n o s , und erzeugt mit ihr
die Titanen, A t l a s , M e n ö t i o s , den P r o m e t h e u s , der die
Menschen bildete, und den E p i m e t h e u s . – K r e i o s (der Herrscher) mit der E u r y b i a (der Starken), einer Tochter des P o n t u s ,
erzeugt die Titanen, A s t r ä u s , P a l l a s und P e r s e s .

K r o n o s vermählt sich mit der R h e a , und mit ihm hebt eine
Reihe von neuen Göttererzeugungen an, wodurch die alten in der
Zukunft verdrängt werden sollen. Die bleibenden Gestalten gewinnen endlich die Oberhand; aber sie müssen vorher noch lange mit
der alles zerstörenden Zeit und dem alles verschlingenden Chaos
kämpfen. K r o n o s ist zugleich ein Bild dieser zerstörenden Zeit. Er,
der seinen Erzeuger entmannt hat, verschlingt seine eigenen Kinder,
sowie sie geboren werden; denn er hat von seiner Mutter, der Erde,
und dem sternigen Himmel erfahren, dass es ihm verhängt sei, von
einem Sohn besiegt zu werden. So rächte sich der an seinem Erzeuger
verübte Frevel; K r o n o s fürchtet gleich diesem die sich empörende
Macht, und während er über seine Brüder, die Titanen, herrschte, hielt
er dennoch, gleich dem U r a n o s , die hundertarmigen Riesen und
Kyklopen in dem Tartarus eingekerkert.

Von seinen Kindern fürchtet er Verderben; denn noch lehnt das
Neuentstandene sich gegen seinen Ursprung auf, der es wieder zu
vernichten droht. Sowie die Erde seufzte, dass der umwölbende Himmel ihre Kinder in ihrem Schoße gefangen hielt, so seufzt nun R h e a
über die Grausamkeit der alles zerstörenden, ihre eigenen Bildungen
verschlingenden Macht, mit welcher sie vermählt ist. Und da sie den
Z e u s , den künftigen Beherrscher der Götter und Menschen, gebären
soll, so fleht sie die Erde und den gestirnten Himmel um die Erhaltung
ihres noch ungeborenen Kindes an.

Die uralten Gottheiten sind ihrer Herrschaft entsetzt und haben
nur noch Einfluss durch Weissagung und Rat; sie raten ihrer Tochter,
wie sie den Z e u s , sobald sie ihn geboren, in eine fruchtbare Gegend,
in Kreta, verbergen soll.

Auf den Rat ihrer Mutter Erde wickelt die R h e a einen Stein in
Windeln und gibt ihn dem K r o n o s , statt des neugeborenen Götter-

kindes, zu verschlingen. Durch diesen bedeutungsvollen Stein, dessen bei den Alten so oft Erwähnung geschieht, sind der Zerstörung ihre Grenzen gesetzt; die zerstörende Macht hat zum ersten Male das Leblose statt des Lebenden mit ihrer vernichtenden Gewalt ergriffen, und das Lebende und Gebildete hat Zeit gewonnen, gleichsam verstohlener Weise sich an das Licht empor zu drängen.

Allein es ist noch vor der Verfolgung seines allverschlingenden Ursprungs nicht gesichert. Darum müssen, wie die kretische Legende an den theogonischen Mythos anknüpfend sagt, die Erzieher des Götterkindes auf der Insel Kreta, die K u r e t e n , deren Wesen und Ursprung in geheimnisvolles Dunkel gehüllt ist, mit ihren Spießen und Schilden ein immerwährendes Getöse machen, damit K r o n o s die Stimme des weinenden Kindes nicht vernehme. Denn die zerstörenden Kräfte lauern, das zarte Gebilde in seinem ersten Aufkeimen, wo möglich, wieder zu vernichten.

Die Legende von der Geburt des Z e u s und seiner Ernährung wird später durch märchenhafte Dichtung erweitert; ihn säugt die Ziege A m a l t h e a , welche in der Folge unter die Sterne versetzt und ihr Horn zum Horn des Überflusses erhöht wird. Die Tauben bringen ihm Nahrung, goldgefärbte Bienen führen ihm Honig zu und Nymphen des Waldes sind seine Pflegerinnen.

Schnell entwickeln sich nun die Kräfte dieses künftigen Beherrschers der Götter und Menschen. Das Ende von dem alten Reiche des Kronos nähert sich. Denn fünf seiner Kinder sind noch außer dem Zeus vor seiner zerstörenden Macht gerettet: die den Erdkreis mit heiliger Glut belebende H e s t i a (V e s t a), die befruchtende D e m e t e r (C e r e s), H e r e (J u n o), P o s e i d o n (N e p t u n) und A ï d e s (P l u t o).

Mit diesen kündigt Zeus dem K r o n o s und den T i t a n e n , welche dem K r o n o s beistehen, den Krieg an, nachdem er vorher die K y k l o p e n aus ihrem Kerker befreit und diese ihn dafür mit dem Donner und dem leuchtenden Blitze begabt hatten. Und nun scheiden sich die neueren Götter, die vom K r o n o s und der Rhea abstammen, von den alten Gottheiten oder den T i t a n e n , welche Kinder des Himmels und der Erde sind.

Der Götterkrieg (Titanomachie)

Die Titanen sind die unmittelbaren Kinder des Himmels und der Erde, deren weit um sich greifende Macht keine Grenzen kennt und keine Einschränkung duldet.

Zeus aber hatte sich den Weg zu der Alleinherrschaft schon gebahnt, indem er die hundertarmigen Riesen, Kottos, Gyges und Briareus, und die Kyklopen, die unter dem Uranos und Kronos gefangen gehalten wurden, aus ihrem Kerker befreit und dadurch den Donner und Blitz in seine Gewalt bekommen hatte.

Die neueren Götter, mit dem Zeus an ihrer Spitze, versammelten sich auf dem Olymp; die Titanen ihnen gegenüber auf dem Othrys, und der Götterkrieg hub an. – Zehn Jahre dotierte schon der Kampf der neueren Götter mit den Titanen, als der Sieg noch unentschieden war, bis Zeus sich den Beistand der hundertarmigen Riesen erbat, die ihm die Befreiung aus ihrem Kerker dankten.

Als diese nun an dem Treffen teilnahmen, so fassten sie ungeheure Felsen in ihre hundert Hände, um sie auf die Titanen zu schleudern, welche in geschlossenen Phalangen in Schlachtordnung standen. Als nun die Götter aufeinander den ersten Angriff taten, so wallte das Meer hoch auf, die Erde seufzte, der Himmel ächzte und der hohe Olymp wurde vom Gipfel bis zur Wurzel erschüttert.

Die Blitze flogen scharenweise aus Zeus' starker Hand, der Donner rollte, der Wald entzündete sich, das Meer siedete und heißer Dampf und Nebel hüllte die Titanen ein.

Kottos, Gyges und Briareus standen voran im Göttertreffen und mit jedem Wurfe schleuderten sie dreihundert Felsenstücke auf die Häupter der Titanen herab. Da lenkte sich der Sieg auf die Seite des Donnerers. Die Titanen stürzten nieder und wurden so weit in den Tartarus hinabgeschleudert, als hoch der Himmel über die Erde ist.

Nun teilten die drei siegreichen Söhne des Kronos das alte Reich der Titanen unter sich; Zeus beherrschte den Himmel, Poseidon das Meer und Aïdes die Unterwelt. Die hundertarmigen Riesen aber bewachten den Eingang zu dem furchtbaren Kerker, der die T i t a n e n gefangen hielt.

Z e u s' Blitz beherrschte nun zwar die Götter, allein sein Reich stand noch nicht fest; denn die Erde zürnte aufs Neue über die Gefangenschaft ihrer Kinder und gebar, nachdem sie sich mit dem T a r t a - r u s begattet hatte, den T y p h o n oder T y p h o e u s, ihren jüngsten Sohn, das furchtbarste Ungeheuer, das je aus der dunklen Nacht emporstieg, dessen hundert Drachenhäupter mit schwarzen Zungen leckten und mit feurigen Augen blitzten, das bald verständliche Laute von sich gab und bald mit hundert verschiedenen Stimmen der Tiere des Waldes heulte und brüllte, dass die Berge davon wiederhallten.

Nun wäre es um die Herrschaft der neuen Götter getan gewesen, wenn Zeus nicht schleunig seinen Blitz ergriffen und ihn unaufhörlich auf das Ungeheuer geschleudert hätte, so lange bis Erd' und Himmel in Flammen stand und der Weltbau erschüttert ward, so dass Aïdes, der König der Schatten, und die T i t a n e n im Tartarus über das unaufhörliche Getöse erbebten, das über ihren Häuptern rollte.

Der Sieg über dies Ungeheuer wurde dem Z e u s am schwersten unter allen und drohte ihm selber den Untergang. Er freute sich daher dieses Sieges nicht, sondern schleuderte den T y p h o e u s, als er zu Boden gesunken war, trauervoll in den Tartarus hinab.

Die Bedeutung des theogonischen Mythos

Der Theogonie oder der Erzählung von dem Ursprunge der göttlichen Urwesen und deren Erzeugungen liegt, dem mythischen Zeitalter gemäß, eine naive Weltanschauung zu Grunde, deren eigentümlicher Charakter sich in dem Glauben ausspricht, dass aus dem Niederen, Unvollkommenen, der vom schöpferischen Drang beseelten Materie, in beschränkter Weise als die Mutter Erde (Gaia) aufgefasst, das Höhere Vollkommenere, die Götter selber entstanden sind. Umgekehrt lässt die mosaische Schöpfungsurkunde das Niedere, Welt und Menschen, durch das Vollkommene, den Geist Gottes, erschaffen. Man würde aber zu weit gehen, wollte man jenen Glauben an gewordene Götter als den ursprünglichen und ausschließlichen des griechischen Volkes bezeichnen. Derselbe ist vielmehr erst allmählich auf griechischem Boden mit der Entwicklung und Ausbildung des Polytheismus entstanden; das ursprüngliche Bewusstsein der Griechen ist von dem Glauben beherrscht an ein höchstes göttliches Wesen im Unterschiede von allem gewordenen sichtbaren Sein. Ein solcher primitiver Monotheismus ist aber nicht bloß den Griechen, sondern allen indogermanischen Völkern vor der Sprachtrennung gemeinschaftlich gewesen. Dies geht unter anderem hervor aus dem gemeinsamen Namen, den jene sprachverwandten Völker für das höchste Wesen haben; allen Benennungen liegt dieselbe Wurzel zu Grunde. Die Griechen haben also den Glauben an ihren „Zeus" oder „Himmel", den Gott in der lichten Höhe, aus Asien mit nach Griechenland gebracht; sie nannten ihn „Zeus Kronion", d.h. der Ewigkeit Sohn, und noch lange mag auf griechischem Boden jener Glaube an bild- und namenlose Götter geherrscht haben, von dem Herodot spricht: „die Pelasger (Altgriechen) opferten unter Gebet an die Götter, wie ich in Dodona gehört zu haben mich erinnere, Benennung und Namen aber gaben sie keinem derselben." Einzelne Strahlen des uralten Glaubens an den ewigen Zeus leuchten noch in späterer Zeit durch die vielgestaltige Götterwelt hindurch. Pausanias erzählt, die dodonischen Plejaden singen: „Zeus war, Zeus ist, Zeus wird sein, o großer Zeus!"

Die Griechen wanderten in Stämmen in das nach ihnen benannte Land ein. Die einzelnen, durch die Natur gesonderten Landschaften Griechenlands begünstigten die individuelle Entwicklung der Stämme. Diese gewöhnten sich die besondere Heimat als die Welt anzusehen. Demgemäß entwickelte sich der aus der Urheimat mitgebrachte religiöse Glaube, je nach der eigentümlichen Lebensgestaltung und der äußeren Natur, für jeden Stamm in besonderer Weise. Außer dem allen gemeinsamen höchsten Gott, dem Zeus, hatte jeder der Stämme seinen besonders gestalteten Landesgott oder mehrere Landesgötter und als dann die Stämme in häufigerem Verkehr miteinander traten und ihre Götter nebeneinander bestehen ließen, da hatte sich eine reiche Götterwelt gebildet und aus dem ursprünglichen Monotheismus war ein Polytheismus geworden, dessen einzelne Götter zu Wesen werden, die in der Zeit geboren und aus der Materie hervorgegangen sind.

Einer langen Entwicklung hatte es bedurft, ehe die Griechen sich der segensreichen Herrschaft der olympischen Götter erfreuen konnten. Nur durch schweren Kampf und durch den Sturz eines gewaltigen Götterreiches hatte sich der Thron des Donnerers befestigen können. Der Sieg der Olympier über die Titanen ist ein Sieg der persönlichen, individuell gestalteten Götter über die bild- und namenlosen Götter einer früheren Periode. Für die Gestaltung und Entwicklung des griechischen Lebens lag darin ein großer Fortschritt. Die Götter sind keine Wesen mehr, die in furchtbarer, drohender Gestalt hinter den unbegreiflichen Erscheinungen der Natur und des Geisteslebens stehen und deren weitgreifende Macht im Glauben des frommen, furchtsamen Gemütes keine Grenzen kennt; sie sind keine Titanen und rohe Gesellen des Blitzes und Donners, sondern dem Menschen verwandte, befreundete Wesen, die mit Macht und Weisheit die Welt regieren. Die Titanen sind für immer in den finsteren Abgrund des Tartarus gestürzt. So wichen vor dem christlichen Gott und den Wesen des christlichen Himmels die heidnischen Gottheiten zurück in das Reich des Bösen. – Und wie die titanischen Götter bezwungen sind, ebenso ist der olympische Zeus Herr geworden über unbändige, blind wütende Naturkräfte. Dieser Sieg ist in der Dichtung von Typhoeus geschildert. –

Der hier gegebenen Deutung des Titanenmythos, der zwar verschieden ausgelegt wird, liegt die Erklärung Welkers zu Grunde. Wenn man den Kern desselben ins Auge fasst und von ausschmückendem Beiwerk, das die mythische Phantasie liebt, absieht, so ist unzweifelhaft von Welker der wahre Sinn des Mythos getroffen.

Nachklänge der Titanomachie

Als ein solcher ist die G i g a n t o m a c h i e oder der Kampf der Giganten mit der Götterdynastie des Zeus anzusehen. Die Giganten sind H ü n e n , R i e s e n , denen die Volksphantasie gern die Errichtung ungeheurer Werke aus der Vorzeit, sei es, dass solche durch menschliche Kraft oder durch die Natur entstanden sind, zuschreibt. In dem alten griechischen Volksglauben sind sie starke und große Erdensöhne „in glänzender Rüstung und mit langen Lanzen in den Händen". Die ältere Dichtung hebt gern an dem Volk der Giganten den Frevelmut hervor. In der Odyssee richtet der König der Riesen, E u r y m e d o n, sein eigenes ruchloses Volk zu Grunde und kommt selber um. Was die übermütigen rohen Riesen im sittlichen Leben sind, das sind die blindwütenden Kräfte der vulkanischen Tätigkeit in der Natur. Die T y p h o n e n sind Naturriesen, v u l k a n i s c h e G i g a n t e n. In der alten Dichtung ist es nur das eine Ungeheuer, T y p h o e u s, das sich gegen die Olympier empört. Der Name G i g a n t wird aber auf jene Naturriesen übertragen und so entstehen die vulka-nischen Giganten und nach dem Vorbilde der T i t a n o m a c h i e eine G i g a n t o m a c h i e, der schon Pindar Erwähnung tut. In den Gefilden Phlegras gebar die Erde die himmelanstürmenden Gigan-ten mit drohender Stirn und Drachenfüßen, bereit, die Schmach der Titanen zu rächen. Zu Boden geworfen, waren sie nicht besiegt, denn mit jeder Berührung ihrer Mutter Erde gewannen sie neue Kraft. P o r p h y r i o n und A l k y o n e u s, O r o m e d o n und E n k e l-a d u s, R h ö t o s und der tapfere M i m a s huben am stolzesten ihre Häupter empor; sie schleuderten brennende Eichen und Felsen-stücke mit jugendlicher Kraft gen Himmel und achteten des Z e u s' Blitze nicht. Die bildende Kunst stellte sie ursprünglich dar als erzbe-panzerte, gewaltige Männer, ähnlich der erwähnten Schilderung aus dem Hesiod. Später werden sie mit Schlangenfüßen abgebildet. Die Schlange ist das Symbol ihrer Herkunft von der Erde.

In dem unten folgenden, nach einem Werke des Altertums ver-fertigten Umriss heben die mächtigen Söhne der Erde, unter Zeus' Donnerwagen zu Boden gestreckt, dennoch gegen ihn ihr drohendes Haupt empor. Macht ist gegen Macht empört.

Da in beiden Mythen sowohl der Titanomachie wie der Gigantomachie eine Empörung gegen den höchsten Gott stattfindet, so werden wegen dieser Ähnlichkeit in der späteren Kunst und Poesie der Alten Titanen und Giganten häufig miteinander verwechselt.

Des Versuchs einer Auflehnung gegen den erhabenen Thron des Zeus von Seiten der anderen Olympier gedenkt die Ilias, und auch darin klingt der Titanenkampf nach.

Einst wollten H e r e , P o s e i d o n und P a l l a s A t h e n e den Z e u s in Fessel legen. Da kam die T h e t i s , rief den B r i a - r e u s oder den A e g ä o n , einen der Hundertarmigen, zum hohen Olymp; der war noch viel stärker als sein Vater, nämlich Uranos; er setzte sich nun im freudigen Bewusstsein der ihm erwiesenen Ehre neben K r o n i o n ; da wagten die seligen Götter aus Furcht vor dem Gewaltigen es nicht, den Zeus zu binden. – Da die Hundertarmigen höchst wahrscheinlich ursprünglich Dämonen des gleichsam in vielen Armen gegen die Länder auftürmenden Meeres sind, so wird dem Mythos von manchen auch eine physikalische Bedeutung untergelegt. „Z e u s , der befruchtende und schaffende Gott des Himmels, war gebunden (?), bis ihm die Meergottheiten Thetis und Aegaeon durch die aufsteigenden Dünste Stoff zu Gewittern und Regen zuführten." – Da aber bei Homer nur die Rede ist von einem Versuch oder einem Entschlusse, den Zeus zu fesseln, und nicht von der wirklichen Ausführung, so ist jene Deutung höchst gezwungen. Wohl kann dagegen der Ausdruck „Zeus ist gefesselt" ursprünglich die mythische Auffassung und Begründung lang anhaltender Dürre und Sonnenhitze ohne Gewitter sein.

In der folgenden Zeit wurden sogar zwei Söhne des P o s e i - d o n s , die derselbe mit der I p h i m e d e i a , einer Tochter des A l o - e u s erzeugte und welche daher die A l o i d e n hießen, dem Z e u s furchtbar. Ihre Namen waren O t o s und E p h i a l t e s ; sie ragten im Schmuck der Jugend und Schönheit mit Riesengröße zum Himmel empor und drohten den unsterblichen Göttern, indem sie Berge aufeinander türmten, auf den Olymp den Ossa und auf den Ossa den Pelion wälzten, um so den Himmel zu ersteigen, welches ihnen gelungen wäre, wenn sie die Jahre der Mannbarkeit erreicht hätten. Aber A p o l l o erlegte sie mit seinen Pfeilen, ehe noch das weiche Milchhaar ihr Kinn bedeckte.

Zweiter Abschnitt

Die dem titanischen und dem olympischen Götterreiche

gemeinsamen göttlichen Wesen

Vor der Herrschaft der olympischen Götter ist das Titanenreich zurückgewichen, das heißt im Grunde nur die alten Götter, soweit sie Kräfte und Erscheinungen der Natur repräsentieren, haben das Titanische in dem erwähnten Sinne des Wortes, was ihnen als Göttern einer überwundenen Kultur und Geschichtsperiode anhaftete, abgestreift und stehen nur noch zum Teil in Beziehung zur Natur oder sind ganz und gar zu Göttern der substantiellen Mächte des Lebens im Staat und in der Gesellschaft umgewandelt. Der Sturz der titanischen Götter ist daher nicht als ein gänzlicher Bruch zwischen zweien Göttersystemen anzusehen, sondern als der mythische Ausdruck für das Ergebnis der religiösen Entwicklung im Glauben und in der Verehrung der Götter und der damit Hand in Hand gehenden Umgestaltung der Götter selber. Daraus geht hervor, dass keine absolute Feindschaft zwischen allen Göttern des Titanenkreises und den Olympischen Göttern herrscht; nur die der höheren Ordnung trotzig widerstrebenden titanischen Mächte sind für immer vernichtet. Daher ragen einige Titanen und Titaniden noch als ehrwürdige Gestalten in die olympische Götterwelt hinein und erhalten sich im Volksbewusstsein, in Poesie und Kunst. Außerdem sind vom Ursprung der Welt an göttliche Potenzen mächtig gewesen, die von dem Titanenkampfe unberührt geblieben sind. Wir haben daher eine Reihe göttlicher Wesen darzustellen, die dem titanischen und olympischen Götterkreis gemeinsam sind.

Eros (Amor)

Verschiedene Spuren leiten auf uralte Verehrung des E r o s als eines Gottes der schöpferischen Triebkraft in der Natur. Dieser E r o s ist bei der Entstehung der Welt und der Götter in der Theogonie Hesiods als gestalt- und formbildende Kraft wirksam. Aber ebendaselbst wird E r o s geschildert als der schönste unter den unsterblichen Göttern, der auf die Entschlüsse aller Götter und Menschen seinen Einfluss übt, mithin als Gott der individuellen Liebe. So sehr auch die spätere Philosophie sich in das Wesen des kosmischen E r o s vertiefte, so tritt seine Bedeutung im Volksbewusstsein doch immer mehr zurück vor der Herrschaft des Liebesgottes. Und es ist wahrscheinlich, dass diese Trennung beider Seiten des E r o s mit der Verbreitung des Kultus der Liebesgöttin Aphrodite im Zusammenhange steht. Darauf deutet die Dichtung im Hesiod. Als nämlich die A p h r o d i t e auf Kypros dem Schaum des Meeres entstieg, da kam ihr Eros entgegen und er und der schöne Himeros geleiteten sie zu den olympischen Göttern. Aus dem kosmogonischen E r o s ist allmählich der in Kunst und Poesie viel gefeierte Liebesgott geworden, aus dem ältesten Gott der jüngste unter allen Göttern, der Begleiter der Liebesgöttin, der geflügelte Knabe mit Pfeil und Bogen, womit er die schmerzenden Wunden der Liebe wirkt. Der so umgewandelte E r o s wird geradezu als Sohn der A p h r o d i t e vom Z e u s oder A r e s angesehen.

Um in den Herzen der Jünglinge Liebe zur Freiheit und zum Vaterlande, Kampfesmut und Kampfesfreudigkeit zu wetten, um den Sinn für das Schöne und Gute zu veredeln, nahmen in Griechenland ältere Männer Jünglinge in ihre bildende und erziehende Obhut; es knüpfte sich ein Band inniger Freundesliebe, die sich in Kampf und Gefahr bewährte. Als Symbol dieses Liebesverhältnisses ward gleichfalls E r o s in den Gymnasien verehrt und die bildende Kunst der Alten stellt dem E r o s einen A n t e r o s, Gegenliebe, gegenüber, die um einen Palmenzweig streiten, um den Wetteifer in der wechselseitigen Liebe zu bezeichnen.

Nach und nach vervielfältigt sich die Göttergestalt des Eros. Die

Liebesgötter (E r o t e n), welche allenthalben in den Dichtungen unter reizenden Gestalten erscheinen, sind gleichsam Funken seines Wesens, und die Dichtkunst ist unerschöpflich in schönen, sinnbildlichen Darstellungen dieser alles besiegenden Gottheit. Man findet den Liebesgott, wie er Z e u s ' Donnerkeil zerbricht, wie er mit des H e r k u l e s Löwenhaupt umgeben und mit seiner Keule bewaffnet ist oder wie er auf den Helm des Mars tritt, dessen Schild und Wurfspieß vor ihm liegen.

Die Liebesgötter stellte man in allerlei Arten von Beschäftigungen dar. So sieht man auf einem alten Denkmale, wo ein Weinstock sich um einen Ulmbaum schlingt, oben auf dem Baume sitzend einen Liebesgott, der Trauben pflückt, indes zwei andere Liebesgötter unter dem Baume stehend warten.

Jagend, fischend, zu Wasser das Ruder, zu Lande den Wagen lenkend und sogar die mechanischen Arbeiten der Handwerker emsig betreibend, findet man die Liebesgötter auf alten Gemmen und Gemälden. Weil aber in der Vorstellungsart der Alten auch jedes Geschäft s e i n e n   G e n i u s hatte, so geht hier die Dichtung von den Liebesgöttern wieder in den Begriff von den G e n i e n über und diese zarten Wesen der Einbildungskraft verlieren sich ineinander.

Wir schalten hier die aus Apuleius bekannte reizende Dichtung von A m o r und P s y c h e ein.

Unter der Psyche, mit S c h m e t t e r l i n g s f l ü g e l n abgebildet, dachte man sich gleichsam ein zartes geistiges Wesen, das, aus einer gröberen Hülle sich emporschwingend und verfeinert zu einem höheren Dasein, zu schön für diese Erde, durch A m o r s Liebe selbst beglückt, zuletzt mit ihm vermählt ward und an der Seligkeit der himmlischen Götter teilnahm. – Der Name P s y c h e selbst bedeutet sowohl einen Schmetterling als d i e   S e e l e . – Die zartesten Begriffe von Tod und Leben sind dieser Dichtung eingewebt, welche gleichsam über die Schauer der Schattenwelt einen sanften Schleier deckt.

Auf Erden war Psyche die jüngste von den drei Königstöchtern und sie blieb unvermählt, weil wegen ihrer himmlischen Schönheit kein Sterblicher es wagte, sich um sie zu bewerben. Auf den Befehl eines Orakelspruchs mussten ihre Eltern und Freunde sie wie z u m

Tode, im Leichenschmuck auf einen hohen Berg begleiten und an dem Rande eines jähen Abgrunds sie verlassen. – Sobald
sich P s y c h e allein sah, ward sie von einem Zephyr sanft emporgetragen und in ein anmutiges Gefilde, wo ein glänzender Palast stand,
zu A m o r s u n s i c h t b a r e n Umarmungen hinweggerückt. – Oft
warnte A m o r s Stimme sie, bei dem Verlust seiner Liebe, niemals,
wer ihr Liebhaber sei, neugierig nachzuforschen.

Mitten aber im Genuss eines himmlischen Glücks sehnte P s y -
c h e, zu ihrem Schaden, dennoch zu ihren Schwestern sich zurück,
welche, auf ihren Wunsch vom Zephyr hergetragen, in ihrem Aufenthalt sie besuchten und, ihr Glück beneidend, sie auf den Argwohn
brachten, ihr unsichtbarer Liebhaber sei ein furchtbares Ungeheuer,
von dem sie sich befreien und es mit scharfem Eisen im Schlafe töten
müsse. – Die Schwestern wurden vom Zephyr wieder hinweggetra-
gen und P s y c h e befolgte töricht ihren Rat. – Kaum war es Nacht
und A m o r eingeschlummert, so trat sie mit einer Lampe und mit
dem gezückten Dolche vor ihn hin, als sie, statt eines Ungeheuers,
den schönsten unter den unsterblichen Göttern, den himmlischen
Amor selbst, erblickte. Zitternd hielt sie die Lampe in der Hand,
aus der ein Tropfen heißes Öl an A m o r s Schulter fiel, worüber er
erwachte, und da er P s y c h e und das tödliche Werkzeug sah, zürnend sie verließ.

Voll Verzweiflung, A m o r s Liebe verscherzt zu haben, suchte
Psyche ihr Dasein zu vernichten und stürzte sich in den nächsten
Fluss; allein die Wellen trugen sie an das jenseitige Ufer sanft hin-
über, wo Pan, der Gott der Herden, ihr den Trost gab, dass sie hoffen dürfe, für ihr Vergehen noch einst Verzeihung zu erhalten. – Die
Schwestern der P s y c h e aber, welche die Folgen ihres Rats wohl
vermuteten, wünschten nun selbst die Stelle der Verstoßenen einzu-
nehmen und stellten sich eine nach der anderen auf die Felsenspitze,
wo sie glaubten, dass der Zephyr sie nach dem gewünschten Aufenthalt bringen würde; allein sie stürzten in die Tiefe hinab und büßten
ihren Neid und den Verrat ihrer Schwester mit dem Tode.

Um den Amor aufzusuchen, schweifte P s y c h e vergebens auf
der ganzen Erde umher; sie flehte zuletzt die V e n u s selber um
Erbarmung an, welche, heftig auf sie zürnend und auf ihre Schönheit

eifersüchtig, ihr die härtesten Prüfungen und die schwersten Arbeiten auferlegte, deren Ausführung oft unmöglich schien –, und die sie dennoch mit Hilfe wohltätiger Wesen vollbrachte, welche A m o r, d e r s i e s t e t s n o c h l i e b t e, ihr zum Beistand schickte. P s y - c h e aber musste lange für ihre Torheit büßen, um des verscherzten Glücks erst wieder würdig zu werden. – Zuletzt befahl ihr Ve n u s, selbst in die Unterwelt hinabzusteigen und von der P r o s e r p i n a eine Büchse zu fordern, welche hohe Schönheitsreize in sich enthielte. Nun glaubte P s y c h e, sie müsse sterben, um in die Unterwelt zu kommen. Allein eine Stimme belehrte sie über jede Vorsicht, die sie nehmen, und warnte sie vor jeder Gefahr, die sie vermeiden müsse.

Sie durfte Kuchen und Fährgeld nicht vergessen, jenen, um den C e r b e r u s zu besänftigen, dieses, um den C h a r o n zu befriedigen, der ihr, so wie den Toten, das Geld aus dem Munde nehmen musste. Es waren nur die G e b r ä u c h e d e s S t e r b e n s, welche von der P s y c h e beobachtet wurden, sie selber kehrte ans Licht empor; auch durfte sie sich dem O r k u s durch nichts verbindlich machen und an dem G a s t m a h l P r o s e r p i n a s keinen Anteil nehmen, sondern auf der Erde sitzend nur schwarzes Brot verzehren. Vor allem aber musste sie die Büchse mit den Schönheitsreizen uneröffnet der Ve n u s überbringen; und P s y c h e, welche nun in so vielen Proben bestanden war, erlag in dieser letzten. Kaum war sie der Unterwelt entstiegen, so nahm sie den Deckel von der Büchse, aus welcher ein höllischer Dampf ihr entgegenstieg, der sie in einen tiefen Todesschlummer senkte, von welchem A m o r, der schon lange unsichtbar über ihr schwebte, sie wieder weckte und über diesen zweiten Rückfall in Eitelkeit und Neugier ihr nur sanfte Vorwürfe machte; denn schon war sein Entschluss gefasst, sich mit der P s y c h e zu vermählen. Sie ward auf seine Bitte beim J u p i t e r unter die Zahl der Götter aufgenommen; auch Ve n u s ward versöhnt; Gesang und Saitenspiel ertönte, und der ganze Chor der Götter nahm an der Hochzeitfeier des h i m m l i s c h e n A m o r s Teil, mit welchem Psyche, wie der Götterfunken mit seinem Ursprunge, sich vermählte.

Die Zeichnung von Amor und Psyche ist nach einem antiken Basrelief entworfen.

Die Nacht und ihre Kinder

Die N a c h t , welche Ruhe und Frieden und seliges Vergessen über die Welt ausgießt, ist die Mutter des S c h l a f e s , der über Land und Meer wandelt, sanft und mild den Menschen; ferner der bunten Schar der T r ä u m e ; dann der H e s p e r i d e n , welche an den entferntesten Enden des Okeanos die goldenen Früchte bewahren. Die N a c h t erscheint als eine alt ehrwürdige Göttin. Als Zeus einst auf den Gott des Schlafs erzürnt war, so hüllte diesen die Nacht in ihren Mantel und Zeus hielt seinen Zorn zurück; denn er scheute sich, die s c h n e l l e N a c h t zu betrüben. Die Göttin wohnt im f e r n e n , d u n k l e n W e s t l a n d e , wo der T a r t a r u s ist. Dort gehen N a c h t und T a g über die große eherne Schwelle aus und ein und begrüßen sich flüchtig im Begegnen. Pausanias erzählt, dass er auf dem Kasten des Cypselus auf der einen Seite desselben die N a c h t in weiblicher Gestalt abgebildet gesehen habe, wie sie zwei Knaben, deren Füße miteinander verflochten waren, in ihren Armen hielt, wovon der eine weiß, der andere schwarz war, der eine schlief, der andere zu schlafen schien.

Die H e s p e r i d e n , die holdseligen, hellsingenden abendlichen Jungfrauen, sind die Hüterinnen der goldenen Frucht, die auf einem

Eilande im dunklen Westen übers Meer in schönen Gärten wächst. In den Hesperiden spiegeln sich die Eindrücke wieder, welche die wonniglich schönen Abende und ersten nächtlichen Stunden des Südens auf die Phantasie machen. Gewöhnlich werden ihrer drei genannt: A i g l e, A b e n d s c h i m m e r, E r y t h e i s, A b e n d r ö t e, und H e s p e r i a, A b e n d d u n k e l. Die goldenen Äpfel sind das Hochzeitgeschenk der Gäa oder der Erde an Here und Zeus.

Die Nacht ist von der Phantasie aber nicht nur von ihrer schönen und Segen bringenden Seite aufgefasst und sie ist nicht nur das dunkle U r w e s e n, aus dessen Schoß das Licht geboren ward, in dem sich alle Bildungen entfalten, sondern sie ist auch die Mutter dunkler und geheimnisvoll im Leben waltender Wesen und in weiterer Abstammung zahlreicher Mächte der Finsternis. Ihrem Schoße entspringen das in Dunkel gehüllte S c h i c k s a l s l o s, der p l ö t z l i c h e, g e w a l t s a m e T o d (Ker), der n a t ü r l i c h e T o d (Thanatos), der ein Herz von Erz und Stahl im Busen trägt, der H o h n, der J a m m e r r u f, die M o i r e n (Parzen) oder S c h i c k s a l s s c h w e s t e r n, drei an der Zahl: K l o t h o, L a c h e s i s und A t r o p o s, die r ä c h e n d e N e m e s i s, welche die sittliche Lebensordnung in Schranken hält, der B e t r u g, der sich in Dunkel hüllt, die L i e b e s g i e r, das trostlose A l t e r und die Zwietracht oder die E r i s. Diese letzte aber gebiert M ü h s a l, U n d a n k, H u n g e r s n o t, S c h m e r z e n, K r i e g, T o t s c h l a g, S c h l a c h t e n und M ä n n e r n i e d e r l a g e n, S t r e i t, L ü g e n, Z a n k, g e s e t z l o s e s W e s e n, V e r d e r b n i s und M e i n e i d, der Übel größtes und schrecklichstes. –

Aus der Z w i e t r a c h t (E r i s) also in ihrer furchtbaren, die Geister trennenden und zersplitternden Gewalt im Gegensatz zu der sammelnden und einigenden Macht der Liebe, also eigentlich aus der L i e b l o s i g k e i t, ist alles Übel und Gebrechen, alles Böse in der Welt entsprungen. Die Form, in welcher diese Wahrheit in der hesiodischen Theogonie dargestellt wird, ist weder Mythos noch Allegorie, sondern rein bildlicher Ausdruck des Gedankens.

Die beigefügte Abbildung der Nacht, wie sie den T o d und den S c h l a f in ihren Mantel hüllt und wie aus einer Felsengrotte zu ihren Füßen die phantastischen Gestalten der Träume hervorblicken, ist von dem bekannten, durch Winckelmanns Forschungen zur Darstellung vielfacher Gegenstände des Altertums angeregten Professor A. J. Carstens (gest. 1798) nach der oben erwähnten Beschreibung des Pausanias entworfen. Der Tod ist durch eine umgekehrte Fackel und der Schlaf durch einen Mohnstengel bezeichnet. Die Nacht selbst ist, als die furchtbare Gebärerin aller Dinge, in jugendlicher Kraft und Schönheit dargestellt. Die Auffassung der Beschreibung des Pausanias ist indes insofern nicht ganz genau, als es bei ihm heißt, dass die Füße der beiden Knaben durcheinander geschlungen waren. Die Auslegung der Stelle von Pausanias ist freilich zweifelhaft. Die durcheinander geschlungenen Füße würden aber sehr sinnreich bedeuten, dass beide, Schlaf und Tod, eines Wesens sind. Denn die bildende Kunst wie die Poesie haben im Allgemeinen den Tod (Thanatos) in seiner friedlichen, milden Erscheinung aufgefasst und dargestellt als schönen, lieblichen Jüngling, einen Zwillingsbruder des Schlafes. Doch bleibt im griechischen Volksbewusstsein auch die andere Auffassung vom Tode, nach der er ein mitleidloses Herz von Erz und Stahl hat und selbst den unsterblichen Göttern verhasst ist, weshalb er auch zu den unheimlichen finsteren Geburten der Nacht gehört. –

Was die zweite Abbildung betrifft, so heißt es darüber in den früheren Ausgaben: „Ähnlich wie auf dem ersten Bilde ist die Nacht auch auf einer antiken Gemme abgebildet, wie sie unter dem umschattenden Wipfel eines Baumes dem Morpheus und seinen Brüdern Mohn austeilt. Der bildende Traumgott Morpheus, ein Sohn des Schlafs, steht in schöner jugendlicher Gestalt vor ihr und empfängt den Mohn aus ihren Händen, indes die Brüder des Morpheus, ebenfalls Götter der Träume und Kinder des Schlafs, hinter ihr gebückt gehen, um die übrigen von ihr ausgestreuten Mohnstengel aufzulesen." –

Ich habe die Abbildung aus den früheren Ausgaben aufgenommen, obgleich das Werk jetzt noch schwerlich jemand für antik hält.

M o i r e n (P a r z e n). Die Anfang und Ende des menschlichen Daseins, Leben und Tod bestimmende Macht erscheint dem populären Bewusstsein, das sich noch nicht in seiner geistigen Freiheit und ethischen Bestimmung der Natur gegenüber erfasst hat, als eine dunkle, geheimnisvolle, unerbittliche und rücksichtslose Gewalt, die unbarmherzig und willkürlich den Lebenslauf hemmt und den Faden des Lebens zerschneidet. Die M o i r e n , als die Göttinnen über Geburt und Grab, über Leben und Tod, sind daher mythisch dem Schoße der Nacht entsprossen. In einem späteren Mythos ist diese dunkle Auffassung der Todesmächte überwunden. Die M o i r e n sind Töchter des Zeus und der Themis, der Göttin gesetzlicher Ordnung im natürlichen und sittlichen Leben, geworden, und Zeus ist ihr Leiter (Moiragetes). Der Tod wird nicht mehr als eine dunkle willkürliche Macht, sondern als eine in der gesetzlichen Ordnung der Dinge begründete, allgemeine, notwendige Erscheinung gefasst. Doch bleiben beide Auffassungen im Bewusstsein nebeneinander. Die Gewalt über Leben und Tod, die in den zarten Händen der M o i r e n liegt, ist allmählich auch über die Schicksale der Menschen überhaupt erweitert; sie sind es, die Glück und Unglück bescheiden, ja selbst als Hüterinnen gesetzlicher Ordnung werden sie angerufen. Ihre Tätigkeit wird sinnreich unter dem Bilde des Spinnens aufgefasst (schon in der Odyssee werden sie Spinnschwestern genannt) und ist geteilt unter die drei Schwestern K l o - t h o , die Spinnerin, als die Göttin, die den Schicksalsfaden dem Menschen zuspinnt, L a c h e s i s , die das Los des Einzelnen erwählt, und die grause A t r o p o s , die den Tod bestimmt. Die Dichter, namentlich Pindar und Aischylos, ziehen häufig verwandte mythische Wesen in ihren Kreis, die E i l e i t h y i a , die Geburtshelferin, die K e r e n , die Göttinnen des gewaltsamen Todes, die E r i n y e n .

Eine der P a r z e n , die man als L a c h e s i s angeführt findet, obgleich sie eher nach dem ursprünglichen Sinn des Bildes vom Spinnen K l o t h o zu nennen wäre, ist nach einem geschnittenen Steine aus der Stoschischen Sammlung in jugendlicher Schönheit abgebildet, sitzend und spinnend, einen Rocken vor, den anderen hinter sich u n d z u i h r e n F ü ß e n e i n e k o m i s c h e u n d e i n e t r a g i - s c h e M a s k e .

Da man selten Abbildungen von den Parzen findet, so hat dies Denkmal aus dem Altertum einen desto größeren Wert und das Bedeutende in dieser Darstellung macht dasselbe doppelt anziehend. Die tragische und komische Maske zu den Füßen der Parze ist eine der glücklichsten Anspielungen auf das Leben, wenn man einen Blick auf dasselbe m i t a l l e n s e i n e n e r n s t e n u n d k o m i s c h e n S z e n e n wirft, wozu der zarte jungfräuliche Finger der hohen Schicksalsgöttin den Faden dreht, indem die einen ihr n i c h t w i c h t i g e r als die anderen sind.

 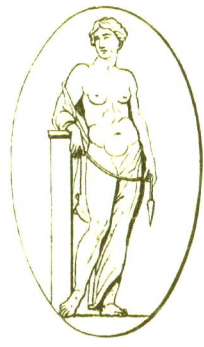

Auf eine ähnliche Weise, in ruhiger Stellung, sich auf eine Säule stützend, in der Linken den Rocken sorglos haltend, und g l e i c h s a m m i t d e m S c h i c k s a l s f a d e n s p i e l e n d, ist die Parze noch einmal auf einem anderen geschnittenen Steine in der Stoschischen Sammlung abgebildet, wovon der Umriss ebenfalls hier beigefügt ist.

Diese ruhige Stellung der hohen Schicksalsgöttin, womit sie auf die weitaussehenden Pläne gleichsam lächelnd herabsieht, ist eine vorzüglich schöne Idee des alten Künstlers, von dem sich diese Bildung herschreibt. Während Götter ihre ganze Macht und Sterbliche alle ihre Kräfte aufbieten, um ihre Endzwecke und Absichten durchzusetzen, hält die hohe Göttin spielend den Faden in der Hand, an welchen sie die Umwälzungen der Dinge und die stolzesten Entwürfe der Könige lenkt.

N e m e s i s. Nicht nur auf jede Überhebung der menschlichen Natur, die aus Stolz und Hochmut entspringt, sondern auch auf das Übermaß des Glückes, das dem Menschen zu Teil geworden ist, folgt der Umschlag, die Beschränkung auf das rechte Maß, als Strafe oder Unglück, damit das gestörte Gleichgewicht wieder hergestellt werde. Die regulierende, demütigende Macht, die solches bewirkt, die dafür sorgt, dass die Bäume nicht in den Himmel wachsen, ist die N e m e - s i s. Dem Glauben an das Walten dieser nivellierenden Macht, von welchem das griechische Bewusstsein tief durchdrangen war, entsprach jene Besonnenheit und edle Maßhaltigkeit des Charakters, die sich in allen Lebensäußerungen des Volks aussprach und uns besonders in den gehaltenen, edlen Formen der bildenden Kunst entgegentritt. Ihrer Bedeutung nach ist die N e m e s i s eine Strafgöttin und dieser objektiven Macht entspricht subjektiv im Menschen das Gefühl sittlicher Entrüstung, sittlichen Zorns über menschliche Freveltat. Ihre Bedeutung hat sich erst allmählich mit dem Fortschritt des sittlichen Bewusstseins entwickelt. Verehrt wurde die Göttin unter anderen in Smyrna in der Zweiheit, gleichsam mit verteilten Funktionen.

In dem Attischen Flecken R h a m n u s gab es ein Heiligtum der N e m e s i s, die auch bloß die R h a m n u s i s c h e G ö t t i n genannt wird. P h i d i a s hatte nach der Beschreibung des Pausanias die große Bildsäule der Göttin dort aus dem Marmorblocke verfertigt, den nach der Erzählung der Leute die übermütigen Perser mitgebracht hatten, um daraus nach Unterweisung Athens das Siegeszeichen aufzustellen. Nach W e l c k e r ist es höchst wahrscheinlich, dass die Rhamnusische Göttin ursprünglich in gar keinem Zusammenhang steht mit der N e m e s i s als Tochter der Nacht, sondern dass N e m e s i s ursprünglich ein Beiname der A r t e m i s und die Rhamnusische Göttin eine Mondgöttin gewesen ist. Irrtümlich sind beide später für gleiche Göttinnen ausgegeben. Dichterische Weiterbildung ist es, dass die N e m e s i s die Mutter der H e l e n a, der geraubten Gemahlin des Menelaos, wurde und diese N e m e s i s wurde gleichfalls mit der A r t e m i s   N e m e s i s vermengt.

E r i n y e n (F u r i e n). Die E r i n y e n sind zwar nach der hesiodischen Theogonie aus den Blutstropfen, welche bei der ersten Gewalttätigkeit, bei der Entmannung des U r a n o s, die Erde auffing, erzeugt; da sie aber bei den Tragikern als Kinder der N a c h t und der F i n s t e r n i s vorkommen, so gesellen wir sie dem Geschlecht der Nacht auch hier bei.

Die furchtbare Macht des bösen Gewissens, das quälende Schuldbewusstsein ist in den Erinyen gegenständlich und persönlich geworden. Die Gewissensangst und alle die unseligen Folgen, die aus böser Tat entspringen und die sich nach der älteren Ansicht auf ferne Geschlechter erstrecken, sind ebenso viele Strafen für den Frevel und werden als das Werk der Erinyen angesehen. So sind diese die eigentlichen R a c h e - u n d   S t r a f g e i s t e r, die Vollstreckerinnen der waltenden Strafgerechtigkeit an Freveln, die gegen die Pietät geübt sind, und an Meineid, und damit sind sie zugleich die S ü h n g e i s t e r   d e r   V e r l e t z t e n. In dem Volksbewusstsein aber von dem Verhältnis der Schuld zur Strafe geht mit dem Fortschritt der Bildung allmählich eine große Umwandlung vor sich und demgemäß auch in dem Verhältnis der strafenden Erinyen zu dem mit Schuld Belasteten. In roheren Zeiten ist die Strafe, Wiedervergeltung, Rache, die kein Maß und Ziel kennt und nur nach dem objektiven Tatbestand, nicht nach subjektiven Beweggründen und nach der Verkettung unglückseliger Verhältnisse, aus denen die Tat mit entsprang, fragt. Die E r i n y e n, die in diesem Sinne strafen, sind unbarmherzige, verhasste Dämonen. Allmählich machen sich humanere Ansichten von Schuld und Strafe geltend, indem jene erwähnten Faktoren bei jeder

Schuld mit in Betracht gezogen werden, wodurch diese zwar von Seiten ihres unsittlichen Grundes ebenso strafbar bleibt, aber in Berücksichtigung der Beweggründe und besonderer Lebensverhältnisse teilweise der Gnade bedürftig wird. Diese Umwandlung des sittlichen und des Rechtsbewusstseins ist namentlich in der Sage vom Orestes zur Anschauung gebracht. Aus den Erinyen aber werden im attischen Kultus gnadenreiche, wohltätige Göttinnen, die E u m e n i d e n .

Die unten folgende Abbildung einer Erinye, mit dem Dolch und fliegendem Haar, ist nach einem antiken, geschnittenen Steine aus der Stoschischen Sammlung gezeichnet.

Gäa, Ge (Zellus). Erde

Die E r d e und das gesamte E r d l e b e n bot der phantasievollen Auffassung sehr verschiedene Seiten dar. Als ein beseeltes, lebendiges Wesen ist die Erde die Mutter alles Lebendigen; aus ihrem Schoße sind Götter und Menschen hervorgegangen; aber auch im Hervorbringen riesenhafter Wesen betätigt sich ihre Schöpfungskraft; sie hat die Giganten geboren, den Riesen T i t y o s , welcher der Leto Gewalt antun wollte und dessen Riesenleib in der Unterwelt neun Morgen Landes bedeckte, den T y p h o e u s u.a. – Die Erde ist ferner die s e g e n s r e i c h e Mutter, deren Gaben nicht nur das leibliche Wohl des Menschen fördern, sondern für die ganze sittliche und soziale Lebensordnung heilbringend sind. Schön heißt es in einem homerischen Hymnos: „Wen sie im Herzen wertachtet, dem wird alles reichlich zuteil, dem trägt der Acker schwere Frucht, der hat auf den Feldern reiches Gut und mit herrlichen Schätzen füllt sich sein Haus; und solche Lieblinge sind die Herren in der wohlverwalteten, an schönen Frauen reichen Stadt; in heiterer Jugendblüte prangen die Kinder und auf blumiger Wiese scherzen und hüpfen die Jungfrauen in Reigentänzen." – Sodann sendet die Erde Jahr aus, Jahr ein aus ihrem Schoß das frische, blühende Grün, die Blumen und den ganzen reichen Schmuck der Fluren, zur Freude und Lust der Sterblichen; aber der Jubel und das Jauchzen verwandelt sich bald in Schmerz und Trauer. Denn nach kurzer Zeit sinkt die Blüte verwelkt in den winterlichen Schoß der Erde zurück; so hängt es von ihr ab, Leben zu geben und Leben zu nehmen. Nach dieser Seite der Auffassung hin tritt die Erde in nahe Beziehung zu den c h t h o n i s c h e n oder den T o t e n g ö t t e r n . An die Verehrung der Erdgöttin und des Erdlebens in diesem Sinn schloss sich einerseits ein leidenschaftlicher, wild erregter Gottesdienst (Orgien), der die einseitige leidenschaftliche Hingabe des Gemüts an das wechselnde Erdenleben zeigt, andererseits ein Geheimdienst (Mysterien) an, indem man in dem ewigen Vergehen und Wiederentstehen der vegetativen Welt ein Bild von dem ähnlichen Vorgange im Menschenleben und ein Unterpfand erblickte für das Wiedererwachen nach dem Tode. – Endlich war es populärer Glaube, dass der Erde Kräfte entsteigen, die dem menschlichen Geiste Helligkeit und Klarheit mitteilten und zur Weissagung und prophetischen Ratschlägen geschickt machen. So war die E r d g ö t t i n   e i n e   U r p r o p h e t i n . Ein Wesen aber von so umfassender Bedeutung ward mit Recht die große Göttin genannt. Es gab verschiedene Erdgöttinnen, die im Verlauf der Zeit sich zu besonderen Gestalten der allgemeinen Göttin herausgebildet haben, je nachdem die eine oder andere Seite derselben vorzugsweise aufgefasst wurde. D e m e t e r ,   D i o n e ,   R h e a , die p h r y g i s c h e   K y b e l e und nach Welker auch H e r e , die Gemahlin des Zeus, sind Erdgöttinnen, jede mit besonderem Charakter. Zu ihnen tritt Gäa, deren Bedeutung uns hier beschäftigt. Außerdem werden wir noch andere Gottheiten kennenlernen, die das gesamte Erdleben mit jenen Göttinnen repräsentieren. Der Kultus der Erde wird sich in uralter Zeit dann hauptsächlich entwickelt haben, als Ackerbau die Hauptbeschäftigung des Volks zu sein anfing. Nun wissen wir durch sprachvergleichende Beobachtungen, dass noch vor der großen Sprachtrennung der indo-germanischen Völker dem ungetrennten großen indo-germanischen Stamme die Benennungen für Ausdrücke, die auf den Ackerbau Bezug haben, gemeinsam waren. Mithin müssen die pelasgisch-hellenischen Stämme den Kult der Erde schon aus der Urheimat mitgebracht haben. Nun ist es charakteristisch, dass abweichend von verwandten Stämmen, welche wie die Thraker und Phryger einseitig in ihrem Bewusstsein der Freude und dem Schmerze über Blüte und Vergehen des Erdenlebens hingegeben waren, der eigentlich hellenische Volksstamm vorzugsweise die Erde in ihrem Verhältnis zum Himmel, in der Verbindung beider als eine fortwährende Schöpfung, von welcher Verbindung das Gegenbild im sittlichen Leben die Ehe war, auffassten und verehrten.

Was die G ä a insbesondere betrifft, so finden wir zwar Spuren alter Verehrung der Erdgöttin unter diesem Namen, die auf die oben angedeuteten verschiedenen Seiten der Bedeutung der Erde und des Erdlebens deuten; aber ihr Kult war zur Zeit der Herrschaft der olympischen Götter im Allgemeinen veraltet; das ehemalige Prophetenamt war auf Apollo übergegangen und da der Name G ä a im Sprachgebrauch die Bezeichnung wurde für den Erdkörper im eigentlichen Sinne, so war gerade diese Erdgöttin für den genealogisierenden Mythos passend, um mit dem Uranos, der immer der Himmel im eigentlichen Sinne ist, zugleich als ein Urwesen der Schöpfung aufgefasst und die Prophetin zu werden für die titanischen Götter in ihrem Kampfe gegen die Olympier. Trotz ihrer Stellung als Gegnerin der Olympier blieb dennoch im Volksbewusstsein der späteren Zeit, das die Dichter aussprechen, ein frommes Gefühl der Ehrfurcht vor der alten Göttin.

Als Prophetin hatte die Gäa auch den Beinamen T h e m i s , d.h. die Göttin der „Satzungen". Denn der Idee nach sollten die Orakel Aussprüche sein auf Grund der sittlichen und rechtlichen Lebensordnung. Diese besondere Tätigkeit der Göttin wird dichterisch vom Aischylos losgetrennt und für sich gesetzt und somit wird T h e m i s zu einer Tochter der Gäa.

Auf dem beigefügten Holzschnitt, nach einem antiken geschnittenen Steine, ist Gäa gebildet in ruhiger Stellung am Boden sitzend und mit ihrer Rechten den Stamm eines Baumes umfassend, dessen

Zweige sich über ihrem Haupte ausbreiten. Neben ihr liegt ein Horn des Überflusses, mit der Linken berührt sie die neben ihr ruhende Himmelskugel, vor ihr steht die Siegesgöttin (?) und unter dem Bilde zweier kleinen weiblichen Figuren, welche Gefäße in den Händen tragen, bringen die w e c h s e l n d e n J a h r e s z e i t e n der segnenden Mutter ihre Gaben dar.

Die Kinder der Gäa und des Pontus

Aus der Verbindung der G ä a und des P o n t o s oder der Erde und des Meeres entspringen nach dem theogonischen Mythos verschiedene Meergottheiten zum Teil mit zahlreicher Familie, so dass in diesem Geschlechte das ganze Reich der Meeresgewässer und deren Erscheinungen ihren mythischen Ausdruck gefunden haben. Die göttlichen Sprossen desselben treten sowohl mit den titanischen wie olympischen Göttern in Verbindung. – Die Söhne der G ä a und des P o n - t o s sind N e r e u s , T h a u m a s und P h o r k y s , die Töchter K e t o und E u r y b i a , die ein eisernes Herz im Busen trägt.

N e r e u s , der Meergeist, ein freundlicher, tief erfahrener, in die Zukunft schauender, wahrhaftiger Greis, den, wie es in der hesiodischen Theogonie heißt, die Leute deshalb den Alten nennen, weil er die Haupteigenschaften eines ehrwürdigen Greises in sich vereinigt; freundliche Milde, Erfahrung, Wahrhaftigkeit und Gerechtigkeit. Der eigentliche Grund indes, aus welchem dem Meergotte ursprünglich diese persönlichen Eigenschaften beigelegt sind, scheint in der Beziehung zu liegen, in welche ein seefahrendes Volk zum Meer tritt. Ihm ist das Meer ein durch den Verkehr das allgemeine Wohl förderndes, befreundetes Element; es bildet das Verkehrsmedium für die verschiedensten Völker; es ist das neutrale Gebiet, aus welchem, wenn nicht aller Verkehr aufhören soll, nach den notwendigsten völkerrechtlichen Forderungen von allen Wahrhaftigkeit und Gerechtigkeit geübt werden muss. Darüber wacht der Meeresalte; denn er vergisst nie der „Satzungen“, heißt es in der Theogonie. Auch ist in den Nereiden besonders das Meer als ein die Volkswohlfahrt förderndes Element mythisch aufgefasst.

N e r e u s hat zur Wohnung eine weißschimmernde Meeresgrotte in der Tiefe zwischen Samothrake und Imbros; dort umgibt ihn die Schar seiner blühenden, anmutigen Töchter, die ihm die Okeanine D o r i s gebar, der Zahl nach gewöhnlich fünfzig. In den N e r e i d e n sind alle die reichen Erscheinungen der Meereswelt nach der freundlichen Seite hin, namentlich, wie eben bemerkt, mit Bezug auf die See als völkerverbindende und völkerbeglückende Straße persönlich geworden. Die Gaben, welche das Meer dem Menschen verleiht, finden ihren Ausdruck in der E u d o r e , D o t o , D o r i s und P o u l y n o m e , der lebhafte Verkehr auf dem Meere und in den Seeplätzen in der P o n t o - p o r e i a , E u p o m p e , der L e i a g o r e , E u a g o r e ; in anderen ist das Spiel der Wogen wie in K y m o t h o e , H i p p o t h o e , K y m a t o - l e g e , in anderen wie in G a l a t e a , G a l e n e , G l a u k e , die Meeresstille und das Meeresleuchten Gestalt geworden; in der E u l i m e n e , A k t ä a und N e s ä a treten uns die Meerjungfrauen der schönen Buchten, Gestaden und der Eilande entgegen; kurz, jede Erscheinung und jede Seite des freundlichen Elements findet in einem der anmutigen Meermädchen ihre Göttin. Einige derselben müssen unsere Aufmerksamkeit noch besonders in Anspruch nehmen; zunächst die silberfüßige, schön gelockte, mit langem Gewand geschmückte T h e t i s , die mit der T e t h y s , der Tochter des U r a n o s und Vermählten des O k e a n o s , nicht zu verwechseln ist, wenn auch vielleicht ursprünglich Name und Bedeutung sich gleich sind (Nährmutter mit Bezug auf die nährende, erzeugende Kraft, die die Alten dem Wasser zuschrie-

ben). Die Nereide T h e t i s wohnt mit ihren Schwestern in der weiß-
schimmernden Grotte bei ihrem Vater. Des Beistandes, den sie dem
Zeus gegen die übrigen Götter gewährte, haben wir schon gedacht;
auch den D i o n y s o s , als er vor den Verfolgungen des L y k u r g o s
floh, nahm sie rettend bei sich auf. Bedeutungsvoll tritt sie als Mutter
des Achill auf, wodurch sie in die Achillessage verflochten wird. –

G a l a t e a liebte, wie es in späteren Dichtungen heißt, den schönen A c i s ; aber als sie einst aus den Wellen emporstieg, um Blumen
zu pflücken, erblickte sie der zyklopische Riese Polyphemos, der sich
plötzlich vom Pfeil der Liebe verwundet fühlte und, sooft sie nachher
sich zeigte, ihr sein Leid klagte. Vergebens warb das Ungeheuer um ihre
Gunst. Da erblickte er einst am Fuße des Ätna die Nymphe mit ihrem
geliebten Acis; voll wütender Eifersucht riss er einen Felsen los und
schleuderte ihn, die Liebenden zu zerschmettern. Die Nymphe entfloh ins Meer, den Acis traf der Stein und plötzlich löste sein Wesen in
einem Bach sich auf, der nachher seinen Namen führte.

A m p h i t r i t e vermählt sich dem Poseidon; sie tritt also unter den
neueren Göttern majestätisch auf und wird abgebildet, wie sie gleich
dem Gott, dem sie vermählt ist, den mächtigen Dreizack in der Hand
hält und die wilden Fluten bändigt.

Aus der volkstümlichen Auffassung, die sich in N e r e u s , T h e -
t i s und den N e r e i d e n überhaupt ausspricht, kann man vermuten, dass, noch ehe sich der Poseidondienst allgemeiner verbreitete,
diese Seegötter große Verehrung gehabt haben. Auch erhielt sich im
südlichen Thessalien, an der Küste, wie auch in Lakedaimon der Nere-
idenkultus noch in der geschichtlichen Zeit. W e l c k e r vermutet,
dass „Nereus wohl der älteste oder eigenste Wassergott der Nation
und näher als Poseidon der einfachsten Gestalt ihrer Religion gewesen
sei". – Eine Eigentümlichkeit teilt N e r e u s auch mit anderen Wassergottheiten, nämlich die Gabe der Weissagung und die Kunst, sich in
allerlei Gestalten zu verwandeln, durch die er sich den Fragenden zu
entziehen sucht, bis diese ihn mit Gewalt halten oder binden. Dem
Paris, als er die Helena aus Griechenland entführte, verkündigt er bei
Wind- und Meeresstille unterwegs das Schicksal von Troja vorher. Und
als Herakles die goldenen Äpfel der Hesperiden holen sollte und nicht
wusste woher, da raten ihm die Nymphen am Euridanos, den Nereus

danach zu fragen; er packt ihn mit Gewalt, der aber verwandelt sich erst in Wasser, dann in Feuer und erst als er seine alte Gestalt wieder angenommen, enthüllt er ihm den Ort. –

Was diesen eigentümlichen Gaben der Wassergötter für eine Anschauung ursprünglich zu Grunde liegt, ist nicht ganz klar. Welcker findet sie in der Natur des Elements: „alle Kräfte, die physischen wie die geistigen, dachte man sich im Wasser geeint, da es die Bedingung alles Lebens ist; und die Klarheit, Durchsichtigkeit und Beweglichkeit des Elements machen den Eindruck des geistigen auf die Einbildungskraft." Was die Kunst verschiedene Gestalten anzunehmen betrifft, so bemerkt Welcker: „die Feuchtigkeit, Alles durchdringend, wandelt das Lebendige in immer neue Gestalten um".

Die bildliche Darstellung des N e r e u s entspricht meist seinem Charakter. Auf Vasen hat er weißes Haar und weißen Bart und seine Gestalt ist menschlich. Einzeln und in Schwärmen, halb bekleidet und unbekleidet, schwimmend und reitend auf Seetieren ziehen die N e r e i d e n übers Meer.

T h a u m a s. Dem gewöhnlichen Auge erscheinen die großen Gestirne in das Meer zu tauchen und aus dem Meere wieder empor zu steigen. Dies muss man festhalten, um das Verfahren zu verstehen, nach welchem die Phantasie glänzende Himmelserscheinungen mit dem Meere und dem Wasser genealogisch verknüpft. T h a u m a s, der große Wundermann, vermählt sich mit der Okeanine E l e k t r a, dem Lichtglanz, der auch auf dem Meere strahlt, und erzeugt die rasche I r i s und die schöngelockten H a r p y i e n, A e l l o und O k y p e t e, die wie Vögel mit schnellen Schwingen in der Luft dahin eilen. I r i s, die Göttin des Regenbogens, ist ein Kind des Staunens und des Lichtglanzes, ein allegorisierender Mythos. Der Regenbogen wird von verschiedenen Völkern als eine Himmelsbrücke betrachtet, welche den Verkehr der Götter und Menschen vermittelt. Kein Wunder daher, dass Iris, ein Name, der höchst wahrscheinlich ursprünglich die Erscheinung selber bedeutet, dessen Ableitung aber noch unbekannt ist, zur Botin der Götter, namentlich des Zeus' und der Hera, geworden ist, wie wir sie bei Homer kennenlernen.

Auf der kleinen Hekateinsel bei Delos suchte man ihre Gunst durch Kuchenopfer zu gewinnen. Denn der Regenbogen war auch ein göttliches Wahrzeichen für die Menschen. Vom Himmel her, heißt es in der Ilias, purpurrot breitet Zeus die Iris den Sterblichen aus, um ein Zeichen zu sein des Krieges oder des frostigen Winters. – Eine wunderbare Erscheinung sind ferner die Stoßwinde, wie sie sich plötzlich mit furchtbarer Gewalt vom Meer erheben und alles mit sich fortreißen. Diese sind in den Harpyien zu Rachegeistern geworden und heißen „Sturmwirbel" und „Sturmflug". Wenn die Griechen das spurlose, plötzliche Verschwinden eines Menschen bezeichnen wollten, so sagten sie, „die Harpyien hätten ihn weggerafft", wie wir auch sagen, „wie vom Winde weggeblasen". Homer nennt noch die Harpyie „Podarge", „Schnellfuß". In der Salmydessischen Sage vom König Phineus sind die Harpyien, denen sich zu den beiden obigen noch eine dritte hinzugesellt, die Kelaino, d.i. die Finstere, mit Anspielung auf das finstere Gewölk beim Sturme, zu Plagegeistern geworden in Gestalt von Raubvögeln mit einem Mädchenantlitz, die dem Phineus alle Speisen, die er genießen wollte, entrissen oder besudelten.

P h o r k y s . Ein wundersames, grausenhaftes Geschlecht entspringt nach der mythischen Genealogie dem dritten Sohne und seiner Gemahlin, der schönwangigen K e t o . Die einzelnen Sprösslinge desselben selber und in ihren Beziehungen untereinander zu erklären, hat seine Schwierigkeiten und es herrscht darüber wenig Einklang. P h o r k y s zunächst scheint ursprünglich ein Beiname des Meeres und somit eines Meergottes gewesen zu sein; der Name bezeichnet nämlich wahrscheinlich die Farbe des Meeres „meergrau"; Spuren seines ehemaligen Daseins als Meergottes treffen wir an der Westküste Griechenlands: In der Odyssee wird eine Bucht der Insel Ithaka die Phorkysbucht genannt. Die stürmisch dahin eilende Meereswoge ist in der Nymphe T h o o s a zu seiner Tochter geworden. Er wird, wie Nereus, der Meergreis genannt, aber auch der Herrscher der unfruchtbaren Salzflut, die nichts als seltsame, missgestaltete Geschöpfe in ihrer Tiefe birgt. Sehr passend ist ihm daher die „Keto", die Göttin der Seeungeheuer, zu seiner Gemahlin gegeben. Durch die Verbindung seiner Tochter Thoosa mit dem P o s e i d o n , die ihm den Kyklopen P o l y p h e m o s , einen Meerriesen gebiert, ist zwischen einem alten Meergott und dem neuen Herrscher eine Beziehung angeknüpft, wie das mystische Zeitalter es liebte. In P o l y p h e m o s , dem Kyklopen oder dem Rundäugigen, welche Bezeichnung vielleicht den Eindruck wiedergibt, den das mit dem Horizont eine runde Fläche bildende Meer macht, ist das vielstimmig brausende, empörte Meer persönlich geworden. Diesen Kyklopen finden wir in der Odyssee als den Repräsentanten eines rohen riesenhaften Hirtenvolkes mit einem Auge auf der Stirn, das den Zeus und die seligen Götter nicht achtet; eine unendliche Menge Ziegen weiden in ihrem Lande. Da die Griechen große Meereswellen auch „Böcke" nannten, so war der Übergang vom Meer- und Wellenriesen in ein riesenhaftes Hirtenvolk in der Volksphantasie leicht gemacht. Den Namen „K y k l o p e n " teilen auch die Gewitterriesen, die von den eben erwähnten Kyklopen zu unterscheiden sind, weil „Kyklop" gleich Riese überhaupt wurde. – In dem P h o r k y s ist eine vom Nereus sehr verschiedene Auffassung des Meeres zur Gestalt geworden und die P h o r k y d e n familie unterscheidet sich von dem N e r e u s und den N e r e i d e n, wie der garstige, ungeschlachtete P o l y p h e m o s von der lieblichen, anmutigen Nereide G a l a t e a, die er mit seiner Liebe verfolgt. In der Missachtung des Zeus und der seligen Götter von Seiten der Kyklopen ist die Feindschaft zwischen dem alten und neuen Göttergeschlechte angedeutet.

War in P h o r k y s und der K e t o einmal das Meer als die Stätte der Seeungeheuer mythisch aufgefasst, so begreift sich auch leicht, dass eine Reihe schreckhafter Geschöpfe genealogisch mit diesem Paare verknüpft wurden, die teils als zu Grauengestalten gesunkene uralte Gottheiten erscheinen, teils uns als phantastisch gestaltete Ungeheuer entgegentreten. D i e s e S c h r e c k g e s t a l t e n i m d u n k l e n W e s t e n u n d d i e m i t i h n e n g e n e a l o g i s c h v e r - k n ü p f t e n U n g e t ü m e s i n d d i e f e i n d l i c h e n M ä c h t e, d u r c h d e r e n Ü b e r w i n d u n g e i n k ü h n a u f s t r e - b e n d e s H e l d e n v o l k s e i n e K r a f t u n d s e i n e n M u t e r p r o b t e. Veraltete Anschauungen einer früheren überwundenen Bildungsstufe und Schwierigkeiten örtlicher und klimatischer Art standen dem hellenischen Volk auf seiner Heldenlaufbahn entgegen. Aber die Besiegung derselben bezeichnet den Fortschritt, den dasselbe glorreich in seinem nationalen und weltgeschichtlichen Beruf zurücklegte.

Die ältesten Kinder des P h o r k y s und der K e t o heißen G r ä e n, greise Jungfrauen, die schon von Geburt an grau waren. In der hesiodischen Theogonie sind ihrer zwei, die schöngewandige P e p h r e d o und die safrangewandige E n y o . In Aischylos Prometheus ist eine dritte hinzugefügt, die D e i n o , die Schreckliche. Diese hochbetagten Frauen sehen aus wie Schwäne, haben alle nur ein Auge und einen Zahn gemeinschaftlich. Furchtbarere Unholdinnen sind ihre Schwestern, die G o r g o n e n , S t h e i n o , E u r y a l e und M e d u s a , die Schreckliches erleiden musste. Sie war nämlich sterblich, die beiden ersten unsterblich; zu ihr gesellte sich P o s e i d o n , der Meeresbeherrscher, auf weicher Wiese und unter Frühlingsblumen, als nun Perseus ihr das Haupt abschlug, sprang der große C h r y s a o r und das R o s s P e g a s o s heraus (Quellpferd); so hieß dieses, weil es an den Quellen des Okeanos geboren war; jener hatte ein goldenes Schwert in Händen und dieses verließ fortfliegend die Erde und kam zu den Unsterblichen; nun wohnt es im Palaste des Zeus und trägt ihm Donner und Blitz. So lautet die mythische Erzählung beim Hesiod. Ursprünglich scheint es nur die eine M e d u s a   G o r g o gegeben zu haben und später scheinen die beiden anderen der mythischen Dreizahl zu Liebe hinzugefügt zu sein. Im Homer wird die G o r g o ein furchtbares Ungeheuer genannt und P e r s e p h o n e , die Königin der Unterwelt, sendet das Haupt derselben, um damit zu schrecken; davor fürchtet sich Odysseus und eilt dem tödlichen Anblick zu entfliehen. Das Wort G o r g o bezieht sich wahrscheinlich auf den wilden, grimmigen Blick der M e d u s a und das Medusenhaupt ist schon früh zu einem Symbol des Grausens und Schreckens geworden. Auf der Aigis des Zeus und der Athene war es abgebildet, ja die Athene als Kriegs- und Stadtgöttin, vor der die Feinde zurückbeben und erstarren müssen, erhielt vorzugsweise das Gorgonenhaupt auf ihren Bildsäulen zuerteilt und wird selber „Gorgo" genannt oder die „Grimme".

Die G r ä e n sowohl als die G o r g o n e n scheinen aus uraltem untergegangenem Kult stammende göttliche Wesen zu sein, die in der späteren religiösen Anschauung den Göttergestalten des Olymps gegenüber zu Kobolden und Unholdinnen geworden sind. Darauf deutet auch ihr Aufenthaltsort; sie wohnen nämlich über den Okeanos, am äußersten Ende der Nacht, wo auch die hellsingenden Hesperiden sind, also überhaupt in der Gegend, die einen Gegensatz zum Olymp bildet, wie die Hölle zum Himmel. Und wie die Titanischen

Götter in das nächtliche Dunkel zurückgewichen sind, besiegt durch die Olympier, ebenso ist, wenigstens nach der Attischen Sage, die G o r g o M e d u s a im Gigantenkampfe von der Athene überwältigt.

Was für göttliche Wesen ursprünglich, ehe sie zu grausen Schreckbildern des dunklen Westens wurden, G r ä e n und G o r g o n e n gewesen sind, ist unbekannt. Nur die Ansicht W e l c k e r s von der G o r g o - M e d u s a dünkt uns sehr glaublich. Er fasst sie als eine ursprüngliche Mondgöttin; das runde Mondgesicht mit den starren und starr machenden Zügen bietet der Volksphantasie eine Auffassung des Mondes überhaupt dar, die sehr verschieden ist von derjenigen, die sich in der späteren Mondgöttin ausgeprägt hat.

Gewöhnlich werden die Gorgonen geschildert als Wesen mit Schlangenhaaren, die große Zähne wie von Ebern, eherne Arme und goldene Flügel haben und die jeden, der sie anblickte, versteinerten. Aus dem Medusengesicht hat aber die bildende Kunst allmählich jenes schrecklich schöne Antlitz gebildet, von dem Goethe sagt, dass „in einer hohen und schönen Gesichtsform das ängstliche Starren des Todes unsäglich trefflich ausgedrückt sei".

Die beiden Wundergestalten „das F l ü g e l r o s s P e g a s o s" und „der M a n n m i t d e m g o l d e n e n S c h w e r t , C h r y s a o r", welche dem Blut der M e d u s a entspringen, haben bis jetzt noch keine Erklärung gefunden, die uns über ihre ursprüngliche Bedeutung befriedigenden Aufschluss geben könnte. Das Flügelross P e g a s o s , welches nach der hesiodischen Erzählung dem Zeus Donner und Blitz zuträgt und gleichsam ein „Gewitterross" wird, lässt sich in der Sage vom Bellerophon zum Dienst für diesen kühnen Helden zähmen und unter des Rosses stampfendem Fuße brach auf dem Gipfel des Helikon, dem

Musenberge, der Dichterquell hervor, der von dem Tritt desselben die „Rossquelle", Hippukrene, heißt. – Chrysaor vermählte sich mit der Okeanine Kallirrhoe, „Schönstrom", und erzeugte mit ihr den dreileibigen Geryon, den Besitzer feuerroter Rinder auf der Insel Erytheia im abendlichen Westen übers Meer; ihn tötete Herakles samt dem Hunde Orthos und dem Hirten Eurytion und führte die Herden davon. Das zweite Kind des Chrysaor war eine Schlangenjungfrau, Echidna genannt, halb Nymphe mit lebhaft rollenden Augen und blühenden Wangen und halb eine ungeheure, riesige Schlange. Mit ihr erzeugte Typhaon, ein böser, dunstiger Wind, den zweiköpfigen Hund Orthos für Geryon; den dreiköpfigen Hund des Aïdes mit der ehernen Stimme, den Kerberos; die lernäische Schlange (Hydra); die feuerschnaubende Chimära, mit dem Antlitz des Löwen, dem Leibe der wilden Ziege und dem Schweife des Drachen oder nach Hesiod mit einem Löwen, einem Ziegen- und einem Drachenkopf. Dem Orthos gebar zuletzt die Echidna den nemäischen Löwen und die rätselhafte Sphinx („die Würgerin") mit dem jungfräulichen Antlitz und den Löwenklauen.

Nehmen wir nun noch den furchtbaren Drachen Ladon, der die goldenen Äpfel der Hesperiden bewacht und der Keto Kind war, hinzu, so haben wir die grause Nachkommenschaft des Phorkys und der Keto vollständig.

Titanen und Titaniden

Das Geschlecht des Okeanos und der Tethys. Okeanos ist der Gott des nach naiver Naturanschauung um die als eine runde Scheibe gedachte Erde fließenden mächtigen Stromes. Er hat sich vermählt mit der Tethys, das heißt mit der Nährkraft des feuchten Elements und dieser Verbindung entspringen die Flüsse, Quellen und nach der ursprünglichen Anschauung auch alles Meer. Der Glaube der Alten an die Nähr- und Zeugungskraft im Wasser hat zu der weit ins griechische Altertum hinausreichenden Vorstellung Anlass gegeben, dass alles aus dem Wasser entstanden sei. Schon Homer nennt den Okeanos „der Götter Ursprung". Als Titane ist er ein Sohn des Himmels und der Erde. An dem Titanenkampfe hat er nicht teilgenommen. Denn als der Krieg entbrannte, brachte R h e a ihre Tochter H e r a bei dem O k e a n o s und der T e t h y s in Sicherheit und ließ sie im Hause des alten Götterpaars erziehen. O k e a n o s ist in der Titanensage ohne Kampf vor der Macht des Z e u s, wenn auch nicht ganz willig, zurückgetreten. Er hält sich von der Regierung und den Geschäften der neuen Götter ganz fern. Denn nur er erscheint nicht, wie es im Homer heißt, in dem großen Rat der Götter, den Zeus hat berufen lassen, während alle seine Söhne und Töchter nicht ausbleiben; er fürchtet den neuen Götterkönig, wenn sein Blitzstrahl Himmel her darnieder fährt.

Als H e r a einst im Kriege vor Troja um den Zeus zu überlisten, sich den liebeinflößenden Gürtel der Aphrodite erbat, so tat sie es unter dem Vorwande, sie wolle sich dieses Gürtels bedienen, um an den Grenzen der Erde, bei dem O k e a n o s und der T e t h y s, von denen sie liebevoll gepflegt und erzogen sei, einen alten Zwist, wodurch dies Götterpaar schon lange entzweiet wäre, beizulegen.

In allem diesen dürfen wir wohl nur dichterische Erweiterung des Titanenmythos im Einzelnen erblicken.

Des Stroms, der Quellen und der Bäche der Heimat gedenkt noch immer ein jeder gern in der Fremde. Sie bringen dem Lande Segen und Wohlstand und als treue Teilnehmer durchleben sie die Geschicke des Volkes oder des Stammes zugleich mit. Bei den meisten Völkern finden wir eine treue Anhänglichkeit an die heimatlichen Ströme und Gewässer. Im mythischen Zeitalter der Griechen sind sie bei jedem Stamme zu Segen und Gedeihen bringenden Göttern geworden. Flussgötter, Wasser-und Quelljungfern spielen in den griechischen Sagen eine große Rolle, wie unter den ersteren der S k a m a n d e r, P e n e i o s, A l p h e i u s, I n a c h u s und vor allen A e h e l o o s. Besonders wird an den Flüssen ihre Nährkraft für Land und Leute hervorgehoben und junge Leute weihten dem Stromgott ihre Locken. Im Verhältnisse zur Mutter Erde sind die Flüsse und Quellen das lebendige und Leben erweckende Element, das gleichwie das Blut im menschlichen Körper in tausendfachem Geäder dahinströmt.

In den Namen der Töchter des O k e a n o s, den O k e a n i d e n – denn die Flüsse sind die Söhne –, deren Zahl ins Unendliche geht, spiegeln sich aufs Anmutigste die mannigfaltigsten Eindrücke wieder, welche Quellen und Bäche auf das phantasiereiche Gemüt machen, oder es sind darin ihre wohltätigen und segensreichen Wirkungen für Land und Leute wiedergegeben. Das süße Flüstern und Rauschen der Quelle, das zum Schlummer einlädt, macht sie selber zu P e i t h o , der Ü b e r r e d u n g s n y m p h e , die unermüdlich hervorsprudelnde Quelle ist eine A d m e t e , die U n b e z w i n g b a r e ; der Segen, der der Quelle entfließt, ist unter anderem ausgesprochen in den O k e a n i d e n P l o u t o , M e l o b o f i s , D o r i s u.a. Auf den Glauben an die Weissagungskraft im Wasser beziehen sich die Namen M e t i s , I d y i a .

In Kontrast mit allen diesen lieblichen, freundlichen Wassergeistern tritt die älteste, geehrteste Tochter des O k e a n o s , die furchtbare S t y x . Sie wohnt im dunklen Westen in einem mit Felsen überdachten Palaste mit silbernen Säulen und gießt ihr kaltes, vielberühmtes Wasser aus jähem Fels; dann fließt es fort unter der weiten Erde durch finstere Nacht in die Schattenwelt. Wenn sich unter den Göttern ein Streit erhebt und einer derselben seine Aussage eidlich erhärten soll, dann sendet Zeus die I r i s in die Behausung der S t y x , um in einem goldenen Krug von dem eisigen Wasser der Quelle zu holen. Denn bei diesem Wasser schwören die Götter den furchtbarsten Eid; es ist so viel, als ob die unsterblichen Götter bei der Vernichtung ihres seligen Daseins schwören. – Die S t y x vermählte sich mit dem P a l l a s aus dem Titanengeschlechte und gebar ihm die mächtigen Kinder: E i f e r und S i e g , G e w a l t und S t ä r k e (Z e l o s und N i k e , K r a t o s und B i a). Auf den Rat ihres Erzeugers ging sie mit ihren Söhnen in dem Götterkriege zum Zeus über und seit der Zeit haben ihre Kinder beständig beim Zeus ihren Sitz.

D a s G e s c h l e c h t d e s K o i o s u n d d e r P h o e b e . Von diesem Titanenpaare stammten ab L e t o und A s t e r i e . Die Namen geben keinen sicheren Aufschluss über diese theogonischen Wesen. Doch haben sie Bezug auf den Ursprung der Gestirne. K o i o s ist ursprünglich wohl ein Beiwort des Himmels und bedeutet im eigentlichen Sinne „die Himmelswölbung" oder „Himmelskugel". Der Leto Kinder sind A p o l l o und A r t e m i s (L e t o i d e n). Man hat diesen beiden Gottheiten der neueren Zeit die Titanide L e t o zur Mutter gegeben, um an den Ursprung der beiden persönlichen Götter aus der Natur zu erinnern. Denn beide sind hervorgegangen aus H e l i o s und S e l e n e , Sonne und Mond. Die Bedeutung des Namens Leto ist bis jetzt noch nicht mit Sicherheit ermittelt.

Die goldbekränzte A s t e r i a vermählt sich mit einem Sohne des K r e i o s , dem P e r s e s , und gebiert ihm die H e k a t e , das eingeborene Kind, aller Wahrscheinlichkeit nach ursprünglich die Mondgöttin eines untergegangenen griechischen Stammes, der T h r a k e r . Der Name wird gewöhnlich erklärt als ein Beiwort des Mondes. Wie Apollo der aus der Ferne wirkende Gott (Hekaergos) genannt wird, ebenso ist sie eine fernher wirkende und schützende Göttin. Große Verehrung genoss sie unter anderem in Böotien, wie wir aus Hesiod lernen, und sie ward, obgleich aus dem Geschlechte der Titanen entsprossen, von Kroniden vorzüglich geehrt. Ihre Macht erstreckt sich über die Erde, das Meer und den Himmel und mit Beziehung darauf ist sie in bildlichen Darstellungen in drei weiblichen Wesen zur Einheit gestaltet. Mit dem H e r m e s stärkt und kräftigt sie die Herden. In Thessalien hieß sie deshalb B r i m o (die stärkende Göttin). Auch mit den unterirdischen Göttern tritt sie in Beziehung. Sie hat mit dem H e l i o s aus ihrer Höhle das Schreien der geraubten P e r s e p h o n e gehört und begleitet die suchende D e m e t e r zum H e l i o s . In den späteren Zeiten wird sie die Göttin des e i n s a m e n b l e i c h e n M o n d e s , in dessen zauberhaftem Schimmer Geister und Gespenster ihren Spuck trieben. Als Göttin dieser gespensterhaften Schattenwesen, die durch Zaubereien zu beschwören sind, wird sie mit der Göttin der Schattenwelt im Hades vermischt.

D a s G e s c h l e c h t d e s K r e i o s u n d d e r E u r y b i a . Die Namen beziehen sich auf Herrschaft und weit sich erstreckende Gewalt. Wer die Träger dieser Macht sind, ist nicht klar. Vielleicht sind beide Namen Epitheta des Meeres. A s t r ä o s , der große P a l - l a s und P e r s e s , der sich durch seine vielen Kenntnisse auszeichnet, sind die drei Söhne und beziehen sich ebenfalls wieder auf die Welt der Gestirne. A s t r ä o s „Sternicht" erzeugt mit der Göttin der Morgenröte, E o s , die Winde: A r g e s t e s , Zephyros, B o r e a s und den M o r g e n s t e r n , H e o s p h o r o s (Hesperos). P a l l a s , der „Z i t t e r e r", hat die grause S t y x zur Gemahlin, die ihm die Kinder:

Eifer und Sieg, Gewalt und Stärke (Z e l o s und N i k e, K r a t o s und B i a) gebar. Des P e r s e s' und der A s t e r i a einzige Tochter ist H e k a t e.

Dass die W i n d e Kinder des A s t r ä o s und der E o s sind, ist mythische Dichtung für die Erscheinung, dass sich beim ersten Schimmer des Morgenrots, wenn die Sterne noch blinken, Winde erheben. Einen eigentlichen Kultus der Windgötter gab es in Griechenland erst in der nachhomerischen Zeit. Märchenhafte Mythen haben sich an die Personifikation der Winde, besonders an B o r e a s (Nordwind) und Z e p h y r o s (Westwind) angesetzt. Ihre Wohnung wird meistens nach dem rauen Thrakien verlegt und namentlich ist das die Heimat des Boreas, weswegen die Menschen, die jenseits wohnten, Hyperboräer hießen. Dort leben die Windgötter ein lustiges Leben in Saus und Braus. Als Achill am Scheiterhaufen seines Freundes Patrokles betete, dass die Winde den Holzstoß anfachen möchten, vernahm die schnelle Iris sein Flehen, eilte zu dem steinernen Palaste des Zephyros und lud den Boreas und Zephyros zum Wehen ein. Die Iris erfreute sich bei den schmausenden Windgöttern einer zuvorkommenden Aufnahme.

In der Odyssee ist das bekannte Schiffermärchen von der schwimmenden mit einer starken, ehernen Mauer umgebenen Windinsel, auf welcher des „Rößlers" (Hippotes) Sohn A e o l u s als Verwalter der Winde, wozu ihn Zeus ernannt hat, mit seinen sechs Söhnen und sechs Töchtern in Fülle und Überfluss lebt.

Der Raub der O r e i t h y i a, der Königstochter, durch den Boreas, gehört der Attischen Sage an. Doch liegt auch dieser mythischen Dichtung nach W e l c k e r s schöner Erklärung ursprünglich die Wiedergabe des Eindrucks zu Grunde, den die Erscheinung des über Flüssen, Feldern und auf Bergen liegenden Morgennebels macht, wenn ihn der sich erhebende N o r d w i n d plötzlich sturmgleich davonführt.

Z e p h y r o s wirbt um die liebliche Hore C h l o r i s und führt sie als seine Gemahlin heim, eine mythenartige Dichtung späterer Zeit; der milde, fruchtbaren Frühlingsregen bringende West vereinigt sich mit der Göttin des frischen, jungen Grüns, der C h l o r i s.

D a s G e s c h l e c h t d e s H y p e r i o n u n d d e r T h e i a. H e l i o s (Sol), Sonne, S e l e n e (Luna), Mond, und E o s (Aurora),

Morgenrot, stammen ab von Hyperion und Theia. Hoch über unseren Häuptern wandelt die Sonne ihre Tagesbahn. Helios ist ein Sohn des Hyperion, „des Überwandlers", und der „Helle", Theia, und seine Schwestern sind „Mond" und „Morgenrot". Die Verehrung der Sonne und des Mondes ist ursprünglich bei den Griechen wie bei anderen verwandten Völkern weit verbreitet gewesen. Die Sonne ist für die naive lebendige Phantasie ein staunenswertes Wunder. Von dem Eindruck, den sie auf das Gemüt des im Kindessinn befangenen Volkes macht, von dem innigen Glauben an die unmittelbare Wirkung auf die Natur, auf alle menschlichen Verhältnisse und auf die ganze Lebensordnung können wir uns nur noch eine schwache Vorstellung machen. Für uns durchläuft gleichgültig die Sonne ihre tägliche Bahn und schon Lucretius klagt:

Wahrlich, es würdiget kaum, des Schauspiels müde, nur Einer aufzuschlagen das Auge zum leuchtenden Tempel des Himmels.

Der Dienst und die Verehrung des Helios oder der Sonne als solcher tritt indes zurück und geht vielfach in den Kult des A p o l l o - H e l i o s über, seitdem die griechischen Götter mehr und mehr die substantiellen Mächte und Repräsentanten des ganzen sozialen und politischen Lebens werden. Doch lassen sich noch in den geschichtlichen Zeiten vielfache Spuren des alten Sonnendienstes nachweisen. An einigen Orten weideten heilige Sonnenherden; an anderen wurden dem H e l i o s Pferde geopfert und Pausanias sah mehrere Altäre des Gottes. Aus der Odyssee kennen wir auf der Insel Thrinakia (Dreispitz) die Rinder des Helios, an denen die Gefährten des Odysseus sich frevelhaft vergriffen. Die N e a i r a , die Jugendliche, so lautet die märchenhafte Dichtung, gebar dem H e l i o s zwei schönlockige Mädchen, P h a e t - h o u s a und L a m p e t i e , die Leuchtende und Glänzende, erzog sie und sandte sie nach T h r i n a k i a , um dort des Vaters Schafe und Rinder zu weiden, 7 Schaf- und 7 Rinderherden, jedwede zu fünfzig Stück. Die Herden bleiben immer dieselben, sie mehren sich nicht und mindern sich nicht. Die Dichtung kann eine Allegorie sein, wie sie schon von den Alten aufgefasst ist, und die 350 Schafe und ebenso viele Rinder können die Tage und Nächte des Mondjahrs bedeuten, die gleichsam Kinder der Sonne und des Neulichts, der Neaira, sind. Die Zahlen können aber auch bloß mythische sein ohne sonderliche Bedeutung.

Die größte Verehrung genoss H e l i o s in der späteren Zeit in
K o r i n t h und auf der Insel R h o d o s . Nach einer alten Sage, so
erzählt Pindar, war Rhodos, als Zeus und die unsterblichen Götter sich
die Erde zuteilten, im Meere noch nicht sichtbar, sondern in der Tiefe
verborgen. Da H e l i o s abwesend war bei der Teilung, ging er leer aus;
aber statt einer Umlosung, die Zeus ihm gewähren wollte, wählte er
sich die weidenreiche Insel Rhodos, die damals gerade aus dem Meere
emporstieg. Die dem Sonnendienste vorstehenden Brüderschaften in
R h o d o s (Haliaden, Haliasten) leiteten ihre Herkunft vom H e l i o s
selber ab. Der Koloss von R h o d o s war ein Bild des Gottes. An dem
jährlichen Feste ward ihm ein Viergespann ins Meer geopfert.

Das Wunder, dass Helios täglich im Westen untergeht und im
Osten wieder erscheint, erklärt die mythische Phantasie in der Dichtung von dem goldenen Sonnennacken, in welchem Helios dem Okeanos entlang schlafend in reißender Schnelligkeit wieder zum Aufgang
getragen wird. Dort steht sein Viergespann bereit, mit dem der Leiter
feuerschnaubender Rosse die Himmelskugel umfährt.

Die Gegenden des Auf- und Niedergangs der Sonne, wo dieselbe
Meer und Erde gleichsam zu berühren scheint, sind für die Einbildungskraft reich an Wundern. Im Osten wohnt das Volk der Ä t h i o -
p e n , im Osten liegt das Sonneneiland des Königs A e e t e s , eines
Sohnes des H e l i o s und der P e r s e i s , der mit der Okeanine I d y i a
die M e d e a erzeugt, im Westen die Sonneninsel der Zauberin
K i r k e , einer Tochter des H e l i o s und der P e r s e i s . Beide Son-
nenkinder, K i r k e wie M e d e a , sind sich darin einander gleich, dass
sie Kunde haben von Kräutern und Pflanzen und deren narkotischen
und heilenden Kräften, welche die Sonnenglut nach der Anschauung
der Alten in jenen erzeugt.

Manche Erscheinungen wie dürre, ausgesengte Gegenden, versiegte Quellen und ausgetrocknete Flüsse, ferner die schwarze Farbe
der Äthiopen und dazu der Bernstein haben Anlass gegeben zu der
Dichtung von dem Schicksale des P h a ë t h o n , weil man sie als Wirkungen der Sonne und besonders der Abweichung derselben von dem
regelmäßigen Lauf ansah.

P h a ë t h o n , d.i. der Glanzvolle, eigentlich ein Beiwort des Helios
selber, aber, wie so häufig, als Eigenschaft von dem Träger losgelöst

und zu des Helios und der Okeanine Klymene Sohn gemacht, begab sich, um sich über seine Abstammung von einem so erlauchten Gotte Gewissheit zu verschaffen auf Anstiften seiner Mutter selber zum Palast des Sonnengottes und ließ sich erst von ihm bei der Styx zuschwören, dass er seine Bitte gewähren wolle; dann bat er ihn, dass er nur einen Tag den Sonnenwagen lenken dürfe.

H e l i o s , der den Schwur nicht widerrufen konnte, musste die unglückliche Bitte seinem Sohn gewähren, der, voll Mut den Wagen besteigend, die Sonnenpferde antrieb, welche bald ihren Führer vermissend aus dem Geleise wichen, zuerst dem Himmel und dann der Erde zu nahe kamen, dass Berg und Wald sich entzündete und Quellen und Flüsse versiegten. Da flehte die Erde den Zeus um Hilfe an, welcher seine Blitze auf den Phaëthon schleuderte, der in den Fluss E r i - d a n u s stürzte, wo seine drei Schwestern, die Sonnentöchter oder H e l i a d e n , L a m p e t i a , P h a ë t h u s a und A e g l e , ihn so lange beweinten, bis sie in Palmbäume verwandelt wurden und auch als solche noch Zähren vergossen, die sich zu durchsichtigem B e r n s t e i n in der Flut verhärteten. – C y c n u s , des Jünglings Freund, betrauerte seinen Tod so lange, bis durch den Schmerz sein Wesen aufgelöst in die Gestalt des Schwans hinüberging, der immer auf der Flut verweilte, welche den Phaëthon verschlang. Mit Freund und Schwestern, die um ihn klagen, findet man auch auf den antiken Marmorsärgen den Sturz des Phaëthon abgebildet.

S e l e n e (L u n a). „Wenn der große Kreis voll ist, dann erscheint S e l e n e , nachdem sie ihren schönen Leib in den Fluten des Okeanos gebadet und strahlende Gewänder angelegt hat, schirrt die starknackigen, schimmernden Rosse an und treibt das Gespann vorwärts, ein Wunder und ein Zeichen den Sterblichen." So singt der Dichter im Homerischen Hymnos. Großen Eindruck auf den Sinn jugendlicher Völker musste der regelmäßige Wechsel des nächtlichen Gestirnes machen. Ordnung und Regelung des Lebens nach der Zeit knüpfte sich an die Phasen des Mondes; der Tag des Neumonds war ein Feiertag und eine Menge unerklärlicher Erscheinungen wurden dem Einfluss des Mondes zugeschrieben. Weil unter anderem in mondhellen Nächten bei unbewölktem Himmel sich häufiger der Tau findet als sonst, ward der Mond als Ursache desselben angesehen, und die Taugöttin H e r s e hieß daher eine Tochter der S e l e n e.

Mit der zunehmenden Verehrung der A r t e m i s, die aus einer Mondgöttin erwachsen ist, hört der unmittelbare Kult des Mondes als Naturobjekt allmählich auf und S e l e n e oder M e n e bleibt der Name für den Mond als natürlichen Körper. Wie weit aber der Mondkult ursprünglich verbreitet war, geht unter anderem hervor aus den vielen Spuren untergegangener, in Heroinen verwandelter und in viele Sagen verflochtener Mondgöttinnen wie M e d u s a, I o, E u r o p a, H e l e n a usw. Der H e k a t e, einer ursprünglichen Mondgöttin, ist schon oben gedacht. Pausanias sah in Elis die Bildsäule der gehörnten Selene und ihr zur Seite die des Strahlen-Helios. Unter dem Volke, das Karien am Latmosgebirge bewohnte und das den Eleern stammverwandt war, ist die mythische Dichtung von der Liebe der S e l e n e zum E n d y m i o n entstanden. Die Bewohner von Elis behaupteten E n d y m i o n sei ihr König gewesen. In Karien war er ein schöner Jäger oder ein Hirte. Auf dem einsamen Gebirge L a t m o s war sein Aufenthalt. Er jagte beim nächtlichen Schein des Mondes in den Wäldern, bis er ermüdet entschlummerte. Schlummernd erblickte ihn einst Selene, als sie, mit ihrer Fackel die Nacht erleuchtend, am Himmel wandelte. Alles war einsam und still; sie hielt die Rosse vor ihrem Wagen an und senkte sich langsam aus der Höhe bis zu der Lippe des Schlummerers nieder, die sie zum ersten Mal mit heißer Liebe küsste.

Oft senkte sich nun nachher der Schlummer auf Endymions Augenlider, der schlafend des Glücks genoss, das Göttern und Menschen noch nie zuteil ward.

Unter dem schönen Sinnbilde vom schlummernden Endymion ließ ein zartes Gefühl die Alten den Todesschlummer darstellen und man sieht auf ihren Marmorsärgen, welche die Asche früh verblühter Jünglinge umschlossen, den glücklichen Schläfer abgebildet, wie Selene auf ihrem Wagen zu seinem Kuss sich herniedersenkt.

Diese Dichtung hat nach W e l c k e r s schöner Erklärung die Volksphantasie aus einer örtlichen Naturanschauung geschaffen. Wenn dem Rande der steilen, weit sich erstreckenden Gebirgswand der Mond sich nähert, dann scheint er vom Tale aus angesehen nach einer sehr begreiflichen Augentäuschung gleichsam immer langsamer zu wandeln und auf dem Rande der Felswand zu weilen. Die naive Phantasie der Talbewohner erklärte dies als einen Besuch der Selene bei einem geliebten Jüngling, dessen ewiger Schlummer die Ruhe und Stille der Nacht schön versinnlicht.

E o s (A u r o r a). Die wunderbare Erscheinung des Morgenrots ist in südlicher gelegenen Ländern wie Griechenland und für die mehr an das Leben im Freien und in der Frühe gewohnten Menschen so ergreifend und so hervorstechend, dass in der Zeitrechnung Morgenrot so viel wie Tag bedeutet und dass die Göttin des Morgenrots sich als Schwester dem Helios und der Selene anreiht und, wie wir gesehen haben, wenn auch weniger bedeutsam zur Mutter der W i n d e und des H e o s p h o r o s (Hesperos) wird. Auch sie beginnt wie Helios, ein Rossegespann lenkend, ihre Bahn und der lieblichen, anmutigen Göttin, der Rosenfingerigen, wie sie Homer nennt, fehlen nicht Palast und Tanzplätze, die etwas seltsam nach dem Westen auf die Sonneninsel Aeäa verlegt werden. Den plötzlich aufdämmernden Strahlen des Morgenrotes, die sich rasch zu immer schöneren Farben entfalten und dann allmählich in der Tageshelle sich auflösen, entspricht das lebhafte, etwas leidenschaftliche Gemüt, das die Mythendichtung so herrlich in der Liebe der Göttin zu schönen Jägerjünglingen schildert. So hat sie den schönen T i t h o n u s geraubt, von dessen Seite sie jeden Morgen sich erhebt, um am Himmel zu glänzen. Sie erbat sich von Zeus die Unsterblichkeit des Jünglings, und ihre Bitte ward ihr gewährt. Aber der Jüngling ward immer älter; denn sie hatte vergessen Zeus auch um die Befreiung vom Alter für ihren Geliebten zu bitten. Als sein Haar anfing grau zu werden, zog die Göttin sich von ihm zurück, nährte ihn aber mit Ambrosia und zog ihm schöne Kleider an. Aber trotzdem welkte ihr Liebling, von Alter und Schwachheit aufgezehrt, dahin; er konnte kein Glied mehr regen und heben. Da schloss sie ihn im Gemache ein und kaum die Stimme war ihm noch geblieben. Eine spätere Dichtung lässt ihn in eine Zikade sich verwandeln, die gleichsam ganz Stimme ist und deren unaufhörlicher Gesang mit der Redseligkeit tatenloser Greise verglichen wird. T i t h o n o s ist nach W e l c k e r s trefflicher Erklärung die Personifikation der schönen aber bald erblassenden Erscheinung des Morgenrots, im Gegensatz zu der ewig jugendlichen Persönlichkeit der

Göttin selber. – Der frühzeitig sich kund gebende Hang der Griechen mythische Wesen genealogisch in die Geschlechter der Fürsten und hervorragender Familien zu verflechten ist der Anlass geworden, dass T i t h o n o s zu einem Sohne des L a o m e d o n und Bruder des P r i a m o s ward und ebenso waren die beiden Söhne des T i t h o - n o s und der E o s M e m n o n, der schöne Äthiopenkönig, der nach dem Tode des Hektor den Trojanern zu Hilfe zog, und E m a t h i o n. Außer dem T i t h o n o s entführte die Eos auch die schönen Jüng- linge Orion, K e p h a l o s und K l e i t o s. O r i o n war ein schöner, kraftvoller Jäger. Die übrigen Göttinnen beneideten ihn der Eos und zwar so lange, bis die golden thronende, keusche A r t e m i s ihn in Ortygia (Delos) mit linden Geschossen tötete, wodurch er ein Gegen- stand der Missgunst zwischen jenen zu sein aufhörte. Der Schatten des O r i o n in der Unterwelt setzt das Weidwerk fort. Odysseus sah ihn dort, wie er auf der Asphodeloswiese die Schatten der Tiere zusam- men trieb, die er mit seiner ehernen, ewig unzerbrechlichen Keule auf einsamen Gebirgspfaden der Oberwelt erjagt hatte. – Man meint, dass auch diesem Mythos eine physikalische Bedeutung zu Grunde liegt, dass nämlich die E o s den O r i o n raubt, soll der mythische Aus- druck sein für die Erscheinung, dass das Gestirn Orion, das zur Zeit, wenn in Griechenland das Korn gedroschen wird, in der Frühe auf- geht, bald nach dem Aufgang durch das Erscheinen der Eos erblasst und verschwindet.[1] – K e p h a l o s ward von der Eos gleichfalls seiner

---

[1] Der gewaltige Jäger O r i o n ist auch in die Sage vom O i n o p i o n auf Chios verflochten. Unter dessen Herrschaft kommt O r i o n nach Chios, bewirbt sich um des O i n o p i o n Tochter M e r o p e und verspricht die Insel von wilden Tieren zu säubern. O i n o p i o n zögert, ihm die Tochter zu geben und ruft, da O r i o n Gewalt braucht, den D i o n y s o s (Bacchos), seinen göttlichen Vater, zu Hilfe. Dieser sendet ihm seine S a t y r n, welche den Jäger trunken machen, blenden und an das Meergestade werfen. Nun wandelt er, einem Orakelspruche zufolge, durchs Meer immer fort gen Sonnenaufgang und erhält auf der Insel Lemnos vom H e p h a i s t o s (Vulcanus) einen Führer, K e d a l i o n. Er gelangt zum Aufgang der Sonne, zündet das erloschene Licht seiner Augen wieder am Sonnen- strahl an und begibt sich nach Chios zurück, um am O i n o p i o n Rache zu nehmen. Er findet ihn aber nicht; denn P o s e i d o n hatte ihn in einem unterirdischen Gemache verborgen. – Einige sehen in dieser Erzählung vom O r i o n die Mythisierung des Sternes

51

Schönheit wegen entführt und sie gebar ihm einen Sohn, Phaëthon genannt. Die mythologische Forschung sieht in der Bedeutung des Namens K e p h a l o s bald die „Dunkelheit", welche durch die Eos verschwindet, bald den „Morgenstern" oder „ungestörte Bergesgipfel" oder „Wassershauch" usw. Die allgemeine Sprachforschung muss aber gegen die meisten dieser Deutungen Einspruch erheben. Das Wort kann etymologisch nur zusammenhängen mit dem fast gleichlautenden Worte, welches im Griechischen „Haupt", „Kopf" heißt. Da nun in indischen Mythen die Sonne in ihrem Laufe als Ross und die aufgehende Sonne „Kopf des Rosses" genannt wird, so hat man K e p h a - l o s als Sonne gefasst. Doch vermögen wir in der Liebe der Eos zum K e p h a l o s als Sonne und seiner Entführung den mythischen Ausdruck nicht zu erklären.

Die Morgenröte gewährt ein Bild rasch in lieblicher Schönheit sich entfaltender, aber in der Blüte vor dem Hauch des Todes erblassender Jugend. Auch dieses Bild kann Anlass gegeben haben zu den Mythen von der Entführung schöner Jünglinge, welche die Eos liebt. Es war trostreich zu sagen, wie es in der Odyssee heißt, den K l e i t o s raubte die goldene Eos um seiner Schönheit willen, damit er u n t e r   d e n Unsterblichen   weile.

Themis

Der Name Themis war, wie erwähnt ist, ursprünglich Beiname der Gäa, der auf Grund gesetzlicher Lebensordnung Orakel erteilenden Erd-Göttin. Diese Eigenschaft ist für sich gesetzt zur Persönlichkeit und als Tochter der Gäa zur Titanin geworden. Auch Aischylos in den Eumeniden nennt sie ein Kind der Gäa, die nach der Mutter den Orakelsitz in Delphi inne halte. Als Orakel erteilende Titanin steht sie allerdings wie alle Titanen im Gegensatz zu dem olympischen Ora-

---

Orion in seinem Auf- und Niedergang zu verschiedener Jahreszeit und seiner Wirkung im Sommer auf das Reifen der Früchte und namentlich des Weins; andere dagegen, vielleicht mit größerer Wahrscheinlichkeit, meinen, es seien in dem wandernden Orion die Schicksale eines alten Volksstammes mythisch wiedergegeben, dessen Repräsentant O r i o n ist.

kelgott A p o l l o n ; doch ist dieser Gegensatz in der Sage kein feind-
licher. Bei Apollons Geburt erscheint sie unter den altehrwürdigen
Göttinnen die bei dem Ereignisse anwesend waren.

Die olympische T h e m i s , die sich zur Göttin der Gerechtigkeit
entwickelte, die zweite Gemahlin des Zeus, muss von der Titanin
T h e m i s unterschieden werden.

Mnemosyne

Die Götter, die Taten und Schicksale des Volkes zu erzählen und zu
besingen, das ist in den Augen der horchenden Menge die Äußerung
einer erstaunlichen Geisteskraft und umso mehr in Zeiten, wo noch
von der Schrift kein Gebrauch gemacht wird, sondern Erinnerung
und Gedächtnis die einzigen Mittel sind, den Sagen- und Mythen-
schatz vom Vater auf den Sohn zu vererben. Die ursprünglich schaffende Kraft, die wir in dem dichterischen Genius bewundern, kommt
noch wenig zur Anerkennung auf der Stufe der eigentlichen Volks-
poesie, da Lieder im Munde des Volkes leben, man weiß nicht woher
noch von wem sie entsprossen sind. Alles ist Erinnerung, Gedächtnis.
Diese geistige, dem Volke imponierende und göttlich erscheinende
Gedächtniskraft ist in der M n e m o s y n e persönlich gestaltet. Sie
ist der Ausdruck für die göttliche Musenkraft der frühesten Stufe der
Volksdichtung, im Gegensatz zu einer entwickelteren Stufe, welche
die o l y m p i s c h e n Musen vertreten, die aus ihr hervorgegangen
sind, und daher ihre Töchter vom Zeus heißen. Um dieses Verhält-
nisses willen ist sie von den theogonischen Dichtern den Titanen
angereiht, gleichsam als titanische Musengöttin ähnlich der Themis,
als Orakel erteilender Göttin.

Das Geschlecht des Iapetos

Die hesiodische Theogonie erzählt: Iapetos führte die schöne Okeanine K l y m e n e heim; sie gebar ihm zuerst den h a r t h e r z i -
g e n   A t l a s , dann den h o c h m ü t i g e n   M e n o i t i o s , den

schlauen, listigen Prometheus und den schwach-
sinnigen Epimetheus, der von Anfang an ein Unheil ward
für die erfinderischen Menschen; denn er war es, der zuerst des Zeus'
jungfräuliches Weibsbild bei sich aufnahm. Den Frevler Menoitios stürzte Zeus mit rauchendem Blitzstrahl ihn treffend in den Erebos hinab wegen seines Frevelmutes und seines hochmütigen Wesens.
Atlas hält, durch harte Notwendigkeit gezwungen, den weiten Himmel an den Grenzen der Erde, dicht neben den Hesperiden stehend,
mit dem Kopfe und den unermüdlichen Armen; das war das Los, das
der weise Zeus ihm zuerteilte. Den schlausinnigen Prometheus
fesselte er mit unauflöslich schweren Banden, mitten durch ihn hindurch einen Pfahl schlagend. Dann trieb er einen langschwingigen
Adler gegen ihn; der zerfleischte seine unsterbliche Leber; es wuchs
aber des Nachts auf allen Seiten ebenso viel wieder an als der lang-
flügelige Vogel den ganzen Tag über verspeiste. Endlich tötete der
schönen Alkmene starker Sohn, Herakles, den Adler, wehrte
dem Iapetioniden die schlimme Krankheit ab und erlöste ihn von dem
Missgeschick, nicht ohne den Willen des olympischen, hochwalten-
den Zeus, damit der Ruhm des Herakles noch größer werde als zuvor
auf der vielnährenden Erde. Das war sein heiliger Wille und dadurch
verherrlichte er seinen ruhmvollen Sohn und wie wohl zürnend, ließ
er ab von seinem Zorn, den er früher immer darüber gehabt hatte, dass
Prometheus mit ihm dem hochmächtigen Kronion hinsichtlich seiner
Absichten in Widerspruch getreten war.

Dies sind in einfachen, großartigen Umrissen die Grundzüge des
Mythos vom iapetischen Geschlechte. Nach der genealogischen
Verknüpfung des Iapetos mit den übrigen Titanen, der sich auch
wie der widerstrebende Teil derselben im Tartaros befindet, muss der
Mythos im Zusammenhange mit der Titanenfabel erklärt werden.
Wir bemerken aber zugleich einen wesentlichen Unterschied zwi-
schen den Söhnen des Iapetos und den Sprösslingen der übrigen
Titanen. Während nämlich diese Titaniden ein Reich meist wohltätig
wirkender Naturmächte darstellten, die wir in vielfache Verbindung
mit der olympischen Götterwelt treten sahen, geraten die Söhne des
Iapetos mit dem olympischen Zeus in einen ähnlichen Widerspruch und Kampf wie die Titanen und erhalten ähnliche Strafen

wie diese. Nur mit P r o m e t h e u s söhnt Zeus sich zuletzt wieder
aus. Was das Altertum und was wir jetzt gewöhnlich unter einer titanischen Natur und titanischem Streben verstehen, das tritt bei den
Iapetossöhnen erst recht eigentlich hervor. Auch werden in mehreren Überlieferungen dieselben an dem Kampfe der Titanen beteiligt
gedacht und den Titanen überhaupt gleich gestellt. Aber es sind diese
Titanensöhne ganz andere Wesen als die übrigen Titanen und Titani-
den. S i e g e h ö r e n n ä m l i c h n i c h t e i n e m R e i c h e t i t a -
n i s c h e r N a t u r m ä c h t e a n, d i e d e r o l y m p i s c h e n
G ö t t e r w e l t f e i n d l i c h e n t g e g e n t r e t e n, s o n d e r n
s i e s i n d d i e g ö t t l i c h e n R e p r ä s e n t a n t e n m e n s c h -
l i c h e r K u l t u r b e s t r e b u n g e n, d u r c h w e l c h e n a c h
a l t e r A u f f a s s u n g d e r M e n s c h m i t d e r G o t t h e i t
i n W i d e r s p r u c h t r i t t, s o f e r n e r d i e E r r u n g e n -
s c h a f t e n s e i n e r F r e i h e i t n i c h t a l s d u r c h g ö t t -
l i c h e G u n s t u n d H i l f e e r w o r b e n a n s e h e n o d e r
a l s e i n G e s c h e n k d e r G ö t t e r betrachten will. Da nun nach
mythischer Auffassung dieser Widerspruch von Seiten des Menschen
gegen die göttliche Ordnung dem Kampfe ähnlich war, den die Titanen gegen die Olympier aufgenommen hatten, so wurden die I a p e -
t i o n i d e n als die göttlichen Vertreter der einseitigen, menschlichen
Kulturbestrebungen den übrigen Titanen eingereiht und es ward eine
im Grunde für sich bestehende Sage mit der Titanenfabel verbunden.
Dass aber die I a p e t i o n i d e n als solche göttliche Wesen, wie oben
erwähnt, anzusehen sind, das ergibt sich unter anderem auch daraus,
dass mit dem Prometheus- und Epimetheusmythos in den ältesten
Quellen eine andere Sage in nahe Verbindung getreten ist, die Sage
nämlich von der P a n d o r a, worin das Übel in der Welt und die Verderbnis der Sitten als eine Folge der durch P r o m e t h e u s den Menschen verliehenen Kultur dargestellt wird. Die Hauptentwicklung des
Iapetionidenmythos schließt sich an P r o m e t h e u s mit seinem
Gegenbild E p i m e t h e u s an. M e n o i t i o s liegt für immer in dem
Erebos. Vom A t l a s sind in den ältesten Überlieferungen nur einige,
freilich sehr bemerkenswerte Züge mitgeteilt, aber ein eigener Mythos
über einen bestimmten Anlass, warum ihm Z e u s die harte Strafe,
den Himmel zu tragen, auferlegte, ist uns nicht überliefert. Er wird ein

hartherziger Gott genannt, der die Tiefen des ganzen Meeres kennt, dessen Dichten und Trachten verderblich ist und der, wie Pindar sagt, dem gleicht, der wie wohl er das Gute zu erkennen trachtet, notwendig fehl tritt und der endlich, wie Pausanias nach einer Sage berichtet, bei Tanagra gesessen hat grübelnd über die Dinge im Himmel und unter der Erde. Nach allem diesen zu urteilen ist in A t l a s die menschliche Natur nach der Seite des Erkennens aufgefasst, eines Erkennens aber, das nicht auf ethischem Grunde ruht und daher ebenso wohl ein Mittel zu bösen Zwecken in der Welt werden kann. Der Mythos fasst dieses von Sittlichen isoliertes Streben als Widerspruch gegen den höchsten Gott und da sich unter ihm dem olympischen Zeus ein Reich der Versöhnung und Harmonie zwischen Göttern und Menschen gebildet hat, so hat er den göttlichen Vertreter jener verderblichen Richtung bestraft und zwar ist die Art der Strafe einer volkstümlichen Anschauung entnommen, nach welcher der Himmel, wenn er nicht herunterfallen soll, gestützt und getragen werden muss, worauf sich die Vorstellung von Himmelssäulen gründet, als welche die Volksphantasie bald Berge, bald das Meer ansieht. Als Träger nun der ungeheuren Last des Himmels büßt A t l a s und zwar an den äußersten Enden der Erde, also in derselben Gegend, die in der religiösen Vorstellung der mythischen Zeit den Gegensatz bildet zum Olymp und Himmel.

P r o m e t h e u s, heißt es in der erwähnten Überlieferung der Theogonie, trat in Widerspruch mit dem Willen des Zeus, machte seine Zwecke denen des höchsten Gottes gegenüber geltend. Dies ist in volkstümlicher Weise so ausgedrückt, P r o m e t h e u s habe den Zeus überlistet und betrogen. Dieser Trug und diese List des P r o - m e t h e u s wird in naiv-populärer Weise einmal in dem Raube des Feuers, das P r o m e t h e u s den Menschen verleiht, und dann durch die Erzählung von der List desselben bei dem Opfer in Mekone veranschaulicht. Indem aber in dieser letzteren Sage der Trug des P r o - m e t h e u s wider den Zeus an ein bestimmtes Lokal geknüpft ist, bekommt der ganze Prometheusmythos eine geschichtliche Wendung. P r o m e t h e u s ist nun der göttliche Vertreter des trotzigen Widerspruches gegen die neuen Götter non Seiten der Menschen, die auf dem überwundenen, veralteten, religiösen Standpunkt verharren und die auf ihre Kultur als ein Erzeugnis ihrer Freiheit pochen, die sie nicht als ein Geschenk der neuen Götter anerkennen wollen. Prometheus raubt das Feuer; das Feuer ist das Symbol der Kultur: Es ist „der Lehrer jeder Kunst den Sterblichen." Diese Kultur ist aber wesentlich eine solche, die eudämonistischen Zwecken dient, die das materielle Wohl der Menschen fördert, bildet also nur die Grundlage für die höhere, ideale Bildung und hat ihre wesentliche Bestimmung darin, dass sie ethischen Zwecken dienstbar wird. Im P r o m e - t h e u s macht die Menschheit diese materielle Kultur als ihre Errungenschaft einseitig geltend und will sich nicht der höheren Ordnung fügen. Daraus entspringt der Hass des Zeus, des höchsten Vertreters einer harmonischen Weltordnung, gegen das widerstrebende Menschengeschlecht. Freilich das Feuer, die Kultur, die Errungenschaft ihrer Freiheit muss Zeus den Menschen lassen. Aber die einseitigen, ethischer Zwecke entbehrenden Bestrebungen der Menschen werden nach der einen Seite durch alle die Qualen bestraft, die ein derartiges Streben in dem Mangel an irgendwelcher Befriedigung und innerer Ruhe mit sich führt. Dieser ganz in dem niederen Wirken und Wollen befangene, ja aufgegangene Menschensinn muss der ewigen Unruhe und den Qualen des Daseins erliegen, wenn er sich nicht seiner höheren ethischen Zwecke bewusst wird. Jene Qualen erleidet Prometheus, da ihn Zeus fesselt und seine Leber, den Sitz der niedrigen Leidenschaften, dem gierigen Vogel Preis gibt. Nach der anderen Seite wird die Menschheit aber durch die mit einer solchen vom ethischen Grunde isolierten Kultur notwendig verbundenen Übel bestraft; denn so klug und vorsichtig, so erfindungsreich und schlau der Mensch auch ist, wie diese Seite im Prometheus hervorgehoben wird, so sehr ist er doch andrerseits der Zufälligkeit Preis gegeben, in welchem Bereiche er durch seine Kurzsichtigkeit tausenderlei bittere Erfahrungen machen muss und sich die mannigfaltigsten Übel zuzieht. Diese Seite des Menschen hat im E p i m e t h e u s in seinem Verhältnisse zur Pandora ihren mythischen Ausdruck gefunden.

Allgemeine und geschichtliche Beziehungen durchkreuzen sich in dem Mythos von den Iapetioniden. Bald ist in P r o m e t h e u s der Menschengeist in seiner der göttlichen Ordnung widerstrebenden Seite aufgefasst, bald ist P r o m e t h e u s nur der Vertreter einer besonderen Entwicklung des griechischen Volkes. Die Vermischung des allgemeinen menschlichen Standpunktes mit dem nationalen oder die Erscheinung, dass eine Nation sich mit der Menschheit überhaupt identifiziert, ähnlich wie noch jetzt häufig Menschheit wieder mit allen Vernunftwesen überhaupt, die Erde für die Welt, der Teil für das Ganze genommen wird, ist eine bekannte Tatsache. Indem also Prometheus nach einer Seite hin der Kulturgott einer titanischen Menschheit ist und diese mit dem olympischen Zeus in Widerspruch tritt, repräsentiert er zugleich die Zeit, welche der Erscheinung eines anderen Repräsentanten des Volksgeistes vorangeht, des H e r a k - l e s . Mit H e r a k l e s ist eine Zeit eingetreten, wo der titanische Widerstand der Menschen gegen die göttliche Ordnung aufhört und wo die Menschheit mit der Gottheit ausgesöhnt ist. Als Mittler dieses Aktes ist H e r a k l e s in seinem Verhältnis zum P r o m e t h e u s anzusehen; er erlöst den P r o m e t h e u s ; in ihm findet der geistig frei sich fühlende, des Adels seiner sittlichen Größe sich bewussten und der Macht und Weisheit der Olympier huldigende und vertrauende Volksgeist seinen mythischen Ausdruck.

P r o m e t h e u s und E p i m e t h e u s sind göttliche Personifizierungen für zwei verschiedene Seiten derselben Menschennatur. P r o - m e t h e u s ' Wirksamkeit ist, wenn sie auf ethischem Grunde ruht, wohltätig und heilsam und führt den Menschen seiner Bestimmung zu; das prometheische Tun an und für sich würde ohne zu irren zum Ziele kommen; aber dem steht die epimetheische Seite der menschlichen Natur entgegen, durch welche der Mensch immer erst hinterher klug wird, also erst, wenn das Übel da ist, seinen Irrtum erkennt. So hat denn auch eigentlich Epimetheus die Schuld, dass so viele Übel im Gefolge der Zivilisation sind. Nicht das Weib (Pandora) ist u n m i t t e l b a r Schuld an den Übeln, sondern sie vermittelt dieselben nur. Die Schattenseiten und Schwächen der weiblichen Natur, welche die Alten mehr als wir hervorheben, sind nach der griechischen Auffassung dem Weibe zur Strafe für die menschliche Schuld überhaupt von den Göttern erteilt.

Der Pandoramythos lautet nach den „Tagen und Werken" des Hesiod folgendermaßen: Der gewaltige Sohn des Iapetos hatte zum Besten der Menschheit heimlich den Zeus das Feuer in einem hohlen Ferulstängel geraubt. „Iapetionide, der du vor allen Rat weißt, du freuest dich das Feuer entwand und meinen Sinn getäuscht zu haben, jedoch dir selber und den künftigen Menschen zum großen Leide. Denn für das Feuer will ich ihnen ein Übel geben, worin sich alle im Herzen erfreuen sollen das eigene Übel umarmend." So sprach er und laut auf lachte der Vater der Menschen und Götter. Da befahl er dem Hephaistos aufs schnellste Erde mit Wasser zu mischen, Stimme und Kraft des Menschen hineinzutun und dem Ganzen die schöne und liebenswürdige Gestalt einer Jungfrau unsterblichen Göttinnen gleich zu geben; sodann heißt er Athene sie Arbeiten lehren, ein kunstvolles Gewebe zu machen, und Aphrodite ihr goldene Anmut ums Haupt gießen und ihr der Sehnsucht Weh und gliederzehrende Liebesschmerzen verleihen; dem Hermes aber gebietet er ihr einen wollüstigen Sinn und berückendes Wesen einzugehen. Die Götter gehorchen ihrem Herrscher. Sofort formte der zwiegliederige Hephaistos aus Erde das Gebilde einer schamhaften Jungfrau auf den Willen des Zeus. Athene gürtete und schmückte die Jungfrau. Die Chariten und die Peitho legten ihr goldenes Geschmeide an und die schön gelockten Horen einen Kranz von Frühlingsblumen; den ganzen Schmuck ordnete dann Pallas Athene; Hermes aber schuf ihr im Herzen Lügen, Schmeichelworte, berückenden Sinn und gab ihr Rede. Dann nannte er das so ausgestattete Weib P a n d o r a (Allgabe), weil die olympischen Götter alle ihr Gaben verliehen zum Leid für die Menschen.

Als nun Zeus den jähen unabwendbaren Trug vollendet hatte, schickte er den schnellen Boten der Götter, den Hermes, zu Epimetheus mit der Pandora zum Geschenke; da bedachte Epimetheus nicht, dass ihm Prometheus gesagt hatte, niemals von Zeus ein Geschenk anzunehmen, sondern es zurückzuweisen, damit den Sterblichen kein Unglück wiederführe. Aber er nahm das Übel an und als er es hatte, da merkte er es. Früher nämlich lebten die Menschen auf Erden frei von Übeln, von Not und schweren Krankheiten, die den Menschen den Tod bringen. Nun aber nahm das Weib mit der Hand von einem Fasse den großen Deckel und schüttelte es aus und ersann traurige Leiden den Menschen; die Hoffnung allein blieb daselbst im unzerbrechlichen Hause drinnen unter des Fasses Rändern und flog nicht heraus. Denn sie legte vorher den Deckel des

Fasses wieder auf nach dem Rat des Zeus. Tausend andere traurige Dinge schleichen nun unter den Menschen umher. Denn voll von Übeln ist Land und Meer und Krankheiten gehen bei den Menschen von selber umher und bringen den Sterblichen Schlimmes, schweigend, denn Zeus nahm ihnen die Stimme. So ist dem Sinn des Zeus nicht auszuweichen.

Der Hauptgedanke in dieser mythischen Erzählung ist der, dass durch die kurzsichtige und erst nach der Tat klug werdende Seite des Mannes und durch die Reize und die Verderbnis des Weibes die Übel in die Welt gekommen sind, während früher ein paradiesischer Zustand herrschte. Dies kann nur bedeuten, dass die Übel in der Welt eine Folge der sozialen Kultur sind, die als ebenso viele Strafen für die den Göttern wiederstrebende Menschheit angesehen werden.

Eine andere Version des Pandoramythos liegt uns in der Theogonie vor, in Verbindung mit den oben gegebenen Grundzügen des Iapetionidenmythos. Der Dichter oder der Zusammenfüger der verschiedenen Fabeln verfolgt aber dabei ganz subjektive Zwecke und das Ganze läuft auf eine Anklage und Schmähung gegen das weibliche Geschlecht hinaus. Auf jene Worte, dass Prometheus mit dem hochmächtigen K r o n i o n hinsichtlich seiner Absichten in Widerspruch getreten sei, folgt die altertümlich naive Erzählung von der Überlistung des Zeus durch den P r o m e t h e u s in Mekone. Als Götter und sterbliche Menschen zu Mekone sich auseinander setzten, da zerlegte P r o m e t h e u s ein großes Rind in Stücke und legte sie vor, den Sinn des Zeus zu überlisten trachtend. Auf die eine Seite nämlich legte er das Fleisch und die inneren Teile mit schönem Fett auf die Haut nieder, es zudeckend mit dem Magen des Rindes; auf die andere legt er die weißen Kochen des Rindes zur trügerischen Kunst gut geordnet hin, es zudeckend mit glänzendem Fett.

Iapetionide, du vortrefflichster aller Herrscher, mein Lieber, wie so parteiisch zerlegtest du doch die Teile!

So sprach spöttisch Zeus, unverwüstlichen Rat wissend. Ihm aber antwortete der krummsinnige Prometheus, im Stillen dabei lächelnd und vergaß nicht der trügerischen Kunst.

Ruhmvollster Zeus, größter der ewigen Götter, so wähle doch, welchen Teil im Innern dein Herz dich heißt. – Trugsinnend sprach er es. Zeus aber unverwüstlichen Rat wissend, erkannte die List und wusste sie sehr wohl. Unglück ersah er im Herzen für die sterblichen Menschen, was sich auch erfüllen sollte. Nun nahm er mit beiden Händen das weiße Fett auf, ergrimmte aber im Innern und Zorn erfüllte sein Herz als er die weißen Knochen des Rindes zur trügerischen Kunst erblickte. Zornig sprach der Wolkenversammler zu ihm:

Iapetionide, der du vor allen Rat weist, mein Lieber, also noch hast du der trügerischen Kunst nicht vergessen!

Nun wird weiter erzählt, wie Zeus zur Strafe für diesen Betrug des Prometheus den Menschen das Feuer vorenthielt, das jener aber raubte und den Menschen zurückgab. Zeus darob heftig erzürnt, ließ durch Hephaistos ein Weibsbild aus Erde machen und durch ihn und A t h e n e dasselbe mit allen Schönheitsreizen ausstatten, so dass Götter und Menschen erstaunten, als sie das schöne Übel, den jähen, den Menschen unwiderstehlichen Betrug erblickten. Denn von diesem Weibe stammt das weibliche Geschlecht ab. Hierauf erfolgten die Klage und die Schmähung gegen dasselbe.

In dieser Erzählung haben wir den merkwürdigen Gedanken, dass das vom Zeus gesandte Weib, welches der Menschheit Leiden und Übel bringt, das hier aber nicht den Namen P a n d o r a erhält, das erste Weib überhaupt sei, während in der zuerst erwähnten Sage P a n d o r a gleichsam nur das erste Weib einer neuen Kulturperiode ist. Dass diese Auffassung des Weibes als Protoplastin im Widerspruch steht mit der vorangehenden Erzählung, nach der schon Menschen vorher da waren, darf uns nicht Wunder nehmen. Denn die auf die Iapetiden sich beziehenden Mythen sind unorganisch miteinander verbunden, da die Zusammenfüger den Sinn derselben nicht mehr verstanden, sondern dieselben in alter Überlieferung benutzten, um ihre ganz subjektiven Zwecke dabei zu verfolgen. Dagegen stimmt eben diese Auffassung ganz überein mit dem späteren bei den Griechen herrschenden Glauben, dass P a n d o r a das erste Weib überhaupt gewesen sei. Und ebenso gilt nun P r o m e t h e u s nicht nur für den, der die Menschen nach der praktischen Verstandesseite hin bildete, sondern auch für den, der dieselben zuerst im eigentlichen Sinne bildete, schuf, ihre Gestalt aus Erde formte. Und dazu kommt, dass I a p e t o s als Urvater des menschlichen Geschlechtes angesehen ward.

Der Prometheus- und Pandoramythos in der zuletzt erwähnten Gestalt ist von jeher mit der mosaischen Erzählung von der Schöpfung des Menschen und dem Sündenfall verglichen. Es dürfte auch nicht unwahrscheinlich sein, dass die Griechen aus ihrer asiatischen Heimat, aber unabhängig von den Semiten, wenn auch in ihren Anschauungen von ähnlichen Gesichtspunkten ausgehend, ursprünglich den ganzen Mythos in allgemeinerer, ethischer Bedeutung entwickelt haben. Später aber auf griechischem Boden bildeten sie denselben um, von dem Bewusstsein aus, das sich über ihr dortiges Leben entwickelt hatte und indem der Mythos mit der Titanenfabel in Verbindung gebracht ward, wurde er vollständig lokalisiert, so dass die Urbedeutung nur noch in schwachen Strahlen durch die lokalisierte Prometheus- und Pandora-Sage hindurchschimmert. Am tiefsten hat die so gestaltete Sage A i s c h y l o s in seiner dramatischen Trilogie, welche dieselbe zum Gegenstand hat, aufgefasst; doch ist nur das mittelste Stück, „der g e f e s s e l t e P r o m e t h e u s", von dem großen Werke erhalten.

In der Nähe von Athen finden wir später Prometheus als Feuergott verehrt. In der Akademie war ihm ein Altar geweiht. Von diesem Altar aus bis zur Stadt wurde bei feierlichen Anlässen ihm zu Ehren ein Wettlauf mit Fackeln gehalten. Wer mit brennender Fackel das Ziel erreichte, trug den Preis davon. Der Erste, dessen Fackel unterwegs auslöschte, trat seine Stelle dem zweiten, dieser die seinige dem dritten ab und so fort; wenn alle Fackeln verlöschten, so trug keiner den Sieg davon.

Der Auffassung des P r o m e t h e u s in der Sage als Menschenschöpfers entsprechend, ist er auf den alten Kunstwerken ganz wie der bildende Künstler dargestellt, so wie auch auf dem hier beigefügten Umriss nach einem antiken, geschnittenen Steine, wo zu seinen Füßen eine Vase und vor ihm ein menschlicher Torso steht, den er so wie jene aus Thon gebildet und dessen Vollendung er zum einzigen Augenmerke seiner ganzen Denkkraft gemacht zu haben scheint. Auf der zweiten Abbildung sitzt er mit der nach einer Sage an dem Sonnenfeuer angezündeten Fackel in der Hand, über der ein Schmetterling schwebt, welcher den beseelenden Hauch andeutet, wodurch die tote Masse belebt wird; der bildende Künstler ist zum Schöpfer geworden; seine Bildungen werden ihm gleich.

Als Dulder ist er abgebildet auf dem dritten Umriss, die Hände auf dem Rücken gefesselt, sitzend, an den Felsen geschmiedet, mit dem Adler auf dem Knie. Die vierte Abbildung soll nach Moritz' Deutung die Pandora darstellen, wie sie die Büchse (?) eröffnet, woraus das Unglück über die Menschen kommt. Moritz' Deutung ist jedoch fraglich. Ich habe sie aber nicht aufgeben mögen, da andere Erklärungen kaum minder zweifelhaft sind.

An den Mythos von dem als Himmelsträger für sein ungemessenes Streben büßenden Titaniden A t l a s haben sich sehr verschiedene fabelhafte Sagen angeknüpft. Nach einer arkadischen Sage war er mit der O k e a n i n e P l e i o n e vermählt, die ihm auf dem Gebirge Kyllene die sieben Plejaden (das Siebengestirn) gebar; sie heißen T a y - g e t e , E l e k t r a , Alkyone, A s t e r o p e , K e l a i n o , M a i a und M e r o p e . Man dichtete, diese Töchter, voll Schmerzes über das unglückliche Los des Vaters, seien vom Zeus als Sterne an den Himmel versetzt. Die Plejaden waren ein Schiffergestirn, da mit ihrem Aufgange die Schifffahrt begann und mit dem Untergange aufhörte. Der in der Sage bekannte Ausspruch des Homers vom A t l a s , dass er die Tiefen des ganzen Meeres kenne, also gleichsam ein Seekundiger sei, konnte leicht Anlass zu jener Sage geben. –

Die Euhemeristen, nach denen die Götter ursprünglich Menschen waren, die aber wegen ihrer Verdienste um das Wohl der Menschheit zu Göttern erhoben wurden, machen den A t l a s zu einem König der Westländer am Okeanos, der zuerst die a s t r o n o m i s c h e Wissenschaft verbreitet habe und von dem man daher bildlich sage, dass er den Himmel aus seinen Schultern trage. Philosophen erklärten den A t l a s bald als eine beseelte Kraft, mit der der Himmel sich in sich trägt, bald als die Weltachse.

Auch ist, wie es scheint, schon frühe von den Seefahrern der Name des A t l a s als des Himmelsträgers auf das Gebirge in Afrika übertragen, von welchem Herodot erzählt, die Bewohner desselben hätten es die Himmelssäulen genannt und sie selber hießen A t l a n t e n . Ritter I. S. 894 sagt: „Merkwürdig ist die geringe Breite der hohen A t l a s k e t t e , deren schmales Bergjoch, seitwärts gesehen, den alten Küstenfahrern wie eine einzeln stehende lustige Himmelsstütze erschien." – So gab es denn auch eine Insel A t l a n t i s , auf der A t l a s der erste König war, und das Meer außerhalb der Säulen des Herakles wird schon bei Herodot das A t l a n t i s c h e genannt. Um die Sage von dem König A t l a s und dem Berg A t l a s zu vereinigen, lässt man ihn P e r s e u s , den er ungastlich aus seinem Reiche weist, durch das Medusenhaupt zu einem Berge versteinern.

Kronos und Rhea

Die theogonische Dichtung hat, indem sie den inneren Gegensatz in der religiösen Entwicklung einen mythischen Ausdruck gab, die besiegten Götter mit Namen belegt, die wir teils als erdichtete Potenzen zu fassen haben, teils aber als wirklich verehrte, göttliche Wesen. Z e u s K r o n i o n war, wie bemerkt ist, ursprünglich ein

Sohn der Ewigkeit und der patronymische Beiname also im unei-
gentlichen Sinne zu fassen. Die Theogonie nahm K r o n i o n im
eigentlichen Sinne und so ward K r o n o s Vater des Zeus und damit
des gesamten Göttergeschlechts. Als die Mutter des Zeus und der
Götter konnte aber nach griechischer Auffassung keine geeigneter
sein als die „Mutter Erde", „die große Mutter", „die Mutter der Tiere,
der Menschen und Götter". So ward G ä a in der Theogonie eines
der Urwesen und die Erdgöttin verwandter Stämme, die R h e a , die
Mutter der olympischen Götter. Die mythische Forschung hat über
den Ursprung des Rheakultus und namentlich über das Verhältnis
der R h e a zur K y b e l e , die man für dieselbe mit jener hält unter
dem Namen R h e a K y b e l e , noch wenig mit voller Sicherheit
ermittelt. Die mit der Göttin verknüpften und ihrem Dienste ange-
hörenden Wesen wie K o r y b a n t e n , D a k t y l e n und K u r e -
t e n werden sehr verschieden erklärt. Wir werden aber nicht fehl
gehen, wenn wir zunächst auf P h r y g i e n als das Land zurückge-
hen, worin der Kult der Erde sich zuerst eigentümlich entwickelt hat.
Denn der Norden Kleinasiens, namentlich die Landschaft P h r y -
g i e n ist, wie das nach den neueren Forschungen wohl kaum einem
Zweifel unterliegt, lange Zeit die Heimat des gräco-italischen Zwei-
ges der großen indogermanischen Sprachfamilie nach der Trennung
derselben gewesen. Von hier aus trennte sich das Volk aufs Neue in
den italischen und griechischen Stamm und von hier aus zogen teils
über den Hellespontos von Norden, teils von Kleinasien übers Meer
in zwei großen Stämmen, Dorier und Jonier, nach Griechenland. Die
nachbleibenden Stämme blieben aber hinter ihren ausgewanderten
Landsleuten in der Entwicklung weit zurück. In Phrygien nun war
das Volk der Verehrung der g r o ß e n M u t t e r E r d e gänzlich
hingegeben und zumeist in dem bereits erwähnten Sinne der Erde
als der ewigen Gebärerin der Pflanzen- und Blütenwelt, die aber in
ihrem ganzen Schmucke bald wieder in den mütterlichen Schoß
zurück sinkt, zur Freude und zum Schmerze der Menschenkinder.
Der mythische Ausdruck für diesen Hergang in der Natur ist in dem
Verhältnis eines früh verstorbenen Lieblings zur Mutter Erde gegeben. Es war indes das Naturleben nicht die ausschließliche Seite,
welche das Volk an der Mutter Erde auffasste; auch das animalische

Leben war bedingt durch die Gaben der Erde; alle Tiere, vor allem der majestätische Löwe, huldigen gezähmt der großen Mutter. Ferner knüpfte sich die Verehrung der Erde an die Fürsorge der gütigen Mutter, mit der sie den Menschen gleichsam freigebig die geeigneten Punkte darbot, zur Anlage von Städten und Burgen, die sie trägt und hält. So ward sie Göttin der Städte und städtischer Kultur.

Ihr Dienst aber blieb immer orgiastischer Natur. Rauschende, wilde Musik von Flöten und Becken, von Cymbeln und Pauken ertönte an ihren Festen; Jubelgeschrei und Zurufe, wobei man mit den Füßen auf die Erde stampfte und tanzte, erfüllten die Lüfte; in zügelloser Lust durchschwärmten die Verehrer der großen Mutter Wald und Gebirge und ihr fanatischer Taumel stieg bis zur Selbstverstümmelung.

Den Dienst der Erdgöttin finden wir über den ganzen nordwestlichen Teil Kleinasiens verbreitet. Von Phrygien kam durch Kolonisierungen dieser Kult nach Kreta; die Göttin trug dort den Namen R h e a , ihre Umgebung waren die K u r e t e n . Der Name, den dort der Sohn der R h e a hatte, ist uns unbekannt geblieben, vermutlich deshalb, weil schon früh an die Stelle desselben der t h e o g o n i - s c h e Z e u s als Sohn der R h e a trat, an dessen Geburt sich die bereits oben erwähnte Legende knüpfte (S. 8).

Das Verhältnis der mythischen Persönlichkeit des A t t e s oder A t t i s zur großen Mutter, in dessen Selbstverstümmelung in derb-naiver Auffassung das Verblühen der schönen Frühlingsvegetation wiedergegeben wird, hat die Volksphantasie in verschiedener Weise gestaltet. Nach der indischen Legende war er der erste, der den Kult der R h e a lehrte und verbreitete. Die ältesten Züge der Sage sind uns beim Pausanias und Arnobius aufbewahrt. Nach der Erzählung beim O v i d war A t t i s ein schöner phrygischer Jüngling, den die Göttin K y b e l e sich zu ihrem Liebling erkor. Er verließ seine väterlichen Fluren und eilte in die phrygischen Wälder, um dem Dienste der strengen und keuschen Göttin sich ganz zu widmen. Als er sich aber einst gegen das Gebot der großen Mutter von den Reizen der schönen Nymphe S a g a r i s hinreißen ließ, brach über ihn und den Gegenstand seiner Liebe der Zorn der Göttin aus. Er selber bestrafte sich durch Entmannung und musste durch immer wiederkehrende Anfälle von Raserei für sein Vergehen büßen. – Eine schöne Dichtung C a t u l l s stellt ihn dar am Ufer des Meeres stehend, und eine kleine Weile seines Bewusstseins mächtig, sehnsuchtsvoll nach dem entfernten Ufer hinüberblickend, wo er im Schoße seiner Eltern und mit seinen Gespielen der Kindheit süßen Traum verlebte. Aber ihm näherte sich die Göttin auf ihrem mit Löwen bespannten Wagen und plötzlich ergreift den A t t i s wieder rasende Wut; er eilt des Berges waldigen Gipfel hinauf, um alle Tage seines Lebens in weibischer Weichlichkeit der mächtigen Göttin zu dienen.

Der orgiastische Kult der großen Mutter fand auch in Griechenland Eingang, doch erst in der historischen Zeit, nach der gewöhnlichen Annahme bald nach den Perserkriegen. Dass der aufgeklärte und gebildete Teil der Nation geringen Anteil an demselben nahm und verächtlich auf die Bettelpriester der großen Mutter herabsah, ist erklärlich. – In der phrygischen Stadt P e s s i n u s , dem Hauptsitze des Dienstes der K y b e l e , befand sich in ihrem Tempel ein der Göttin heiliger kleiner, schwarzgrauer, unebener, spitziger Stein, der die rohen Umrisse eines Gesichts zeigte, also ein sogenanntes Naturspiel. Dieser Stein wurde mit dem Dienste der großen Mutter im Jahre 205 v. Chr. nach Rom gebracht und noch in den ersten Jahrhunderten des Christentums war der Kybeledienst über das ganze römische Reich verbreitet. Die Verehrung der christlichen Mutter Gottes hat sich vielfach an die der heidnischen Göttermutter angeschlossen.

Die unten folgende Abbildung der großen Mutter ist nach einem antiken, geschnittenen Steine aus der Stoschischen Sammlung, worauf die Göttin dargestellt ist auf einem Löwen reitend, das leuchtende Gestirn zu ihrer Rechten, zu ihrer Linken den gehörnten Mond, die Handpauke nahe am Haupte haltend und gleichsam auf das Getöse lauschend.

Dass der späteren Geringschätzung des Kybeledienstes und der Kybe-
lepriester gegenüber die kretische Göttermutter unter dem Namen
R h e a ursprünglich bei den Griechen des europäischen Festlandes,
unter denen der theogonische Mythos entstand, als eine alt ehrwürdige Göttin in hohem Ansehen stand, beweist ihre Aufnahme in die
theogonische Dichtung als Göttermutter. Zum K r o n o s hat sie
ursprünglich keine Beziehung.

K r o n o s ist bei Homer und Hesiod mit den gestürzten Titanen
im Tartaros, wo sie sich weder des Sonnenlichtes noch der freien
Luft erfreuen. Mit diesem konsequent entwickelten Mythos von dem
gestürzten Götterbeherrscher stehen die Sagen im Widerspruch, die
uns melden, dass unter des K r o n o s Herrschaft jener paradiesische
Zustand waltete, der unter dem Namen des g o l d e n e n W e l t a l -
t e r s bekannt ist und zu dessen Erinnerung alljährlich das Fest der
„K r o n i e n“ gefeiert wurde und ebenso, dass K r o n o s als König
über die Seligen in E l y s i u m herrscht. Diese Widersprüche in Verbindung mit dem Umstande, dass an einigen Orten in Griechenland,
wie in Athen und Olympia, K r o n o s mit R h e a wirklich verehrt
wurde, deuten uns an, dass in dem Glauben an K r o n o s und sein
Weltregiment in späterer Zeit eine große Umwandlung erfolgt ist. Es
hat sich nämlich in der nachmythischen Zeit, wie wir schon mehr-
mals angedeutet haben, im Glauben das Streben geltend gemacht,
Gegensätze in der Götterwelt, welche der Mythos schroff und unver-
söhnlich hingestellt hatte, zu vermitteln und auszugleichen und dies
geschah auch mit K r o n o s in seinem Verhältnisse zum Zeus und
dessen Götterregiment. Als nämlich mit der fortschreitenden Auf-

klärung und Bildung, namentlich mit dem Anfange der philosophischen Spekulation der Glaube an die überkommene Welt menschlich gestalteter Götter anfing, wenigstens bei dem gebildeten Teil der Nation, zu wanken, suchten namentlich die Dichter als die Sprecher des allgemeinen Volksbewusstseins, um die individuellen Götter der allzu großen Ähnlichkeit mit dem kreatürlichen Dasein zu entheben und sie dem Volke in ehrfurchtsvollere Ferne zu rücken, die ehemaligen Naturseiten der Götter wieder hervor, so dass man sagen kann: Je mehr der Glaube an die o l y m p i s c h e n Götter anfing erschüttert zu werden, umso mehr stiegen die alten noch ganz in der Natur wurzelnden t i t a n i s c h e n Götter. So konnte sich leicht, da K r o - n o s der Herrscher und Repräsentant jener Naturgötter war, die Vorstellung bilden, als sei die Zeit der Herrschaft des K r o n o s eine Zeit uralten, schlichten, einfachen Glaubens gewesen. Man vergaß geflissentlich den alten Mythos von dem Kampfe und dem Widerstand der Titanen gegen die olympischen Götter, da diese letzteren nun selber ein Gegenstand der Bekämpfung von Seiten eines Teils der Nation wurden. Die alte Zeit unter K r o n o s kam in dem Maße zu Ehren, dass man sogar keinen Anstand nahm, das goldene Weltalter, an das man nach alter Sage glaubte, in dieselbe zu verlegen und das zur Erinnerung an die paradiesische Zeit gefeierte und mit einem ebenso alt hergebrachten Ernte- und Dankfest verbundene Fest nach dem K r o n o s „K r o n i e n" oder das K r o n o s f e s t zu benennen. Man ging aber noch weiter. Alle Titanen wurden nach P i n d a r und A i s c h y l o s aus dem Tartaros vom Z e u s befreit und auf die Inseln der Seligen versetzt, wo die Heroen weilten. K r o n o s ward ihr König und herrscht nun in Elysium, das Bild eines glückseligen Alten.

Soweit es uns namentlich durch sprachwissenschaftliche Forschungen vergönnt ist, in die Urnacht der religiösen Entwicklung der Völker einige Blicke zu tun, erkennen wir, dass bei solchen Völkern, bei denen, wie wir annehmen müssen, die Auffassung des Göttlichen überwiegend durch die Phantasie vermittelt ward, neben dem Glauben an die Gottheit als höchstes, unsichtbares, von allem gewordenen Sein unterschiedenes Wesen, eine Vergötterung solcher Naturmächte und Naturerscheinungen erwachsen ist, deren Wirksamkeit eine das

Leben bestimmende und beherrschende war. Bis zu einer gewissen Stufe sind daher die Götter der Natur bei solchen Völkern einander ähnlich. P l a t o spricht im Kratylos die richtige Ansicht aus, dass die ersten Bewohner Griechenlands nur diejenigen für Götter hielten, die zu seiner Zeit noch die Götter vieler Barbaren waren, Sonne, Mond, Erde, Gestirne und Himmel. Aus diesen Naturgöttern haben die H e l l e n e n sich allmählich ein Reich menschengestaltiger göttlicher Persönlichkeiten geschaffen, welche zu den wesentlichen Seiten des Lebens in nahe Beziehung treten; aber des Ursprungs dieser gottmenschlichen Götter aus der Natur blieb das hellenische Bewusstsein stets eingedenk. Betrachten wir nun die titanischen Götter als die Götter der Natur im Gegensatz zu den persönlichen, idealen Olympischen Göttern, so kann man sagen, dass die Götter vieler Barbaren, von denen Plato spricht, auf der Stufe titanischer Mächte beharrten. Daher ist es nicht zu verwundern, dass wegen der ursprünglichen Wesensgleichheit aller polytheistischen Götter Griechen und Römer überall, wo sie Götter fremder Völker kennen lernten, sofort die Namen ihrer eigenen Götter auf die fremden übertrugen. Schon früh, namentlich auf Kreta, lernten die Griechen den phönizischen Gott M o l o c h und dessen Menschenopfer kennen. Sie hielten ihn später für denselben mit dem Titanen K r o n o s , der ja auch eine alte Zeit und eine überwundene religiöse Periode vertrat, in welcher von den Griechen gleichfalls Menschenopfer dargebracht wurden. Als die R ö m e r den Kronos und dessen Sagen kennenlernten, fanden sie Vergleichungspunkte zwischen ihm und ihrem alten italischen Gott S a t u r n u s , dem ein ähnliches Fest, „S a t u r n a l i e n", wie dem Kronos gefeiert wurde, und beide galten später für dieselben, so dass es in einer Sage beim Vergil heißt, S a t u r n u s sei vor dem Zeus fliehend nach Latium gekommen.

So ist er auf einer alten Gemme, wovon hier der Umriss beigefügt ist, mit der Sense in der Hand auf dem Vorderteile eines Schiffes sitzend abgebildet. Neben dem Schiffe sieht man einen Teil einer Mauer und die Mauer überragend einen Tempel mit einem Götterbilde; denn zu Schiffe kam er die Tiber herauf und baute an deren Ufern eine Stadt (Saturnia). – Die folgende Abbildung zeigt den Gott in seiner üblichen Darstellung, nämlich mit verschleiertem Hinterhaupte und

mit der Harpe. Die ihm beigegebene Kugel ist das Symbol der Weltherrschaft und ward von den römischen Kaisern als solches ebenfalls angenommen, von denen es auf die römischen Kaiser deutscher
Nation als Reichsapfel überging.

Dritter Abschnitt

Zeus

Dem Namen Zeus liegt sprachlich eine Wurzel zu Grunde mit der Bedeutung „glänzen", „hell sein". Der „glänzende", „helle" ward die Bezeichnung des lichten Himmels als der Wohnung des ewigen, unsichtbaren Gottes, aber auch des höchsten Wesens selber, ähnlich wie wir noch häufig Himmel für Gott sagen. Nach den bereits gegebenen Andeutungen von der Entwicklung des hellenischen Zeus soll dieselbe in folgenden Hauptkulten desselben veranschaulicht werden.

1. D e r d o d o n ä i s c h e Z e u s. Die Gegend, in welcher wir zuerst im europäischen Griechenland den Kult des Zeus als des höchsten Wesens in alter, schlichter Einfachheit zur nationalen Bedeutung entwickelt sehen, ist die Landschaft E p i r u s. Dort in der Gegend des Sees von Joannina war ein Bezirk H e l l o p i a genannt, der nach einer alten Schilderung schöne Wiesen und einen Reichtum an Rinder- und Schafherden hatte. Das Land war stark bevölkert und in dem Volke gab es eine Menge wohlhabender Herdenbesitzer. Hier am Fuße des Berges T o m a r o s, am waldigen Ufer des Sees, lag D o d o n a, eine heilige Stätte des Z e u s, mit der uralten, hohen, dem höchsten Gotte heiligen Eiche, aus deren Rauschen man die Stimme des ewigen, unsichtbaren Gottes vernahm, zu dessen Preis man sang: „Zeus ist, Zeus war, Zeus wird sein." Um seinen Altar standen Dreifüße, „zum Zeichen dass er zuerst die Feuerstätten der Häuser und Gemeinden

72

zu einer Genossenschaft um sich geeinigt habe."[2] Die Umwohner des Heiligtums hießen „S e l l o i", die den Willen des Zeus aus der Eiche und dem Murmeln einer heiligen Quelle zu deuten verstanden. Auf ihre einfache, strenge Lebensweise deutet wahrscheinlich das, was Achill in seinem Gebete an den dodonäischen Zeus von ihnen sagt, dass sie mit ungewaschenen Füßen auf dem Erdboden lagern. Hier holten sich in alter Zeit die Erdbewohner alle Orakel; und bei jedem Orakel wurde das Gebot eingeschärft, dem für die Landeskultur wichtigen, heiligen Fluss A c h e l o o s zu opfern.

Ursprünglich war der ewige, großmächtige Zeus in D o d o n a allein verehrt; sodann trat in alter Zeit seine Tempelgenossin und Gemahlin ihm zur Seite in der Erdgöttin D i o n e , deren Name „die Himmlische" bedeutet, als Beiname der Mutter Erde in ihrer Beziehung zum Himmel. Der Kult dieser Göttin ist vermutlich durch kleinasiatische Griechen auf deren Ansiedelungen in Epirus mehrere Stadt- und Flussnamen in der Küstengegend deuten, nach D o d o n a verpflanzt. Der D i o n e als der Göttin des fruchtbaren Erdreichs, zu deren Preis ein zweiter, an den alten S. 13 erwähnten Vers hinzutrat, „die Erde bringt Früchte hervor, drum nennet Mutter die Erde", war die Taube heilig, die sich nun gleichfalls aus der Eiche prophetisch vernehmen ließ. Nach der Taube hießen auch die Priesterinnen der D i o n e T a u b e n , „P e l e i a d e n". Herodot, der den Ursprung der meisten griechischen Götter auf Ägypten zurückführt, erzählt uns eine Stiftungslegende des Taubenorakels. Aus Theben in Ägypten nämlich seien zwei Tauben des Zeus entflohen, wovon die eine sich nach Lybien, die andere nach Dodona wandte, um Zeus Ratschlüsse den Menschen kund zu tun. Darin liegt die Herkunft der D i o n e aus der Fremde angedeutet; aber nicht aus Ägypten kam sie, nach der falschen Voraussetzung Herodots, sondern durch griechische Ansiedelungen aus dem Morgenlande.

Wahrscheinlich erst in späterer Zeit ward neben der alten einfachen Weise, die Stimme Gottes zu vernehmen, im dodonäischen Heiligtum auch aus „tönendem Erze" geweissagt; es waren zwei Säulen errichtet, auf der einen befand sich ein ehernes Becken, auf der anderen

---

2   E. Curtius, Griechische Gedichte, I. 85. Berlin 1857.

die Bildsäule eines Knaben mit einer metallenen Rute, die der Wind bewegen konnte und welche, so oft sich nur ein Lüftchen regte, an das helltönende Becken schlug. So also wurde aus dem Getöne des Erzes prophezeit. – Es war der wechselnde Hauch der alles umströmenden Luft, deren geheime Sprache man durch das sanft berührte Metall zu vernehmen lauschte. Es war die umgebende sprachlose Natur, womit der Mensch sich gleichsam in vertraute Gespräche einzulassen und künftige Ereignisse, die sich in ihr bilden, von ihr zu erforschen wünschte. – Die Deutung aus einem zufälligen Getöne ist der natürlichste Anfang der Orakelsprüche, weil das Gemüt ohnedies geneigt ist, dem Klange, den das Ohr vernimmt, die Wünsche des Herzens unterzulegen, die gern aus jedem Geräusche wiederhallen. Auch war es kein Wunder, dass die Sehnsucht, irgendeinen Wunsch so gut als erfüllt zu wissen, sich willig täuschen ließ. Selbst aus den Höhlungen der Bäume in dem dodonischen Walde ließen die Priester ihre Orakelsprüche hören, welches die Dichtung in die Fabel kleidet, dass die dem Zeus geweihten Eichen selbst geredet und die Zukunft enthüllt haben. Die immer tätige Phantasie suchte auch hier das Leblose zu beleben. Die gegenwärtige Gottheit erfüllte den ganzen ihr geweihten Hain und jedes Rauschen des Blattes war bedeutend.

Mit dem Einfluss, den die Sehersprüche des A p o l l o n gewannen, womit eine höhere Stufe der Mantik beginnt, verlor das alte Orakel an Geltung. Im dritten Jahrhundert hörte es ganz auf; ein Illyrier fällte die heilige Eiche.

Um D o d o n a war das älteste Hellas; es wohnte dort der Stamm, S e l l o i oder H e l l o i, dessen Name der Gesamtname (H e l l e - n e n) der vielen Stämme ward, und ebenfalls die G r a i k o i (Griechen), mit welchem Namen die Hellenen von den Italikern benannt wurden. Aus Epirus wanderten in frühen Zeiten einzelne Stämme über den Pindus nach Thessalien, die dem epirotischen Zeusdienst treu ergeben blieben, wie A c h i l l in dem erwähnten Gebete an den pelasgisch-dodonäischen Zeus beweist. Unter dem Beinamen „H e l l e n i o s" ward der Kult des dodonäischen Zeus von den aus Thessalien eingewanderten Äakiden auf Ägina ausgeübt. Äakus ward mythisch der Sohn des Z e u s und der Inselnymphe Ägina. Dieser hellenische Zeus, ursprünglich von dem einen Stamm der Hellenen unter vielen verehrt, ward später zum Z e u s P a n h e l l e n i o s oder dem allhellenischen, als der Stamm Hellenen auf die ganze griechische Nation im Gegensatz zu den Barbaren übertragen ward.

2. D e r l y k ä i s c h e Z e u s i n A r k a d i e n. Uralten Dienst des höchsten Gottes finden wir ferner besonders charakteristisch ausgebildet in Arkadien, dessen Bewohner wegen der rings durch Gebirge eingeschlossenen Landschaft am wenigsten unter allen griechischen Stämmen durch spätere Umwälzungen berührt wurden. Auf den ungestörten Besitz ihres Landes waren die Arkadier nicht wenig stolz; sie seien schon, behaupteten sie, vor dem Monde dort gewesen, weshalb sie sich V o r m o n d l e r, Proselenoi, nannten. Im südwestlichen Teil der Landschaft lag das Gebirge L y k a i o n, das die Bewohner auch die heilige Höhe nannten. Auf dem obersten Gipfel desselben, von dem man den größten Teil des Peloponnesos übersah, war ein Erdaufwurf, der Altar des Z e u s L y k a i o s, das ist des Z e u s im Lichte, also des Licht- und Himmelsgottes. Zwei Säulen, nach dem Aufgang der Sonne gekehrt, erblickte dort Pausanias; auf denselben waren vergoldete Adler. Der Adler war der dem Zeus heilige Vogel. Auf dem Altar wurde – wir wissen nicht genau, wie lange der unmenschliche Brauch gedauert hat –zu gewissen Zeiten im Geheimen dem Gotte ein Kind geopfert. Auch war auf dem Berg ein heiliger Bezirk des Gottes, den kein Mensch betreten durfte; wer aber das Gebot missachtete, der durfte kein Jahr mehr leben; auch verloren dort Menschen wie Tiere ihren Schatten. Ferner war auf dem heiligen Berge eine Quelle, namens H a g n o, die „Reine." Verdorrten durch lang anhaltende Dürre Saaten und Bäume, dann betete der Priester des Zeus zu dem Quellwasser, senkte einen Eichenzweig auf die Oberfläche desselben und bewegte es; dann stieg vom Wasser ein Nebel empor, woraus sich eine Wolke bildete, die wieder andere Wolken anzog, aus denen dann der längst ersehnte Regen niederträufelte. – In dem Kult des Z e u s L y k a i o s erblicken wir einen in Folge priesterlichen Einflusses streng ausgebildeten Gottesdienst. Menschenopfer kommen aus alter Zeit hin und wieder, im Ganzen jedoch selten vor. Im Zeusdienst hatte unter anderen das Geschlecht des A t h a m a s in I o l k o s die Pflicht, Menschen zu opfern, weshalb Zeus dort den Beinamen „L a p h y s t i o s", „der Verschlinger", hatte, in welchem sich

höchst wahrscheinlich der Unwille des Volks in derber Weise kund gab. Ähnlich ist in der Sage von dem Menschenopfer, das dem Z e u s L y k a i o s dargebracht wurde, die verurteilende Volksstimme nicht zu verkennen. L y k a o n, ein pelasgischer, altgriechischer König, so lautet die Sage, schlachtete dem Zeus zuerst ein Kind und besprengte mit dessen Blut den Altar; dafür ward er aber sofort nach dem Opfer in einen Wolf verwandelt. Dies weiter ausspinnend setzt die Sage hinzu, es würde jedes Mal einer der Menschen nach dem Opfer für den Zeus zum Wolfe; enthalte sich dieser Wolfmensch zehn Jahre lang des Genusses von Menschenfleisch, so würde er nach Ablauf dieser Zeit zum Menschen; wenn nicht, so bleibe er ein Wolf sein ganzes Leben lang. Mitwirkend bei dieser Sage war auch der Umstand, dass der Beinamen L y k a i o s, Lichtgott, eine scheinbare Ähnlichkeit mit einem Wort hat, das im Griechischen Wolf bedeutet (Lykos), so dass Zeus als Lichtgott irrtümlich aufgefasst wurde als Wolfsgott.

Es ist leicht zu denken, dass auf frühester Stufe der Entwicklung das Volk in Notzuständen, in der Angst des Herzens, um den vermeintlichen Zorn der Gottheit zu versöhnen, auf den Wahn verfällt, das Edelste und Kostbarste, ein Menschenleben, zu opfern. Auch bei den Hellenen ist solches geschehen. Aber dank dem milden, nach freier, schöner Menschlichkeit ringenden hellenischen Volksgeiste; schon die frühesten Äußerungen dieses Ringens waren stark genug, um die unmenschliche Sitte im Keime zu ersticken und damit die Bildung eines die freie Entwicklung hemmenden Priestertums zu verhindern.

3. D e r   t h e o g o n i s c h e   o d e r   d e r   i n   K r e t a   g e b o - r e n e   Z e u s. Ein großer Unterschied ist zwischen dem unsichtbaren, ewigen, ohne Bild und Tempel verehrten Himmelsgott Zeus, dem Kroniden im bildlichen Sinne, wie wir ihn in Dodona und aus dem Lykaion kennen und wo sonst noch Spuren uralten Zeusdienstes vorkommen, wie z.B. in Athen und Elis, und dem in K r e t a   g e b o - r e n e n   Zeus (Kretagenes), dessen Grab gleichfalls in Kreta gezeigt wurde. Eine lange Zeit mythischer Entwicklung liegt zwischen ihnen. Neben dem ursprünglich im Glauben vorgestellten all-einen Göttlichen hat sich eine immer größer werdende Vielheit von Göttern gebildet, doch so, dass sich beides, das Eine und das Vielgöttliche, nicht ausschließt, sondern nebeneinander im Bewusstsein erhält und in ver-

schiedener Weise zu vermitteln gesucht wird. Die vielen Götter haben aber im Verlauf der Zeit eine Veränderung ihres Wesens im religiösen Bewusstsein erlitten. Aus bild- und namenlosen Naturgeistern sind allmählich vermenschlichte, individuelle Göttergestalten geworden. Das Bewusstsein von diesem Andersgewordensein der Götter führt zu dem Mythos von verschiedenen Götterreichen, die aufeinander folgen, und Zusammenhang in diese Vielheit zu bringen und alle Götter ihrem Ursprunge nach abzuleiten, ward die Aufgabe des t h e o - g o n i s c h e n M y t h o s. Dass die Götter aus der Materie hervorgegangen und wie Menschen geboren seien, ward mehr und mehr der Volksglaube, so dass Pausanias den charakteristischen Ausspruch tun konnte: „Alle aufzuzählen, hätte man dazu auch Lust, welche behaupten, Zeus sei bei ihnen geboren und erzogen, ist unmöglich." Während nun das theogonische System die phrygische Erdgöttin R h e a als Gemahlin des K r o n o s aufnahm und sich der Mythos vom Verschlingen seiner Kinder und der Rettung des jüngsten zum Herrscher bestimmten Sohnes in Böotien ausbildete, schloss sich an die Geburt und die Erziehung dieses Kindes die schon erwähnte Legende, deren Heimat, wie bemerkt, K r e t a war. Hier auf Kreta war derselbe Kult der großen Mutter mit dem Frühlingsgott verbreitet, wie wir ihn in Phrygien kennen gelernt haben. Dieser Naturgott ward auch „V a t e r " genannt und als der höchste Gott neben der Mutter verehrt. Beide Merkmale reichten hin, um den K r o n i d e n mit diesem in Kreta geborenen Gotte zu verschmelzen und beide für dieselben auszugeben. Bei der Volksmenge in Griechenland fand der Mythos von der Geburt des Zeus den größten Beifall, namentlich rühmten sich die Arkadier die Geburtsstätte des Zeus in ihrem Lande aufweisen zu können. –

So war denn das religiöse Bewusstsein der Griechen beherrscht von einem doppelten Glauben, dem Glauben an den a u f d e n h ö c h s t e n B e r g g i p f e l n v e r e h r t e n, e w i g e n, u n s i c h t b a r e n, h ö c h s t e n Z e u s u n d a n d e n i n d i e K r e a t u r h e r a b g e z o g e n e n g e b o r e n e n Z e u s. Hieraus ergibt sich für die Darstellung des Zeus eine dreifache Beziehung, Z e u s nämlich in der N a t u r, in der M e n s c h e n w e l t und in der G ö t t e r w e l t.

Z e u s i n d e r N a t u r. Durch die ganze Natur weht der Odem des Zeus. Aber Natur, Erde, Welt ist für die Völker auf der Stufe des mythischen Glaubens das eigene Land, der eigene Himmel. Die Griechen hatten aber fast überall in ihrem Lande auch das Meer vor Augen. So ist Zeus nicht bloß Herr des Himmels und der Erde, sondern auch des Meeres. Aus drei Reichen blickt sein Auge; daher ist Zeus ein Z e u s T r i o p a s, Z e u s d e r D r e i ä u g i g e, dessen Schnitzbild Pausanias auf der Burg Larisa in Argos sah, nach der Sage das von den Achäern erbeutete Idol im Königshause des Priamus. Am frühesten oder von jeher ward die Erde als Wesen für sich von der Phantasie aufgefasst und zwar als die hervorbringende Mutter, so dass die Herrschaft des Zeus als Erdzeus beschränkt war auf das Unterreich der Erde, auf das Totenreich, weshalb Zeus auch in diesem Sinne der „I r d i s c h e" oder c h t h o n i s c h e Z e u s genannt wurde. Mit der Vervielfältigung göttlicher Wesen ward auch der Bereich der Unterwelt und des Meeres besonderen Herrschern im Glauben zu Teil, dem A ï d e s und dem P o s e i d o n. Daran knüpft sich der Mythos von den drei Brüdern, die sich nach der Besiegung der Titanen in die Welt geteilt und nun selbstständig in ihrem Losteile herrschen, so jedoch, dass Zeus der oberste Herrscher als ältester Bruder bleibt.

Die schöpferische Kraft des Zeus in der Natur offenbart sich in dem durch befruchtenden Regen, durch Licht und Wärme aus dem Schoße der Erde erblühenden und Gedeihen gebenden Leben. Es findet eine fortdauernde Vermählung des Himmelsgottes mit der Erdgöttin statt, deren Verbindung ein Kind entspringt, das wir in verschiedenartigen Gestalten erblicken. Die Idee vom Zeus als Weltschöpfer hat sich trotz des ursprünglichen Bewusstseins von dem Unterschiede Gottes und der Welt auf der mythischen Stufe nicht bilden können, weil der Volksglaube sich mehr und mehr in das Werden der Götter aus dem Kreatürlichen versenkte. Die Theogonie, wie wir sahen, lässt alles, Gott und Welt, aus dem Stoff hervorgehen, durch eine demselben immanente Triebkraft (E r o s). Die erhabenen Vorstellungen vom Zeus als einem Weltbaumeister gehen über das mythische Zeitalter hinaus.

Der Gott, der im Himmel wohnt, offenbart sich in allen den Himmels- und Lufterscheinungen, die das menschliche Gemüt bald mit Freude, bald mit Schrecken erfüllen. Wolken, Winde, Schnee und

Regen, Donner und Blitz sind teils Äußerungen seiner Macht und seines Zornes, teils gibt der Allverkünder den Menschen dadurch seinen Willen kund, teils betätigt er darin seine Güte als Geber aller Gaben. Vor allem im Regen, im Donner und im Blitz trat am sichtbarsten die Güte und Allmacht des Zeus hervor. Denn was kann das Herz des einfachen, sich von der Natur bestimmt und abhängig fühlenden Menschen mehr erschüttern und in seiner Seele die Vorstellungen von Macht und Erhabenheit erwecken als der rollende Donner, der zuckende Blitz, was mehr sein Herz mit den Gefühlen der Dankbarkeit erfüllen als der Segen, der aus der Wolke strömt? „Lass regnen, lass regnen, o lieber Zeus, auf die Äcker und Fluren der Athener", heißt es in einem Gebete. Und wenn der Segen ausblieb und alles verdorrte oder wenn, wie es in der Ilias heißt, Zeus ein Land durch Überschwemmung, welche die Werke der Menschen verheeren, heimsucht, dann ist darin die Offenbarung seines Zorns zu erkennen über die Männer, „welche auf dem Markte gewalttätiger Weise das Recht verdrehen, missachtend die Strafe der Götter." – Wie sich aber in dem mit schwarzem Gewölk bedeckten Himmel und dem vom Himmel herab gesandten Sturm und Donnerwetter der Zorn des Zeus äußerte, der gesühnt werden musste, so empfand auch das fromme Gemüt in dem heiteren Himmelsglanze, der Ruhe und dem Frieden durch die Natur, den versöhnten und gnädigen Zeus. In Athen ward nach diesen Gegensätzen in der Natur Zeus als der S t ü r m i s c h e , Z e u s M a i m a k t e s , und Zeus als der M i l d e , S a n f t e , Z e u s M e i l i - c h i o s verehrt. An diesen Kult schlossen sich Sühn- und Dankopfer des schuldbewussten Gemütes.

Das Symbol des Zeus als Donnergottes war sein Schild, die Aigis (Aegide). Die dichte, schwarze, furchtbare Wetterwolke, in welche Zeus sich hüllt, heißt Aigis. Aigis heißt aber auch das Bocksfell, in welches man sich als Schutz und Schild hüllte oder mit welchem der Schild bespannt war. So wird in der Phantasie die Wetterwolke zu einem wirklichen Schilde, die der Schmiedekünstler Hephaistos verfertigt hat. Zeus schüttelt die Aigis und seine Donner rollen, die Blitze zucken und Furcht und Schreck verbreitet sich bei den Menschen.

Das Walten des Zeus in der Natur gibt sich auch in der Anordnung der Zeitabschnitte kund; von ihm sind die Jahre, Tage und Nächte.

Und selbst scheinbar geringfügige Dinge knüpfte der fromme Glaube an seine Macht. Weil bei der heiligen Opferhandlung, wenn Tiere geschlachtet wurden, der Reinheit des Opfers leicht durch Fliegenschwärme Eintracht geschehen konnte, so schlachtete man, um dies zu verhüten, vor dem eigentlichen Opfer ein Tier, das den Fliegen Preis gegeben wurde, wodurch dann mit einem Male die Fliegen verscheucht waren. Dies hieß dem F l i e g e n v e r s c h e u c h e r   Z e u s opfern (Z e u s   A p o m y i o s), weil man die Plage durch Zeus abgewandt glaubte.

Z e u s   i n   d e r   M e n s c h e n w e l t . Das Bestreben, Zeus als vollkommenes, göttliches Wesen zu fassen, gibt sich durch eine Menge von Beiwörtern kund, die sich auf seine Allgegenwart im Raum, seine Freiheit von der Zeit, wie auf Macht, Wissen, Gerechtigkeit und Güte beziehen, Eigenschaften, die an Zeus in der erdenklichsten Fülle als verhandelt gedacht werden. Mit einer solchen Auffassung jedoch vom Zeus als dem ewigen, höchsten Wesen tritt die Vorstellung von dem t h e o g o n i s c h e n   Z e u s in Widerspruch, ohne dass dieser Widerspruch für das populäre Bewusstsein besonderen Anstoß erregte, weil dasselbe den Glauben an die überkommenen Mythen ohne weitere Reflexionen festhielt. – Als höchstes Wesen lenkt und leitet Zeus die menschlichen Geschicke und ist der oberste Weltregierer (M o i r a g e t e s). Diese Vorstellungen, dass nämlich die Weltgeschicke sich unter der höchsten Leitung des Zeus erfüllen, finden wir bei den Hellenen als die ursprünglichsten. Im Kriege vor Troja erwägt Zeus die Schicksale der Völker wie der einzelnen und nach kurzer Erwägung fasst er seinen Entschluss, ganz nach Menschen-Weise. Für diesen inneren Vorgang bedient sich der Dichter des trefflichen Bildes vom Steigen und Sinken der Waagschale. Denn das Schwanken im entscheidenden Augenblick, der zum Entschluss hindrängt, gleicht dem Steigen und Sinken einer Waagschale; bald neigt sich der Entschluss nach der einen, bald nach der anderen Seite, bis er gefasst ist; dann hat die eine Schale das entscheidende Übergewicht über die andere bekommen, die Entscheidung für das eine hat den Ausschlag gegeben. – Die Troer haben einen Ausfall gemacht, ein heißer Kampf entspinnt sich; da nimmt Zeus die goldene Waage, legt in die Schalen zwei Todeslose, der Troer und Achäer; die Schale der letzteren sinkt;

die Entscheidung ist getroffen, die Niederlage der Achäer. Ähnlich ent-
scheidet Zeus zwischen Hektor und Achilles, den Tod des ersteren. –
In dem ganzen troischen Kampfe erfüllt sich der Ratschluss des Zeus.
Daneben hat sich jedoch, namentlich nach Homer, immer mehr die
Vorstellung gebildet, von einer dunklen Macht der Notwendigkeit, die
sich neben und über Zeus geltend macht, dem sogenannten S c h i c k -
s a l (F a t u m). Der Glaube an diese Macht entspringt teils aus der
Wahrnehmung der mit Notwendigkeit rücksichtslos sich geltend
machenden Naturprozesse und Naturgesetze, denen die menschlich
gewordenen Götter zum Teil sich selber unterwerfen müssen, teils aus
der Unbegreiflichkeit der Geschicke Einzelnen wie ganzer Geschlechter und Volksstämme, welche der Art sind, dass das Gemüt Zweifel an
der Macht und Weisheit der waltenden Götter erhebt. Solche Zweifel
führen weiter zum Bruch des ursprünglich unbefangenen religiösen
Bewusstseins von der unmittelbaren Leitung der Götter, wovon die
homerischen Helden noch erfüllt sind. Dieser Bruch und Zwiespalt
des Inneren ist tragischer Natur. Um die Widersprüche in der Welt zu
erklären, gewöhnt sich der Mensch daran, das Leben als bestimmt und
bewirkt zu denken durch eine Schicksalsmacht, deren dunkle Pläne
weit außer dem menschlichen Gesichtskreise liegen (A n a n k e ,
H e i m a r m e n e , P e p r o m e n e A d r a s t e i a). Diese Weltanschauung liegt im Wesentlichen der tragischen Poesie der Griechen zu
Grunde. Doch darf man nicht vergessen, dass beide Vorstellungen von
Zeus als der letzten Quelle der Weltgeschicke und von einer neben
Zeus bestehenden unethischen Macht der Notwendigkeit nebeneinander sich in dem hellenischen Bewusstsein geltend machen und oft
unvermittelt uns aus den Geisteswerken der Nation entgegentreten.
Denn „Zeus" und das „Schicksal" sind Probleme, welche nur in anderer Form und anders gefasst noch immer die spekulative Erkenntnis
beschäftigt haben. – Die Vorstellungen von einem Fatum find also,
wie bemerkt, dem hellenischem wie überhaupt dem menschlichen
Bewusstsein nicht ursprüngliche, sondern sie entwickeln sich erst mit
dem Beginne tragischer Stimmungen und philosophischer Spekulation innerhalb der Nation, entstehen also erst nach dem Zeitalter des
ungebrochenen mythischen Glaubens. In dieser Zeit fühlt sich der
Mensch vielmehr von Zeus oder den Göttern in seinem Geschicke

bestimmt und legt vertrauensvoll sein Geschick in die Hände Gottes. Dies gibt sich in keinem Ausdrucke auf eine innigere Weise kund, als in der weit in die Urzeit reichenden Anrede: „V a t e r   Z e u s " (Jupiter d.h. Zeus Vater), in welcher das Volk sein ganzes Vertrauen an seine Fürsorge und die Hingabe an seine Leitung ausspricht. Der Name „Vater" ist so hervorstechend, dass er auch auf das Verhältnis der übrigen Götter zum Zeus übertragen ist, von denen einige ihn nicht Vater im eigentlichen Sinne nennen konnten. Wie aber den meisten Göttern Zeus wirklich Vater im eigentlichen Sinne nach dem Mythos war, so verband sich auch mit der Vorstellung von ihm als dem Vater der Menschen im ethischen Sinne der Gedanke, dass durch seine Verbindung mit der Mutter Erde von ihm die Menschen stammten oder aus dem Schoße der Erde hervorgegangen seien, ein Glaube, der sich auch in der Form ausspricht, dass einzelne Stämme, welche das Bewusstsein ihrer Einwanderung verloren hatten, von sich behaupteten, sie seien aus dem Boden des eigenen Landes hervorgewachsen (Autochthonen). So war denn Vater im Sinne von „Schöpfer" zu fassen. Aus demselben Glauben von der Abstammung des Zeus und der Mutter Erde entspringen auch die Sagen von der Vermählung des Zeus mit einzelnen Teilen der Erde, mit Ländern und Inseln, z.B. mit P h t h i a , Ä g i n a , T h e b e u.a., aus welcher Verbindung die Stammväter als Zeussöhne hervorgehen.

Der uralte Mythos von Z e u s ' Vermählung mit der Erde und in weiterer Entwicklung mit einzelnen Teilen der Erde hat in Verbindung mit dem Glauben an ihn als den Schöpfer und Vater der Menschen und Götter Anlass gegeben, ihn mit einer Reihe ursprünglicher Göttinnen, welche Tempelgenossinnen von ihm gewesen sein können, dann aber mit dem Erlöschen ihres Kults zu sterblichen Heroinen herabsanken, sich vermählen zu lassen. Für die dichterische Phantasie waren diese Vermählungen willkommener Stoff und als die sittlich-religiöse Bedeutung derselben mit dem naiven Glauben an die Götter zurücktrat, boten die Erzählungen von des Zeus' Liebesgeschichten mit sterblichen Töchtern dem spielenden und tändelnden Witz ein weites Feld. – Damit die Töchter der Sterblichen nicht das Schicksal der S e m e l e , die vor dem Zeus, als er ihr in seiner Majestät erschien, in Flammen zerging, erführen, hüllte Zeus sich in täuschende Gestalten seiner Gottheit ein. So senkte er von seinem hohen Sitze sich in goldenem Regen in D a n a e s Schoß hernieder und erzeugte mit ihr den tapferen P e r s e u s . Mit dem majestätischen Schwanenhalse schmiegte er sich an L e d a s Busen und sie gebar den edelmütigen P o l y d e u k e s (P o l l u x) und die göttliche H e l e n a , das schönste Weib auf Erden. In der Kraft des m u t i g e n S t i e r s lud er mit sanftem Blick die jungfräuliche E u r o p a auf seinen Rücken ein und trug sie durch die Meeresfluten an Kretas Ufer, wo er den M i n o s mit ihr erzeugte.

Dass Zeus als die alles lenkende und leitende Gottheit dem Volksbewusstsein stets gegenwärtig war, das beweisen die vielen Beinamen, die sich auf die einzelnen, oft kleinsten Seiten des Lebens in den großen ethischen Kreisen der Familie, der Gesellschaft und des Staates beziehen. An seinen Schutz geknüpft ist das gesamte F a m i l i e n l e b e n , sind die Tugenden, die aus dem Schoße der Familie erblühen, die Ehe als ihre sittliche Grundlage, die Kindesliebe, die Verwandtschaft, die Freundschaft, die Gastfreundschaft, die im Altertum nicht allein eine Familientugend war, sondern eine wichtige soziale Bedeutung hatte. Das Haus soll jeden Verfolgten, jeden, der um Schutz fleht, gütig aufnehmen; ihn zurückzuweisen und nicht zu schützen, ist Sünde wider Z e u s . Wie in der Familie, ebenso werden die Grundstützen des s o z i a l e n und p o l i t i s c h e n Lebens an des Zeus' Willen und Schutz gebunden, das Recht, der Eid, die Bündnisse, die Völkereintracht usw. Die Legitimität des heroischen Königtums ward durch die Abstammung vom Z e u s begründet und zwar durch direkte Abstammung im eigentlichen Sinne, demgemäß die Könige Söhne und Enkel des Zeus waren und Z e u s selber der König der Könige. Nicht minder sah später auch der D e m o s seine Freiheit und Unabhängigkeit nach innen und außen als durch die Gnade des Z e u s errungene Güter an. – D i k e als verselbstständigte Eigenschaft des Zeus, die Göttin des Rechts, seine jungfräuliche Tochter, setzt sich, heißt es beim Hesiod, neben Vater Zeus und klagt laut die Ungerechtigkeit der Menschen an, wenn einer durch krumme Wege und Rechtsverdrehung sie verletzt und beschimpft hat. Und die Strafe bleibt nicht aus; denn Zeus ist die Quelle aller Strafgerechtigkeit und es war fester Volksglaube, dass Zeus alle Vergehen und Verbrechen u n m i t t e l b a r bestrafe. So war denn Z e u s in allem der Hort und Heiland (Soter), zu dem der Einzelne, wie das Volk im frommen Vertrauen seine Zuflucht nahm. –

Z e u s i n d e r G ö t t e r w e l t. Eine schöne Welt menschlich gestalteter, persönlicher Götter stand am Ende einer langen religiösen Entwicklung vor dem Geiste des hellenischen Volkes. Der Glaube, dass diese Götter doch nur losgelöste Erscheinungsformen des einen göttlichen Wesens seien, fand in dem Mythos von der Abstammung der Götter aus Zeus seinen Ausdruck und es bildete sich um Z e u s eine Göttergesellschaft, welche die o l y m p i s c h e heißt. O l y m - p i e r wurde die siegreiche Zeus-Dynastie genannt, weil man sich den Aufenthalt der Götter, ihre Wohnungen und Paläste auf dem Berge Olympos im nördlichen Thessalien dachte. Die Sage von einem Götterberge findet sich bei vielen Völkern in Bergländern. Die älteste und erhabenste Vorstellung von dem Aufenthalt göttlicher Wesen ist die, dass sie im Himmel sind. Das Bedürfnis nach der Nähe der Gottheit führt den frommen Gläubigen auf die Gipfel hoher Berge, um jene in stiller Andacht dort anzubeten; es findet eine Erhebung des Menschen zur Gottheit statt. Die Gottheit bleibt im Himmel. Als aber die Götter vermenschlicht wurden und persönlich sich in die Angelegenheiten der Menschen mengten, da rückten sie auch den Menschen r ä u m l i c h näher; sie stiegen vom Himmel auf die Berggipfel, ja zu den Menschen auf die Erde herab, bei denen sie Tempel zu ihren Wohnungen hatten. So wurden die Erde und der hohe Olymp allen Göttern gemeinsame Aufenthaltsorte. Die alte Vorstellung jedoch von den Göttern im Himmel erhält sich ungeschwächt neben der eben erwähnten und daher kommt es, dass bei Homer beide Vorstellungen vom Himmel und vom Olymp ineinander übergehen. – Welcher Berg bei einem Volk als der Versammlungsort und die Wohnung der Götter angesehen wird, das kann verschiedene Ursachen haben. Dass bei den Hellenen der thessalische O l y m p o s dafür galt, hatte nach einer sehr wahrscheinlichen Annahme darin seinen Grund, dass in Zeiten, wo die Vorstellung von dem Aufenthalt und der Versammlung der Götter auf einem Berge das Gemüt lebhaft zu beschäftigen anfing, um den Olympos ein an Sängern reicher, griechischer Volksstamm wohnte, in deren Liedern und Hymnen der Olymp als der Götterberg gefeiert und verherrlicht wurde und als solcher in den Glauben aller Stämme überging.

Die reiche Gestaltung der olympischen Göttergesellschaft, die Beziehung der Götter zueinander, die Stellung des Einzelnen in der D e k o n o m i e des Ganzen, ihr Leben und Wirken, ihr Verhältnis zu den Helden, das alles ist ein Werk epischer Volkslieder und ist dichterische Ausschmückung und Ausmalung des Volksglaubens. Im Allgemeinen gewähren die Götter um Zeus das Bild einer Herrscherfamilie der Heroenzeit, welche das Band der Pietät zusammenhält. Zwar wirken die einzelnen Götter ihrem Herrn und Vater oft entgegen, aber ihr Widerstand scheitert an seiner Macht. In dem Bewusstsein seiner Macht und Kraftfülle untersagt er einmal im Kampfe vor Troja allen Göttern die Teilnahme an demselben und ruft ihnen in der Versammlung zu: „Dass ihr erkennt, wie mächtig ich bin, macht einen Versuch und lasst ein goldenes Seil vom Himmel herab. Dann hängt euch Götter und alle Göttinnen daran; den Zeus aber, den höchsten Herrscher, würdet ihr nicht vom Himmel auf die Erde herabziehen, wenn ihr euch auch noch so sehr anstrenget. Aber würde ich dann auch tapfer anziehen, ich zöge euch zugleich mit der Erde und dem Meere empor; das Seil bände ich dann um das Berghaupt des Olymps und das alles würde hoch in der Luft schweben. So sehr überrage ich an Macht Götter und Menschen." – Die ganze olympische Götterwelt ist im Kampfe vor Troja in zwei Parteien, für die Achäer und für die Troer, zerfallen, was innerhalb derselben zu unendlichen Verwickelungen Anlass gibt. Aber der Zwiespalt unter den Göttern ist im Grunde nicht so ernst gemeint. Die seligen Götter, die selber Sorgen und Ungemach überhoben bei frohem Saitenspiel den süßen Nektar schlürfen, müssen darüber lächeln, dass sie der mühebeladenen Sterblichen wegen sich entzweien konnten. Aus diesem scheinbaren Ernst des Zwiespalts und aus dem Widerspruch zwischen dem über die Welt erhabenen Göttlichen und dem in die Kreatur versenkten Göttlichen entspringt jener naive Humor, der die ganze Schilderung Homers vom Leben und Wirken der Götter in so anmutiger Weise durchdringt. –

Zu den o l y m p i s c h e n Göttern gehören nach Homer im engeren Sinne alle die Götter, die ihren ständigen Aufenthalt auf dem Olymp haben, also neben den Hauptgöttern noch eine Anzahl niederer Götter, die irgendeine dienende Funktion auf dem Olymp haben, wie P a i e o n, der Heilkünstler, H e b e, die den Nektar den Göttern reicht, T h e m i s, welche auf das Zeremonielle in dem Verkehr der Götter miteinander hält und die Honneurs macht u.a.m. Im weiteren Sinne gehören aber zu den olympischen Göttern auch diejenigen, die wie P o s e i d o n und A ï d e s ihren eigenen Machtbereich haben; selbst der letztere erscheint auf dem Olymp. Auch diejenigen Götter des alten überwundenen Titanenreiches, die nicht im Tartaros sind, sondern in friedlicher Verbindung mit den Olympiern stehen, der alte O k e a n o s und die Wassergötter, kommen zum großen Götterrat auf den Olymp. Nur die E r i n y e n bleiben in der dunklen Unterwelt. H e s t i a und D i o n y s o s gehören bei Homer nicht zu den olympischen Göttern; der ersteren geschieht in den Homerischen Gedichten überhaupt keine Erwähnung; Hesiod dagegen zählt sie unter die olympischen Götter. D i o n y s o s, dessen Kult erst nach Homer allgemeiner sich verbreitete, passte als ländliches Gottheit in die olympische Göttergesellschaft nicht hinein. – Der Liebling des Zeus auf dem Olymp, der ihm den Göttertrank reicht, ist G a n y - m e d e s. Er war ein Sohn des T r o s und Urenkel des D a r d a n o s, des ersten Stifters von Troja, und der schönste unter den sterblichen Menschen. Die Götter entführten ihn seiner Schönheit wegen, damit er dem Zeus den Becher reichte und in der Gesellschaft der Unsterblichen wäre; zur Buße gab Zeus seinem Vater wunderschöne, schnelle Rosse. In dieser mythischen Dichtung hat dasselbe Motiv mitgewirkt, dessen wir in der Erzählung vom K l e i t o s gedachten (S. 50). Die Dichtung spricht den Trost aus über den frühen Verlust eines Jünglings, dessen Jugend und Schönheit man sich unmöglich als sterblich denken konnte, und daher sein Verschwinden als eine Entrückung von der Erde zum Sitze der unsterblichen Götter erklärte. Nach späteren Dichtungen entführte den Ganymedes der Adler des Zeus oder Zeus selber, in einen Adler verwandelt, vom Gipfel des I d a und trug ihn sanft in den gekrümmten Klauen schwebend von der Erde empor. Wie später Dichter in witzig spielender Weise alte Mythen weiter ausdichteten, sieht man aus dem, was über sein Verhältnis zur H e b e, welche die Mundschenkin aller Götter war, erzählt wird. H e b e verwaltete früher allein dies Amt, bis sie durch einen Fehltritt desselben verlustig wurde, indem sie einst im Fallen die Grazie entweihte, welche bei diesem hohen Götteramte jede Bewegung begleiten musste. Von nun an war es das Geschäft des G a n y m e d e s , an der Göttertafel Nektar einzuschenken. – Auf der folgenden Abbildung, nach einem antiken geschnittenen Steine, wird G a n y m e d e s beim Wasserschöpfen, was durch den umgefallenen Krug angedeutet ist, vom Adler des Zeus ergriffen und in den Olymp geführt.[3]

Die Götter sind also aus Z e u s . Streng genommen würde diese Vorstellung alle Götter in das Verhältnis der Kinder zu ihrem Vater setzen müssen. Auch nennen wirklich, wie oben bemerkt ist, alle Götter

3   Neuere verdienstliche Forschungen, welche die ursprünglich allen indogermanischen Völkern zur Zeit ihres ungetrennten Zusammenlebens gemeinsamen Mythen zum Gegenstand haben, weisen nach, dass sich bei allen die Sage findet von einem Göttertrank (Ambrosia, Nektar im Griechischen), der nach e i n e r Auffassungsweise seinen Ursprung in der segentriefenden Wolke hat. Im Besitz dieses Trankes sind Dämonen, die alten Naturgottheiten. Aber der höchste der neuen Götter raubt oder lässt den göttlichen Trank jenen Dämonen rauben. – An die Stelle des Trankes selber wäre demnach bei den Hellenen ein spendender Genius desselben getreten und dieser zu einem schönen Königssohne geworden, der um das Amt des Mundschenks bei dem höchsten der Götter zu übernehmen, nach dem Olymp entführt wird und mit dieser Entführung sind dann die oben erwähnten Motive verbunden. Es gibt also die Ganymedessage ein Beispiel von der eigentümlichen, genialen hellenischen Umbildung uralter mythischer Naturanschauungen.

Zeus ihren Vater. Aber die uralte Anschauung den der Verbindung des Himmels und der Erde und die auf griechischem Boden entstandene Vorstellung von der Dreiteilung der Welt unter Z e u s , P o s e i d o n und A ï d e s und ferner der theogonische Mythos von den Kindern des Kronos hat jenes Verhältnis modifiziert. Als Brüder treten P o s e i d o n und A ï d e s , als Schwestern H e r e , D e m e t e r und H e s t i a , von denen wenigstens die beiden ersten Erdgöttinnen sind, dem Z e u s zur Seite. Die Kinder des Z e u s unter den großen Göttern sind: A p o l l o n und A r t e m i s , P a l l a s - A t h e n e , H e p h a i s t o s , H e r m e s , D i o n y s o s . Außer diesen großen Göttern und Göttinnen sind noch mehrere niedere Gottheiten Z e u s ' Kinder, welche teils seiner uralten Verbindung mit Erdgöttinnen entspringen, teils ihm von hinzugedichteten Müttern geboren werden, von der T h e m i s die H o r e n und M o i r e n , von der E u r y n o m e , einer Tochter des O k e a n o s , die C h a r i t e n , von der M n e m o s y n e die M u s e n .

Aus der Menge der Götter scheidet sich in früher Zeit allmählich eine Anzahl Götter in den Dichtungen Homers und Hesiods aus, die in Vergleich mit manchen Göttern lokaler Verehrung und mit der Menge niederer Götter sich als die g r o ß e n , n a t i o n a l e n G ö t - t e r kundgeben. Ihre Zahl ward nach dem Vorbild alter Staatenverbindungen auf zwölf festgesetzt und wir finden den Kult der Zwölf namentlich in Athen eingerichtet, wo ihnen der jüngere Pisistratus auf dem Markte einen Altar weihte. Von Athen aus hat sich der Kult derselben vor allem nach Rom verbreitet. Für die römische Staatsreligion war die Massenaufnahme der griechischen Götter sehr geeignet. – Die ursprüngliche Festsetzung der großen Götter in der erwähnten Zahl muss zu der Zeit stattgefunden haben, als das Bewusstsein der nationalen Einheit der hellenischen Stämme rege ward, womit auch zugleich die allgemeine Anerkennung und Verehrung der großen Götter innerhalb der hellenischen Nation ihren Ausdruck in einer mythischen Zahl fand. Die besondere Verehrung der Zwölf in Athen und wo sie sonst noch vorkommt, hatte ohne Zweifel einen religiös-politischen Zweck. Athen, das sich schon früh als Vorort und Mittelpunkt der hellenischen Staaten anzusehen anfing, wollte in der Errichtung einer A r a der großen zwölf Götter seine Anerkennung und Verehrung derselben und sich damit auch als Mittelpunkt Griechenlands in religiöser Beziehung kundgeben.[4]

Die hohe Idee von dem ewigen, unsichtbaren Himmelsgott hat zur Folge gehabt, dass selbst in der epischen Poesie Zeus selber nicht wie andere Götter unmittelbar persönlich in die Handlungen und Tätigkeiten der Menschen eingreift. Auch sind aus demselben Grunde selbst von Bildern symbolischen Charakters wenig Spuren. Nur der oben erwähnte Z e u s T r i o p a s war ein altes Schnitzbild. Aber der t h e o g o n i s c h e Z e u s, der zum olympischen Sieger über die Titanen und zum Herrscher über Götter und Menschen heranreifte, bot für seine plastische Gestaltung reiche Motive, deren sich die bildende Kunst der Hellenen auch auf die mannigfaltigste Weise bedient hat. Unter allen Zeusbildern ragt aber das vom Phidias für den Tempel von Olympia verfertigte hervor. Jeder Ausdruck von Majestät und Würde, von gnädiger Milde, von Bewusstsein siegreicher Machtfülle vereinigte sich in diesem Meisterwerke der Kunst. Man sah den Gott, der nach des Dichters Wort der bittenden Thetis Gewährung mit seinen Augen winkt. Die ambrosischen Locken rollen von seinem Haupte und er erschüttert den großen Olymp.

Die Bildsäule des thronenden Zeus war in kolossaler Größe aus Gold und Elfenbein verfertigt; sein Haupt trug einen Kranz von Olivenzweigen zum Zeichen seines Sieges über die Titanen; ebenfalls hielt er in der Rechten die Siegesgöttin (Nike, Victoria) und in seiner Linken den mit Metallen aller Arten künstlich ausgelegten Zepter, auf dessen Spitze der Adler, der königliche Vogel, saß. In dem goldenen Mantel waren Figuren und Blumen eingelegt. Der Thron glänzte von Gold und Edelsteinen und zu des Gottes Haupt und Füßen und an den Wänden des Tempels waren viele mythische Dichtungen in erhobener Arbeit oder gemalt dargestellt. Die Majestät der ganzen Götterwelt umgab den Thron und Zeus auf dem Throne und sein Bild reichte bis an das Gewölbe des Tempels.

Bei Olympia in Elis wurden dem o l y m p i s c h e n Zeus zu Ehren alle vier Jahre die Olympischen Spiele gefeiert, ein Fest, das mit der sich entwickelnden Hegemonie Spartas über den Peloponnes eine

---

4   Welcker, Götterlehre, II. 165, Göttingen 1859.

immer größere nationale Bedeutung bekam. Der Zwischenraum von einer Feier dieser Spiele bis zur anderen hieß eine O l y m p i a d e ; nach Olympiaden ward späterhin die Zeitrechnung geordnet. Die Feier dieser Spiele war das Glänzendste unter allem, woran sich die Einbildungskraft bei der Rückerinnerung festhalten konnte.

Den Tempel des olympischen Zeus umgab ein heiliger Hain, worin die Bildsäulen der Überwinder in den Olympischen Spielen, von den berühmtesten Meistern verfertigt, errichtet waren. Die Menschheit schloss sich in der Verehrung ihrer eigenen Würde vertraulich an die Gottheit an.

Der olympische Zeus des Phidias ward das Urbild für die bildende Kunst. Doch trat in den meisten Bildern des Zeus auch die Seite hervor, nach der er der Gott des Donners und des Blitzes ist. Ähnlich dem zunächst folgenden Holzschnitte nach dem Abdrucke einer antiken Gemme in der Lippertschen Daktyliothek sind die meisten Statuen des Zeus. Der Gott thront in ruhiger Majestät, Blitz und Zepter in den Händen; das Obergewand umhüllt nur den Unterkörper; der Adler ist ihm zur Seite. – Der Umriss einer Büste des Zeus, den wir gleichfalls aus der Lippertschen Daktyliothek hinzufügen, gibt den Gott mit der Stirnbinde (Diadem) als Zeichen der königlichen Würde.

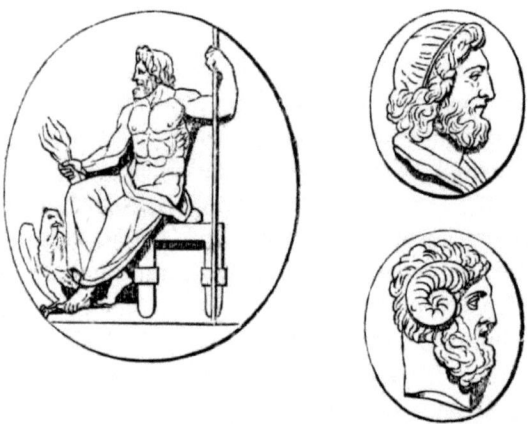

Aus der Zeit der Göttermengerei ist ein Abdruck eines sogenannten Z e u s   A m m o n mit Widderhörnern hinzugefügt. Die bildende Kunst der Griechen versuchte den verwandten Anschauungen von einem göttlichen Wesen des eigenen Volkes und fremder, namentlich orientalischer Völker in einer Gestalt Ausdruck zu geben. Die Griechen sind schon in früher Zeit mit der Küste Ägyptens in Verbindung gewesen. Die Ägypter verehrten den A m m o n , einen Sonnengott, der ihnen auch, dem hellenischen Zeus gleich, als König der Götter galt, als welcher er Widderhörner zum Symbol hatte. Dieser Gott hatte in der lybischen Wüste ein auch schon früh bei den Hellenen berühmtes, wahrscheinlich durch die an der lybischen Küste angesiedelten Griechen (Kyrene) berühmt gewordenes Orakel (Ammonium). Die Vorstellung der Ägypter von ihrem Gott als Götterkönig war für die Griechen Grund genug, denselben mit dem Zeus zu vermengen.

Hera (Juno)

Die ursprüngliche, in der Natur wurzelnde Bedeutung dieser Göttin, die am bekanntesten als die königliche Gemahlin des olympischen Zeus ist, hat vom Altertum bis auf die Gegenwart verschiedene Auffassungen erfahren. Leiteten aber auch keine Spuren darauf hin, so würde schon der Umstand uns in ihr eine ursprüngliche E r d g ö t t i n vermuten lassen, dass sie die r e c h t m ä ß i g e , die e i g e n t l i c h e E h e f r a u des Zeus ist. Denn keine andere kann dies nach uralter mythischer Auffassung als die E r d g ö t t i n sein, da Zeus selber der Himmelsgott ist. Die namentlich durch die Stoiker verbreitete Erklärung, Hera sei die untere Luft und Zeus die obere, der Äther, die auch noch jetzt von vielen beibehalten wird, ist hauptsächlich aus falscher Herleitung des Namens entstanden. Die Vorstellung von der Erde als göttlichem Wesen ist eine in die Urzeit der Völker reichende Tatsache, der erste Schritt zum Polytheismus und in der Auffassung der Erdgöttin in ihrem Verhältnisse zum Himmelsgott hat sich einer der Urmythen der Menschheit ausgeprägt. Es ist bereits an die mannigfachen Seiten erinnert worden, welche das gesamte Erdleben der naiven Anschauung bot. Dass für die Erdgöttin im Griechischen so verschiedene Namen im Gebrauch sind, deren eigentlicher Bedeutung man sich nicht mehr bewusst war, weil das Wesen selber sich umgewandelt hatte, kommt daher, dass ursprüngliche Eigenschaften, welche besonders charakteristisch und vom Träger derselben unzertrennlich sind, für diesen selber in Gebrauch kamen. So sind die Namen „Maia" und „Rhea" ursprüngliche Eigenschaften der Erde, „die große" und „die breite", und dann nach und nach zu wirklichen Eigennamen für eigentümlich gestaltete Erdgöttinnen geworden. Dasselbe ist auch mit dem Namen H e r a der Fall. Es liegt demselben nach einer sehr wahrscheinlichen Ableitung eine Wurzel von ähnlicher Bedeutung zu Grunde wie dem Namen Zeus. H e r a bedeutet also „die Himmlische", ganz ähnlich wie die oben erwähnte Erdgöttin Dione, und wie wir eine „Dia" als Erdgöttin kennen und wie Gaia selber „Dia" die Himmlische heißt, lauter ursprüngliche Beinamen der Erde, um ihre Beziehung zum Himmel auszudrücken und da die Verbindung und Vermählung der Erdgöttin mit dem Himmel für die Bedeutung und Entwicklung der Hera wesentlich ward, so wurde die ursprüngliche Bezeichnung einer Eigenschaft zu ihrem wirklichen Eigennamen. –

Wir sehen den Himmelsgott mit einer Reihe von Erdgöttinnen in Verbindung treten. Zeus und Rhea, Zeus und Gäa, Zeus und Dione, Zeus mit der Göttin in Samothrake, wo das Götterpaar und die anderen zu ihm gehörigen Götter K a b i r e n hießen. Aber von allen diesen Verbindungen hat keine eine solche nationale Bedeutung und solche Wichtigkeit für den Kultus erlangt als die Verbindung des Z e u s mit der H e r a. Dies hat unstreitig seinen Grund in der großen Geltung und Bedeutsamkeit desjenigen hellenischen Stammes, der die Hera als Hauptgottheit verehrte. Es waren die ritterlich-heroischen, geistig hochbegabten A c h ä e r, in deren Denk- und Anschauungsweise sich die Erdgöttin zu der Gestalt umwandelte, in der wir sie als die Himmelskönigin und die Gemahlin des Zeus kennen; als solche tritt sie uns in den Homerischen Volksgesängen und später in der bildenden Kunst entgegen. Der Kultus dagegen und einige Mythen lassen noch vielfach die alte Bedeutung der Hera als Erdgöttin durchschimmern und derjenige M y t h o s, welcher der mythischen Entwicklung und Umwandlung der Hera zu Grunde liegt, weist deutlich auf ihre ursprüngliche Bedeutung als Erdgöttin zurück. In dieser Bedeutung gehörte sie vor den Achäern einem vorhellenischen verwandten Stamme an, den L e l e g e r n, welche wie die Jonier von der Küste Kleinasiens zu Wasser nach Griechenland vordrangen. Von diesen, so wird berichtet, war der älteste Tempel der H e r a auf Samos errichtet.

Es ist bereits (S. 41 f.) der mythischen Dichtung gedacht worden, nach welcher Hera vom O k e a n o s und der Tethys erzogen ward, also durch Wassergottheiten. Ebenso hören wir von Quellennymphen als den Ernährerinnen, den Ammen der Hera und vielfach sind Nymphen mit ihr im Kultus verbunden. Dies alles ist mythische Bezeichnung für die Anschauung, dass das Element des Wassers die Erdkraft nährt und fördert. Nach einer anderen mythischen Dichtung, deren Form einer späteren Zeit angehört, die aber von dem Bewusstsein aus gebildet ist, dass Hera die Erde ist, gebiert die Göttin aus sich selber ohne Zeus den Feuergott H e p h a i s t o s und den Geist des vulkanischen Feuers, den T y p h a o n, der in der Form Typhoeus vom Hesiod ein Sohn der Erde genannt wird. Diesen Selbstgeburten der Hera liegt die Anschauung von einer zwiefachen Entstehung des Feuers zu Grunde. Das Feuer des Himmelsgottes ist der zündende Strahl des Blitzes, den Zeus aus der Wetterwolke sendet. Im Gegensatz dazu bringt die Erde das vulkanische Feuer, das Erdfeuer hervor. Bei weitem wichtiger aber und maßgebend für die mythische Entwicklung der Hera ist der Mythos, der die Beziehung der Erde zum Himmel zum Gegenstand hat, der Mythos von der „heiligen Hochzeit" (Hierogamie), dem eine einfache Naturanschauung zu Grunde liegt. Im Frühling, wenn der Kuckuck ruft und der Himmel seine Segensströme auf das Land herabgießt, dann beginnt es aus der Erde zu sprießen und Blüten und Frucht zu treiben. Die Regen triefende Wolke lagert über Berg und Tal. Das ist die heilige Vermählung des Himmels mit der Erde, des Zeus mit der Hera, der er sich, in einen Kuckuck verwandelt, genähert hat und die er liebend umfängt. Wenn aber der Schmuck und die Frucht der Erde vor der eisigen Gewalt des winterlichen Himmels hinsinkt, dann ist zwischen dem göttlichen Paar die Liebe erkaltet; über irgendetwas haben beide sich erzürnt und Hera hat sich dem Zeus abgewendet. Aber bald kehrt der Frühling wieder, Hera versöhnt sich mit dem Himmelsgott. Die Erde kleidet sich wieder in denselben Schmuck, Hera wird wieder des Zeus' jungfräuliche Braut. Denn, sagt der Mythos, Hera wird alle Jahre wieder Jungfrau, nachdem sie sich in der Quelle K a n a t h o s gebadet hat.

Diesem Mythos von der „heiligen Hochzeit", von der Trennung der Liebenden und ihrer alle Jahre erneuerten Versöhnung und Wiedervereinigung entsprechen die der Hera zu Ehren in der älteren Zeit gefeierten Feste (Heräen), die im Wesentlichen in der Nachahmung einer hochzeitlichen Feier nach der herrschenden Volkssitte bestanden. Auf der Insel S a m o s, wo nach der Tempellegende Hera unter L y g o s (Keuschlamm) am Fluss Imbrasos geboren war, wurde sie ursprünglich als die jungfräuliche Braut des Zeus verehrt und die ganze Insel hieß in alter Zeit die Jungfrauinsel. Alljährlich ward ihr Tempelbild in Lygos versteckt, indem die längsten Zweige über dem Bilde zusammen geknüpft wurden, um das Brautlager anzudeuten. Dann wurde es von Frauen gesucht, von der Priesterin aufs Neue gereinigt und geweiht wieder in den Tempel gebracht. Ähnlichen Gebräuchen, namentlich Hochzeitsaufzügen, begegnen wir überall an den Heräen, besonders in dem zweiten alten Hauptsitze des Herakultus in A r g o s und ebenso auf E u b o e a und am K i t h a i r o n. Statt des Lygosgebüsches gab es auf Euboea eine Brautgrotte. Bei Hermione zeigte man den sogenannten Kuckucksberg, auf welchem Zeus sich in Kuckucksgestalt vom Regen durchnässt der Hera genaht habe. In dem arkadischen Orte Stymphalos errichtete nach einer beim Pausanias erwähnten Sage Temenos, Sohn des Pelasgos, der Hera drei Tempel, den einen der Jungfrau Hera, den zweiten der verehelichten Hera (Teleia), den dritten der von ihrem Gemahl getrennten Hera. –

Der Umstand, dass in allen Verbindungen des Zeus mit Erdgöttinnen das neu erwachte Leben in der Natur als die Frucht der Verbindung, als das Kind beider mythisch aufgefasst wird, gibt der Vermutung Raum, dass auch die Tochter des Zeus und der Hera, die den Göttern Nektar kredenzende Hebe, ursprünglich eine ähnliche Bedeutung gehabt habe und wirklich weisen darauf einige Spuren hin. In Phlius und Sikyon hieß sie D i a und wurde dort als Hauptgottheit verehrt; Dia ist offenbar ursprüngliches Attribut der Hera selber und H e r a - D i a als die jungfräuliche Braut dort aufgefasst worden. Der jugendliche Frühlingsschmuck der Erde, für sich persönlich gestaltet, ward zu einer H e b e D i a. Als Hera in der epischen Sage die königliche Gemahlin des Zeus geworden war und man geflissentlich die ehemalige Naturbedeutung zurückdrängte, ward auch durch eben jene Poesie, die das olympische Götterleben verherrlicht, H e b e als die jugendliche Göttin, um das Mundschenkamt zu verrichten, in den Olymp gehoben. – Ähnlich wie die ursprüngliche Hebe sind auch die H o r e n und die C h a r i s , die Kinder des Zeus und der Hera, in ihrer ersten Bedeutung zu fassen. Außer diesen Kindern ist der Kriegsgott A r e s (Mars) der Sohn beider. –

Die weitere mythische Entwicklung der Hera ist nun die, dass vermutlich durch die Dorier nach der Besitzergreifung des größten Teils des Peloponnes in dem Kultus der Hera das Hauptgewicht auf den bedeutungsvollen Ehebund mit Zeus gelegt wird. Hera wird die eigentliche Ehegöttin (Teleia) und beide, sie und Zeus, sind nach dem Volksglauben das erste göttliche Ehepaar, das auch, wie man sich ausdrückte, die Ehe unter Menschen gestiftet; dadurch ward sie eine von den Göttern gewollte Einrichtung, deren Verletzung das himmlische Ehepaar nicht ungestraft lässt und über deren Aufrechterhaltung dasselbe wacht. Somit war die legitime eheliche Gemeinschaft auf ein göttliches Vorbild zurückgeführt, deren sittlicher Bedeutung dadurch eine große Anerkennung zu Teil ward. Das eheliche Leben wurde eine Sache der Religion und die Bedeutung der Ehe dem ehelosen Leben gegenüber geheiligt und zugleich der monogamistische Charakter derselben, der bei allen indogermanischen Völkern von Anfang an vorherrschend gewesen ist, den Gefahren gegenüber bewahrt, welche das Beispiel orientalischer Vielweiberei hatte, das schon früh in der Aufnahme von Nebenfrauen neben der rechtmäßigen Gemahlin eine gewisse, aber nie durchgreifende Nachahmung auch bei den Hellenen fand.

Nichts ist natürlicher, als dass die Ehegöttin Hera in der Stunde der Geburtsnot als Helfende und Rettende angerufen ward; dadurch wird sie Göttin der Entbindung, der Geburt unter dem Namen E i l e i t - h y i a (Juno Lucina). Diese Tätigkeit bei der Geburt wird aber von ihr getrennt und E i l e i t h y i a und in der Mehrheit E i l e i t h y i e n werden als Töchter der Hera zu selbstständigen Geburtsgöttinnen.

In dem alten Mythos von dem Verhältnisse des Himmels zur Erde war die winterlich erstorbene Erde von der Phantasie als die vom Himmelsgott getrennte, wegen irgendetwas mit ihm zerfallene Göttin gefasst, und in der Legende der Hera am K i t h a i r o n wird die Versöhnung zwischen beiden durch absichtlich vom Zeus erregte Eifersucht der Hera herbeigeführt. Diese Entzweiung und die Eifersucht der Hera, die also ursprünglich der mythische Ausdruck für einen einfachen Vorgang in der Natur sind, hat die dichtende Volkssage in Verbindung mit dem immer stärker werdenden Glauben an vermenschlichte Götter zu weit greifenden Motiven gemacht und zwar die Eifersucht zunächst für die besonderen Schicksale von Göttern und Helden von deren Geburt an, welche aus der Verbindung des Zeus mit Göttinnen oder Heroinen entspringen. Auf die Mütter wie auf die Sprösslinge hat die Hera aus Eifersucht ihren ganzen Hass geworfen, den sie in feindseliger Verfolgung derselben kundgibt. So tritt sie namentlich in der Heraklessage auf. Den H e r a k l e s verfolgt sie von seiner Geburt an. Diese Verfolgung wird dann für ihn die Schule der Prüfung und der Bewährung und bahnt ihm den Weg zur Unsterblichkeit und zum Sitz der Götter. Als L e t o den Apollon und die Artemis dem Zeus gebären soll, hält Hera eifersüchtig die Eileithyia im Olymp zurück oder ließ nach anderen ausmalenden Sagen die Leto durch einen Drachen verfolgen und beschwor die Erde, ihr keinen Platz zur Entbindung zu vergönnen. Da S e m e l e , die Tochter des Kadmos in Theben, von Zeus den Dionysos (Bacchus) gebären sollte, so wusste Hera unter der Gestalt ihrer Amme sie mit schwarzem Trug zu überreden, sie solle den Zeus schwören lassen, er wolle ihr ebenso erscheinen, als wenn er der Hera liebend nahe. Zeus erschien ihr in der Gestalt des Donnergottes und Semele ward ein Raub der Flammen. Von der Eifersucht der Hera ist ferner selbst ein Gestirn am Himmel ein unauslöschliches Zeichen. Sie verwandelte nämlich die vom Zeus geliebte Nymphe K a l l i s t o in eine Bärin, die nachher von ihm unter die Sterne gesetzt ward. Da bat Hera den Okeanos, wie die weiterspinnende Sage dichtet, er möchte diese neue glänzende Gestalt am Himmel nicht in seinen Schoß aufnehmen – und dies Gestirn geht niemals unter. Berühmt ist schließlich die Sage von der eifersüchtigen Verfolgung der von Zeus geliebten I o durch die Hera.

Noch wirksamer und reichhaltiger ist das Motiv eines Zwiespalts zwischen dem höchsten Götterpaar in Verbindung mit der aus der

Sage bekannten eifersüchtigen Gemütsart der Hera in den homerischen Volksliedern vom troischen Krieg verwandt. Zwar ist der
religiös-sittliche Grundton in dem Verhältnisse der Hera zum Zeus
hier gewahrt. Denn sie ist die ehrwürdige, erhabene, allein rechtmäßige Gemahlin des Himmelskönigs, die ihm in unwandelbarer Treue
anhängt. Aber sie und die übrigen Mitglieder der olympischen Götter-
familie haben für beide streitende Teile, Griechen und Troer, Partei
ergriffen und stehen daher mit ihrem Hass und ihrer Liebe mitten in
einer von gewaltigen Leidenschaften aufgeregten Welt und empfinden und handeln, dass sie uns nicht mehr als Götter, sondern als die
Angehörigen einer menschlichen Fürstenfamilie erscheinen, die sich
in den Kampf zweier streitender Parteien einmischen. Da nun Zeus
zeitweilig die Troer begünstigt, so gerät Hera mit ihrem Gemahl in
Kollision, da sie als argivische Göttin auf Seiten der Griechen steht,
die Troer von Herzen hasst und deren Verderben will. In dieser Stellung zu den Plänen ihres Gemahls wendet sie alle Mittel und Künste
an, um demselben entgegenzuarbeiten und dies führt zu Szenen ehelichen Zwistes, die nach dem Leben gezeichnet sind. Das Verhältnis der
Hera zum Zeus von Seiten ihres Ungehorsams und ihrer leidenschaftlichen Verfolgung der Troer muss im Lichte der damaligen Volks- und
Fürstensitte betrachtet werden. Selbst Schläge, mit denen Zeus seine
Gemahlin wegen ihres widerspenstigen Benehmens bedroht, bezeichnen nur den damaligen Standpunkt des Hausrechtes, das der Eheherr
unter Umständen ausüben konnte. An eine derbe Züchtigung erinnert Zeus die Hera in seinem Unwillen über ihre List, mit der sie den
Zeus zum Schlafe lockte, um mittlerweile durch Poseidons Hilfe den
Troern Schaden zuzufügen. Diese Züchtigung nämlich hatte stattgefunden, als Hera einst den lieben Sohn des Zeus nach Ios verschlagen
hatte, und sie wurde in der Weise an ihr vollzogen, dass Zeus sie im
Äther und in den Wolken aufhängte, ihre Hände fesselte und an die
Füße zwei Ambosse hing. Das ist humoristisch-derbe Volksdichtung
ohne alle allegorische Grundlage. Auch Hera selber zerbricht, als einst
die Artemis ihr im Kampfe entgegentritt, ihr den Bogen und schlägt
ihr denselben um die Ohren.

Die homerische Hera bietet fast keine Spur dar von ihrer Naturbedeutung. Die Hierogamie ist im Zusammenhang des Ganzen zu

einer Schäferstunde herabgesunken. Zeus und Hera in Wolken gehüllt ruhen auf dem Ida; unter ihrem Lager sprossen Blumen hervor. Wenn also die Hera in verschiedenen Sagen und bei Homer sehr kontrastiert mit der Hera im Kultus als der Ehegöttin, die das Vorbild der Ehefrau ist, so zeigt das nur, mit welch naiver Freiheit ein genialer, phantasie- und gesangreicher Volksstamm mit den Göttern und Mythen verfährt. Erst ein vorgerücktes Zeitalter, welches das Göttliche vernunftgemäß aufzufassen suchte, die Mythen aber nicht für das nahm, was sie ihrer Natur nach sind, konnte die homerischen Göttergeschichten anstößig finden und, um das Anstößige zu beseitigen, in ihnen eine allegorische Grundlage finden. –

Die plastische Kunst, die ihre Schöpfungen frei für den Kultus gestaltete, hat der erhabenen Persönlichkeit der Göttin gemäß in den älteren Bildern Hera als die Braut oder die Ehefrau des Zeus mit Bezug auf die heilige Hochzeit zur Darstellung gebracht, dann als die königliche Gemahlin des Zeus mit bedeutungsvoller Symbolik, um zugleich an sie als die Himmelsbraut und als Ehegöttin zu erinnern. Und als die Kunst das Symbolische mehr und mehr abstreifte und nur in reinen einfachen Formen die individuellen Götter zur Erscheinung brachte, beschränkte sie sich darauf, Hera lediglich als die Himmels- königin darzustellen. Zu dem Heraideal der plastischen Kunst hatte schon das homerische Epos die Grundlinien verzeichnet. Die großäu- gige (eigentlich kuhäugige, nach einem für uns befremdlichen Bilde, vielleicht, um damit aus dem Blicke sprechende erhabene Ruhe und Würde zu bezeichnen), weißarmige Herrscherin, wie sie bei Homer heißt, tritt uns, wo sie nicht im Affekt geschildert ist, in der Ilias als eine hohe, gebietende Schönheit entgegen, ohne jedoch den Liebreiz zu besitzen, welcher der Aphrodite eigen ist. Denn als Hera den Zeus fesseln will, muss sie erst den Anmut verleihenden Gürtel der Aphro- dite leihen, deren sanftere, anmutigere Schönheit nach dem bekann- ten Urteil des Paris den Preis vor der Hera und der Athene davon trug. – Von großer Berühmtheit im Altertum war das Bild, welches Polyklet für den Tempel der Hera zwischen Argos und Mykenä verfer- tigt. Hera saß als Königin in kolossaler Größe, aus Gold und Elfenbein gearbeitet, auf einem Thron, mit einem Kranze auf dem Haupt, in wel- chem die Chariten und Horen angebracht waren, um symbolisch ihre

Urbedeutung als Erdgöttin anzudeuten; in der einen Hand hielt sie eine Granate, das Symbol des Ehesegens, in der anderen einen Zepter, auf dem sich ein Kuckuck befand, um auf die Hierogamie anzuspielen. – Unter den erhaltenen Büsten der Hera ist die berühmteste die sogenannte Juno Ludovisi; diese stellt die Hera als Himmelskönigin dar mit der Stephane (Diadem). Als die Königin des Himmels, die über den Sternen thront, ist ihr der Pfau heilig, dessen Schweif die Phantasie der Alten mit dem gestirnten Himmel verglich.

Wir haben aus den früheren Ausgaben dieses Werkes zwei auf die Göttin bezogene Abbildungen nach antiken geschnittenen Steinen aus der Lippertschen Daktyliothek aufgenommen. Die erstere soll ein Kopf der Hera sein und auf der zweiten ist die Göttin nach der früheren Erklärung „von dem Künstler, sitzend auf Zeus' Adler, den Zepter in der Hand und einen Schleier über sich schwebend haltend, ihr Haupt mit Sternen umgeben, gleichsam auf dem Gipfel ihrer Hoheit, dargestellt." Beide Erklärungen sind zweifelhaft; für die erste spricht höchstens die Stephane. Was das zweite Bild betrifft, so macht die Vergleichung ähnlicher Darstellungen es viel wahrscheinlicher, dass die vermeintliche Hera eine Dame aus römischer Kaiserfamilie, die vom Adler zu den Göttern emporgetragen wird, also eine vergötterte Fürstin ist.

Wie schon erwähnt, war neben Samos der Hauptkult der Hera in Argos in dem zwischen Argos und Mykenä befindlichen Tempel. An den dortigen H e r ä e n fuhr die Priesterin der Hera wie im Triumph auf einem Wagen zum Tempel der Göttin und brachte eine Hekatombe von weißen Rindern ihr zum Opfer. Wir knüpfen hieran die schöne Erzählung von Kleobis und Bitoen, deren kindliche Ehrfurcht gegen ihre Mutter, eine Priesterin zu Argos, sich so weit erstreckte, dass sie den Wagen derselben, dessen Gespann von weißen Rindern nicht schnell genug herbeizuschaffen war, selber fünfundvierzig Stadien weit bis zum Tempel der Hera zogen, wo sie auf das Gebet ihrer Mutter, dass die Göttin ihnen das wünschenswerteste Glück erteilen möchte, nach einer frohen Mahlzeit sanft entschlummerten u n d   a u s   d e m   S c h l u m m e r   n i c h t   e r w a c h t e n.

Demeter (Ceres)

Demeter ist Erdgöttin, welche sieh unter diesem Namen, der „Erdmutter" besagt, zu einer besonderen göttlichen Persönlichkeit entwickelt hat. Bedeutungsdolle Mythen sprechen ihr vielgestaltiges Wesen aus und lassen die sinnreiche Auffassung des Volkes von dem Naturleben der Erde erkennen. Die Grundzüge derselben zeigen eben dieselben phantasiereichen Vorstellung, die wir scholl bei anderen Erdgöttinnen gefunden haben, dass die Erde eine liebende Mutter und die Vegetation ihr blühendes Kind ist, das erscheint und wieder verschwindet. Der unaufhörlich sich wiederholende Naturprozess des vegetativen Lebens ist eines der Urwunder, das die Phantasie der Völker aufs lebhafteste in frühen Zeiten beschäftigt hat. Sie begleiteten den ganzen Vorgang in dem Wechsel der Jahreszeiten mit den lebendigsten Empfindungen der Lust und der Freude, des Schmerzen und der Trauer und da sie ihn im Lichte der Phantasie als göttliches Leben und Leiden betrachteten, so ward die Verehrung der Mutter und des Kindes eine wichtige religiöse Angelegenheit. Aber die Erde bietet eine andere Seite dar, die für das Kulturleben der Völker eine ungleich größere Bedeutung hat. Die Erde gibt den Acker, lässt die Saat wachsen und ward dadurch für alle die Stämme, welche ihr Wanderleben aufgaben und sich in festen Wohnsitzen, um den Acker zu bauen, niederließen, zu einer segensreichen Mutter, zu einer G ö t t i n d e s A c k e r b a u e s. Die Bedeutung des Ackerbaues für das sittliche Leben ist von den Völkern tief empfunden und gewürdigt. Die Ehe gewinnt im ackerbauenden Leben, welches feste Sitze bedingt, eine größere Heiligkeit, die Familie schließt sich inniger zusammen und damit wird das substantielle Band derselben, die Pietät, enger und fester geschlungen; das Heimatsgefühl erwacht stärker und lebendiger; das Volk gewinnt den Boden, den es bebaut, lieb und den Verstorbenen in ihren Gräbern wird größere Ehre erwiesen. Es macht sich also der Segen einer festen, bürgerlichen Ordnung geltend, deren Stützen Herkommen und Satzungen sind. Diese Segnungen, die im Gefolge des ackerbauenden Lebens sind, empfand das dankbare Volk in dem Maße, dass es dieselben ebenso wie die Kunst des Ackerbaues selber als die Gabe der Erdmutter ansah und die Demeter als solche eine Sitte und Ordnung dringende Göttin nannte (Thesmophoros).

Die Erde ist es ferner, die den Leib und die Seele der Verstorbenen aufnimmt. Denn Grab und Totenwelt befinden sich in ihrem Schoße. In die Erde ist beides verlegt in Folge jener alten Naturanschauung, nach welcher auch das blühende vegetative Leben verwelkt und erstorben in den Schoß der Erde zurücksinkt und jenes alten Glaubens, dass auch der Mensch der Erde entstamme. Daher ist die Erde denn auch eine Totengöttin und tritt in Beziehung zu dem Herrscher des Totenreiches. Die Verstorbenen hießen bei den Griechen unter anderen auch Demetrier, d.h. die der Demeter Verfallenen, Anheimgegebenen, und Demeter hieß als Totengöttin eine c h t h o n i s c h e , d.h. eine unterirdische Göttin.

Den Mythen der Demeter liegen diese verschiedenen Seiten des Erdenlebens zu Grunde. Wir geben zunächst nach einem homerischen Hymnos den Mythos von dem R a u b e   d e r   P e r s e p h o n e   o d e r   d e r   K o r e .

Auf lieblicher Wiese spielte einst in sorgenfreier Unschuld die Tochter der Demeter, Persephone, mit ihren Gespielinnen, des Okeanos Töchtern. Die Mädchen pflückten Blumen, Rosen, Krokusse, schöne Veilchen, Lilien und Hyazinthen. Da ließ die Erde auf den Rat des Zeus die wunderbare, verhängnisvolle Blume, den Narkissos wachsen, und eben streckt die nichts ahnende Persephone voll Bewunderung die Hand nach der Blume aus, da öffnet sich plötzlich die Erde und herauf aus dem Spalt jagt mit unsterblichem Rossegespann der König der Schatten, schlingt seine starken Arme um das liebliche Mädchen, hebt die umsonst sich Sträubende auf seinen goldenen Wagen und fährt mit der schönen Beute davon. Von ihrem Angstgeschrei wiederhallen der Berge Häupter und des Meeres Tiefen und es vernimmt die erhabene Mutter. In unnennbarem Schmerz eilt sie, das geliebte Kind zu suchen, neun Tage lang mit brennender Fackel durch alle Länder der Erde. Niemand kann ihr Auskunft geben. Da begegnet ihr Hekate, die Mondgöttin, und führt die klagende Mutter zum Helios, dem Sonnengotte. Der hatte den Raub gesehen und wusste darum und als sie von ihm erfährt, dass Aidoneus, der Herrscher der Unterwelt, im Einverständnis mit Zeus die Tochter entführte, da gesellt sich zu ihrem Schmerze noch der Unmut über das Verfahren des Zeus. Sofort meidet sie den Olymp und unerkannt, in ihrem Schmerz allein gelassen, durchwandelt sie Stadt und Land der Menschen.

Die Erde trauert, kein Same geht auf; Unfruchtbarkeit, Hungersnot herrscht überall. Das Menschengeschlecht wäre elendiglich umgekommen, hätte Zeus nicht aus Erbarmen für dasselbe die Demeter zu versöhnen gesucht, damit aufs neue die Göttin den Segen aus ihrem Schoß erblühen ließe. Aidoneus muss auf Befehl des Zeus die Tochter der Mutter zurücksenden; bevor er jedoch die Persephone entlässt,

lässt er sie vom Granatapfel kosten. Nun verlässt sie die Unterwelt und es erfolgt die Freude des Wiedersehens zwischen Mutter und Kind. Die Wiedervereinigung ist aber nicht für immer, denn die Tochter hatte von der Granate gegessen und gehörte dadurch auch der Unterwelt an und es war so von Zeus geordnet, dass sie den blühenden Teil des Jahres bei der Mutter und den Himmlischen weilen, die übrige Zeit aber als Gemahlin des Aïdes in dem dunklen Reiche der Schatten sein musste.

Der Mythos von dem Raube der Persephone oder der K o r e , des M ä d c h e n s , bezieht sich, wie schon angedeutet ist, auf den regelmäßigen Hergang des Erblühens und Ersterbens der Vegetation. Der Ort, wo der Raub geschah, ist im Grunde überall und wird daher auch fast überall dahin verlegt, wo sich an eine lokale Eigentümlichkeit ein Kultus der Totengötter geknüpft hatte. Auf Sizilien war bei einer Ortschaft E n n a der Raub geschehen. Zürnend und mitleidsvoll, heißt es in einer Sage, versuchte die Nymphe K y a n e , als Aïdes mit seiner Beute davon jagt, die schnaubenden Rosse aufzuhalten. Der unterirdische König aber stampft mit seinem Zepter den Boden und öffnet sich mitten durch die Klüfte der Erde zu seinem unterirdischen Palaste einen Weg. Demeter aber, da sie den Raub ihrer Tochter vernimmt, unwissend, wer sie entführte, zündet auf dem flammenden Ätna ihre Fackel an und setzt sich auf ihren mit Drachen bespannten Wagen, um ihre Tochter zu suchen. –

Sehr schön ist in dem Mythos die Erscheinung des Totengottes durch das plötzliche Aufblühen der Totenblume, des Narkissos, vorbereitet. Der Genuss der Granatfrucht ist die symbolische Umschreibung der ehelichen Genossenschaft, in welche Persephone mit dem Aïdes getreten ist. Als jungfräuliche Tochter kann sie ihrer Mutter nicht wieder erscheinen. Der klagenden und suchenden Demeter liegt das Bild der winterlichen Erde zu Grunde, ähnlich wie Hera als getrennte vom Zeus geschiedene Gattin dieselbe Anschauung mythisch ausdrückt. Die Regelmäßigkeit des Vegetationslebens oder die immer wieder erfolgende Rückkehr der Tochter zur Mutter ist eine Anordnung des höchsten Gottes, des Zeus, von dem alle Ordnung in der Welt ausgeht. –

Mit dem Mythos vom Raube, dem Suchen der Demeter und ihrer Wiedervereinigung mit der Tochter sind nun ferner diejenigen Mythen und Sagen verknüpft, welche sich auf die a g r a r i s c h e Bedeutung

der Demeter beziehen, die Mythen v o n d e r E n t s t e h u n g d e s
A c k e r b a u e s. Die Anfänge des Ackerbaues reichen zwar in die
Urzeit der indogermanischen Völkerstämme. Aber der pelasgisch-hel-
lenische Zweig derselben insbesondere hat den Boden, auf welchem
sich seine weltgeschichtliche Aufgabe erfüllen sollte, als so unzertrennlich von dem nationalen Charakter und so sehr als Bedingung seiner
Entwicklung und seines ganzen Daseins von frühe an betrachtet, dass
derselbe ihm für die Urheimat galt. Kein Wunder daher, dass die Griechen die Anfänge des Ackerbaues auf den eigenen Boden verlegten.
Und so dankbar wurden die Segnungen desselben empfunden, dass
man ihn nicht nur für eine göttliche Stiftung hielt, sondern auch den
Glauben hegte, dass die gute Mutter der Saaten die Menschen selbst
in dem, was das Werk des eigenen klugen Erfindungsgeistes gewesen war, in der Bearbeitung des Ackers, im Säen, im Einrichten und
Gebrauch des Pfluges, im Dreschen, Mahlen, ja im Backen des lieben
Brotes selber belehrt und unterwiesen habe. Der Mythos vom Raube
der Kore bot den Anlass dar, die Sage von der Stiftung des Ackerbaues
mit demselben zu verbinden. Die mythische Phantasie fasst nämlich
die wechselnden Erscheinungen des vegetativen Lebens als Gegensätze, als Zwiespalt in der Götterwelt und die Folge ist eine Verödung
der Erde. Aber der Zwiespalt ist für die Erhaltung der Produktions-
kraft der Erde notwendig. Die Erde ruht, erstirbt, um desto reicher
wieder ihre Gaben entfalten zu können. Dies drückt zusammen der
Mythos aus, indem es heißt, dass das Verschwinden der Persephone
und die Trauer und die Sehnsucht der Mutter nach der Tochter mit
Unfruchtbarkeit und Verödung verknüpft war, dass aber dennoch dies
Leiden der Göttin Anlass zu unendlichen Segnungen für die Menschen ward, zur Stiftung des Ackerbaues. Denn, so lautet der Mythos,
als die trauernde Demeter die Himmlischen mied und Stadt und Land
der Menschen unerkannt durchwandelte, kehrte sie häufig ein. Wer
sie gastfreundlich aufnahm, dem schenkte sie das Korn und lehrte den
Acker bebauen. Viele Städte und Dörfer Griechenlands rühmten sich
natürlich des Besuchs der Göttin und der gastfreundlichen Aufnahme
derselben und namentlich E l e u s i s in Attica. Dorthin, heißt es in
dem oben erwähnten Hymnos, kam Demeter auf ihrer Wanderschaft
und setzte sich am Wege bei dem sogenannten Jungfernbrunnen, aus

dem die Mädchen der Stadt Wasser holten. Als sie nun in Gestalt einer alten Frau dasaß, kamen die Töchter des K e l e o s , des Stadtherrn, vier Mädchen in lieblicher Jugendblüte, Göttinnen gleich, um Wasser zu schöpfen. Sie ließen sich mit der Alten in ein Gespräch ein, deren bekümmertes Ansehen ihre Teilnahme erweckte. Die Göttin erzählte eine erdichtete Geschichte von ihrem Geschick, das sie nach E l e u - s i s geführt hätte, und nannte sich Dos (die Gabe). Darauf folgt sie der Einladung der Mädchen ins elterliche Haus. Die Mutter M e t a - n e i r a empfängt freundlich die Alte und übergibt ihr ihren kleinen Sohn D e m o p h o o n zur Pflege. Die Göttin verspricht, ihn sorgsam zu hüten und zu pflegen, und wunderbar! das Kind nimmt erstaunlich zu, und doch gab die Göttin ihm keine Speise. Aber sie salbte den Knaben mit Ambrosia und hauchte ihn lieblich an. Des Nachts legte sie ihn ins Feuer, wovon die Eltern aber nichts wussten. Doch einst lauschte die neugierige Mutter des Nachts aus ihrem Gemache und als sie das Kind im Feuer sah, schrie sie laut auf. Als dies die Demeter vernahm, nahm sie das Kind aus dem Feuer und legte es auf die Erde. Unmutig erhob die Göttin ihre Stimme und beklagte den Unverstand der Menschen in dem Benehmen der Metaneira, die selber das Werk, das Kind unsterblich zu machen, vereitelt habe. Dann nahm sie plötzlich ihre erhabene göttliche Gestalt wieder an und befahl, einen Tempel ihr zu weihen. Angst und Schrecken entsteht im Hause des Keleos. Man tut alles, um den Zorn der Göttin zu besänftigen. Im Einvernehmen mit der Stadt lässt Keleos den Tempel erbauen und nachdem die Demeter noch selber Feste und Gebräuche ihres Kultus angeordnet hatte, verließ sie Eleusis. –

Die Erziehung des Kindes zur Unsterblichkeit durch die Demeter versinnlicht mythisch den Segen des Ackerbaues für die Entwicklung eines Volkes zur Kraft und Tüchtigkeit. In späteren Versionen ist an die Stelle des Demophoon Triptolemos oder „Dreipflüger" getreten, der, ursprünglich der attisch-eleusinischen Sage angehörend, in späterer Zeit nationale Geltung in der griechischen Religion bekommen hat. Gestalten wie Triptolemos, welcher der mythische Repräsentant eines durch Ackerbau und dessen Segnungen zur sittlichen Kraft und Tugend herangereiften Volksstammes ist, werden von der Sage verschieden gebildet. Bald ist er ein Priester der Demeter, bald ein König;

dann ist er ein armer Bauernsohn, dessen sich Demeter annimmt; bei Eleusis auf dem sogenannten „rarischen Felde", wo das erste Korn gesät sein sollte, genoss er der Ehre eines Heros und als derjenige, der die Anordnungen und Satzungen der Göttin verbreitet, also ihre Stelle vertritt, wird er wie diese selber ein „Gesetzbringer" und ist einer der Totenrichter in der Unterwelt. Nach der gewöhnlichen Sage wird Triptolemos von der Demeter ganz wie Demophoon erzogen; sie gibt ihm einen Wagen mit fliegenden Drachen bespannt und schenkt ihm die edle Frucht des Feldes, dass er sie auf der ganzen Erde mit vollen Händen ausstreue und Segen allenthalben seine Spur begleiten solle. Die sogenannten Gebote des Triptolemos lauteten: Du sollst die Eltern ehren; du sollst die Götter durch die Früchte des Feldes verehren, die Tiere nicht verletzen.

Ein Mythos, der sich gleichfalls auf den agrarischen Segen der Demeter bezieht, ist der von I a s i o n auf Kreta. Die schön gelockte Demeter liebte ihn, ruhte bei ihm auf drei Mal gepflügtem Neuacker und gebar ihm den Plutos. Es ist wahrscheinlich, dass Iasion oder Iasios der mythische Repräsentant des auf Kreta angesiedelten ionischen Volksstammes ist. Der fleißige Betrieb des Ackerbaues bringt dem Volke Reichtum (Plutos). Plutos ist die Frucht der Liebe der Demeter zum Iasion.

So segensreich sich Demeter ihren Lieblingen erweist, so schreckliche Strafe folgt dem Frevler, der ihre Gaben zu eigensüchtigen Zwecken ausbeuten will. Dies scheint die Sage vom E r y s i c h t h o n anzudeuten. Dieser war ein thessalischer Fürst, Sohn des T r i o p a s, der, um Holz zu einem Saale für seine Gelage zu haben, sich nicht scheute, trotz der Warnung der Demeter, einen ihr geweihten Hain zu fällen. Sie machte ihn zum Bettler, indem sie ihm einen Heißhunger einflößte, dass er alles, was er besaß, verkaufen musste, um ihn zu stillen. Aber vergeblich, je mehr er aß, desto hungriger ward er. Diese Sage hat späteren Dichtern erwünschten Stoff gegeben, den Hunger in seiner abschreckenden Gestalt auszumalen und wie sich überhaupt an alte Mythen poetische Witzeleien und Aftermythen wie Schlinggewächse ansetzen, davon gibt auch folgende Erzählung ein Beispiel. Als Demeter, ihre verlorene Tochter auf dem ganzen Erdkreis suchend, einst lechzend und ermattet in eine Hütte einkehrte, wo sie, begierig trinkend, von einem Knaben verspottet ward, so duldete sie die Schmach nicht, sondern besprengte den kindischen Frevler mit Wassertropfen, der darauf plötzlich in eine fleckige Eidechse verwandelt ward.

Der K u l t u s der Demeter ist einer der reichhaltigsten in dem religiösen Leben des griechischen Volkes. Die Feste der Göttin standen natürlich in enger Beziehung zu ihrer mythischen Gestaltung und Bedeutung. Als der Göttin der S a a t und des A c k e r b a u e s wurden ihr ländliche Feste, Aussaat- und Erntefeste, gefeiert, an denen sich Dank und Freude für die Gaben der guten Mutter aussprach. In Athen wurden der D e m e t e r C h l o e oder der Demeter der gelben, reifen Saat Opfer dargebracht und in Attila der Göttin ein sogenanntes Tennenfest (Haloen) gefeiert. – Die Feste der Demeter als Totengöttin hießen C h t h o n i e n; den Kult dieser chthonischen Demeter finden wir namentlich im Peloponnes. In Hermione unter anderen wurde sie mit dem Pluton, der den Beinamen „Klymenos" „des Erlauchten" hatte, verehrt. Wichtiger jedoch und verbreiteter sind diejenigen Feste der Demeter, in welchen nicht nur der Mythos von dem Raube der Persephone eine Hauptrolle spielte, sondern auch alle anderen Seiten der mythischen Bedeutung der Göttin ihre Verehrung fanden. Diese Feste hießen „T h e s m o p h o r i e n" und hatten das Besondere, dass ihre Feier größtenteils eine geheime war. Es gab aber Thesmophorien, welche nur von verheirateten Frauen gefeiert wurden, und solche, an denen beide Geschlechter teilnahmen. Diese letztere Art entwickelt sich in der attischen Ortschaft Eleusis in einer eigentümlichen Gestalt und diese eleusischen Thesmophorien heißen „das Eleusische Fest", die eleusinischen Mysterien.

An den T h e s m o p h o r i e n d e r F r a u e n bildete das Grundelement des Gottesdienstes eine mimisch-symbolische Darstellung des Mythos vom Raube der Kore oder der Persephone. Die thesmophorische Bedeutung der Göttin bezog sich für die Frauen auf das eheliche Leben, auf das Verhältnis der Mutter zum Kinde von dem zarten Keim im Mutterschoße an bis auf die Geburt und die spätere Entwicklung des Kindes. Hier bot sich die Analogie dar zwischen Kind und Samenkorn im Mutterschoße der Erde. Mit derselben frohen Hoffnung, mit welcher dem Wachstum desselben entgegengesehen wird, sieht die Mutter der Geburt des Kindes und der weiteren Entfaltung desselben zur Blüte entgegen. Diese Beziehungen auf das speziell weibliche Leben in der Ehe gebot den Ausschluss der Männer von diesem Frauengottesdienste von selber und es lag in dem ganzen Dienst der Frauen eine große Anerkennung von der wichtigen Stellung derselben in der Ehe. –

Die E l e u s i n i e n zeigen uns den Kult der Demeter in der entwickelsten Gestalt und an ihnen wie an den Thesmophorien sind Demeter und Persephone unzertrennlich, weshalb sie auch unter den Namen „des Götterpaars" oder „des verehrungswürdigen Götterpaars" jedem Griechen bekannt waren. Die Hauptsache dieses Festes war die „Weihe" (Telete) und die „Mysterien", an denen natürlich nur Einzuweihende oder schon Eingeweihte (Mysten) teilnehmen konnten. Die Aufnahme stand jedem Griechen frei, doch war sie an Unbescholtenheit des Charakters geknüpft. Die Teilnehmer mussten über alles, was sie gehört und gesehen hatten, Schweigen beobachten. In solcher Weise bekam der eleusinische Gottesdienst die Form einer religiösen Verbrüderung. Was für Geheimnisse den Einzuweihenden mitgeteilt wurden, lässt sich aus den zerstreuten Zeugnissen des Altertums im Allgemeinen wohl bestimmen, obgleich darüber bei Neueren die abweichendsten Ansichten geherrscht haben. Dass die Teilnehmer nicht in eine tief verborgene Weisheit über Gott und Welt eingeweiht wurden, versteht sich ganz von selbst. Man hat dies zwar früher geglaubt. Aber die Erkenntnis der Wahrheit ist eine fortschreitende und die Wahrheit durch den jedesmaligen Stand der Erkenntnis und der Offenbarung Gottes bedingt. Die Wahrheit kann daher nicht ein von alten Zeiten her aufbewahrtes Geheimnis sein. Jene Ansicht von dem Inhalt der Mysterien ging aus der romantischen Fiktion hervor, dass es einst ein hochbegnadigtes Menschengeschlecht gegeben habe, das im Besitze der tiefsten Weisheit gewesen sei, die aber später verloren gegangen, jedoch noch wie ein getrübtes Licht in den Mythen und den geheimen Kulten fortglimme und von bedürftigen Gemütern wieder gesucht und erkannt werde. Diese Ansicht widerspricht allen positiven Zeugnissen der Geschichte wie den Entwicklungsgesetzen der Menschheit überhaupt. – Die Geheimnisse in Eleusis konnten nicht über die mythische Bedeutung der Demeter und der Persephone und des Pluton und des dort mit aufgenommenen Dionysos-Jacchos, der als Knabe in ähnliche Beziehung zur Demeter tritt wie die Persephone als Mädchen und über das, was sich aus der mythischen Bedeutung entwickeln ließ, hinausgehen. Dies bestätigen die von glaubwürdigen Männern ans dem Altertum überlieferten Aussprüche über den Gewinn, den die Eingeweihten aus den Mysterien mitnahmen. Immer ist dieser ein doppelter: einmal die Überzeugung von dem versittlichenden Einfluss des Ackerbaues, durch welchen die Menschen einem rohen Zustande entrissen und edler Sitte und Humanität zugeführt wurden, und dann die Hoffnung, dass dem, der hienieden ein rechtschaffenes Leben geführt, nach dem Tode ein schönes Los erblühen werde. Das erstere ging aus der thesmophorischen Bedeutung der Demeter hervor, das zweite war eine Entwicklung aus dem Mythos von dem Vegetationsleben der Erde. Denn wie sich in dem Naturleben fortwährend aus dem Tode Leben entwickelt, aus der Verwesung neue Blüten und Früchte, so glaubte man auch an eine ähnliche Verwandlung neuen Lebens aus dem Tode innerhalb des Reichs des menschlichen Geistes. Diese Überzeugungen und Hoffnungen wurden durch mimische Darstellungen der Mythen und Erzählungen heiliger Geschichten zur Deutung und Erklärung der Symbole im Gottesdienste in den Gemütern der Teilnehmenden erweckt. Dabei fehlte es natürlich nicht an allerlei magischen Erscheinungen, um die Phantasie in einen ungewöhnlichen Zustand der Erregung zu versetzen und durch schön beleuchtete Bilder, durch Musik und Gesang auf das Gefühl zu wirken. Dem Eingeweihten wurde ein Blick in das Jenseits vergönnt. Den Gerechten und Guten erwartete ein seliges Leben in der Form eines ewigen Gastmahls (Symposion) nach griechischen Begriffen, bei welchen Gespräche über geistige Interessen, wie überhaupt geistige Anregung durch Musik und Poesie nicht fehlten; den Bösen aber ein unseliges Leben im Schlamme. –

Was wir von Vorbereitungen, Reinigungen, feierlichen Umzügen, Opfern, auch von Scherzen und Späßen, nächtlichen Orgien usw. hören, reicht nicht hin, um ein anschauliches Bild von der ganzen Feier der Eleusinien zu geben. Übrigens zerfiel dieselbe in die der kleinen und großen Mysterien. Jene wurden im Februar gefeiert und zwar zu Agrä am Ilissos drei Stunden von Athen und waren eine Vorweihe zu den großen Mysterien. Diese wurden im September gefeiert. Bei dem geheimen Gottesdienste war ein zahlreiches Personal beschäftigt und das Ganze stand unter der Leitung eines priesterlichen Geschlechtes, das sich vom Eumolpos, bei welchem die Demeter eingekehrt war, abzustammen rühmte. Derjenige, welcher die heiligen Geheimnisse zeigte, hieß H i e r o p h a n t. Erreichten die Mysten den letzten Grad der Weihe, wo der letzte Schleier der Geheimnisse vor den Zuschauern fiel, so hießen sie E p o p t e n oder Schauende.

Dass die Eleusinischen Mysterien für Verbreitung milder Sitte und Humanität großen Einfluss gehabt haben, dass sie dazu beigetragen haben, die schroffe Exklusivität der griechischen Stämme zu mildern und den alten düsteren Glauben von dem Leben nach dem Tode zurückzudrängen, das erleidet keinen Zweifel.

Was die Darstellung der Demeter in der Poesie betrifft, so wird ihrer in dem homerischen Epos nur selten Erwähnung getan und wo dies geschieht, da ist sie ausschließlich die agrarische Göttin, die schön gelockte Demeter, die Geliebte des Zeus, welche das Brot und die Nahrung verleiht. Diese ihre agrarische Bedeutung hatte zu wenig Bezug auf die persönlichen Interessen des kriegerisch-ritterlichen Heroenlebens, als dass sie unter den Göttern des Olymps eine Rolle spielen konnte. Als chthonische Göttin, welche der den Heroen verhassten düsteren Unterwelt angehörte, tritt sie gar nicht in der homerischen Poesie auf. Ihre wichtige thesmophorische Bedeutung haben die homerischen Heroen gar nicht gewürdigt. – Die plastische Kunst auf der Stufe der symbolisierenden Darstellung hatte bei den verschiedenen Seiten der Demeter reichen Stoff und wir hören von seltsam zusammengesetzten Bildern. Die freie bildende Kunst dagegen hat die Göttin vorzugsweise als eine sanfte, milde Gestalt, als liebende Mutter zur Anschauung gebracht. Im nachfolgenden Umriss ist Demeter nach einem antiken geschnittenen Steine abgebildet. Mit Sichel und Fackel in den Händen schreitet sie über die Erde, auf welcher zwei Schlangen ihr die Köpfe entgegenstrecken. Durch diese drei Attribute ist sie bestimmt genug bezeichnet.

Aïdes (Hades, Pluto) und Persephone (Proserpina)

In dem mythischen Glauben der Griechen galt das Frühlingserzeugnis vorzugsweise als ein Kind der Erde und des durch Regen befruchtenden Himmels. Doch konnte jenes ebenso gut als aus der Vereinigung der Erde mit dem Wasser entsprungen angesehen werden, wie in einem merkwürdigen arkadischen Mythos wirklich geschehen ist. Dort ist die Tochter der Demeter, die den Beinamen E r i n y s hat, der Göttin von dem Meerbeherrscher P o s e i d o n geboren und sie hieß D e s p o i n a , Gebieterin. Auch andere das Wachstum der Vegetation befördernde Naturpotenzen wie Sonnenwärme, also der Sonnengott, konnten mit der Demeter verbunden werden. Endlich lag es nahe, in die Erde selber eine männlich zeugende Kraft zu verlegen gegenüber der gebärenden Mutter Erde. Diese Erdkraft ist aber ursprünglich als Wirkung der allgemeinen Gottheit, des allumfassenden Zeus (Zens Triopas), gefasst. Daher ist Persephone auch in dieser Beziehung Tochter des Zeus. Als aber der mythische Glaube von der Dreiteilung der Welt herrschend wurde, ward auch die in der Erde wirkende Zeuskraft einem besonderen Herrscher zugeschrieben, dem Erdzeus, oder dem Z e u s k a t a c h t h o n i o s , der den Reichtum aus der Erde spendet und daher auch P l u t o n heißt. Nun lag es aber der mythischen Phantasie nahe, welche verwandte Vorstellungen leicht ineinander überfließen lässt, diesen aus der Tiefe Leben spendenden

111

Zeus mit dem von Alters her die Vorstellung beherrschenden unsichtbaren König der Totenwelt zu identifizieren und auf solche Weise sind Z e u s   k a t a c h t h o n i o s , P l u t o n und A ï d e s allmählich nur Namen für eine und dieselbe göttliche Persönlichkeit in der Tiefe der Erde geworden. Diese Verschmelzung begünstigte die alte Naturanschauung, nach welcher die Kraft, welche aus der Erde Leben wirkt, zugleich auch diejenige ist, welche das Lebendige wieder in die Tiefen der Erde hinabführt, Gegensätze, welche überhaupt in dem Wesen der chthonischen Gottheiten hervortreten. Es ist eine mythische Inkonsequenz, dass der unterirdische Zeus, der eigentlich der Gemahl der Erdgöttin selber ist, der D e m e t e r , vorherrschend Gemahl der Tochter, der P e r s e p h o n e , geworden ist. Das hat aber der Mythos von dem Leben und Tod der Vegetation bewirkt. Der Totengott hat das blühende Mädchen geraubt, natürlich um sie als Gemahlin zu besitzen, auf welche Vorstellung wiederum die alte Sitte bei Griechen, wie bei anderen Völkern, die Braut zu rauben, mitwirkte. Diesen Anschauungen entsprach die Feier des Raubes der Persephone als ein Vermählungsfest. So gab es auf Sizilien ein Fest der Götterhochzeit des P l u t o und der K o r e oder das Fest der Entschleierung der Braut (Theophanien, Anakalypterien). Außerdem wurden Feste des Niederganges um die Zeit der reifen Saat und des Aufganges der Persephone gefeiert. Die letzteren Feste hießen auch Blumenfeste.

Die Auffassung des Aidoneus und der Persephone als Totengötter ist, je nach den herrschenden Vorstellungen vom Totenreiche, eine verschiedene. In den homerischen Liedern steht nicht nur der glanzvolle Olymp und das Leben der seligen Götter, sondern auch das schöne menschliche Dasein auf der Erde im Gegensatze zur Unterwelt. Daher ist A ï d e s bei Homer ein dem Menschen verhasster, unerbittlicher und unbezwinglicher Gott, der die Pforten, die zur Oberwelt führen, fest verschlossen hält. Später erscheint seine Gestalt in milderem Lichte; er ist ein ehrwürdiger, wohlwollender Herrscher, der die Toten in seine Behausung gastlich aufnimmt.

Mit der Vorstellung von dem Dasein der Geister der Verstorbenen verbindet sich die von einer Art unsichtbarer Existenzen; da nun A ï d e s Herrscher dieser geisterhaften Wesen ist und zwar in der dunklen, finsteren Tiefe, so ist sein Name, welcher „der Dunkle" (nicht sichtbare) bedeutet, bezeichnend genug. An diese Auffassung des dunklen Schattenkönigs knüpft sich der Mythos von seinem u n s i c h t b a r   m a c h e n d e n   H e l m , der ihm ebenso wesentlich ist, wie Donner und Blitz dem Zeus, der Dreizack dem Poseidon. Auch andere Gottheiten, wie die Athene im Kampfe vor Troja, bedienen sich der Aïdes-Kappe, um sich unsichtbar zu machen.

Die eigentliche, ursprüngliche Bedeutung des Namens der P e r - s e p h o n e ist bis jetzt noch nicht mit Sicherheit ermittelt. Den Alten klang er, namentlich wegen des zweiten Bestandteiles des Wortes, wie „Töterin" und man scheute sich, den Namen, der in mehreren Variationen vorkommt wie Persephassa, Phersephone, Phersephassa und Phersephatta auszusprechen und nannte die Göttin für gewöhnlich lieber „K o r e " oder „das Mädchen".

Obgleich A ï d e s und P e r s e p h o n e bei Homer nur als Totengötter vorkommen, so wird doch durch ein charakteristisches Beiwort des Aïdes auf den Raub der Persephone, also auf den Mythos von dem Vegetationsleben der Erde angespielt. Aïdes heißt nämlich einige Male „rosseberühmt", was mit Recht auf sein berühmtes Rossegespann bezogen wird, auf dem er aus der Tiefe der Erde kam, um das Demeterkind zu rauben.

Den Raub der Persephone findet man oft auf den Marmorsärgen der Alten dargestellt. Der unterirdische Herrscher ist in der bildenden Kunst zu keiner recht selbstständigen Gestaltung gekommen, wie er auch als A ï d e s fast gar keine Tempel hatte. Seine Persönlichkeit erweckte Vorstellungen, die mit dem im Allgemeinen heiteren, idealen Charakter der griechischen bildenden Kunst nicht recht verträglich waren. Wo er dargestellt ist, da ist er dem Zeus ähnlich, nur mit finsterem Blicke. Er führt als König der Toten einen Zepter in der Hand und sein über das Haupt gezogenes Gewand bezeichnet den verborgenen Gott. Zum öfteren ward er auch in der alexandrinischen Zeit mit dem Getreidemaß auf dem Haupte als dem Sinnbilde der Fruchtbarkeit der auf ihm ruhenden Erdfläche, abgebildet; so wurde er zu Alexandria in Ägypten verehrt und vereinigte dann die Begriffe von dem griechischen A ï d e s oder P l u t o n und dem ägyptischen Totengott S e r a p i s (Z e u s   o d e r   J u p i t e r - S e r a p i s). Auf dem zunächst folgenden Holzschnitt ist dieser J u p i t e r - S e r a p i s nach einer römischen Gemme aus der Zeit, wo der ägyptische Kultus in Italien Eingang gefunden hatte, abgebildet.

Der Gott sitzt, das Fruchtmaß auf dem Haupte, das Zepter in der Linken, die Rechte auf dem dreiköpfigen K e r b e r o s ; daneben die Fackel tragende geschleierte H e s t i a und der kleine H a r p o k r a - t e s (der ägyptische Horus), der die Lotosblume auf dem Kopfe trägt als Zeichen des Schweigens den Zeigefinger an den Mund legt, ein Füllhorn in der Hand hält und auf eine Herme sich stützt, lauter Sinnbilder des Tiefen, Verborgenen, Geheimnisvollen im Innersten der Natur, woraus sich unaufhörlich Leben und Fülle ergießt. – Das folgende Bild gibt nach einem antiken geschnittenen Steine ebenfalls den J u p i t e r - S e r a p i s auf seinem Throne mit Zepter und Höllenhund.

Der Glaube an das Dasein der Geister der Verstorbenen und an ihre
Einwirkung auf die Lebenden, an einen Ort, an den die Väter heim-
gegangen sind, und ebenso an eine düstere Unterwelt als den Aufenthaltsort der Bösen reicht bis in die Urzeit der indogermanischen
Stämme und somit sind auch bei den Griechen diese Glaubensvor-
stellungen nicht erst in ihrer späteren Heimat entstanden. Gleichwohl
sehen wir die eigentümliche Erscheinung, dass zu einer gewissen
Zeit jene Ideen zum Teil wie aus dem Volksbewusstsein entschwun-
den erscheinen und dass nur der Glaube an eine düstere Unterwelt,
in welche die Seelen aller ohne Unterschied gelangen, herrschend
bleibt, dass aber später auch die Vorstellungen den einem seligen
Jenseits, welche noch in uralter Tradition lebten, mächtig wieder in
der Dichtung und im Kulte rege werden. Diese Erscheinung hängt
natürlich mit dem Verlauf der eigentümlichen, originellen Entwicklung der griechischen Stämme in ihrer eigentlichen Heimat zusammen und es ist vorzugsweise das heroische Zeitalter, in welcher die
lichteren Vorstellungen von einem seligen Jenseits fast geschwunden
sind. Dies lässt sich daraus erklären, dass die Heroen bei der Fülle
und Herrlichkeit des Daseins und in dem stolzen Bewusstsein ihrer
persönlichen Geltung auf Erden das Jenseits im Vergleich damit
nur als düsteres, trostloses Dasein denken konnten. Doch sehen wir
selbst schon in der Odyssee wieder Vorstellungen von einem schöneren Dasein nach dem Tode oder nach diesem Leben hervortreten. Proteus, der Meergott, sagt nämlich weissagend zum Menelaos:
„Dir, o gottentsprossener Menelaos, ist es nicht von den Göttern
bestimmt, in dem rosseweidenden Argos zu sterben und dein Los
zu erreichen, sondern in das e l y s i s c h e G e f i l d e und an die
Enden der Erde werden Unsterbliche dich senden, wo der blonde
Rhadamanthys weilt. Dort ist das Leben der Menschen leicht; dort
ist nicht Schnee, noch langer Winter, noch Regen je, sondern stets
sendet Okeanos des Zephyrs sanftes Wehen der Winde hinauf, die
Menschen zu kühlen. Denn du besitzest Helena und bist ihnen ein

Eidam des Zeus." Ebenso wie Menelaos finden wir nach Homer auch Achilles, Memnon u.a. ins Elysion versetzt und bei Hesiodos heißt es: „Den Heroen verlieh Zeus ein Leben und Wohnsitze verschieden von den Menschen. Zeus nämlich ließ sie an den Enden der Erde fern von den Unsterblichen wohnen und Kronos ist unter ihnen König. Dort wohnen sie, frei von Sorgen, auf den I n s e l n d e r S e l i g e n , am wirbelnden Okeanos, die glückseligen Heroen, denen honigsüße Früchte dreimal im Jahre blühend die nahrungsgebende Erde trägt." Diese Vorstellungen von einem Leben der Heroen im Elysion oder auf den Inseln der Seligen stimmen im Wesentlichen mit den indogermanischen Glauben an ein „Reich der Väter" überein, das auch an den Enden der Welt liegt und gleichfalls als ein beglückender Aufenthalt gedacht wurde. Ebenso uralt ist aber auch der Glaube an eine segensreiche Wirksamkeit der seligen Geister auf die Lebendigen und auch diesen Glauben haben die Griechen treu bewahrt. Bei Hesiod nämlich, wo mit der Sage von den verschiedenen, sogenannten „Weltaltern" verschiedene Vorstellungen von dem Leben nach dem Tode vermischt sind, heißt es von den Menschen des goldenen Geschlechtes: „Nach ihrem Tode sind sie durch den Willen des großen Zeus 'Dämonen', herrliche Wächter auf Erden den sterblichen Menschen, welche auf gerechte Handlungen und frevelhafte Werke Acht geben, indem sie, in Luft gekleidet, überall hin wandeln über die Erde, die Reichtumspender."

So nehmen also die Heroen des griechischen Volks, die großen Wohltäter desselben, an einer jenseitigen Seligkeit teil; die große Masse dagegen geht nach wie vor „namenlos" in das öde, düstere Reich der Unterwelt. Im Grunde nimmt also eine bevorzugte Klasse allein an der jenseitigen Seligkeit teil. Natürlich erweitert sich mit der Zeit diese Seligkeit als eine Belohnung auf alle Frommen und Rechtschaffenen überhaupt, während des Bösen nach dem Tode Höllenstrafen harren. Diese erweiterten Vorstellungen haben sich, wie bereits erwähnt ist, vor allem in den eleusinischen und den Mysterien überhaupt entwickelt. Und mit dem Glauben an eine Seligkeit der Guten und eine Verdammnis der Bösen hängt dann weiter die Vorstellung von einem Gerichte nach dem Tode zusammen, in welchem die gerechtesten und weisesten Menschen aus der Heroenzeit, M i n o s , R h a d a m a n t h y s , A e a k o s über die Toten den Urteilsspruch fällen.

Nach diesen allgemeinen Bemerkungen über den Verlauf der Entwicklung des Glaubens an ein Leben nach dem Tode lassen wir nun eine Schilderung von der U n t e r w e l t oder dem R e i c h e d e s A ï d e s aus dem Homer folgen.

In der Ilias heißt es bei Gelegenheit eines entscheidenden Kampfes vor Troja, an dem auch die Götter teilnehmen: „Furchtbar ließ der Vater der Götter und Menschen seine Donner aus der Höhe erschallen; aber von unten her erschütterte Poseidon die grenzenlose Erde und der Berge steile Häupter. Da geriet tief unten der Herrscher der Unteren, Aidoneus, in Schrecken, sprang von seinem Throne auf und schrie aus Furcht, es möchte ihm von oben her der Erderschütterer Poseidon die Erde zerbrechen und dann sein grauenvolles, modriges, den Göttern verhasstes Haus Sterblichen und Unsterblichen sichtbar werden." – Nach der Vorstellung in der Ilias ist also die Unterwelt tief unten in der Erde.

Eine andere Anschauung ist dagegen in der Odyssee vorherrschend. Als sich Odysseus zur Unterwelt begibt, fährt er über den Okeanos bis ans Ende. Er landet an einer flachen Küste, da, wo das Volk und die Stadt der Kimmerier ist, die in Nebel und Wolken eingehüllt sind. Der glanzvolle Helios schaut sie nicht an mit seinen Strahlen, sondern ewige Nacht ist über die armen Menschen ausgebreitet. Hier beginnt das Reich des Aïdes. Die Unterwelt ist also in den unbekannten, dunklen Westen, da, wo die Sonne untergeht, verlegt, eine Anschauung, die aus den phantastischen Vorstellungen nicht nur der Finsternis und des Dunkels, sondern auch des Aufhörens und Verschwindens, welche man mit dem Sonnenuntergang verband, hervorgegangen ist. Beim Hesiod ist das dunkle Westland überhaupt die Gegend, in welche die Phantasie Schreckgestalten, Wunder und Zaubererscheinungen aller Art, wie Gräen, Gorgonen, die Gärten der Hesperiden u.a. (S. 39) versetzte.

Den Vorstellungen von der Unterwelt in der Tiefe der Erde entsprechend, gab es viele Eingänge in dieselben, natürlich besonders wo Höhlen und Erdspalten sich befanden. So war bei dem Vorgebirge T a i n a r o n ein Eingang in das plutonische Reich und ebenfalls in

Thesprotien im westlichen Griechenland, wo die Flüsse Ache-ron und Kokytos strömten und wo Theseus und Pirithoos zu den Schatten stiegen. Berühmt war auch der Eingang in die Unterwelt an der Küste Italiens bei Cumae, an dem giftaushauchenden See Avernus, über den kein Vogel fliegen konnte.

Die Schattenwelt, welche in der Odyssee geschildert wird, ist ein düsteres Phantasiegebilde und das Ganze ist wie absichtlich in einem gewissen Dunkel in der Schilderung gehalten, um den unheimlichen, trübseligen Eindruck, den das unterirdische Reich macht, noch zu erhöhen. Da sind Haine der Persephone, Weiden und Pappeln, Bilder der Trauer und des Gespenstischen, ferner die Wiese mit den falben, leichenfarbigen, Unfruchtbarkeit des Bodens andeutenden Asphodelosblüten, der finstere Totengrund (Erebos), die Flüsse Phriphle-gethon oder der Feuerbrenner, der sich in Flammen fortwälzt, der Kokytos oder der Heulstrom, ein Arm des abwärts strömenden Gewässers der Styx (S. 43). Beide stark rauschenden Wasser ergießen sich bei einem Felsen in den Strom des Achs und Wehs, in den Acheron. Endlich das grause, modrige Haus des verhassten Aïdes mit seinem Hund, dem bei Hesiod erwähnten dreiköpfigen Kerberos (S. 41), und die dunkle, breite Pforte, welche die Seelen zurückhält. – Den Schilderungen der Flüsse liegen wirkliche Anschauungen von solchen Gewässern zu Grunde, die den Eindruck des Schauerlichen durch irgendwelche Eigentümlichkeit machten. Styx war ein schauriger Wasserfall in Arkadien; Acheron und Kokytos, wie erwähnt, Flüsse in Thesprotien.

Über die Art und Weise, wie die Seelen in die Unterwelt gelangen, darüber herrscht bei Homer eine doppelte Anschauung: Entweder gehen sie hinab ohne Geleit oder Hermes (Merkur) geleitet sie. Auf dem folgenden Holzschnitt nach einem antiken, geschnittenen Stein steigt in den Kahn des Charon ein Greis, der von Hermes herbeigeführt ist, und zahlt zugleich dem die Hand öffnenden, alten Fährmann als Fährgeld den Obolos.

Um nämlich die Seelen über die Flüsse zu befördern, erdichtete man eine Fähre mit einem Fährmann, eine Vorstellung, die nicht ursprünglich hellenisch ist, sondern von den Ägyptern entlehnt ward. Bei Homer und Hesiod herrscht die Auffassung der Styx als eines Wasserfalls vor. Als aber die Idee einer Totenfähre aufkam, wurde die Styx zu einem Strome, über welchen Charon die Seelen hinüberführt.

Die Vorstellungen von dem Leben nach dem Tode in dem homerischen Zeitalter, welche im Allgemeinen die der großen Menge in Griechenland geblieben sind, erscheinen trüber und trostloser Art. Der Leib, also Fleisch, Blut, Knochen usw., werden verbrannt und verfallen der Verwesung. Aber die Seele, das heißt der lebendige Odem verlässt den Sterbenden, um in die Behausung des Hades einzugehen und dort als ein E i d o l o n (Idol), das heißt als ein Schattenbild des wirklichen Menschen, fortzuleben. Das Eidolon ist das Gefäß, die abgezogene Form des menschlichen Individuums, wie es leibte und lebte. D i e F o r m , P s y c h e o d e r E i d o l o n , i s t e w i g ; d e r S t o f f v e r g e h t . Der Zustand dieser Eidola ist wie ein halbwacher; die Seelen-Eidola sind in der Mitte zwischen Bewusstsein und Bewusstlosigkeit. Auf kurze Zeit können sie sogar zum vollen Bewusstsein und zum vollständigen Gebrauch der Sprache gelangen, wenn sie nämlich Blut trinken. Denn in dem Blut liegt nach der populären Anschauung das Leben. Ihr Leben selber ist das gespenstische Abbild des wirklichen Lebens. So setzt O r i o n in der

Unterwelt das Jägerleben fort und M i n o s schlichtet auch dort als Richter die Streitigkeiten der Schatten.

Da die Lebenden gegen die Verstorbenen im Hades noch Pflichten haben, so kann es vorkommen, dass jene diese Pflichten nicht erfüllen oder saumselig in der Erfüllung derselben sind. In dem Falle erscheint nach dem Volksglauben das Eidolon des Verstorbenen, um die Lebenden an ihre Pflicht zu mahnen, wie P a t r o k l o s dem A c h i l l e s erscheint, um ihn zur Rache zu spornen. Und dass die Rache vollzogen wird für die Verstorbenen, dafür sorgt das unterirdische Herrscherpaar durch die E r i n y e n , welche in der Unterwelt hausen (S. 29 ff.).

Als Odysseus auf Befehl der K i r k e zu den Schatten stieg, versammelten sich um die Grube, in welche er das schwarze Blut der Opfertiere fließen ließ, die Seelen der abgeschiedenen Jünglinge, Jungfrauen, Männer, im Kriege getötet und Greise, die vieles erlitten hatten. Seine Mutter erschien ihm und als er sie umarmen wollte, wich ihr Schatten zurück; sie lehrte ihn, dass die Seele, sobald der Körper zerstört ist, wie ein Traum davon fliegt. Der Schatten des Agamemnon streckte nach dem Odysseus seine Arme aus, aber in den Gliedern war keine Kraft mehr. Odysseus redete den Schatten des Achilleus an und pries ihn glücklich, weil er im Leben berühmt gewesen und nun auch geehrt unter den Toten sei. Da antwortete Achill, er wolle, wenn es ihm möglich wäre, ins Leben zurückzukehren, lieber kümmerlich einem armen Tagelöhner selbst um Tagelohn dienen, als hier in der Unterwelt über alle Toten herrschen. Auch des Herakles Schattenbild sah Odysseus in der Unterwelt, obgleich er s e l b e r bei den unsterblichen Göttern seinen Sitz hatte. Also die reine, leere ausgezogene Form ist in der Unterwelt; Stoff und Form, der organisierte beseelte Stoff, die volle Persönlichkeit ist bei den Göttern.

Die Vorstellungen von dem trostlosen, öden Dasein in der Unterwelt haben sich, wie gesagt, im Gegensatz zu dem lebensvollen, sich selbst genügsamen Dasein in der herrlichen, schönen Wirklichkeit entwickelt und damit traten die alten Ideen von einem glückseligen Jenseits der Väter fast gänzlich zurück. Dagegen hat auch das heroische Zeitalter den Glauben an S t r a f e n n a c h d e m T o d e in der Unterwelt festgehalten. Es scheinen sich diese Vorstellungen von einer Bestrafung hauptsächlich an dem Verbrechen des Meineides entwickelt zu haben, des größten und schrecklichsten aller Übel, wie es bei Hesiod genannt wird. In der Ilias werden bei Ablegung von Eiden außer anderen Gottheiten die E r i n y e n als diejenigen angerufen, welche die Toten in der Unterwelt strafen, wenn einer falsch geschworen hat. Freilich widerspricht die Bestrafung nach dem Tode den Vorstellungen, welche man in der homerischen Zeit von den halb bewusstlosen, traumähnlichen Zustande der Toten hatte. Aber an solchen Widersprüchen ist das mythische Bewusstsein reich. Denn der mythischen Phantasie kommt es nur darauf an, Ideen auszusprechen, hier die des schattenartigen Fortlebens nach dem Tode und der Bestrafung in der Unterweit, ganz unbekümmert darum, ob in der Art und Weise, wie man sich beides dachte, Widersprechendes enthalten war.

In dem Gemälde, welches die Odysee von der Unterwelt gibt, ist die Bestrafung nach dem Tode an d r e i e n B ü ß e r n , welche Fürsten auf der Oberwelt waren, veranschaulicht, an T i t y o s , T a n t a - l o s und S i s y p h o s . Die Andeutungen in den Sagen lassen uns in diesen drei Fürsten mythische Repräsentanten großartiger, vermessener Bestrebungen einzelner hervorragender Persönlichkeiten oder Volksstämme erkennen. In den Augen der großen Menge gelten große, gewaltiges Taten, selbst wenn sie im Allgemeinen wohltätig für die Menschheit waren, wegen der Rücksichtslosigkeit der Durchführung leicht als Äußerungen der Vermessenheit und des Übermutes, als Eingriffe in die Macht der Götter.

T i t y o s , ein ungeheurer Riese, Sohn der Erde, hatte der ehrwürdigen Gemahlin des Zeus, der Leto, auf dem Wege nach Pytho Gewalt angetan. Nun lag er dafür in der Unterwelt, zwei Geier saßen bei ihm, an jeder Seite einer, und fraßen ihm an der Leber. Er konnte sich ihrer aber nicht erwehren. Tityos gewährt ein Bild der Strafe für die rücksichtslose Begierde, die sich selbst an dem Heiligsten vergreift, um die schnöde Lust zu befriedigen. Die Art der Strafe ist nach dem alten Strafgrundsatz: Womit du sündigst, daran wirst du bestraft. Die Leber war nach der alten Anschauung der Sitz der Begierde.

T a n t a l o s litt furchtbar in der Unterwelt. Er stand in einem Teich, der ihm bis an den Bart herankam. Voll Durst strebte er zu trinken, zu trinken aber vermochte er nicht zu erlangen. Denn so oft der

Greis sich bückte in der Begierde, zu trinken, verschwand das zurück-
strömende Wasser und die schwarze Erde ward rings um seine Füße
sichtbar, eine unsichtbare Hand trocknete es auf. Hoch ausgebreitete
Bäume ließen über seinem Haupte Früchte in Fülle herabhängen: Bir-
nen, Granaten, wunderschöne Äpfel, süße Feigen und reife Oliven.
Sooft nun der Greis sich empor richtete, die Früchte mit den Händen zu fassen, warf ein Wind sie zu den schattigen Wolken empor. –
Diese furchtbare Qual des ewigen Schmachtens inmitten einer Fülle,
welche jeden Augenblick Befriedigung verspricht und ebenso oft der
heißen Begierde sich entzieht, wurde dem Tantalos nach der Sage aus
folgenden Gründen auferlegt. Tantalos war ein sehr reicher König,
der am Sipylos in Lydien herrschte. Selbst die Götter würdigten ihn
ihres Umganges. Er saß mit Zeus zu Tisch, der an seinem Gespräch
und an dem hohen Sinne seiner Rede sich ergötzte. Allein er verging
sich einst mit zu dreisten Worten gegen Zeus, plauderte die Geheimnisse der Götter aus, entwendete von ihrem Tisch Nektar und Ambrosia, um die Wirkung der Götterspeise zu erproben, stahl im Verein
mit dem Pandaros den Hund des Zeus, der dessen Heiligtum in Kreta
bewachte, und, um die Allwissenheit der Götter zu prüfen, schlachtete
er seinen eigenen Sohn und setzte ihn mit anderen Speisen den Göttern vor. Für diese vermessenen Eingriffe in die Vorzüge der Götter
traf ihn die Strafe. So hoch ihn Zeus erhoben hatte, so tief stürzte er
ihn nun. Er, der alles in Fülle hatte, was nur dem zuteilwird, der auf
den Höhen der Menschheit wandelt, Macht, Reichtum, Verstand, die
Liebe der Götter, ließ sich nicht an allem dem genügen, sondern richtete aus Überhebung seiner selbst seine ungemessene Begierde auf
Güter, die nur den Göttern eigen sind. Dafür hat ihn nun in der Unterwelt die Strafe getroffen, dass seine Begierde verewigt ist. Dort hat er
auch alles in Fülle, die ihm jeden Augenblick Befriedigung verspricht
und ebenso oft der brennenden Begierde sich entzieht.

Die Sage vom Tantalos knüpft sich an einen Herrscher, der auf dem
Gipfel des Glücks durch ein Naturereignis einen furchtbaren Sturz
von der Höhe erleidet. Die Katastrophe scheint durch vulkanische
Ausbrüche und Erderschütterungen in dem Tale des Hermos für Tantalos und sein Volk herbeigeführt zu sein. Darauf deutet unter anderem eine Version der Sage über die Art der Strafe in der Unterweit;

Tantalos sah in seiner Einbildung einen furchtbaren Stein über seinem Haupte schweben, litt also die Strafe ewiger Angst wie jemand, der auf der Höhe menschlicher Glückseligkeit jeden Augenblick den Sturz fürchtet. Ein so plötzlicher Sturz tritt aber dem Volk nie furchtbarer entgegen, als wenn durch ein plötzliches Erdbeben die gesegnetsten Fluren und tausende von Menschenleben zu Grunde gehen.

S i s y p h o s litt gleichfalls gewaltige Qualen in der Unterwelt. Angestemmt mit Händen und Füßen, wälzte er einen Steinblock einen Hügel hinauf. Aber so oft er ihn über die Höhe stürzen wollte, stürzte die Last zurück und der unverschämte Stein rollte die Ebene hinab. Und so wälzte er den Stein fort und fort. Schweiß troff aus seinen Gliedern und Staub erhob sich um sein Haupt. – Nach der Sage war Sisyphos Herrscher von Korinth und einer der tätigsten und klügsten Fürsten seiner Zeit. Als Zeus die Aigina, die Tochter des Aisopos, geraubt hatte, wusste Sisyphos darum, wollte es aber dem suchenden Vater nicht eher sagen, als bis er ihm Wasser auf der Burg von Corinth schaffen würde. Aisopos schenkte ihm die Quelle Peirene und nun nannte Sisyphos den Urheber des Raubes. Dafür schickt Zeus ihm den Tod; aber Sisyphos nimmt den Tod gefangen und fesselt ihn, so dass niemand sterben konnte. Erst als Ares den Tod befreit und den Sisyphos ihm übergibt, muss der König in den Hades. Vorher aber trägt der Schlaue seiner Frau auf, ihm keine Totenopfer darzubringen und so die dem Aïdes und der Persephone gebührende Ehren diesen Gottheiten zu versagen. Dies tat er, damit er eine Veranlassung habe, wieder auf die Oberwelt zurückzukehren, um seine Gemahlin an ihre Pflicht zu erinnern. Und wirklich wusste Sisyphos die Persephone mit Schmeichelreden zu bewegen, dass sie ihn aus dem Hades einließ. Anstatt nun, wie er hatte versprechen müssen, gleich wieder in die Unterwelt zurückzukehren, blieb er oben auf der Erde und erreichte noch ein hohes Alter.

Sisyphos repräsentiert den r a s t l o s strebenden und tätigen Menschengeist, dessen Scharfsinn immer neue Mittel und Wege entdeckt für das Feld rastloser Tätigkeit, ohne jedoch in der Wahl der Mittel Rücksichten zu nehmen. Es ist sehr wahrscheinlich, wenn man das Land der Sage und sonstige Andeutungen über Sisyphos beachtet, dass er „ein Spiegelbild des gewitzigten Küstenvolks im Gegensatz zur Einfalt der Binnenländer" ist. Die Strafe ist das Schattenbild jenes Lebens, die verewigte Rastlosigkeit, die nie ihr Ziel erreicht, weil sie nicht auf ethischem Grunde ruht.

Auf dem hier beigefügten Holzschnitt ist, nach einer antiken Gemme S i s y p h o s , den Stein in die Höhe wälzend, abgebildet.

Dass in der Odyssee nur diese drei Büßer sind, das hängt mit der poetischen Ökonomie des Epos zusammen und dass gerade diese drei gewählt sind, hat vermutlich seinen Grund darin, dass sie durch die hellenische Nation hin am bekanntesten in der Sage waren. Die drei Fürsten dienen nur dazu, um die Idee der Bestrafung nach dem Tode überhaupt auszuprägen. Spätere Dichtungen fügen den dreien noch andere Büßende hinzu. Wir heben unter diesen I x i o n und die D a n a i d e n hervor.

I x i o n war der erste, der Verwandtenblut vergoss. Er stürzte nämlich auf tückische Weise seinen Schwiegervater Deioneus, dem er das Brautgeld noch schuldigte, in eine Grube, die voll Feuer war. Keiner konnte den Mord sühnen und Ixion ward trübsinnig. Da erbarmte sich seiner Zeus, reinigte ihn aus Gnaden von der Schuld und ließ ihn sogar an der Göttertafel teilnehmen. Aber Ixon war unverbesserlich. Der Übermütige richtete die sträfliche Begierde auf die hohe Gemahllin des Zeus und schon glaubte er das Ziel seiner Wünsche erreicht zu haben, da täuschte ihn auf dem Gipfel seines Glücks ein Blendwerk. Statt der Hera umarmte er eine Wolke. Dieser Umarmung entsprangen die K e n t a u r e n . Die frevelhaften Begierden des Ixion, der sich der göttlichen Gnade überdies unwürdig zeigte, zogen eine furchtbare Strafe noch nach seinem Tode nach sich. Zeus ließ ihn mit ehernen Banden auf ein stets umrollendes Rad flechten, wo er sich nun ewig im Kreise drehen muss. Die Beziehung der Strafe zu dem Verbrechen des Ixion ist nicht so klar ersichtlich wie bei den erwähnten Büßern.

Die D a n a i d e n waren die fünfzig Töchter des Danaos, Königs von Argos, welche sich mit ihren füfzig Vettern, den Ä g y p t i a d e n , vermählten, aber auf Befehl ihres Vaters, die H y p e r m n e s t r a ausgenommen, alle in einer Nacht ihre Männer ermordeten. Sie büßten in der Unterwelt für ihr Verbrechen durch zwecklose Mühe. Sie mussten nämlich in durchlöcherte Gefäße unaufhörlich Wasser schöpfen und so in jedem Augenblick die Frucht ihrer Arbeit zerrinnen sehen. Über die eigentümliche, ursprüngliche, in örtlicher Naturanschauung wurzelnde Bedeutung der Danaiden wird die Danaos-Sage näher Aufschluss geben.

Als die Vorstellungen von einem seligen Jenseits für die Heroen und die Frommen und ebenso von einem Orte der Verdammnis, wie von dem Gericht nach dem Tode allgemeiner zum Bewusstsein gekommen waren, trat natürlich auch eine von der homerischen abweichende Anschauung von dem Lokal der Unterwelt und den Zuständen der Seelen nach dem Tode hervor. So hörte nach der Schilderung V e r g i l s Äneas, welcher, um seinen Vater Anchises zu sehen, zu den Schatten stieg, sobald er vom Charon über das stygische Gewässer gesetzt am jenseitigen Ufer ausstieg, das Geschrei und Weinen der Kinder, die gleich nach ihrer Geburt gestorben waren, ohne des süßen Lebens genossen zu haben. Nächst diesen war der Aufenthalt der unschuldig zum Tode Verurteilten und derjenigen, welche selbst Hand an sich gelegt, weil ihnen der Tag und das Licht verhasst war und welche nun gern die drückendste Armut und die schwerste Arbeit erdulden würden, wenn es das Schicksal verstattete. Dann kamen die T r a u e r g e f i l d e , worin diejenigen wandelten, denen unglückliche Liebe das Leben verkürzte. Darauf trennte sich der Weg. Zur Linken war der T a r t a r u s , in welchem die Verächter der Götter ihren Frevel büßten; zur Rechten war das Elysium, der Aufenthalt der Seligen und vorzüglich der Seelen der Menschen aus den besseren, goldenen Zeiten, die noch mit keinem Verbrechen sich befleckt hatten. Hier war es auch, wo Aeneas seinen Vater Anchises fand, welcher ihn über Geburt und Tod, über Werden und Vergehen geheimnisvolle Dinge lehrte und die dunkle Zukunft vor seinem Blicke enthüllte.

Der T a r t a r o s ist in den ältesten Sagen das Gefängnis der alten, gestürzten Götter, der Titanen, und man dachte sich diesen finsteren, furchtbaren Ort ebenso weit unterhalb des Hades, als der Himmel von der Erde entfernt war. In der obigen Schilderung ist der Tartaros als ein Teil des Hades zu einem Ort der Verdammten überhaupt geworden und diesem entsprechend ist auch das Elysium, als Aufenthalt der Seligen, in die Unterwelt verlegt.

Dionysos, Bakchos (Bacchus, Liber)

Dionysos ist Gott der Fruchtbarkeit und des Wachstums in der Pflanzenwelt. Im Frühling schmückt er die Erde mit neuem Grün, mit Blüten und Blumen; zur Zeit der Reise spendet er Obst und vor allem Wein. Die Weinkultur ist für das Leben der Völker von nicht minder großer Wichtigkeit gewesen als der Ackerbau. Demeter gibt die Speise, Dionysos den Trank. Als Gott des Weins und der Weinbereitung ist Dionysos ähnlich wie die Getreidegöttin ursprünglich Gott der ländlichen Bevölkerung, ein Gott der Winzer. Aber wie Demeter hat auch Dionysos mit der Entwicklung des Städtewesens bestimmte Beziehung zum sozialen und sittlichen Leben bekommen. Doch liegt den Mythen und dem Kult des Gottes die allgemeine, wie die besondere Naturseite vorzugsweise zu Grunde. Dionysos ist einmal der Gott der Fruchtbarkeit in der Vegetation, der erscheint und verschwindet, lebt und stirbt, und dann der Gott des Weins und der Weinkultur.

P h r y g i e n ist die Gegend, in welcher sich zuerst das Wesen des Gottes eigentümlich entwickelt hat. Hier haben höchst wahrscheinlich die gräco-italischen Stämme die wilde Rebe veredeln und aus ihr den köstlichen Trank gewinnen gelernt. Die Vorfahren der pelasgisch-hellenischen Stämme wanderten von Phrygien her teils von Norden über Thrazien, teils von der Küste Kleinasiens über die Inseln des ägäischen Meeres in das eigentliche Griechenland ein. Die einen wie die anderen brachten ihren Vegetations- und Weingott in ihre neue Heimat mit. Die nördliche Einwanderung war die ältere, die zur See die jüngere und diese knüpft sich vorzugsweise an den Namen der Ionier. Die älteren Einwanderer scheinen besonders an dem wilden orgiastischen Dienst des Vegetationsgottes festgehalten zu haben. Der über Kreta, Chios und Naxos nach Theben gekommene Dionysos ist eine milde, sittigende Gottheit und vorzugsweise Gott der Weinkultur. Jenen nennen wir den t h r a k i s c h - p h r y g i s c h e n , diesen den k a d m i s c h - i o n i s c h e n Dionysos. Die Kulte beider scheinen in Theben zuerst eine Vereinigung gefunden zu haben und es entwickelte sich sodann der eigentlich h e l l e n i s c h e D i o n y - s o s - B a k c h o s . – Die in Phrygien zurückgebliebenen verwandten Stämme verharrten auf der Stufe des wilden Naturdienstes, während in Hellas der Kult des Dionysos der fruchtbare Boden für die schönste Blüte der Kunst und der Gesittung ward. Freilich ist nicht überall wie in Attila das Wesen des Gottes in so schöner Form entwickelt worden. An manchen Stellen in Griechenland blieb im Dionysosdienst das orgiastische Element herrschend. Ja dieses fand durch den phrygischen Sabaziosdienst zu einer Zeit neue Nahrung, als man das Heil in ausländischen Kulten zu finden wähnte. Auch entwickelte sich schon früh an dem Dionysosdienste eine Art mystischer Theologie, die sogenannten O r p h i s c h e n M y s t e r i e n . Und als mit der Erweiterung der Völkerkunde und zuletzt durch die Eroberungszüge Alexanders die Griechen bei fremden Völkern, bei Ägyptern, Semiten und Indern, Götter kennen lernten, die sie mit ihrem Dionysos verwandt oder identisch hielten, entstand eine starke Mengerei in den Mythen und Kulten des Gottes mit den ausländischen Göttern.

Dionysos, heißt es nach dem gewöhnlichen Mythos – denn über Geburt und Erziehung des Gottes gab es viele lokale Sagen – war ein Sohn des Z e u s und der S e m e l e , einer Tochter des Königs K a d - m o s von Theben. Als Zeus die Semele liebte, ließ diese sich von der eifersüchtigen Hera zu dem törichten Wunsche verleiten, in des Zeus' Umarmung auch seine Gottheit zu umfassen. Sie fordert vom Zeus zuerst den unverletzlichen Schwur, ihre Bitte zu erfüllen, und dann verlangt sie, dass er in seiner wahren Gestalt bei ihr erscheinen solle. Zeus nähert sich ihr mit seinem Donner; sie aber wird vom Blitze erschlagen, ein Opfer ihres vermessenen Wunsches. Das sechs Monate erst gezeitigte Kind entreißt der Donnergott dem Mutterschoße und verbirgt es bis zur Zeit der Geburt in seine Lende. Dann übergibt er das Kind dem H e r m e s, der es zur Ino, der Schwester der Semele, bringt. Aber das Kind ist dort vor der Verfolgung der grimmen Hera nicht sicher. Deshalb lässt es Zeus zu den Nymphen in Nysa bringen, die es erziehen und die zum Dank dafür vom Zeus als H y a d e n unter die Sterne versetzt werden. Der junge Gott wächst heran, schwärmt und jubelt mit den Nymphen durch Wald und Flur und verbreitet überall die Weinkultur. In Thrakien herrscht Lykurgos, ein Sohn des Dryas (Eichmann), König der Edonen. Der jagte die Pflegerinnen des schwärmenden Dionysos von dem heiligen Berg Nysa herab. Da warfen sie alle insgesamt das heilige Opfergerät zur Erde, getroffen mit der Rindergeißel von dem Männer mordenden Lykurgos. Dionysos selber warf sich vor Schreck ins Meer, wo ihn die Meergöttin Thetis schützend in ihre Arme nahm. Lykurgos wurde aber für seinen Frevel von den Göttern mit Blindheit gestraft und lebte nicht lange mehr. In T h e b e n war P e n t y e u s König, gleich dem Dionysos ein Enkel des Kadmos. Spottend widersetzt er sich der Verehrung der neuen Gottheit, welcher alles Volk Altäre weihte. Unter der Gestalt eines Jünglinges aus seinem Gefolge erschien Dionysos ihm selber und warnte ihn. Pentheus, noch mehr von Zorn entbrannt, ließ den vermeinten Jüngling ins Gefängnis werfen und zu seiner Marter und Hinrichtung die grausamsten Marterwerkzeuge bringen. Plötzlich stürzte das Gefängnis ein. Der Gott schüttelte seine Bande ab. Nun werden aber selbst die Schwestern der Mutter des Pentyeus und diese selber von bakchischer Begeisterung ergriffen und eilen auf den Berg Kithairon, um dort das orgiastische Fest zu Ehren des Dionysos zu feiern. Pentheus eilt gleichfalls voll rasender Wut hinauf, besteigt eine Fichte, um dem Feste zuzuschauen und dann die Teilnehmer desto sicherer zu überführen und zu fangen. Da wird der Unglückliche von einer der schwärmenden Frauen erblickt; es ist seine eigene Mutter; die Schwestern eilen gleichfalls herbei und in ihrer wilden Begeisterung halten sie den Pentheus für einen Löwen, fallen ihn an und zerreißen ihn in Stücke, und hoch im Triumphe halten sie sein Haupt empor.

Unter der dichten Hülle der Umbildungen, welche diese Mythen und Sagen vom Dionysos umgibt, ist der Kern alter mythischer

Naturanschauung versteckt. Was zunächst den Geburtsort des Gottes betrifft, so ist in der obigen Sage Theben genannt, weil dorthin Kadmos seinen Dienst brachte und weil von dort aus sich hauptsächlich die Weinkultur in Griechenland verbreitete. Für gewöhnlich aber heißt des Gottes Geburtsort N y s a , das zwar an verschiedenen Stellen gesucht ward, das aber ursprünglich ohne Zweifel ein Gattungsname war. Die Bedeutung dieses Wortes, mit welchem man den Namen Dionysos in Verbindung bringt, ist ebenso wenig ermittelt als der Name des Gottes selber. Es ist jedoch glaublich, dass Nysa ursprünglich eine quellenreiche Au, eine blumige Wiese bedeutet. An solchen Stellen übt der Gott der Fruchtbarkeit zuerst seines-Wirkung; dort wird er im Frühling geboren unter Donner und Blitz. So nähert sich Zeus der Semele, das ist der Erde. Semele vergeht vor dem Nahen des Zeus; so vergeht und verschwindet die winterliche Erde vor den Frühlingsgewittern. Die doppelte Geburt des Gottes, in welcher Beziehung er der „zweitürige" (Dithyros, Dithyrambos) heißt, ist vielleicht auf die doppelte Zeitigung der Vegetation durch Erdfeuchte und Sonnen- oder Himmelswärme zu beziehen. N y m p h e n sind die Erzieherinnen des jungen Gottes; denn die Quellen nähren die Erdfruchtbarkeit; in demselben Sinne erzieht ihn Ino, eine zu einer Sterblichen gewordene Meergöttin. – Lykurgos, das ist der Lichtwehrer, ist der winterliche Sonnengott. Seiner Erscheinung und Wirkung weicht der Sommer, die Fruchtbarkeit in der Natur. Die Vegetation stirbt ab und die schwellenden Pflanzensäfte ziehen sich in den Urborn der Flüssigkeit, ins Meer, zurück. Ebenso verschwindet der Winter, wenn der Frühlingsgott sein Wesen entfaltet. P e n t h e u s , der Trauerling, der Wintergott, geht schmählich zu Grunde. Zuletzt flüchtet er sich auf die Fichte, den Winterbaum. Aber er muss vor dem milden Strahl der Sonne zu Grunde gehen. Er kann nicht da sein, wo Jubel und Luft, vom Frühling geweckt, herrschen. – Wenn diese Vorgänge in dem Wechsel der Jahreszeiten den angeführten Mythen zu Grunde liegen, so ergibt sich daraus, in welch entwickelter Gestalt wir dieselben vor uns haben. Der Winter und die Erde, als Götter ursprünglich aufgefasst, sind zu Sterblichen geworden und der Kampf in der Natur ist in einen Kampf der Menschen gegen die Verbreitung des bakchischen Dienstes umgedeutet, weil in der Tat demselben an einigen Orten Widerstand entgegengesetzt wurde, wie aus verschiedenen Sagen erhellt. So kämpften unter anderen die Argiver mit Perseus an der Spitze gegen den mit seinem Gefolge von wilden Frauen von den Inseln des ägäischen Meeres kommenden Dionysos. Ebenso waren die Verehrer der Artemis, der Jagdgöttin, dem Dionysosdienst zuerst abhold. Der Wein wächst auf sonnigen Hügeln, die vorher mit Wald bewachsen, das Gebiet der Jäger, der Verehrer der Artemis, waren. Vor der Weinkultur musste die Jagd weichen. Jäger und Weinbauer gerieten miteinander in Feindschaft und so auch ihre Götter. Dem O i n e u s, dem Weinmann, heißt es in der ätolischen Sage, der vom Dionysos die Weinrebe zum Geschenk bekam, sandte die Artemis einen Eber in seine Fluren, weil er der Göttin keine Opfer darbrachte.

Da Dionysos der Gott der Fruchtbarkeit und des Wachstums in der Natur ist, so ist es nicht zu verwundern, dass sich an einigen Orten die Auffassung des Gottes verschieden gestaltet hat. Fruchtbarkeit in der Vegetation wird auf das Element des Wassers zurückgeführt, sei es nun, dass man dieses als Quellwasser oder als das der Wolke entströmende Nass sich vorstellte oder das Meer als den Urborn alles Feuchten ansah; Fruchtbarkeit wird aber auch durch Sonnenwärme bewirkt. In ersterer Beziehung waren dem Dionysos Quellen heilig oder er und sein Gefolge schlagen mit ihren Stäben Quellen aus den Felsen; an einigen Orten war Dionysos Gott des Regens (Hyes); gewöhnlich freilich ist er der Gott, der durch das Meer und durch die Quellen Fruchtbarkeit bringt. Als S o n n e n g o t t dagegen ward Dionysos in Elis verehrt. – Der obigen Anschauung von dem Leben und Sterben des Naturgottes zufolge dachte man sich den Gott während des Winters in der Unterwelt und somit erhält er auch Beziehungen zu den c h t h o n i s c h e n Göttern. – Reicher und bedeutsamer hat sich des Gottes Wesen als des Spenders der edlen Gabe des Weins entwickelt; denn das dankbare Gemüt des Volkes führt auch auf ihn unmittelbar die Wirkungen zurück, welche die Weinkultur für den Lebensgenuss und die Gesittung im Gefolge hat, ähnlich wie die Spenderin der Nahrung Demeter zu einer milden Sitte und Gesetz dringenden Göttin ward. Der mäßige Genuss des Weins, der bei den Griechen in der Regel mit Wasser vermischt getrunken ward, hebt das Gemüt über das alltägliche Getriebe empor und verleiht ihm eine ideale Stimmung, macht das Herz weit, macht Sorge und Kummer in solcher Stimmung vergessen, regt an zum Tanz und Gesang, verbreitet Lust und Freude, stimmt zur Versöhnung und Milde und weckt das Gefühl brüderlicher Gleichheit und Freiheit. Diese Wirkungen des milden Gottes sprechen sich in den vielen Beiwörtern aus. Dionysos ist der Gott, der der Seele Flügel verleiht, der Sorgenstiller, der Befreier usw. Auch mit Mut und kriegerischem Sinn erfüllt der Gott und weckt eine der prophetischen ähnliche Helligkeit der Seele, weshalb Dionysos auch ein weissagender Gott war und, indem der Wein von Trübsinn und Melancholie befreit, ist Dionysos auch Gott der Heilung und der Sühne.

Die Sagen und Mythen von Dionysos lassen sich fast alle auf die angegebene Bedeutung des Gottes zurückführen. Wir heben aus der Fülle derselben besonders Folgende hervor. An die Verbreitung des Dionysdienstes von Kreta über Chios und Naxos her knüpft sich die Sage von der A r i a d n e , die eine ähnliche Umbildung erfahren hat wie die oben erwähnten Sagen von Pentheus und Lykurg. Ariadne, heißt es, war eine Tochter des Minos, Königs von Kreta, welche Theseus auf der Insel Naxos auf seiner Heimkehr zurückließ, wo sie vom Dionysos in ihrer Hilflosigkeit gefunden und mit ihm vermählt ward. – A r i a d n e , das heißt die liebliche, ist ursprünglich die in jugendlichem Blütenschmuck sich kleidende Erde und somit ist sie eine Kore, eine Persephone, eine Göttin, die im Frühling zum Leben erwacht und mit dem Gotte der Fruchtbarkeit in der Natur ihre Vermählung feiert, dann aber wieder scheidet und in Schlaf versinkt, ähnlich wie die erstarrte Vegetation ein Bild des Schlummers gewährt. Auf Naxos wurden ihr zwei Feste gefeiert, das eine in Lust und Scherz, wenn sie erwacht, das andere in Trauer und Betrübnis, wenn sie scheidet und entschlummert. Schlafend wird sie vom Dionysos gefunden, er vermählt sich mit ihr und beider Kinder sind O i n o p i o n , Weinmann, S t a p h y l o s , Traube, und E u a n t h e s , Schönblüt. Diese Ariadne, welche auch Aphrodite genannt wird, ist die italische L i b e r a , die mit dem L i b e r (Dionysos) zusammen verehrt wurde. Als der Mythos sich lokalisierte, sank die Göttin zu einer Sterblichen herab und ward als Tochter des Minos in die Theseussage verflochten. Ein späteres Zeitalter, das sich gegen die Auffassung der ursprünglichen Göttin als einer Sterblichen sträubte, ließ sie, wie auch mit der

Semele geschehen, wieder als Göttin in den Olymp eingehen. – Eine Sage, die dem Anscheine nach den Einfluss verherrlicht, welchen der Weingott auch auf rohe Volksstämme ausübt, ist die von dem Triumph des Gottes über die seeräuberischen T y r r h e n e r. Dionysos war auf der Reise von Ikaria nach Naxos begriffen. Da begegnete er den Thrrhenern. Diese hielten ihn für den Sohn eines Königs und da sie in der Hoffnung eines kostbaren Lösegeldes ihn entführen und binden wollten, fielen dem lächelnden Jüngling die Banden von selber ab. Aber dennoch erkannten sie seine Gottheit nicht. Da ergoss sich zuerst ein duftender Strom von Wein durch das Schiff und dann breitete sich plötzlich bis zum höchsten Segel ein Weinstock aus, an welchem schwere Trauben hingen; um den Mastbaum wand sich ein dunkler Epheu und mit Weinlaub waren alle Ruder bekränzt. Auf dem Verdecke des Schiffes aber zeigte sich ein Löwe und warf grimmige, drohende Blicke umher. Da ergriff die Frevler Angst und grauenvolles Entsetzen. Zur Flucht stand ihnen kein Weg mehr offen. Sie sprangen vom Schiffe ins Meer, wo sie sich plötzlich als Delphine krümmend Zeugen von der alles besiegenden Macht der Gottheit wurden. – Nach einer attischen Sage hatte die Landschaft Ikaria in Attica zuerst den Weinbau eingeführt. I k a r o s, heißt es, nahm den Dionysos, als er nach Attica kam, gastlich auf. Zum Danke schenkte der Gott ihm eine Weinrebe und lehrte ihm den Anbau und die Bereitung des Weins. Ikaros wollte nun auch andere an dem Geschenke des Gottes teilnehmen lassen, kam zu einigen Hirten und ließ diese von seinem Trank kosten. Da sie aber den Wein unvermischt tranken und seine Wirkungen verspürten, glaubten sie, Ikaros habe sie vergiftet und in ihrer Wut erschlugen sie ihn. Als sie indes zur Besinnung kamen, begruben sie ihn. Vergeblich suchte des Ikaros Tochter, E r i g o n e, ihren Vater, bis endlich dessen treuer Hund M a i r a die Tochter auf die Spur nach dem Grabhügel führte. Sie bejammerte ihren Vater und erhing sich. Später wurden beide, Erigone als Jungfrau und Ikaros als Bootes, unter die Sterne versetzt. Der religiösen Sekte der Orphiker, welche die Volksmythen als Hülle ihres dogmatischen Systems, das sie auf den mythischen Sänger Orpheus zurückführten, benutzten, war Dionysos unter dem Namen Z a g r e u s Hauptgott, und zwar galt er ihnen als die ewig schaffende, lebendige Gotteskraft, als Prinzip des Guten. Das Gute war von Anbeginn im Kampfe mit dem Bösen, das in den T i t a n e n herrschend ist. Dieser Kampf setzt sich in der menschlichen Natur fort. Das Bestreben des Einzelnen aber soll sein, den Gott Dionysos in sich Gestalt werden zu lassen. In Anschluss an den Volksmythos lautete der mystische, allegorisierende Mythos der Orphiker folgendermaßen. Zeus nahte sich der Persephone in Schlangengestalt und sie gebar ein Kind, dem nach dem Plan des Zeus die Weltherrschaft zuteilwerden sollte. Die Kureten bewachten es. Aber die eifersüchtige Hera ruhte nicht und schickte die Titanen, welche das Kind grausam in Stücke zerrissen und verspeisten. Nur das Herz bringt Hera dem Zeus, der es verschluckt und dann den Dionysos aufs Neue zur Welt bringt. Die Titanen werden durch die Blitze des Zeus verbrannt; aber aus ihrer Asche entstehen die Menschen, welche eine doppelte Natur haben, eine dionysische und eine titanische, weil die Titanen den Dionysos gegessen, also in sich aufgenommen hatten.

Dass bei der Verwandtschaft der aus Vergötterung des Naturlebens entstehenden Götter die heidnischen Völker ohne Bedenken ihre Götter miteinander zu vermengen geneigt waren, ist schon bemerkt worden. Der große Eindruck, den das Wunderland Ägypten auf die leichtgläubigen phantasiereichen Griechen ausübte, bewirkte, dass sie, ohne den Widerspruch mit den Errungenschaften ihres eigenen nationalen Geistes zu berücksichtigen, es sich gern gefallen ließen, wenn ihre Götter aus Ägypten hergeleitet wurden. Schon in einem homerischen Hymnos heißt es, nicht in Theben, wie man sage, oder sonst wo sei Dionysos geboren, sondern zu Nysa, fern von Phönizien, nahe an des Ägyptos (des Nil) Strömen. Herodot, der ägyptisierende Vater der Geschichte, hält den hellenischen Dionysos für denselben mit O s i r i s oder A m m o n. Je mehr ausländische Götter die Hellenen kennenlernten und je mehr Berührungspunkte sie zwischen dem einen oder anderen mit dem Dionysos fanden, umso mehr verbreitete sich der Glaube an die weiten Z ü g e des Dionysos, der überall die Weinkultur und deren Segnungen selber verbreitet habe, ähnlich wie sich die Verbreitung des Ackerbaues an die Wanderung der Demeter und des Triptolemos knüpfte. Auf solche Weise entstand ein weites Sagengewebe von den Zügen des Dionysos, in welches einheimische und fremde Sagen bunt durcheinander gewirkt sind. In den Bakchen des Euripides durchzieht Dionysos wie ein Held Kleinasien, Baktrien, Medien, Arabien und kommt zuletzt nach Theben. Als man vollends auf den Zügen Alexanders in Indien gleichfalls Spuren des Dionysoskultus zu erkennen glaubte, dehnten sich auch des Gottes Züge nach Indien aus. Unter Kampf und Gefahren durchzieht Dionysos die Länder und vollbringt seine zivilisierende Mission. – Die Ackerbaugöttin hat ihre Segnungen den Menschen gebracht, indem sie still und einsam durch die Länder hinwanderte. Ganz anders der Gott des Weins. Mit einem Schwarm jubelnder, rasender Dämonen zieht er von Land zu Land und beglückt die Menschen. Die hellenische Phantasie konnte sich den Dionysos kaum anders vorstellen, als umgeben von seinem T h i a s o s , das heißt dem Kreis der ihm huldigenden niederen Gottheiten und Dämonen. Die männlichen bakchischen Begleiter heißen S e i l e n e n und S a t y r n ; die weiblichen kommen unter verschiedenen Namen vor. Mit der Zeit wird die Gesellschaft immer bunter und zahlreicher. S e i l e n o s scheint ursprünglich eine phrygische Wassergottheit gewesen zu sein, also eine nährende, großziehende Gottheit des Herrn der Fruchtbarkeit und des Wachstums, gleichwie die Wasserjungfern, die Nymphen, Ammen und Pflegerinnen des Dionysos heißen. Als Wassergott ist er ein weissagender, über die Zukunft belehrender Gott und in den Thiasos des Dionysos aufgenommen, wird er Lehrer und Erzieher des jungen Gottes, ein alter, kahlköpfiger Greis, um feine Erfahrung und Weisheit anzudeuten. Obgleich ihm, dem Greise, eine hohe Kenntnis göttlicher Dinge zugeschrieben wird, so kann er sich doch dem Lebensgenuss und dem Taumel des bakchischen Thiasos nicht entziehen und so stellte man sich unter ihm einen kahlköpfigen, stumpfnasigen, wohlbeleibten, weinseligen Alten vor, der auf einem Esel reitet oder der von jungen Satyrn gestützt wird. An seine Weisheit im Gesang verkündende Gabe knüpfen sich reizende Dichtungen. In Phrygien macht der König Midas Jagd auf den Seilenos; um ihn zu fangen, mischte er eine Quelle mit Wein. Seilenos trank daraus, ward berauscht und vom König gefangen. Da ertönte von den Lippen, die der Nektartrank der süßen Traube netzte, hohe Weisheit. Auch zwei Hirten banden einst den trunkenen, schlummernden Seilenos, damit sich der Gott, den Sterbliche im Schlummer binden konnten, durch die Gewährung einer Bitte lösen müsse. Schalkhaft malt die

Nymphe A i g l e mit dem Saft der Beeren des Trunkenen Schläfe rot und da nun Seilenos erwachte, fordern die Hirten nichts weiter als ein Lied von ihm zum Lösegelde. Und nun ertönt hohe Weisheit aus seinem Munde: Er singt die Entstehung der Dinge und ihren wunderbaren Wechsel. Die Hirten lauschen entzückt auf den Gesang und halten das Lied ihrer höchsten Wünsche wert. – In Elis gab es einen Tempel des Seilenos. Auf dem beigefügten Holzschnitt ist der alte schwammige Silen nach einem antiken geschnittenen Steine abgebildet, mit Gartenmesser und Leier in einer bewaldeten Felsgegend sitzend. –

Die Phantasie hat sich nicht mit einem Seilenos begnügt, sondern den einen vervielfältigt, wie es in dem dionysischen Thiasos auch viele Satyrn gab. Dann erscheinen die Seilenen als ältere Satyrn. Die S a t y r n aber sind ursprünglich ganz anderen Schlages als die Seilenen. Nach einer sehr wahrscheinlichen Erklärung sind die Satyrn vergötterte und in den Thiasos des Dionysos aufgenommene bäuerische Festgenossen. Die Bauern nämlich verkleideten sich an den Dionysfesten in Bocksfelle und trieben allerlei mutwillige Possen in dieser Vermummung. Man nannte sie Satyroi oder Böcke. Als die dionysischen Feste in die Städte kamen, wurden die Satyrscherze mit aufgenommen und so gewöhnte man sich daran, auch um den Gott derselben eine Satyrschaar zu denken und diese dämonischen Satyrn wurden durch Kunst und Poesie charakteristisch ausgebildet. Die Dichtung versetzt das „nichtsnutzige, leichtfertige" Geschlecht mit Hörnern und spitzen Ohren in das Dunkel des Waldes. Jugendliche Schalkhaftigkeit und unbesorgter Leichtsinn zeichnen die Bildung dieser halb göttlichen, halb tierischen Wesen aus, in deren Mienen sich Lachen und Spott vereint. Die bildende Kunst hat in ihnen die menschliche Gestalt so nahe wie möglich an die tierische grenzend dargestellt. Ein Satyr auf einer antiken Gemme, der mit einem Bock sich stößt, ist von diesem kaum durch etwas mehr als den Leib und die Arme unterschieden, weil die Bocksgestalt sich sogar bis auf die Gesichtszüge erstreckt, die, obgleich menschenähnlich, dennoch eine tierische Natur ausdrücken. Sehr komisch ist unter anderem auch die Stellung eines Satyrs, der beim Anlauf mit den Hörnern die Hände auf dem Rücken hält, um gleichsam jedes Vorteiles über den Bock sich zu begeben. Diese komischen Gestalten machen im Gefolge des Bakchos unter den Nymphen u.a. den reizendsten Kontrast. Ein Dichter schildert sie, wie sie in dem batchischen Schwarm zwischen abgelegenen Felsen mitten unter den Nymphen mit ihren spitzen Ohren auf die Lehren des Gottes lauschen. Auf dem beigefügten Holzschnitt nach einem antiken geschnittenen Steine ist ein Satyr abgebildet, der in der Rechten einen Hirtenstab, in der Linken eine Weintraube haltend vor einem gehenkelten Weingefäß tanzt, auf das er freundlich herabsieht. –

Die w e i b l i c h e n Dämonen in dem Thiasos des Dionysos sind aus dem dionysischen Naturleben hervorgegangen. Wenn der Frühlingsgott geboren wird, dann fängt Lust und Freude in Wald und Flur sich zu regen an. Die Geister der Quellen, der Bäche jauchzen und jubeln um den neuen Gott und hegen und pflegen ihn. Sie sind aber auch in des Gottes fernerem Leben seine immerwährenden Begleiter. Ammen, Pflegerinnen waren um Dionysos, als Lykurgos ihn verfolgte.

Mit seinen Ernährerinnen, den Nymphen, zieht der herangewachsene Gott in Jubel, mit Efeu und Lorbeer geschmückt, über waldige Höhen. Diese den Gott begleitenden Nymphen haben allmählich die schwärmende, rasende Natur der Frauen angenommen, welche die Feste des Gottes feierten. Und daher werden sie M a i n a d e n , das heißt bakchische Schwärmerinnen, genannt und kommen in verschiedenen Gegenden unter verschiedenen Namen vor, wie L e n a i , T h y i a i , M i m a l l o n e n und K l o d o n o n . – Außer diesen bakchischen Dämonen sind im Verlaufe der Zeit noch andere göttliche Wesen vermöge ihrer der bakchischen verwandten Natur in den Thiasos des Dionysos aufgenommen, namentlich die „Pane" (Panisken). P a n , ursprünglich aller Wahrscheinlichkeit nach ein arkadischer Sonnengott – die Sonne als Fruchtbarkeit und Licht gebende Naturpotenz aufgefasst –, blieb in seiner mythischen Entwicklung auf einer niedrigen Stufe stehen. Nach dem gewöhnlichen Mythos war er ein Sohn des H e r m e s und einer N y m p h e , und sein vorzüglichster Aufenthalt war auf dem Berge Lykaios. Die arkadischen Hirten flehten ihn um den Schutz ihrer Herden an und brachten ihm häufige Opfer. Um die Mittagsstunde dachte sich die Phantasie den Gott schlafend, und alles musste schweigen, um ihn nicht zu stören. Irgend ein Getöse oder eine furchtbare Stimme, die man in nächtlicher Stille oder von einsamem Ufer her zu vernehmen glaubte, schrieb man dem Pan zu, weswegen man nachher auch ein jedes Entsetzen, wovon man selbst die Ursache nicht wusste oder wovon der Grund bloß in der Einbildung lag, einen p a n i s c h e n Schrecken nannte. Die Bildung des Pan ist der Bildung der Satyrn im Wesentlichen ähnlich. Gewöhnlich trägt er ein fleckiges Rehböckchenfell um die Schultern geknüpft und einen gekrümmten Schäferstab oder eine siebenröhrige Flöte in den Händen. Denn die Hirten schrieben ihm die Erfindung der Syrinx, der Hirtenflöte zu, die er, wie sie selber, blies. An die Erfindung knüpft sich folgende mythische Dichtung. Als Pan die Nymphe S y r i n x von Liebe entbrannt verfolgte und diese bis an den Fluss Ladon vor ihm floh, wo ihr Lauf gehemmt war, ward sie plötzlich in ein Schilfrohr verwandelt, welches Pan umarmte. Der Wind, der in das Rohr blies, brachte klagende Töne hervor, und Pan suchte diese Töne wieder zu erwecken, indem er sieben Röhre, das folgende immer um ein bestimmtes Maß kürzer als das vorhergehende, zusammenfügte und so die Hirtenflöte erfand, welche nach dem Namen der verwandelten Nymphe Syrinx hieß. In den Zeiten der mystisch-allegorischen Deutung der Mythen ward Pan nach einer oberflächlichen Worterklärung als Geist des Alls gefasst und sein gekrümmter Hirtenstab, mit welchem sich die Hirten ihren Gott dachten, sollte symbolisch durch seine Gestalt auf die Wiederkehr der Jahreszeiten und den Kreislauf der Dinge hindeuten. Der Kult dieses alten arkadischen Hirtengottes kam zur Zeit der Perserkriege nach Athen. Der Bote, welcher die Annäherung der Perser nach der marathonischen Ebene den Spartanern melden sollte, behauptete, dass ihm Pan bei seiner Rückkehr unterwegs erschienen sei und ihm gesagt habe, er sei den Atheniensern wohlgesinnt, obgleich sie ihm keine Ehren erwiesen. Dies gab Veranlassung zur Errichtung einer Kultusstätte des Pan in Athen. Es musste aber dieser mit Ziegenhörnchen von den Hirten hergestellte Gott für die Athenienser eine sehr komische Seite haben und dieser Umstand bewirkte seine Aufnahme in den Thiasos des Dionysos, wo er die ziegenschwänzige Gesellschaft der Satyrn schon vorfand. Man beliebte ihn nun darzustellen mit Hörnern, mit Ziegenfüßen, struppigem Haar und einer gekrümmten Nase, und wie es viele Satyrn gab, so vervielfältigte sich auch die Gestalt des Pan, und die Pane trieben wie die Satyrn in dem himmlischen Chor des Dionysos ihr mutwilliges Wesen mit den Nymphen. Panisken und Aigipane (Ziegenpane) nannte man die fast ganz ins Tierische zurückgesunkenen Waldgötter mit Ziegenfüßen. – Außer den Panen sind unter den das bakchische Leben darstellenden Dämonen auch noch die M e t h e , Göttin der Trunkenheit, G e l o s , Gott des Gelächters, und K o m o s , Gott des Gelages. Dieser letztere Gott wurde mit einer gesenkten Fakel in der Hand und mit herabgesunkenem Haupte, schlaftrunken sich anlehnend oder mit anderen Zeichen schwelgerischer Freude von den Alten abgebildet. – Die lateinischen Dichter vermischten mit den Satyrn und Panen altitalische Gottheiten, die Faunen und Silvanen; und was wir jetzt Satyrn nennen, nannte man im vorigen Jahrhundert Faune.

Ein dem Dionysos verwandter Gott ist P r i a p o s (Priapus), nach der gewöhnlichen Sage ein Sohn des Dionysos und der Aphrodite.

Diejenigen, welche die mythischen Wesen auf Erscheinungen am Himmel und in der Atmosphäre zurückführen, erblicken in dem Priapos einen Gott des Blitzes und erklären aus dieser seiner ursprünglichen Natur die Sitte, dass ihm Esel geopfert wurden. Denn der Esel ist nach der Auffassung jener Mythologen die graue Gewitterwolke und somit tritt dieser „himmlische Grauschimmel" in erklärliche Beziehung zum Priapos. Soweit uns indes die Spuren seiner Verehrung in Griechenland namentlich am Hellespont, in Lampsakos und in Italien, führen, erkennen wir in ihm einen Gott der Fruchtbarkeit in der Natur. Damit er den Früchten Gedeihen gebe, brachte man ihm Milch, Honig und Wein dar. Zuweilen aus Stein, zuweilen nur aus Holz gearbeitet und von den Hüften bis zum Fuß wie ein spitz zulaufender Pfeiler gestaltet, mit einem krummen Gartenmesser in der Hand war Priapus als Gott der Fruchtbarkeit zugleich der Hüter der Gärten und Weinberge. Unbeschadet seiner Verehrung aber verknüpft man dennoch den Begriff von Hässlichkeit mit seiner Gestalt, welche zugleich dazu dienen musste, die Vögel zu verscheuchen.

Der doppelten Natur des Gottes Dionysos entsprechend, als des Gottes des Segens in der Natur überhaupt und als des Gottes der Rebe und des Weins, lassen sich im Allgemeinen zwei Arten Feste unterscheiden. Die Feste des erwachten und wieder verschwundenen Dionysos haben den orgiastischen, leidenschaftlichen Charakter, der aus der vollen Hingabe des menschlichen Gemütes an die Vorgänge des Naturlebens entsprang. Man dachte sich den schönen Gott im Hinschwinden der Blüten- und Pflanzenwelt leidend und bejammerte und beklagte ihn, oder zürnend, und man eilte, ihn zu sühnen und griff in den ältesten Zeiten sogar zu dem barbarischen Mittel der Menschenopfer. Kam dann die Zeit wieder, wo das Leben in der Natur erwachte, dann erschien auch der junge Gott wieder und der ausgelassenste Jubel begrüßte sein Erscheinen. Bei den A r g i - v e r n war es Sitte, den „stiergeborenen Dionysos" unter Trompetenschall im Frühjahre aus dem Meere zu rufen, wobei ihm zugleich ein Schaf zum Opfer in die Tiefe gesenkt wurde. In E l i s gingen Frauen an das Meergestade und beteten: „Komm, Held Dionysos, in deinen heiligen Tempel mit den Chariten, komm eiligst mit dem Stierfuß in den Tempel, ehrwürdiger Stier." Auf dem Parnassos erweckten die

Frauen, T h y i a d e n genannt, im Frühling das Wiegenkind Dionysos und aus dem alkyonischen See kam der Gott mit seiner Mutter aus
der Unterwelt, d.h. Fruchtbarkeit und Leben kehrt aus dem Grund
aller Fruchtbarkeit zurück. Leben, Leiden und Sterben des Gottes
ist es, was das Volk mit der lebendigsten Empfindung in den Festen
feierte. Die meisten Feste dieser Art aber waren geheim und wurden
meistens von Frauen und während der Nacht gefeiert. Mit frei her-
abwallendem Haar, ein Hirschkalbfell (Nebris) um die Schultern,
in der Hand den drohenden mit Efeu und Weinreben umwundenen
und oben mit einem Fichtenapfel versehenen Thyrsusstab schweiften
die bakchischen Schwärmerinnen auf den Bergen umher und erfüllten die Lüfte mit dem Getöse der Becken, Trommeln und Flöten und
dem wilden Evoe-Geschrei. Die Feste des Dionysos dagegen als des
Weingottes hatten zu ihrem Mittelpunkte die Weinlese, die Weinbereitung und den ersten Genuss des Weines. Plutarch sagt: „Die Feier
der Dionysien unserer Väter wurde vor Alters volkstümlich und heiter durch einen Aufzug begangen. Voran ward ein Krug mit Wein und
Reben getragen; dann führte einer einen Bock, ein anderer folgte mit
einem Korb voll Feigen und zuletzt kam der Phallos (das Symbol der
Fruchtbarkeit)." Den Bock brachten die Winzer, die zugleich Ziegen-
hirten waren, dem Dionysos zum Opfer dar und stimmten zu dem
Opfer ein Lied an, Tragodia genannt (d.h. Bockslied, die ursprüngliche Bedeutung für die höchste Kunstleistung, die Tragödie). An
solchen Festen herrschten in der ungebundensten Weise Scherz und
Neckerei; Mummenschanz, Gesang und Tanz war althergebracht.
In Attila wurde unter anderem am Dionysfeste aus geölten mit Luft
angefüllten Schläuchen getanzt zur Belustigung der Umstehenden.
Wenn nun auch überall in Griechenland der Dionyskultus seine
Stätte hatte, so haben doch in keiner Landschaft die Feste des Gottes
eine so veredelte Gestalt gewonnen als in Attika. Das mythisch-orgi-
astische Element tritt hier in einer edleren, schöneren Auffassung zur
Erscheinung oder war ganz getrennt und mit dem Geheimkult der
Demeter verbunden. Die wichtigsten dionysischen Feste in Attika,
an denen alle ionischen Stammgenossen teilnehmen konnten, waren
d i e k l e i n e n o d e r l ä n d l i c h e n D i o n y s i e n , das Fest der
Weinlese, die L e n ä e n oder das Kelterfest, an welchem der Götter-

trank des Weines, Ambrosia genannt, gekostet wurde, die A n t h e s -
t e r i e n oder das Blumen- und Blütenfest, welches mit dem Kosten
des heurigen Weines eröffnet ward; am zweiten Tage sodann fand ein
Festmahl statt, wobei jeder seine Kanne mit Wein erhielt und Wettkämpfe im Trinken gehalten wurden und am dritten Tage brachte
man Früchte in Töpfen den Seelen der Gestorbenen dar. Endlich d a s
g r o ß e o d e r s t ä d t i s c h e D i o n y s o s f e s t, dessen Feier in
den Beginn des Frühlings fiel und das eine Menge Leute vom Lande
und aus der Fremde herbeizog, um die Stadt in ihrem schönsten
Glanze zu sehen und der Aufführung dramatischer Kunstwerke beizuwohnen. Die großen Dionysien waren eigentlich ein Fest zu Ehren
des in der Natur erwachten Dionysos, der sich von seinem Leben und
Leiden in der finsteren Zeit losgemacht und befreit hatte und der nun
zu Heiterkeit und Freude und edlem Lebensgenuss erwachte und
anregte. – Der Kultus des Dionysos ist, wie namentlich aus den attischen Festen ersichtlich ist, besonders in einer doppelten Hinsicht
für das hellenische Leben von Wichtigkeit gewesen. Erstlich haben
die Feste des frei und gleich machenden Gottes den schroffen Gegensatz zwischen Herren und Knechten zu mildern nicht wenig beigetragen und somit in dem menschlichen Gemüte das Gefühl brüderlicher Liebe erhalten und gefördert. Es herrschte nämlich an diesen
Festen die schöne Sitte, dass Herren und Sklaven durcheinander sich
der Gabe des milden Gottes erfreuten. Fürs Zweite waren die Feste,
wie schon erwähnt, die Stätten für die Entwicklung des Dramas.
Denn bei keinem Kultus wurde das Gemüt so sehr auf eine ideale
Welt hingewiesen als bei dem des Dionysos und eben diese ideale
Feststimmung war der empfängliche Boden für die Keime der höchsten Kunstgattung Es hat freilich den dionysischen Festen, besonders
mit der zunehmenden Auflösung des hellenischen Lebens, die Kehr-
seite nicht gefehlt und die Römer haben in der wüsten, schändlichen
Feier ihrer Bacchanalien gezeigt, was ein Volk aus den Dionysosfes-
ten machen konnte, dem der auf das Ideale gerichtete Sinn verschlossen war.

Der Gestaltenreichtum und die bunte Fülle dionysischen Lebens
bot der bildenden Kunst die reichhaltigsten Motive dar. Die Bilder
des Gottes selbst sind dem Entwicklungsgange der Kunst aus roher

Symbolik gemäß ursprünglich hermenartig. In einer späteren Kunst-
epoche entsteht die ehrwürdige Gestalt des bärtigen in einen Mantel
gehüllten Gottes, den ein Bock begleitet und der ein Trinkgeschirr
in der Hand hat, gewöhnlich, wiewohl fälschlich, der indische Dionysos genannt, da diese Bezeichnung besser passen würde auf die
Gestaltung des Gottes als eines orientalischen Herrschers in Folge
der durch die Züge Alexanders vom Dionysos verbreiteten Vorstellungen. Das Ideal schuf Praxiteles. Es ist der j u g e n d l i c h e Dionysos die gewöhnliche Bildung des Gottes, gleich Apoll, nur weicher
und weiblicher dargestellt. Auf dem hier beigefügten Holzschnitt
befindet sich eine Abbildung des Gottes nach einem schönen antiken geschnittenen Steine aus der Lippertschen Daktyliothek; Dionysos lenkt mit einfachem Stabe einen von zwei Panthern gezogenen
Wagen, auf denen Eroten reiten, der eine die Flöte blasend, der zweite
einen Palmzweig tragend. Das Grausame und Wilde schmiegt sich
unter der Herrschaft des Sanften und Fröhlichen.

Seltener als die erwähnten Darstellungen des Dionysos sind die Bilder des sogenannten gehörnten oder Stier-Dionysos. Die Hörner
deuten symbolisch das Wesen des Dionysos als Gottes der Fruchtbarkeit an. – In symbolischer Beziehung zum Dionysos stehen aus
der Pflanzenwelt neben der Rebe der immer grünende Efeu und
die Fichte, aus der Tierwelt außer Stier und Ziegenbock namentlich Schlange und Panther, jene als Symbol des sich ewig erneuern-
den Erdengottes, dieser als Zeichen, dass die Wut und Grausamkeit
durch den milden Gott gezähmt wird. Wir fügen noch eine Abbildung und Beschreibung des früher viel gepriesenen sogenannten

Siegelrings des Michel Angelo hinzu, welcher zwar jetzt allgemein als eine moderne Arbeit (worauf schon die in dem engen Raume zusammengedrängte große Zahl der Personen führt) erkannt wird, von Moritz aber in den früheren Ausgaben als eine Szene aus der Erziehung des jungen Dionysos von den Nymphen gedeutet ward. Über die Erklärung desselben ist sehr viel Gutes und Schlechtes geschrieben, und dennoch genügt die Deutung gerade der Hauptpersonen nicht. Zwei Bäume bilden eine Laube und sind noch durch ein ausgespanntes Tuch oben verbunden, an dessen Enden zwei Liebesgötter liegen.

Zwei weibliche Figuren bringen Körbe mit Weintrauben auf den Köpfen herbei; eine dritte neigt sich ein wenig vor einer anderen nieder, um sich ihren Korb abnehmen zu lassen; eine fünfte reicht einem der Liebesgötter eine volle Schale in die Höhe. Auf der anderen Seite strebt der kleine Amor dem einen Trauben tragenden Mädchen einige zu rauben. Dahinter bläst ein ziegenfüßiger Pan kräftig auf einem Horn. Vor ihm gießt ein bärtiger Alter kniend Wein in ein Gefäß und ein Knabe schleppt einen gefüllten Eimer herbei. In der Mitte steht neben einem Rosse ein Mann; vor ihm ist eine weibliche Figur mit einem nackten Kinde beschäftigt und ihr zur Seite kniet eine andere. Ist die Hauptfigur der Besitzer der Weinpflanzung, der eben mit seinem Kindchen zu Pferde angekommen ist? Die älteste Erklärung des Ganzen, idyllisches Bild einer Weinlese, ist offenbar die sicherste und jede spezielle Beziehung auf Dionysos, Alexander u.a. nicht im Geringsten nachzuweisen. Der angelnde Fischer des unteren Abschnitts spielt höchstwahrscheinlich auf den Namen des Verfassers an.

Poseidon (Neptunus)

Die indogermanischen Stämme haben sich vom westlichen Hochasien her an die Gestade des Meeres nach verschiedenen Seiten hin verbreitet. Ehe sie also das Meer kennen lernten, musste sich die Verehrung des Elementes des Wassers auf den den Wolken entströmenden Regen und die „vom Himmel gefallenen" Flüsse und Bäche wie auf die Quellen beschränken als die segensreichen Gaben göttlicher Wesen und insofern man jene auf das höchste Götterwesen zurückführte, gehörte auch das Wasser zum Machtbereich desselben. Erst als der gräco-italische Stamm an die Küsten des schwarzen und des Mittelmeeres drang, stand dem Volke das Bild des großen Wassergottes lebendig vor Augen und erst dann gewöhnte man sich daran, das Meer als den Urborn alles Wassers anzusehen; Zeus ward nun als Herr nicht bloß des Himmels und der Erden, sondern auch des Wassers gefasst (Zeus Triopas). Aber es war ein Grundtrieb des hellenischen mythischen Bewusstseins, das Eine Göttliche in eine Vielheit von selbstständigen Individualitäten aufzulösen und so entstand nach der besonderen Natur des hellenischen Landes die mythische Anschauung von einer Dreiteilung der Welt unter drei Herrscher. Je mehr sich nun aus den kleinen Anfängen der Fischer- und Küstenfahrten die Schifffahrt entwickelte und mit dem Handel für das gesamte Leben von Wichtigkeit ward, umso wichtiger ward der Kult der besonderen Meeresgottheiten, die sich allmählich bei den verschiedenen Stämmen gestaltet hatten. Von allen diesen verschiedenen Meergottheiten hat indes Poseidon die allgemeinste nationale Bedeutung erhalten und zwar deshalb, weil er ursprünglich der Gott des ionischen Stammes war, der am frühesten unter den Hellenen von den Küsten Kleinasiens her die Bahn des Verkehrs zur See betrat, nach dem europäischen Griechenland vordrang und dort auch zunächst bei den äolischen Völkerschaften die Lust zur See und zum Meeresverkehr weckte. Vor den Ioniern befuhren freilich Karier und Leleger, den Ioniern verwandte, wenn auch mit Semiten vermischte Stämme, das Meer. Doch war ihre Herrschaft zur See vorübergehend. Aber bei ihnen fiel noch Zeus und Poseidon in eine Persönlichkeit zusammen und noch die späteren Karier verehrten den Z e n o p o s e i d o n unter dem Namen O s o g e s (Osogo). – Um die poseidonischen Mythen und Sagen zu verstehen, muss man also festhalten, dass Poseidon ursprünglich, wie auch der unterirdische Gott, in Zeus vereinigt war und dass aus Z e n o p o s e i d o n das Element des Wassers überhaupt zurückgeführt ward. Erst in den homerischen Liedern, welche uns die Götter als mythisch abgeschlossene göttliche Persönlichkeiten vor Augen führen, ist durch eben den Einfluss dieser Poesie Poseidon fast ausschließlich als Meeresbeherrscher, als der eigentliche P o n t o - P o s e i d o n gefasst. In landschaftlichen Sagen dagegen und in Lokalkulten ward Poseidon als Gott des Wassers in der allgemeinsten Bedeutung bis in die späteren Zeiten aufgefasst und verehrt. Auf diese allgemeine Bedeutung scheint auch des Gottes Namen zu deuten, der in einer anderen Form auch P o t i d a s lautet. Es ist nämlich wahrscheinlich, dass eine Wurzel in der ersten Silbe zu Grunde liegt, die das Wasser als das, was „trinkbar" ist, bezeichnet.

Zwei Sagen sind es zunächst vom Poseidon, die sich schwerlich erklären lassen, wenn man ihre Entstehung nicht in jene Zeit verlegt, in welcher in dem Himmelsgott das Wesen des Wassergottes mit eingeschlossen war. Poseidon zeugte mit der M e d u s a (S. 39) den C h r y s a o r und das Ross P e g a s o s. In diesem Mythos ist Poseidon offenbar als Herr der himmlischen Gewässer zu fassen, welche der Gewitterwolke (Medusa) entströmen. Dann zuckt der Blitz (Chrysaor) und hallt der Donner, oder mythisch gedacht: Der Donner ist der Widerhall von dem Hufschlage des Gewitterrosses, eine weit verbreitete mythische Anschauung. Der Huf des geflügelten Gewitterrosses weckte die Quelle, d.i. den Regenstrom, die himmlische Quelle. Auch dem auf dem Helikon lokalisierten Mythos vom P o s e i d o n , den M u s e n und dem P e g a s o s liegt ein ähnlicher Naturvorgang zu Grunde. Als einst die Musen auf dem Helikon Gesang und Saitenspiel so mächtig ertönen ließen, dass alles rund umher belebt ward und selbst der Berg zu ihren Füßen hüpfte, da zürnte Poseidon und sandte den Pegasos hinauf, dass er den kühn gen Himmel sich erhebenden Grenzen setzen sollte. Als Pegasos nun auf dem Gipfel des Helikon mit dem Fuße stampfte, war alles wieder in dem ruhigeren, sanfteren Geleise und unter seinen Füßen brach die „Hippukrene" oder die Rossquelle hervor. Die himmlische Musik der Musen ist das Singen und Pfeifen des Gewittersturmes. Der Herr der himmlischen Gewässer macht dem Sturm ein Ende, indem er durch den Hufschlag des Donnerrosses die Wolke öffnet und den Regen herabströmen lässt. Die Natur beruhigt sich wieder. Der andere Mutes ist der bereits erwähnte vom P o s e i d o n und der D e m e t e r E r i n y s (S. 110). Demeter verwandelt sich in ein Pferd, um den Umarmungen des sie verfolgenden Poseidon zu entfliehen; allein er verfolgt sie in ähnlicher Gestalt und erzeugt mit ihr den A r e i o n , in den Heroensagen das edelste, mit der Schnelligkeit des Windes begabte Ross, das Könige und Helden trug und das einst bei den Kampfspielen in Griechenland seinen Reiter abwarf und selbst für sich den Preis davon trug. Auch in diesem Mythos ist Areion das Gewitter- oder Donnerross, das der Herr der himmlischen Gewässer mit der in Finsternis gehüllten Erde erzeugt. – Noch in der Odyssee steht Poseidon in nächster Beziehung zum Sturm und Regen, die er erregt. Er zürnte dem Odysseus und um ihn auf dem Meere seinen Zorn fühlen zu lassen, trieb er Wolken zusammen; den Dreizack mit den Händen erfassend empörte er das Meer, erregte mannigfache Stürme, hüllte Land zugleich und Meer mit Wolken ein und vom Himmel her brach Nacht an. Euros, Notos, der böswehende Zephyros und der kalte Boreas, Wogen wälzend, fielen mit ein. In allen diesen Mythen und Dichtungen haben wir also den Z e n o p o s e i d o n vor Augen, an welchen auch, wie einige glauben, noch sein Dreizack erinnert, insofern dieser von Zeus auf den Poseidon als ursprünglicher Blitzstab übergegangen ist. – Als man sich der mythischen Bedeutung der Rosse als Erzeugnisse des Poseidon nicht mehr bewusst war und als Poseidon seine überwiegende Bedeutung als Beherrscher des Meeres bekam, dessen Wellen man mit Rossen verglich, ward das wirkliche Ross als das Geschöpf des Poseidon angesehen und bei der Wichtigkeit der Pferdezucht in Griechenland für den uralten Brauch der Wagen- und Rosskämpfe bei den Festspielen wurde Poseidon nicht nur Gott der Rosse, sondern auch der Rossezucht und der Kunst, die Rasse zu lenken, so dass man vom Poseidon sagte, in zweierlei Beziehung sei er von Wichtigkeit für die Menschen: als Hort der Schiffe und als Bändiger der Rosse. Als letzterer hieß er P o s e i d o n H i p p i o s oder der „Ross-Poseidon". – Nach der populären Anschauung der Hellenen von dem Verhältnisse des Meeres zum Lande, nach welcher die Erde auf dem Wasser ruht und also vom Wasser getragen und gehalten wird, heißt Poseidon der Gott, der die Erde trägt und hält, P o s e i d o n G a i e o c h o s. Er hat also die Erde in seiner Gewalt, kann sie in ihren Teilen befestigen und erschüttern, und daraus folgt weiter, dass er auch derjenige Gott ist, der die Erdbeben und ferner alle Bildungen, namentlich an Küsten und Inseln, bewirkt. So wird er selbst zu einem Baumeister, der die Felsmauern der an der Meeresküste gelegenen Städte aufgetürmt hat. Dem Könige von Troja, Laomedon, erbaute er die Stadtmauern und das Titanengefängnis verschloss er durch Tore. Wie er aber die Mauern gebaut hat, so kann er sie mit seinem mächtigen Elemente auch wieder zerstören, dass keine Spur übrig bleibt. Als die Griechen bei der Belagerung von Troja nahe am Ufer des Meeres um ihre Schiffe eine Mauer zu einem Bollwerke gegen die Feinde errichtet hatten, zürnte Poseidon und beklagte sich beim Zeus: „Der Ruhm dieser Mauer", sagte er, „wird sich verbreiten, so weit sich das Licht erstreckt; der meinigen aber, die ich einst mit Apollo dem Laomedon um Troja erbaute, wird man vergessen." Da antwortete ihm Zeus: „Großer Erderschütterer, mich sollt' es nicht wundern, wenn ein anderer nicht so mächtiger Gott ein solches Werk sich anfechten ließe; aber dein Ruhm verbreitet sich ja schon, so weit sich das Licht erstreckt und du wirst ja, sobald die Hellenen hinweg sind, die Mauer ins Meer versenken und die Ufer mit Sand bedecken, dass keine Spur von ihr übrig bleibt."

In den homerischen Liedern ist, wie bemerkt, Poseidon König und Herrscher des Meeres. Sein Los, heißt es in der Ilias, ward es, bei der Dreiteilung der Welt die dunkle Salzflut zu bewohnen. Im Kriege vor Troja, in welchem er wegen der schmählichen Behandlungen von Seiten des Laomodon, ungeachtet er ihm die Stadtmauer erbaut hatte, auf Seiten der Griechen war, saß er auf dem höchsten Berggipfel der Insel Samothrake und sah dem Treffen zu. Er zürnte heftig auf Zeus, dass er den Sieg den Trojanern gab. Er stieg vom Berg hinunter; der Berg bebte unter seinem Fußtritt. Drei Schritte tat er vorwärts und mit dem vierten war er in A i g a i , wo er seinen unvergänglichen, in Gold strahlenden Palast in der Tiefe des Meeres hat. Dort schirrt er seine Rosse an, die schnellen mit goldener Mähne, legt selber sich Gold an, ergreift die goldene Peitsche, besteigt seinen Wagen und fährt auf den Wellen einher. Die Seeungeheuer sprangen von allen Seiten aus der Tiefe kommend unter seinem Wagen und erkannten ihren Gebieter. Das Meer wich ehrfurchtsvoll zurück und schnell flog der Wagen des Gottes dahin, dass die eherne Achse unbenetzt blieb. Seine Rosse stellt er sodann in eine weite Grotte in der Meerestiefe zwischen Tenedos und Imbros, füttert sie und bindet sie fest. Nach einer Volkssage in Methymna wurden die Rosse unten im Meere vom E n a l o s geweidet. Dieser war einst aus Liebe zu einer Jungfrau, die als Opfer ins Meer gestürzt wurde, ihr nachgesprungen. Das Mädchen blieb bei den Nereiden und dem Enalos wurden des Meerbeherrschers Rosse in Obhut gegeben. – Obgleich Poseidon im Homer mit dem Donnergott von e i n e m Vater erzeugt war, ist er dennoch gleich dem Element, das er beherrscht, die untergeordnete Macht. Da Iris in dem Kriege vor Troja dem Poseidon die Drohung des Zeus überbringt, er möge sich ja mit des Donnerers Macht nicht messen und ablassen, den Griechen beizustehen, so antwortet ihr der Erderschütterer: „Zeus sei so mächtig wie er wolle, so hat er doch sehr stolz geredet. Sind wir nicht alle drei Brüder vom Kronos erzeugt und von der Rhea geboren? Ist nicht unter uns das Reich geteilt? Er mag seine Söhne und Töchter, aber nicht mich mit solcher Worten täuschen." Iris stellt ihm vor: „Den älteren Bruder schützt die Macht der Erinyen." Und Poseidon gibt dem Donnerer nach und sagt die sanften Worte: „Du hast sehr wohl gesprochen und es ist gut, wenn auch ein Bote das Nützliche weiß."

In den zahlreichen Lokalsagen spiegeln sich aufs mannigfaltigste die verschiedenen oben erwähnten Seiten des mythischen Wesens Poseidons. Der Gott ist, wie erwähnt, auch Herr der nährenden Landgewässer, nicht bloß des unfruchtbaren Meeres. In T r ö z e n e unter anderen hieß Poseidon der Wachstumgeber (P h y t a l m i o s) und mit der L e i s , der Saatgöttin, erzeugte er den A l t h e p o s , den Nahrungsspender. Die dem Lande zum Segen gereichenden Quellen hat Poseidon nach einigen Sagen mit seinem Dreizack hervorgerufen. An die Quelle A m y m o n e (Tadellose) bei L e r n a knüpfte sich die Sage, dass der Gott zum Dank für die Liebe der Nymphe Amymone seinen Dreizack in die Erde schlug und die schöne Quelle hervorsprudeln ließ. Im Allgemeinen tritt diese Seite des Poseidon mit der Zeit zurück, weil einmal Okeanos und Tethys in der gewöhnlichen Mythologie als Erzeuger der Flüsse und Quellen galten und andererseits die nährende Erdfeuchtigkeit mehr zum Bereich der Erdgottheiten, wie Demeter und Dionysos, gehörten. – Eine Reihe von Poseidonsmythen hat den Kampf des Gottes mit anderen Göttern zum Gegenstande. In A t t i k a stritt Poseidon mit der Athene um den Besitz des Landes. Die Zwölfgötter, heißt es, entschieden zu Gunsten der Athene. Aus Zorn darüber überschwemmte Poseidon das Land. In A r g o s wurde in seinem Streite mit H e r a dieser Göttin das Land zugesprochen. Da ließ Poseidon das Wasser in den Flüssen verschwinden und sein Element die Küsten überfluten. In K o r i n t h wurden seine Ansprüche dem H e l i o s gegenüber in der Weise entschieden, dass ihm der Isthmos und Helios die Burg von Korinth zufiel. In D e l p h i hatte Poseidon mit der Gäa ursprünglich den Orakelsitz inne, bis beide dem Apollon weichen mussten. In diesen und anderen ähnlichen Mythen liegen zum Teil, wie im Streite Poseidons mit der Erdgöttin, mythische Naturanschauungen von dem Kampfe des Meeres mit der Erde zu Grunde oder es ist darin die Aufeinanderfolge verschiedener Kulte mythisch veranschaulicht. – Es gibt ferner eine Menge mythischer Erzählungen und Dichtungen von des Poseidons Verbindung mit N y m p h e n und H e r o i n e n, der die zahlreichen Poseidonssöhne entspringen. Zum Teil sind in diesen Erzählungen Meereserscheinungen mythisiert oder es sind darin Sagen von Städtegründungen und Stamm-Genealogien enthalten. So verbindet sich unter anderen Poseidon, der Meergott, mit der K e l a i n o, der dunklen Wetterwolke, und erzeugt mit ihr den L y k o s und den N y k t e u s. Wenn die dunkle Sturm- und Wetterwolke die Wogen wälzt, dann wird es Nacht (Nykteus); aber der Wetterstrahl wird zugleich aus der dunklen Sturmwolke geboren, der das Dunkel erhellt. Zahlreicher sind die Sagen von Poseidonssöhnen als Städtegründer oder Urväter von Volksstämmen. In der Wirklichkeit haben die Städte meist ihre Namen von lokalen Eigentümlichkeiten oder zufälligen Anlässen bekommen. Die hellenische Phantasie führte dagegen meist die Gründung der Städte auf Götterkinder zurück. So dichtete man unter anderen für die Städte, die vielleicht uralten Poseidonkult hatten, zunächst, da die Namen der Städte sprachlich meist weiblichen Geschlechts waren, eine gleichnamige Nymphe; mit dieser zeugt Poseidon einen Sohn, der eine Stadt gründet und sie nach seiner erdichteten Mutter benennt. Die Stadt A s k r a (Eichstädt?) in Böotien z.B. ist in der Sage vom O i o k l o s gegründet, einem Sohne der Nymphe Askra und des Poseidon und nach seiner Mutter von ihm benannt. Oder Poseidon zeugt mit einer Nymphe einen Sohn, der eine Stadt gründet und nach sich benennt. B y z a s oder B y z a n t i o n auf deutsch Eulenhorst, ist von B y z a s, einem erdichteten Sohn des Poseidon und der K e r o e s s a, gegründet. Ganz eben so dichtete man für einzelne Volksstämme gleichnamige Stammheroen, wie z.B. für die T a p h i e r an der Westküste Griechenlands einen T a p h i o s, und da die Taphier vermutlich übers Meer kamen und sich ansiedelten, ward T a p h i o s ein Sohn des P o s e i d o n und der H i p p o t h o e, d.i. der rossschnellen Meereswoge. B o i o t o s, Urvater des boiotischen Stammes, ist Sohn des P o s e i d o n und der A r n e. Arne hieß die Stadt der Boiotier in Thessalien und nochmals in Boiotien. Die vielen ähnlichen Sagen beweisen zugleich die weite Verbreitung des Poseidondienstes in den ältesten Zeiten, namentlich bei den äolischen und ionischen Stämmen. – Eine Reihe von Poseidonssöhnen hat den Charakter des Riesenhaften, Ungeschlachten und Gewalttätigen wie unter anderen die (S. 17) erwähnten Aloiden O t o s und E p h i a l t e s; ferner der riesige Ringer A n t a i o s in Lybien, der König der Bebryker, A m y - k o s, der Räuber S k i r o n u.a. Zum Teil lässt sich diese Erscheinung auf die mythische Auffassung der ungeheuren, zerstörenden Gewalt des poseidonischen Elements zurückführen und gleichfalls mit dieser Auffassung hängen die Sagen von Meeresungeheuern zusammen, welche Poseidon schickt und welche brüllenden Wogen gleich ins Land dringen und Äcker und Fluren verheeren. – Es sind endlich auch poseidonische Sagen mit dem theogonischen und dem Titanen- und Gigantenmythos verflochten. Als Rhea, wie eine arkadische Sage lautet, den Poseidon geboren hatte, gab sie statt seiner dem Kronos ein junges Füllen zu verschlingen, während Poseidon bei der Quelle Arne unter der Schafherde verborgen war. Nach einer anderen Sage verbarg sie ihn unter das Meer. In dem Kampfe mit den Titanen gaben ihm die Kyklopen den Dreizack, dessen er sich als Waffe gegen jene bediente, und in dem Gigantenkrieg verfolgte er den P o l y b o - t e s , der übers Meer floh bis zur Insel Kos. Da brach Poseidon ein Stück von der Insel und warf es auf den Giganten, und dieses Stück war später die Insel N i s y r o s .

Fast alle Küstenstädte und Inseln, namentlich wo Ionier und Aeolier wohnten, waren Kultusstätten des Poseidon oder waren es in den ältesten Zeiten gewesen. Berühmte Poseidontempel in der historischen Zeit waren auf dem Vorgebirge T a i n a r o s , zu O n c h e s - t o s , zu M a n t i n e a und vor allem auf dem Isthmos bei Korinth. Der Kultus an dieser letzten Stätte hatte sich im Verlauf der Zeit zu einer Nationalfeier gehoben (Isthmien). An den Poseidonsfesten fanden ursprünglich fast überall Wettkämpfe zu Wagen statt. Geopfert wurden dem Meergotte schwarze Stiere; die Farbe entsprach dem Element. Auch wurden ihm zu Ehren Stiere ins Meer versenkt. Bei dem Feste des Poseidon zu Ephesos hießen die weinspendenden Knaben Stiere, Poseidon selber hieß der stierartige Gott. Der Stier war ein Symbol der stürmisch wogenden, gleichsam brüllenden See. Heilig war aber vor allem dem Poseidon das R o s s , dann der D e l - p h i n , in welchem die Alten ein menschenfreundliches, geselliges und gesangliebendes Tier erblickten, das Symbol des friedlichen, besänftigten Meeres. – Das stete Attribut des Poseidon ist die T r i - a i n a oder der Dreizack, wovon schon oben (S. 146) eine Erklärung gegeben ist. Die Bedeutung der Triaina kann aber ursprünglich noch eine andere gewesen sein. War nämlich Poseidon als Meeresgott anfangs ein Gott der Fischer und Küstenfahrer und fielen noch im Anfange Schifffahrt und Fischerei in einen Beruf zusammen, dann ist es leicht denkbar, dass die Fischer sich ihren Gott mit demselben Werkzeuge, der Fischergabel, dachten, mit dem sie selber auf dem Meere erschienen, ähnlich wie die arkadischen Hirten sich ihren Pan nicht anders vorzustellen vermochten als mit der Hirtenpfeife. Als dann ferner Poseidon Beherrscher und König des Meeres geworden war, da ward die Triaina sein königliches Zepter und das magische

Medium seiner Macht, womit er Felsen spaltete und Quellen hervorrief, in dem Götterkampfe aber eine furchtbare Waffe, die ihm von den Kyklopen oder nach anderen Sagen von den Telchinen verfertigt war.

Die rechtmäßige Gemahlin des Poseidon, die Meereskönigin, ist A m p h i t r i t e , die erste unter den Nereiden (S. 35). Im Homer heißt sie die gewaltig stöhnende, dunkeläugige Göttin, welche Tausende von Ungeheuern nährt. Sie ward mit Poseidon zusammen verehrt. Von der Amphitrite und dem gewaltig brausenden Erderschütterer, heißt es in der Theogonie, ward der mächtige, große T r i t o n erzeugt, welcher auf des Meeres Boden bei seiner lieben Mutter und seinem königlichen Vater den goldenen Palast bewohnt, ein gewaltiger Gott. Gewöhnlich kommt im Kreis poseidonischer Dämonen eine Mehrheit von Tritonen vor, welche halb Fisch, halb Mensch auf ihrer Muschel blasen, um das Meer aufzuregen oder zu besänftigen. – Als Töchter des Poseidon und der Amphitrite werden außerdem R h o d e und B e n t h e s i k y m e genannt.

In der Auffassung und individuellen Gestaltung des Poseidon von Dichtern und bildenden Künstlern spiegelt sich die Natur des Elements. Mit dunklen Locken, funkelnden Augen und breiter Brust dachte man sich den mächtigen Gott und in seinen zornigen Blicken malt sich das tobende Element; zwar in ähnlicher Majestät wie Zeus bleibt doch der Ausdruck von Macht und Hoheit immer untergeordnet. Es ist nicht die ruhige, erhabene, mit dem Wink der Augenbrauen gebietende Macht, mit deren Lächeln sich der ganze Himmel aufheitert; es ist vielmehr beim Poseidon der Ausdruck des Zorns der herrschende. Er schilt in Vergils Aeneide die Winde, die auf Veranlassung der Juno ohne seinen Wink die Wellen des Meeres auftürmten, und sein q u o s   e g o , womit er sie bedroht, ist dasjenige, dessen Ausdruck die bildende Kunst auch in neueren Zeiten am öftesten versucht hat. Auf dem umstehenden Holzschnitt nach einem antiken, geschnittenen Steine aus der Lippertschen Daktyliothek ist Poseidon abgebildet, wie er gebieterisch rückwärtsgewandt und den gesenkten Dreizack in der Linken haltend mit gehobener Rechten im Sturmwind sein wildes Viergespann über die Wogen lenkt, die sich unter ihm ebnen.

Der nebenstehende Holzschnitt nach einer anderen Gemme aus Lipperts Daktyliothek zeigt den Gott, wie er mit seinem Dreizack auf der Schulter, das linke Bein auf einen Felsblock stemmend und die rechte Hand ruhig auf dem Rücken haltend auf sein Element hinabschaut.

Ino-Leukothea. Melikertes-Palaimon. Glaukos Pontios. Proteus.

I n o scheint ursprünglich eine Meeresgöttin des lelegischen und ionischen Volksstammes gewesen, dann von den äolischen Hellenen gleichfalls als Göttin aufgenommen und verehrt worden zu sein.

153

Soweit wir aus ihren Mythen und Sagen, wie aus den Gebräuchen ihres Kultus urteilen können, war sie Göttin der stürmisch bewegten wie der ruhig besänftigten See. Seejungfern und Meerfrauen wurden nach der durch die weißen Schaumwellen erregten Vorstellung weiße Göttinnen genannt. Ino ist vorzugsweise „die weiße Göttin" und als solche wurde sie an den Küsten Kleinasiens, des Peloponnesos, auf dem Isthmos von Korinth und an vielen Orten des Mittelmeers Küsten, wo Griechen sich niedergelassen hatten, allein oder im Verein mit anderen Seegottheiten verehrt. Ihrem Kulte eigentümlich ist ein Klage- und Trauergottesdienst, was vielleicht mit der Trauer um die auf der See Umgekommenen zusammenhing. Als Göttin der Meeresstille naht sie hilfreich den Schiffbrüchigen. Dem Odysseus erschien die weiße Göttin einst bei Sturmesnot in der Gestalt eines Seehuhns und gab ihm eine gegen die Gefahr schützende Kopfbinde. Als Meeresgöttin erzieht sie den Gott der Fruchtbarkeit, den Dionysos (S. 128), und wie alle Meergottheiten belehrt sie über die Zukunft und zwar durch Träume der in ihrem Heiligtum Schlafenden. Mit der Leukothea ist der phönizische Gott von Tyrus M e l k a r t (griechisch Melkertes), d.i. der König der Stadt, in Verbindung getreten, den die Thrier in ihren Handelsniederlassungen an den griechischen Küsten verehrten und der dann auch von den Griechen als Gottheit angenommen wurde. Als sich die Mythen von beiden Gottheiten in Heroensagen umsetzten, ward Ino-Leukothea eine Tochter des aus dem Osten gekommenen K a d m o s und erhielt den König Athamas zum Gemahl, dem sie den Melikertes und Learchos (Volkserster) gebar. Da aber ihr Kult als Göttin fortdauerte, so entstand die Sage, sie sei zwar ursprünglich eine Sterbliche gewesen, aber dann eine Gottheit geworden, eine Dichtung, die wir schon im Homer finden. An ihre Vergötterung knüpft sich die Sage von ihrem durch die Hera wegen der Erziehung des Bakchoskindes ihr eingeflößten Wahnsinn, in welchem sie mit ihrem Kinde auf eine jähe Klippe, zwischen Megara und Korinth, Moluris genannt, eilt und mit demselben ins Meer springt. Mitleidig werden Mutter und Kind von den Seegottheiten aufgenommen und jene als L e u k o t h e a , dieser als P a l a i m o n göttlich verehrt. Die Römer stellten die Leukothea ihrer M a t e r m a t u t a und den Melikertes dem Hafengotte P o r t u n u s gleich. – Glaukos P o n t i o s , ursprünglich vielleicht in demselben Sinne ein Gott der himmlischen Gewässer wie Poseidon, galt bei den Hellenen als Meerdämon. Der Name Glaukos bezieht sich auf die Farbe des Meeres, wenn der Glanz des Himmels sich darin spiegelt. Märchenhafte Sagen vom Glaukos waren vielfach im Munde von Schiffern und Fischern, und ganz vorzüglich wurde von ihm in dem boiotischen Fischerort A n t h e d o n erzählt. Er war dort, wie die gewöhnliche Sage lautet, ein Fischer wie andere. Als er einst am Strande die schon halbtoten Fische aus den Netzen schüttelte, bemerkte er zu seinem Erstaunen, dass die aufs Gras gefallenen Fische wieder ganz lebendig wurden, als wären sie im Wasser. Er kostete von dem Grase, fühlte sich plötzlich wie ein Gott und sprang ins Meer, wo ihn Okeanos und Tethys völlig unsterblich machten. Von da an erschien er den Fischern und Schiffern als weissagender Meeresgott. Die Bewohner von Anthedon zeigten später noch die Stelle, wo er ins Meer gesprungen war, den sogenannten Glaukossprung. Jedes Jahr, erzählte man sich, zieht Glaukos in Begleitung von Seeungeheuern durchs Meer, prophezeiet den Schiffern Unglück und klagt über das ihm gewordene Los der Unsterblichkeit. Manche wollten ihn im Meere mit Muscheln, Seegras und Steinen bedeckt gesehen haben, die Glieder von den Wellen zerschlagen und zerrieben, mehr einem Tiere als einem Gott ähnlich. Dichter schmückten die Sagen von ihm aus und erzählten unter anderen von seiner Liebe zur Ariadne, zu den Nereiden und zur Skylla. – P r o t e u s , ein dem alten erfahrenen Nereus fast ganz ähnlicher Meergreis, kennt alle Tiefen der See und ist dem Poseidon untertan. Er hält sich im Meere vor der Mündung des Nil oder des Aigyptos-Flusses auf. Eine Tagereise weit von da, heißt es im Homer, lag eine Insel Pharos. Alle Mittag kommt der Alte an den Strand, von den schwimmfüßigen, übelriechendem Robben der schönen, meerfeuchten Amphitrite begleitet, zählt wie ein Hirt seine Robbenherde und legt sich zum Schlafe mitten unter sie. Diese Gelegenheit muss derjenige benutzen und muss ihn im Schlafe festbinden, der ihn über die Zukunft befragen will. Freilich versucht er zuerst dem Fragenden sich zu entziehen, indem er sich in alles verwandelt, was es auf Erden gibt. Als Menelaos aus seiner Rückreise von Troja auf den Rat der E i d o t h e a , der Tochter des Alten, ihn gefesselt hält, wird er erst ein Löwe, dann ein Panther, dann ein Drache, dann ein ungeheures Schwein, dann Wasser und zuletzt ein hoher Baum. Endlich nimmt er wieder seine gewöhnliche Gestalt an und verkündet prophetisch die Zukunft. Der Name Proteus bezeichnet den Meergott als den Uranfänglichen, ohne Zweifel nach der Vorstellung vom Wasser als dem Urelement, aus welchem sich der ganze Gestaltenreichtum des Daseins entwickelt hat. Seine Tochter heißt daher auch mit Bezug auf das allgestaltende Element E i d o t h e a oder die Gestaltengöttin. Seine Söhne P o l y g o n o s und T e l e g o n o s, der Vielerzeuger und der Fernerzeuger, deuten auf die zahlreichen Erzeugungen des Wassers. Proteus erschien nur denen in seiner eigentümlichen Gestalt und entdeckte das Wahre, die ihn unter jeder Verwandlung mit starken Armen festhielten gleich der geheimnisvollen Natur, die unter tausend abwechselnden Gestalten den forschenden Blicken entschlüpft.

Hephaistos (Volcanus)

Hephaistos ist Gott des Feuers. Die Wirkungen des Feuers haben die Völker zuerst im Blitze kennengelernt. Es war ein großer Fortschritt, als sie selber durch Reibung Feuer zu erzeugen und also das Feuer nachzumachen lernten. Bald loderte das Feuer auf dem Herde und um die gastliche Flamme sammelte sich die Familie, die sich nirgendswo mit solcher Behaglichkeit als Ganzes empfand und genoss wie hier. Der Feuergott ward ein Haus- und Familiengott. Man lernte ferner das mächtige Element als Mittel zur Bearbeitung der Stoffe für Gewerbe und Künste benutzen, und die Esse ward eine zweite Stätte, wo das Feuer seine wohltätige Macht den Menschen erwies. Als die indogermanischen Stämme dann aus ihrem Ursitze an die Küsten und auf die Inseln des Mittelmeers vordrangen, offenbarte sich ihnen eine neue mächtige Wirkung ihres alten Feuergottes in dem vulkanischen Feuer, das sie jetzt zuerst der Erde entflammen sahen, und da sie sich von früh an den Feuergott als Gewitterschmied und Feuerkünstler dachten, so entstand von selbst die Vorstellung einer Schmiede, die der mächtige Gott in den Vulkanen hätte. Bei den Hellenen ist Hephaistos ausschließlich Gott des flammenden Feuers, nicht des solarischen Feuers, auch nicht des Feuers als des Lichtelements im Gegensatz zur Finsternis. Nach einer wahrscheinlichen Erklärung heißt auch der Name H e p h a i s t o s der Flammen- oder Feuerzünder. Die Griechen sagten für die Flamme geradezu „Hephaistos" und wenn die Flamme knisterte, sagte das Volk: „Hephaistos lacht oder droht". Das Feuer als Blitz stammt vom Himmel, gleich wie das Wasser in Flüssen und Bächen vom Himmel gefallen ist. Hephaistos ist also ein Sohn des Himmels, des Zeus, und da er gleichfalls als vulkanisches Feuer der Erde entstammt, ein Sohn des Zeus und der Hera, des Himmels und der Erde, ein Mythos, der erst an den Küsten des Mittelmeeres bei den Hellenen entstanden sein kann. Als die Bedeutung des Hephaistos als Blitzgottes zurücktrat, da der Blitz fast die ausschließliche Waffe des Zeus ward, entstand der Mythos von seiner Geburt durch die Hera allein und begründete diesen Akt durch den auf alter mythischer Naturanschauung beruhenden Zwist zwischen Zeus und Hera (S. 93). Da Zeus nämlich die Athene allein aus seinem Haupte geboren hatte, so fühlte sich Hera dadurch gekränkt und brachte auch den Hephaistos allein zur Welt ohne Zutun des Zeus. Der zweite Hauptmythos vom Hephaistos ist der von seinem Fall oder Sturz vom Himmel oder vom Olymp. Dieses Hinabwerfen des Hephaistos bezieht sich auf die auch bei anderen Völkern verbreitete mythische Anschauung, dass beim Gewitter, wenn der Blitzstrahl zur Erde fährt, ein Wesen aus dem Himmel geworfen wird. Der Mythos liegt uns in zwei Versionen vor und zwar in einer älteren und einer jüngeren Gestalt. Die ältere Gestalt ist in dem auf der Insel L e m n o s lokalisierten Mythos ausgeprägt. Zeus hatte einst die Hera gefesselt und Hephaistos eilte seiner Mutter zur Hilfe. Da packte ihn Zeus beim Fuß und warf ihn aus der Himmelstür. Er fiel den ganzen Tag und erst mit Sonnenuntergang kam er zur Erde auf die Insel Lemnos, wo ihn die bäurisch redenden S i n t i e r mitleidig aufnahmen. Die zweite Version späteren Ursprungs knüpft an die Geburt des Hephaistos durch die Hera an, die doch eigentlich nur die Mutter des vulkanischen Hephaistos war. Hera nämlich schämte sich des Hephaistos, als sie ihn geboren hatte, weil er lahm war und warf ihn lieblos von der himmlischen Schwelle herab. Er fiel ins Meer und ward mitleidig von der Eurynome und der Thetis aufgenommen. Bei diesen Meergöttinnen blieb er neun Jahre lang und verfertigte während dieser Zeit allerlei Kunstgeschmeide. Er schlägt also seine Werkstätte unten im Meer auf. Das deutet auf die Vorstellung von den Vulkanen, dass dieselben, wie es in der Tat der Fall ist, am meisten unter dem Meer, auf Inseln und an Meeresküsten tätig sind. Es ist in diesem Mythos also die mythische Anschauung vom Sturz des Blitzgottes aus dem Himmel mit derjenigen von dem in der Meerestiefe wirkenden vulkanischen Hephaistos verbunden. Überdies wurde nach mythischer Auffassung die erderschütternde Tätigkeit des Meergottes als die Ursache der Erdbeben angesehen (S. 147) und es befindet sich also auch der Gott des vulkanischen Feuers bei Meergottheiten. Aus dem Sturze des Feuer- oder Blitzgottes aus dem Himmel lässt sich am einfachsten die Schwäche und Lähmung der Füße erklären, welche Hephaistos und auch die Feuergötter bei anderen Völkern haben. Ein dritter Mythos, in welchem Hephaistos die Hauptrolle spielt, führt uns gleichfalls auf alte, mythische Naturanschauungen. Es ist der Mythos von dem künstlichen Stuhl des Hephaistos, der auch in zwei Versionen vorliegt. Nach der einen wusste Hephaistos lange nicht, wer seine Eltern seien und um sich seiner Abstammung wegen zu vergewissern, verfertigte er einen künstlichen Stuhl mit unsichtbaren Fesseln, die jeden, der sich auf denselben niederließ, festhielten. Diesen Stuhl schickte er den Olympiern und Hera ward zuerst gefangen. Natürlich konnte kein anderer sie lösen als der Meister des Stuhls selber. Hephaistos aber wollte es nur um den Preis, dass sie ihm seine Abstammung offenbare. Es geschah und Hera ward befreit. Nach der anderen Version schickte Hephaistos den fesselnden Stuhl geradezu seiner Mutter, um sich an ihr wegen ihrer Lieblosigkeit, mit der sie ihn aus dem Himmel gestoßen hatte, zu rächen. Nun war unter den Göttern Dionysos der beste Freund des Hephaistos und indem er denselben berauschte, überredete er ihn, mit gen Himmel zu kommen und die Hera zu befreien. So verschieden auch die Motive in diesen Mythen sind, so ist der Kern der mythischen Naturanschauung doch offenbar. Die gefesselte Hera ist die winterlich erstarrte Erde, die gleichsam in Banden liegt. Der Blitzgott hält sich fern in dieser Zeit, er grollt, er ist verstoßen. Erst in den Frühlingswettern, wenn er wieder sein Wesen zu treiben anfängt und wenn Dionysos, der Gott der Fruchtbarkeit, seine Macht entfaltet, erst dann werden die Fesseln des Winters gelöst und die Erde von ihren Banden befreit. Von einem anderen Mythos, in welchem sich Hephaistos gleichfalls als Blitzgott offenbart, wird bei der Athene die Rede sein. Indes die alte Auffassung des Hephaistos als Blitzgottes trat im Bewusstsein des Volkes zurück und im Mythos und noch mehr im Kultus sind es die mächtigen Wirkungen des Feuers in den Vulkanen, ist es ferner das Feuer auf dem Herde und endlich das Feuer als das unentbehrliche Mittel für die Zwecke des Handwerks und der technischen Künste, wodurch der Gott seine Macht offenbart. In dem olympischen Götterstaat ist Hephaistos der technische Künstler, der geschickte Goldschmied. Doch spricht sich bei Homer auch noch seine Bedeutung als des Feuergottes überhaupt aus, dem das mächtige Element zur beliebigen Verfügung steht. Auf Befehl seiner Mutter widersetzt sich Hephaistos mit seinen Flammen dem Flussgott Skamandros, der mit seinem anschwellenden Fluten den Achilles verfolgte. Es begann ein furchtbarer Kampf zwischen den beiden Elementen. Zuerst verbrannte Hephaistos das Feld mit allen Toten; dann richtete er die leuchtende Flamme gegen den hoch aufschwellenden Strom, dass der Schilf an seinen Ufern verbrannte, das Wasser siedete und die Fische geängstigt wurden. Da flehte der Flussgott die Hera um Erbarmen und Hephaistos ließ ab ihn zu ängstigen, da seine Mutter es ihm befahl und zu ihm sprach: Höre auf, es ist nicht billig, dass sein unsterblicher Gott der sterblichen Menschen wegen so gequält werde. Ganz besonders indes ist, wie gesagt, Hephaistos unter den Olympiern der Feuerkünstler. Seine Werkstätte ist auf den Olymp verlegt. Dort hat er unter den übrigen Wohnungen der Unsterblichen ein ausgezeichnetes, unvergängliches, ehernes, mit Sternen besätes Haus (diese Schilderung bezieht sich ursprünglich offenbar aus den Himmel als den Aufenthalt des Blitzgottes); dasselbe hat der Krummfuß, wie er bei Homer unter anderen genannt wird, sich selber erbaut. Als die Thetis zu ihm kam, um für ihren Sohn den Achilles einen neuen Schild und eine neue Rüstung sich zu erbitten, traf sie ihn, wie er schweißtriefend bei seinen Blasebälgen beschäftigt war. Er hatte nämlich zwanzig Dreifüße in Arbeit, deren jedem er goldene Rollen unterlegte, dass sie von selber in die Götterversammlung gingen und wieder ins Haus zurückkehrten. Um die Thetis zu empfangen, erhob sich der humpelnde, dünnbeinige Riese vom Amboss, legte die Bälge vom Feuer, sammelte alles Arbeitsgerät in eine silberne Kiste, wischte sich mit einem nassen Schwamm das Gesicht und beide Hände, den nervigen Hals und die zottige Brust, zog seinen Rock an, nahm seinen dicken Stab und ging lahmend aus der Tür. Goldene Mägde, die Leben und Bewegung hatten, stützten ihren Herrn. Dieser körperlich unschöne, aber kräftige Gott wird aber als ein überaus geschickter und kluger Künstler bei Homer gepriesen. Er hat den olympischen Göttern ihre Wohnungen und alles Geräte mit klugem Sinne verfertigt und wo in der Götter- und Heroenwelt irgendein Kunstwerk eine Rolle spielt, da ist es von des Hephaistos Hand gefertigt. Die Waffenrüstung des Achilles, die Krone der Ariadne, die Halskette der Harmonie sind seine Gebilde. Und seine Schöpfungen haben meist das Eigentümliche, dass ihnen von dem Gotte Leben eingehaucht ist, wie z.B. den obenerwähnten goldenen Dienerinnen, und wie er dem Minos den T a l o s schenkte, einen ehernen Mann, der nur eine Ader vom Nacken bis zur Fußspitze hatte, an deren Ende ein eherner Nagel eingeschlagen war. Dreimal wanderte dieser Erzmann um die Insel Kreta und beobachte sie. Meistens arbeitet der gepriesene Künstler in Erz und Silber; doch hat er die Pandora aus Erde geformt. Dieser lahme Goldschmied mit den dünnen Beinen, aber ein herrlicher Künstler hat nach der Ilias die C h a r i s , die Göttin der Anmut, zur Frau, in der Odyssee die A p h r o d i t e , die Göttin der Liebe und der Schönheit, bei Hesiod die jüngste der Chariten A g l a i a . Wenn Aphrodite und Charis ursprünglich Göttinnen der Fruchtbarkeit und der schönen, blühenden Frühlingsvegetation waren, so ist die Verbindung des Gottes des Blitzes und des Erdfeuers, das die Fruchtbarkeit fördert, begreiflich. Gewöhnlich sieht man aber in der Vermählung des Hephaistos mit jenen Göttinnen den Gedanken ausgesprochen, dass sich in der echten Kunst technische Fertigkeit mit Anmut und Schönheit verbindet. An die Verbindung des Hephaistos mit der Aphrodite knüpft sich die Erzählung von der Liebe derselben und ihres Buhlen des Kriegsgottes A r e s , welche Hephaistos zur Strafe mit unsichtbaren Banden umstrickt zum unauslöschlichen

Gelächter der herbeigerufenen seligen Götter. Diesem mythischen Schwank von der Fesselung und Lösung der beiden Gottheiten durch Hephaistos mag eine ähnliche Naturanschauung wie die oben erwähnte von der Fesselung und Lösung der Hera durch unseren Gott zu Grunde liegen (S. 158-159). Die unschöne Gestalt des Götterschmieds im Vergleich mit den schönen, hohen Gestalten des Olymps, während er ihnen seiner Natur nach doch ebenbürtig ist, ist der Anlass geworden zu der etwas komischen Rolle, welche Hephaistos zuweilen auf dem Olymp spielt. Als er einst in einem Streit zwischen Zeus und Hera gutmütig beschwichtigend auftritt und das Amt des Ganymed übernehmend den mit Nektar gefüllten Becher in der Versammlung der Götter umherreicht, gerieten die seligen Götter, als sie ihn keuchend durch den Saal kredenzen sahen, in ein unauslöschliches Gelächter. Ob der Mundschenkdienst des Hephaistos ursprünglich auch auf mythischer Naturanschauung beruht, vermögen wir nicht zu sagen. Dass der ursprüngliche Blitz- und vulkanische Gott auch an dem Gigantenkampf seinen Anteil hat, ist begreiflich. Es heißt, er sei auf einem Esel in den Kampf geritten und habe den Giganten Klytios mit glühenden Steinmassen getötet, sei aber in Not geraten und vom Helios in seinen Wagen aufgenommen.

Die Hauptkultusstätten des Feuergottes finden wir auf der Insel L e m n o s , am Ätna, auf den l i p a r i s c h e n Inseln und in A t t i k a . L e m n o s , heißt es in der Odyssee, war dein Hephaistos der liebste Aufenthalt auf der Erde; er genoss dort von den bäurisch redenden Sintiern, einer in Metall arbeitenden Bevölkerung, die größte Verehrung. Am Fuß des Vulkanes M o s y c h l o s , der noch bis auf Alexanders Zeit tätig war, lag sein Tempel und nicht weit davon die nach tut benannte Stadt Hephästias. Im Inneren des Vulkans war des Gottes Schmiede. Neben dem Hephaistos wurden auf Lemnos Gottheiten unter dem Namen K a b i r e n (Kabeiroi) verehrt, höchst wahrscheinlich Feuerkobolde, die dem Lande Fruchtbarkeit geben und Söhne oder Enkel des Hephaistos genannt werden. An die Verehrung des Feuergottes aus Lemnos knüpfte sich folgender alter Brauch, der in ähnlicher Weise sich auch bei den Germanen findet und in der Hauptsache sich noch bis aus die jüngste Zeit in Bayern unter anderen erhalten hat. Alles Feuer auf der Insel musste alljährlich neun Tage lang ausgelöscht und neues Feuer durch ein eigens dazu abgesandtes Schiff von Delos geholt werden. Kam das Schiff vor Ablauf der neun Tage zurück, so musste es so lange in der Nähe der Küste bleiben, bis die Zeit verstrichen war. Nach der dann stattfindenden Landung wurde das neue Feuer unter Anrufung unterirdischer Götter verteilt und von da an, heißt es, begann neues Leben auf der Insel und alles ging wieder den gewohnten Geschäften nach. Der ganze Brauch bezweckte eine Sühnung und Reinigung der Insel und ging höchstwahrscheinlich aus dem Glauben hervor, dass das Feuer, als eine Gabe der Götter vom Himmel, durch den irdischen Gebrauch verunreinigt werde und dass also dem Feuergott eine Sühne und Reinigung gebühre. – Im Inneren des Ä t n a war wie im lemnischen Mosychlos eine Werkstätte des Hephaistos und eine der liparischen Inseln hieß H i e r a , das ist des Hephaistos heilige Insel. Die Gesellen des Hephaistos im Ätna sind die alten Blitzriesen, die K y k l o - p e n. Wenn der Ätna seine glühenden Massen aus dem Inneren schleudert, dann schürt Hephaistos seine Esse und er und seine riesigen Gesellen schmieden dem Zeus die Blitze und was die Götter sonst bedürfen. Mit der Demeter hat Hephaistos um den Besitz der Insel Sizilien gekämpft, natürlich der feuerspeiende Berg zerstörte die getreidereichen Fluren der Göttin. In der Nähe des Ätna war ein Kult von Göttern, welche P a l i k e n heißen, Söhne oder Enkel des Hephaistos waren und ähnliche Feuerdämonen gewesen zu sein scheinen wie die Kabiren auf Lemnos. – In A t t i k a hatte der Dienst des Feuergottes die entwickeltste Gestalt. Hephaistos ward als Gott der technischen Künste, sowie als Haus- und Herdgott und nach der Seite seiner Bedeutung für ein zivilisiertes Leben überhaupt verehrt. Die attische Auffassung des Hephaistos spricht sich in einem kurzen homerischen Hymnus am besten aus. Der kluge Hephaistos, heißt es, hat im Verein mit der Athene die Menschen auf der Erde herrliche Werke gelehrt, die vorher in Bergeshöhlen wohnten gleich wie Tiere, dann aber, als sie von dem ruhmvollem, göttlichen Künstler Kunstfertigkeit erlernten, in ihren eigenen Häusern ein leichtes, ruhiges Leben führten. Diese Vorstellungen von dem Feuergotte brachte ihn der Athene wie dem Prometheus nahe, weshalb ihm ähnliche Ehren

wie diesem und gemeinschaftliche Feste mit jener gefeiert wurden.
Im Herbst ward ihm in Athen das sogenannte Schmiedefest gefeiert
und an dem „Feste der Geschlechtsvereine" (Apaturien) ward ihm
wie der Athene gemeinschaftliche Ehre erwiesen. Die neugeborenen Kinder wurden um den Feuerherd, auf welchem ein Tonbild des
Hephaistos als des Herdgottes war, getragen und damit dem Schutze
des Familiengottes geweiht. Ebenso wurden ihm und der Athene von
der Jugend Fackelläufe angestellt, alles zu Ehren und in dankbarer
Erinnerung an die Feuer bringenden Gottheiten, welche die Familie
gegründet und die Menschheit aus dem tierischen Leben zur Bildung
und Gesittung geführt hatten. – Aus dem Mythenkreis des Hephaistos sind auf Gemmen und besonders auf Vasen der Fall aus dem
Himmel, die Verfolgung der Athene, die Rückkehr in den Olymp
u.a. ferner die Schmiede des Gottes zur Darstellung gebracht. Auf
dem beigefügten ersten Holzschnitt nach einem antiken geschnittenen Steine aus der Lippertschen Daktyliothek ist er beschäftigt, für
die neben ihm stehende Gattin einen Pfeil zu schmieden; diese hat
schon zwei erhalten, nach denen Eros begierig die Hand ausstreckt.

Auf den beiden folgenden Holzschnitten sind, einer gleichfalls nach
einer Gemme der Lippertschen Sammlung, zwei Köpfe des Hephais-

tos im Profil. Er ist bejahrt und bärtig und trägt die auch Schiffern und daher dem Odysseus eigentümliche Mütze und auf den Schultern als Handarbeiter ein bequemes Obergewand.

Hestia (Hesta)

Hestia ist ursprünglich eine Feuergöttin, die aber im Verlaufe der mythischen Entwicklung eine ausschließliche Beziehung zu dem Feuer bekommen hat, das auf dem häuslichen Herde lodert, in welchem das Volk die vom Himmel stammende Feuergottheit selber gegenwärtig zu erblicken glaubte. Da der Name indes nur die Göttin der Wohnstätte und des häuslichen Hedes bedeutet, so ist es wahrscheinlich, dass derselbe ursprünglich Beiname der Feuergöttin war, aber dann wegen jener ausschließlichen Beziehung, den die Göttin zum Herde bekam, ihr Hauptname ward, während der Name für die Feuergöttin selber verloren ging (S. 92). Dass diese Herd- und Hausgöttin aber wirklich eine alte Feuergottheit war, geht aus dem schon beim Hephaistos erwähnten Volksglauben hervor, nach welchem man, wenn die Flamme knisterte, auch von der Hestia sagte, die Göttin lache oder drohe. Ebenso alt ist der Glaube, dass das Sausen und Prasseln des Feuers ein Gesang der Feuergottheit sei und es ist daraus verständlich, wenn in einem kleinen homerischen Hymnus der Barde die Hestia bittet, seinem Gesange Anmut zu verleihen. Doch kommt die Bedeutung der Hestia als Gesangesgöttin sonst nirgendwo vor. Wenn es ferner von der Hestia heißt, A p o l l o n und P o s e i d o n

164

hätten um sie gefreit, sie habe aber beide zurückgewiesen und bei dem Haupte des Zeus geschworen ewig Jungfrau zu bleiben, und weiter, es habe einst P r i a p u s ihr, während sie schlief, Gewalt antun wollen, sie habe sich jedoch durch das Geschrei eines Esels aufgeweckt vor ihm gerettet, so erinnert dieses alles an die Zurückweisung des Hephaistos durch die Feuergöttin Athene und an deren Jungfräulichkeit und deutet darauf hin, dass auch diese wenigen mythischen Züge, die wir von der Hestia kennen, auf ähnlichen Naturanschauungen beruhen, wie die ähnlichen Mythen von der Athene (s. unten). Auch der Feuergott Hephaistos wurde, wie wir erwähnt haben, in Attika als Herdgott verehrt und der Höchste der Götter selber ist Herr und Beschützer des häuslichen Herdes. Aber eine viel allgemeinere Verehrung hat die Hestia in dieser Eigenschaft gefunden. Der Herd der Wohnung ist in den ältesten Zeiten und bei dem einfachen schlichten Leben ländlicher Bevölkerung nicht nur die Stätte, auf welcher die nährende Kost bereitet und die belebende Wärme des Feuers empfunden wird, sondern auch der Mittelpunkt, um welchen sich die Familie beim Mahle, in den Feierstunden versammelt, um welchen sie sich in ihrer Zusammengehörigkeit am innigsten von den Banden der Liebe und der Ehrfurcht umschlungen fühlt. Der Herd ist die feste Stätte, an welche sich die schönsten Erinnerungen der Familie knüpfen; aber er ist zugleich eine heilige Stätte, an welcher die Gottheit weilt, welche die Familien gestiftet und den Häuserbau gelehrt hat. Der Herd bildet somit auch den geeignetsten r e l i g i ö s e n Mittelpunkt für die Familie, auf welchem geopfert und wo gebetet ward, an welchem Eide abgelegt wurden und auf welchem die Hausgötter standen. Im Bereich des Herdes herrscht der Friede und der Schutz der Götter, und jeder Bedrängte und Schutzflehende, der den Herd gefasst hatte, war gesichert; er war im göttlichen Schutze. Da der Staat die Familie zu seiner Grundlage hat, so ist er häufig als eine Familie im Großen betrachtet worden und das sogenannte patriarchalische Königtum ist nichts als eine Übertragung der Familienform auf den Staat. Der König ist Vater der Staatsfamilie. Diese hat also auch ihren Herd, auf welchem der König für alle Landeskinder wie ein Familienvater opfert. Der Staatsherd blieb in den Freistaaten das Symbol der lebendigen Staatseinheit und stand in dem sichtbaren Mittelpunkt der Regierungsgewalt, dem Rathause oder dem sogenannten Prytaneion, in welchem auf dem Herde der Hestia ein immerwährendes Feuer unterhalten wurde zum Zeichen, dass die Staatsgemeinschaft, die auf gleichen geschichtlichen und religiösen Überlieferungen beruhte, eine stetige und lebendige sei. Lösten sich einzelne Glieder von der Gemeinschaft los, um in der Fremde sich anzusiedeln, so wurde Feuer zum Zeichen, dass jene noch fortdauere, vom Altare der Hestia aus dem Mutterlande mitgenommen. Auch die organischen Gliederungen im Staate, wie unter anderen die sogenannten Phratrien, Geschlechtsverbände, hatten ihren eigenen Herd als Symbol inniger Gemeinschaft und eine gemeinschaftliche Hestia von Völkervereinen wird gleichfalls erwähnt. Dass endlich die Hestia die Göttin des Opferherdes, des Brandaltars überhaupt geworden ist, folgt aus ihrer Bedeutung von selber. War sie doch bei jedem Brandopfer gegenwärtig und daher ist die Sitte erklärlich, dass bei jedem Opfer der Hestia zuerst und zuletzt gedacht ward. So große Verehrung die Göttin auch genoss, so hatte sie doch fast gar keine eigene Tempel. Denn jedes Haus, das Haus der Familie, das Regierungshaus des Staates, das Gotteshaus, alle waren zugleich Tempel der Hestia mit dem Herd und der heiligen Flamme. Zwar gab es auch bildliche Darstellungen der Hestia; aber im Vergleich mit den übrigen großen olympischen Göttern ist weder in der bildenden Kunst, noch in der Poesie die Göttin besonders beachtet. Denn in der mythischen Entwicklung ist sie auf einer Stufe geblieben, auf welcher man noch die natürliche Erscheinung selber als die leibhafte Gottheit auffasste. In der heroischen Poesie hat sie unter den olympischen Göttern keine Stelle gefunden. In den theogonischen Liedern dagegen ist sie die älteste und ehrwürdigste Tochter des Kronos. Und allerdings ist sie im Glauben der Hellenen eine ebenso alte Göttin wie die übrigen großen Götter. Denn sie ist dieselbe Göttin wie die hochgefeierte Vesta der Römer und da die Namen Hestia und Vesta sprachlich dieselben sind, so weist uns dies in die Zeit zurück, wo sie als Göttin gemeinschaftlich von Hellenen und Italikern verehrt ward, in eine Zeit also, wo beide Völker noch ungetrennt waren. – Da der Herd gleichsam der Mittel- und Schwerpunkt ist, um welchen sich Familie und Staat vereinigen, so ist in übertragener Bedeutung das Wort Hestia als Gattungsname jeder feste Mittelpunkt überhaupt, um welchen eine Bewegung der

Teile eines Ganzen stattfindet. Da man nun im Altertum in der Regel die Erde als die feste Mitte betrachtete, um welche sich der Himmel mit den Gestirnen bewegt, so kam bei Mystikern und Philosophen die Ansicht auf, dass die Göttin Hestia die Erde sei. Die Pythagoräer fassten die Hestia sogar als Zentralfeuer des Kosmos. Diese Auffassungen haben jedoch mit der populären Anschauung von der Hestia nichts zu tun. – Unter den erhaltenen Bildwerken der Hestia aus dem Altertum wird besonders die sogenannte Giustinianische Statue gerühmt. Eine verschleierte Hestia mit einer Fackel in der Hand findet sich auf der Abbildung S. 114.

Athene (Minerva)

Der Hauptmythos von der Geburt dieser Göttin liegt uns in einer Gestalt vor, die wir als den jüngsten und letzten Niederschlag der Mythenbildung zu betrachten haben. Bei Hesiod heißt es: „Zeus der Götterkönig nahm sich zuerst die M e t i s zur Gemahlin, welche von den Göttern und sterblichen Menschen am meisten wusste. Als diese die glanzäugige Athene zur Welt bringen sollte, da betrog Zeus ihr Herz listiger Weise mit Schmeichelreden und legte sie in seinen eigenen Schoß auf den Rat der Erde und des gestirnten Himmels. Dazu rieten diese deshalb, damit nicht ein anderer statt des Zeus von den ewigen Göttern die königliche Würde erhalte. Denn es war vom Schicksal bestimmt, dass von ihr sehr kluge Kinder geboren werden sollten, zuerst das glanzäugige Mädchen Tritogeneia im Besitze desselben Verstandes und Rates mit dem Vater. Dann aber sollte sie einen Sohn als König der Götter und Menschen gebären mit stolzem Herzen. Darum legte sie Zeus vorher in sich hinein, dass die Göttin ihm Gutes und Böses sagen könnte." Aus anderen vereinzelten Traditionen erfahren wir, dass Metis eine Tochter der Wassergottheiten Okeanos und Tethys war, dass sie die Gabe hatte sich in allerlei Gestalten zu verwandeln, wodurch sie sich anfangs jeder Umarmung entzog, und dass sie, als Zeus sie verschlingen wollte, sich von ihm überreden ließ, sich ganz klein zu machen. Dass die Metis, nach der ursprünglichen Gestalt des Mythus, von Zeus als dem Gewittergotte

167

schwanger war, verrät eine wenn auch aus später Quelle stammende Überlieferung, Athene sei des B r o n t e s d.h. des Donnerers und der Metis Tochter oder Metis trage die Frucht des Brontes in sich und Zeus habe nach ihrer Verschlingung die Athene aus seinem Haupte geboren. Zeus also trug die Athene in seinem Haupte und da die Zeit kam, da sie das Licht der Welt erblicken sollte, spaltete Hephaistos oder Prometheus oder Hermes des Gottes Haupt mit dem Beil und siehe da, heraus sprang Athene und zwar, wie es bei Pindar heißt, mit einem so furchtbaren Schrei, dass Himmel und Mutter Erde vor Schreck erbebten. Auch ließ Zeus, wie es in der auf Rhodos lokalisierten Sage bei Pindar ferner heißt, goldene Flocken auf die Stadt fallen. Ja der homerische Hymnos an Athene sagt, die schwere Lanze schwingend sei sie aus dem Haupte hervorgesprungen, das Meer sei in seinen innersten Tiefen erregt gewesen und Helios habe seinen Wagen angehalten. Diese Überlieferungen von der Geburt der Athene, so sehr sie mit den späteren Anschauungen von dem Wesen der Göttin versetzt sind, geben doch keinem Zweifel Raum, dass wir es hier mit einer alten, auch bei anderen indogermanischen Stämmen verbreiteten Naturanschauung zu tun haben, nach der im Gewitter ein göttliches Wesen geboren wird. Athene ist also die B l i t z g ö t - t i n , welche die Wolkenmutter Metis in sich trägt, die eine Tochter des Okeanos ist, weil die Wolken Gebilde der aus dem Wasser aufsteigenden Dünste sind, welche nach mythischer Anschauung der Himmelsgott in sich aufnimmt und mit denen er als Donnergott die Blitzgottheit erzeugt. Die Vorstellung, dass der Blitz schleudernde Gott die Wolke spaltet, was hier ans Hephaistos als ursprünglichen Blitzgott übertragen ist, findet sich auch bei anderen verwandten Stämmen. Ebenso geläufig ist die Anschauung von der Wetterwolke als dem Kopf des Donnerers oder des Himmelsgottes und die Worte im homerischen Hymnos, dass Helios bei der Geburt der Athene seinen Wagen angehalten oder mit anderen Worten nicht geschienen habe, bis die neugeborenes Jungfrau ihre Waffenrüstung abgelegt und dass dann Zeus in heiterer Freude strahlte, sind aus der Naturerscheinung des Gewitters verständlich. Helios scheint während desselben nicht; sobald es sich aber entladen hat, wird der Himmel wieder heiter. Nach einer kretischen Sage hieß es geradezu, Zeus habe die Wolke zerspalten und Athene sei daraus hervorgesprungen. Dass dem Mythos von Athenes Geburt ursprünglich die angegebene Naturanschauung zu Grunde lag, das vergaß man im Verlaufe der Zeit, als das Wesen der Blitzgöttin auf hellenischem Boden eine immer reichere Entfaltung fand. Gleichwohl leuchtet in der Poesie, im Mythos und Kultus die ursprüngliche Bedeutung der Göttin noch in einzelnen Strahlen hindurch. Als eine ganz besondere Eigenschaft der Athene werden ihre blitzenden, funkelnden Augen hervorgehoben, weshalb sie G l a u k o p i s , die Glanzäugige, heißt. Die Kultusbilder der Athene hatten diese furchtbar funkelnden Augen, so dass sie volkstümlich an einigen Stellen davon den Namen der A u g e n g ö t t i n oder der s c h a r f s e h e n d e n Göttin hatte. Dass diese ganz besondere Eigenschaft der Augen sich auf die Natur der Athene als Blitzgöttin zurückführen lässt, liegt auf der Hand. Sie heißt ferner auch G o r g o p i s , die grimmig Blickende. Die Bedeutung dieses Beinamens ergibt sich aus dem Mythos von der G o r g o , die eine verselbstständigte Eigenschaft der Athene ist. Die Gorgo Medusa, von welcher oben Welckers Ansicht erwähnt ist (S. 40), ist die Blitz zuckende, finster grollende Wetterwolke, die sich die Blitzgöttin als Schild (Aigis) umlegt. Wenn es heißt, Athene selber habe die Gorgo getötet, so liegt dieselbe Anschauung zu Grunde, wie wenn vom Zeus gesagt wird, er habe die Metis, die Wolkenmutter, verschlungen. Die Wolke wird vom Blitze zerspalten und verschwindet, wenn das Gewitter sich entladen hat. Auch der Beiname der Athene, C h r y s e , die goldene, bezieht sich unzweifelhaft auf den Blitz. Eben darauf deutet am einfachsten der Beiname P a l l a s oder die schwingende Göttin, diese gedacht als diejenige, welche den Blitz schwingt, den man sich mythisch als eine Lanze vorstellte. Wirklich erscheint denn auch Athene nicht nur bei Dichtern von Homer an, sondern auch auf Münzen als eine blitzschleudernde Göttin und sehr bezeichnend sagt bei Aischylos die Athene von sich, sie allein wisse die Schlüssel zu dem Gemache, wo die Blitze lägen. Wir deuten auf die Blitznatur ferner die Sage von den vom Himmel gefallenen P a l l a d i e n , d.h. alten Kultusbildern der Göttin mit Schild und Schwert. Wie Hephaistos als Blitzgott vom Himmel fiel, so auch die Blitzgöttin Athene. Um dann den alten Bildern in den Augen der Gläubigen eine besondere Heiligkeit zu geben, dichtete man auf Grund des alten Mythos von der Geburt der Athene aus der Wolke, ihr Bild selber sei vom Himmel gefallen. Endlich deutet auch die E u l e, der ihr heilige Vogel, wegen der funkelnden, blitzenden Augen auf den Blitz. – Es ist eine häufige und leicht erklärliche Tatsache, dass die mythenbildende Volksphantasie die Erscheinungen, in denen man persönliche Wesen wirksam glaubte, aus verschiedenen Ursachen erklärt; dies ist auch hinsichtlich der Geburt unserer Göttin der Fall. Löst man die dahin gehörenden Mythen indes auf, so lässt sich die zu Grunde liegende Naturanschauung auf eine der oben von der Geburt erwähnten ähnliche Bedeutung zurückführen. Nach einem viel verbreiteten Mythos war Athene aus dem Wasser geboren und sie hatte deswegen den alten Beinamen T r i t o g e n e i a, d.h. die Trito- oder die Wassergeborene. Wie Poseidon ursprünglich Herr der himmlischen Gewässer war, so ist Athene aus dem Himmelswasser, der Wolke, geboren. In Griechenland gab es an einigen Stellen Seen und Flüsse mit dem Namen Triton, und daher war nichts natürlicher, als dass die Anwohner, als der Mythos lokalisiert ward, rühmten, die Geburts- und Erziehungsstätte der Athene sei bei ihnen. Als die Griechen wahrscheinlich durch die hellenischen Ansiedler an der Küste Libyens bei den Landeseingeborenen eine kriegerische Göttin an einem See, der angeblich Triton hieß, kennenlernten, identifizierte man diese Göttin mit der kriegerischen Athene und bei der Sucht vieler Griechen, namentlich Herodots, die eigenen Götter und deren Kultus aus der Fremde herzuleiten, gewann die Sage von der Geburt der Athene in Libyen am See Triton großes Ansehen. – Blicken wir nach dieser Auseinandersetzung auf den obigen hesiodischen Mythos zurück, so ist klar, dass dieser eine Umwandlung des alten Naturmythos ist unter dem Einfluss theogogonischer Vorstellungen und vom Standpunkte der bereits entwickelten mythischen Natur der Göttin. Die eigentliche Bedeutung der Athene aus dem Kopf des Zeus war im Bewusstsein zurückgetreten oder geflissentlich unterdrückt und da sie in der Sage als eine kluge, verständige Göttin galt, so bekam nun die Geburt aus dem Haupte des Zeus eine ganz andere Bedeutung und an die Stelle der alten Wolkenmutter, deren eigentlichen Namen man allmählich vergessen haben mochte, trat der Bedeutung der klugen, weisen Göttin entsprechend eine Göttin der Weisheit, Metis, an die Stelle. Dennoch blickt bei dieser Metis noch, wie eben angeführt ist, die alte Naturbedeutung hindurch. Denn das ist eben das Wesen aller theogonischen Poesie, dass in ihr alte Naturmythen mit den Sätzen einer naiven, kindlichen Spekulation unorganisch verflochten sind. In den homerischen Gesängen, in denen die im Kult noch vorherrschende Naturbedeutung der Götter wie geflissentlich zurückgedrängt ist, wird eine Mutter der Athene nicht erwähnt, sondern mit einer gewissen Betonung hervorgehoben, dass sie des Zeus eigene Tochter sei und diese Auffassung von einer mutterlosen Tochter ist zu dem schönen, sinnigen Verhältnisse der Tochter zum Vater benutzt. Athene ist die Lieblingstochter des Zeus, die kriegerische, mutige, verständige Jungfrau, ein Teil seines Wesens, und beide Zeus und Athene sind die erhabensten Gottheiten. Mit der Vorstellung der Eigengeburt der Athene durch Zeus ward die gleiche mythische Dichtung von der Alleingeburt des Hephaistos als Gottes des vulkanischen Feuers durch die Hera verbunden, in welcher Gegenüberstellung beider Dichtungen noch die Urbedeutung der Athene als Blitzgöttin zu erkennen ist. – Die Hellenen, welche die mythische Naturreligion wie kein anderes Volk in genialer Weise entwickelt haben, brachten, wie wir schon mehrfach gesehen, die alten phantastischen Götter, wie sie die erste kindliche Bewunderung in der Erscheinung wirksam glaubte, in nahe Beziehung zu den Entwicklungsstufen der Nation. Sehen wir also, was aus der Blitzgöttin Athene in dieser Beziehung geworden ist. Als eine Gottheit im Gewitter erzeugt ist sie ganz natürlich auch Göttin der Fruchtbarkeit des Landes. Gewitter und Fruchtbarkeit in der Natur hängen in der populären Auffassung ganz natürlich als Ursache und Wirkung zusammen. Athene wird daher wie Demeter als a g r a r i s c h e Gottheit vorgestellt und verehrt. Diese Bedeutung der Göttin tritt vor allem in dem attischen Mythos von der Verfolgung der Athene durch den alten Blitzgott, den Hephaistos, hervor. Athene, gedacht als die mit der Wetterwolke umhüllte Blitzgöttin, wird vom Hephaistos verfolgt; sie entzieht sich seinen Umarmungen; aber des Gottes Zeugungskraft nahm die Erde auf und gebar den E r i c h t h o n i o s . Athene nährte ihn heimlich vor den anderen Göttern, indem sie ihn unsterblich machen wollte. Sie barg ihn in eine

Lade und übergab diese der P a n d r o s o s , der Tochter des Kekrops, mit dem Bedeutet, dieselbe nicht zu öffnen. Aber die Schwestern der Pandrosos, H e r s e und A g l a u r o s , achteten des Verbotes nicht, öffneten vorwitzig die Lade und erblickten das Kind darin, neben welchem eine Schlange geringelt lag. Die Mädchen wurden von der Schlange getötet oder stürzten sich nach einer anderen Sage von der Athene wahnsinnig gemacht von der Akropolis in Athen herab. Von hier an geht der Mythos in die Heroensage über, indem die mythischen, göttlichen Persönlichkeiten in Sterbliche verwandelt und mit der Geschichte Attikas verbunden werden. Es heißt nämlich, Erichthonios, von der Athene erzogen, sei König des Landes geworden und nachdem er den A m p h i k t i o n vertrieben, hätte er auf der Akropolis der Athene ein Holzbild aufgestellt und die Feste der Göttin gestiftet. Er heiratete dann die Nymphe P r a x i t h e a und zeugte mit ihr den P a n d i o n . – Dass sich zwei Wesen im Gewitter verfolgen, ist eine weit verbreitete mythische Vorstellung. Die Zeugungskraft fällt im Regen zur Erde und entwickelt das Samenkorn des guten Bodens, d.i. den E r i c h t h o n i o s . Dann nähren das Kind T a u , R e g e n und h e i t e r e L u f t , Pandrosos, Herse und Aglauros, und bringen es endlich ans Licht, dass es sich wie eine Schlange aus der Erde windet, während jene Wachstum erzielenden Mächte selber darüber zu Grunde gehen. – Die Athene als eine dem Boden Fruchtbarkeit gebende Göttin tritt als solche in nahe Beziehung zu den übrigen agrarischen Göttern. Pausanias berichtet von einem Tempel in der attischen Landgemeinde der Phlyeer, welcher Altäre hatte der Demeter Anefidora, der Gaben verleihenden Erdmutter, des Zeus Ktesios, der die Habe mehrt, der Athene Tithrone, der Kore Protogeneia oder der Frühlingsgöttin und der sogenannten „verehrungswürdigen Göttinnen", die dem Lande Segen bringen. Als eine ganz besondere Gabe, welche Athene als agrarische Göttin dem attischen Lande verliehen hatte, ward der Ö l b a u m angesehen. Sie die Blitz schleudernde Göttin warf ihre Lanze und der Ölbaum spross empor. Der Mythos knüpfte dieses für Attika segensreiche Geschenk an einen Streit der Göttin mit Poseidon über den Besitz des Landes und während sie die Olive hervorbrachte, eröffnete Poseidon mit seinem Dreizack den Brunnen mit Meereswasser. So ist es gekommen, dass der Ölbaum ausschließlich der Athene geheiligt war. Auch in Sikyon hatte Athene, als Epopeus ihr einen Tempel weihte, vor demselben augenblicklich eine Ölquelle eröffnet, um ihr Wohlgefallen zu bezeugen. Da mit den Frühlingsgewittern die wärmere Zeit wiederkehrt, so hat der Volksglaube der Athene zugeschrieben, was eigentlich dem Sonnengotte zukam, die Verleihung nämlich der Wärme, durch welche die Fruchtbarkeit befördert wird. Als eine solche Göttin ward sie in Tegea und Mantinea unter dem Beinamen A t h e n e   A l e a verehrt. Aber nicht nur die Erzeugnisse des Ackers sind die Gaben der Göttin, sondern auch die Werkzeuge; auch die Kunst den Acker zu bebauen ist ihr Werk gewesen. Sie hat ganz wie die Demeter das Säen und Pflügen gelehrt und zu dem Ende den Pflug erfunden, die Bändigung der Stiere und die Zügelung der Rosse gezeigt. In letzterer Beziehung hieß sie A t h e n e   H i p p i a . Dieser Beiname geht indes ursprünglich wahrscheinlich auf die Wetterwolke, die man sich als Gewitterross vorstellte. Nach korinthischer Sage hatte sie dem Gewitterrosse Pegasos für den Bellerophon die Zügel angelegt, weshalb in Korinth eine Zügel anlegende Athene verehrt wurde. Die Blitzgöttin hat also das Gewitterross gebändigt. Die Ross-Athene tritt wegen dieser Anschauung in nahe Verbindung mit dem Ross-Poseidon und beide, die als Ross- und Reitergottheiten unter anderen auf dem Hügel Kolonos bei Athen verehrt wurden, galten für die, welche Rossezucht und Rosselenkung gelehrt hatten. – Der Glaube an die Gabe der Fruchtbarkeit in der Natur führte von selbst auch auf Fruchtbarkeit in der Erzeugung der Geschlechter der Menschen und wie andere in dieser Beziehung ihr verwandte Gottheiten war Athene eine Land und Leute nährende und segnende Gottheit. Ihre Priesterin ging in Athen mit der heiligen Aigis zu den Neuvermählten, um Ehesegen zu bewirken. Athene lässt Mutter werden und sie wurde daher die jungfräuliche Göttin unter dem Namen „Mutter" von den elischen Frauen verehrt. Insofern die Göttin also einen kräftigen Nachwuchs gibt, wie man glaubte, ist es begreiflich, dass die geschlossenen Geschlechtsverbindungen, die sogenannten Phratrien, deren wesentliches Interesse es war, innerhalb ihres Verbandes kräftige Geschlechter erblühen zu sehen, die Athene zu ihrer Schutz- und Schirmgöttin erwählt hatten. Die Teilnehmer solcher Geschlechtsvereine feierten ihr mit Zeus gemeinschaftlich ein Fest, A p a t u r i e n genannt, vereinigten sich an demselben zu geselligen Freuden und gottesdienstlichen Handlungen und zu dem sozialen Zweck, die Neugeborenen in die Geschlechterverzeichnisse einzutragen. Die Athene hieß daher die Göttin der Geschlechtsvereine und ihr weihten die Jungfrauen vor der Hochzeit ihren Gürtel. Athene also gibt den Geschlechtern Gedeihen durch die Fruchtbarkeit der Frauen. Auf einen solchen Ehesegen deutet auch, wie bei der Hera, das Symbol der Granate, welche Athene Nike auf der Akropolis zu Athen in der Hand hatte und es ist aus dieser ihrer Bedeutung begreiflich, dass die jungfräuliche Göttin auch bei Entbindungen, wie unter anderen bei der Leto, erscheint. Wenn es von der Athene heißt, sie verleihe Gesundheit, sie mehre böse Krankheiten ab und wenn sie auch als Heilgöttin verehrt wird (P a i o n i a), so geht diese ihre Bedeutung unzweifelhaft auf ihre Natur als Gewittergöttin zurück. Gewitter reinigen die Atmosphäre und sind für die Gesundheit von Einfluss.

Aus dem oben angegebenen Mythos von der Verfolgung der Athene durch den Hephaistos im Gewitter, dessen sie sich erwehrt und gegen den sie ihre Jungfräulichkeit wahrt, hat sich wahrscheinlich der alte Glaube an sie als die vorzugsweise jungfräuliche Göttin angeknüpft. Ihre Eigenschaft als Jungfrau gibt ihr den Charakter des Reinen, Gestrengen und Männlichen; weiblicher Zärtlichkeit war ihr Busen ganz verschlossen. Man will selbst den Namen Athene (Athena) auf die Bedeutung Jungfrau zurückführen. Doch ist es besser, in Bezug hierauf unsere Unkunde einzugestehen, wie es bis jetzt auch noch nicht feststeht, ob die Göttin nach der Stadt Athen oder diese nach der Göttin benannt ist. Bei Homer heißt sie die „Athenische Göttin" (Athenaie), was für das erstere zu sprechen scheint.

Eine zweite mit der agrarischen Bedeutung gleich ursprüngliche Entfaltung des Wesens der Blitzgöttin ist die Auffassung derselben als einer k r i e g e r i s c h e n G ö t t i n, A t h e n e A r e i a. Die naive Phantasie stellte sich in der furchtbaren Gewalt, mit welcher das Gewitter heraufbraust, in dem Schwunge, mit welchem der Blitzstrahl zur Erde fährt, kämpfende und sich bekriegende Mächte vor, wie auch dem Gigantenkampfe, in welchem Athene eine Rolle spielt, ähnliche Naturanschauungen zu Grunde liegen. Der Blitz ist mythisch eine Waffe, eine Lanze; die Wolke, in welche die Blitzgöttin sich hüllt, ist ihr Schild (Aigis). Gewappnet und geharnischt, in voller Wehr und Waffen, in schöner Majestät entspringt die himmlische Jungfrau dem Haupte des Zeus. Diese uralte mythische Vorstellung von der Göttin musste von selbst dazu leiten, dass man die Blitzgöttin als die eigentliche Göttin des Krieges verehrte. Die ältesten Kultusbilder zeigen uns die Göttin in kriegerischer Rüstung mit Lanze und Schild, und auf der Brust das Medusenhaupt (Gorgoneion). Als Göttin des Streites und Kampfes tritt Athene namentlich in der Heroensage auf; sie ist die stete Teilnehmerin heldenmütigen Kampfes und krönt den mutig ausdauernden, geschickten Streiter mit dem Siege. Ihre entschiedene Teilnahme gegen die Trojaner führt die Sage auf ihre Eifersucht zurück, dass Aphrodite den goldenen Apfel als Preis der Schönheit aus Paris Hand erhielt. Sie wie Hera ruhten nicht eher, als bis Troja in Flammen stand, des Priamos' Geschlecht vertilgt und ihre Rache befriedigt zwar. Als Kriegsgöttin ist sie aber nicht die Göttin des wilden Mordens und Metzelns, wozu die rein physische Kraft gehört – das ist des Kriegsgottes Ares Sache –, sondern die Göttin des Krieges und Kampfes, dessen Führung zu einem gewissen Siege auf moralischem Mute und Besonnenheit, auf List und Klugheit und auf jenem genialen Scharfblick beruht, der über die rein numerische Stärke und geistlose Führung stets den Sieg davon trägt; darum ist sie vor Troja dem Ares auch überlegen. Als die Göttin selber sich am Kriege beteiligt, tritt der wilde Ares gegen die Pallas auf und rennt mit seiner Lanze wütend gegen ihren Schild an, gegen den selbst Zeus' Blitze nichts vermögen. Da tritt sie ein wenig zurück und hebt mit starker Hand einen ungeheuren Grenzstein auf; den schleudert sie gegen die Stirn des Kriegsgottes, dass er niederfällt und sieben Joch Landes bedeckt. Athene ist es, die den Ares am meisten in bitteres Leid versenkt. Er muss vor dem von Athene geführten Diomedes weichen. Alle Beispiele von Klugheit, Besonnenheit und Mut, welche die Helden im Kampfe zeigen, sind ihr Werk. Als Achill im Begriff war, gegen den Agamemnon sein Schwert zu ziehen, stand plötzlich ihm allein nur sichtbar die lichtäugige Göttin hinter ihm, mit schrecklichem Blicke, bei seinem blonden Haar ihn fassend und hielt mit weisem Rate den jungen Helden zurück, dass er am silbernen Griffe sein Schwert wieder in die Scheide steckte. Beute im Kriege zu gewinnen, wozu Mut und List gehört, ist auch ein Werk der Göttin und wer überhaupt in ihrem Geiste streitet und kämpft, dem schenkt sie den gewissen Sieg. Daher heißt sie A t h e n e   N i k e , die Siegesgöttin. Die Statue der Athene, von Phidias gebildet, hatte die Nike in der Hand. Es wird endlich alles als ein Ausfluss und eine Gabe der Göttin betrachtet, was in den Bereich des Krieges gehört, und also auch die Gymnastik als Vorbereitung zum Kriege; die Flöte und Trompete, kriegerische Instrumente, hat sie erfunden. An die Erfindung der Flöte knüpfte sich folgende Sage. Als Perseus mit Hilfe der Athene der Medusa das Haupt abgeschlagen und die beiden anderen Gorgonen-Schwestern darob ein trauriges Lied aus den Mäulern der Schlangen, welche sie statt der Haare hatten, pfiffen, da ahmte Athene auf Rohr dieses vielköpfige Lied nach und so war die Flöte erfunden. Später aber, so wird weiter gedichtet, als die Göttin in der klaren Flut sich spiegelnd sah, dass durch das Blasen sich ihr Gesicht entstellte, warf sie die Flöte weg, die Marsyas nachher zu seinem Unglücke fand. Dass Athene auch die Göttin des Seekrieges war, ergibt sich von selbst und damit steht in natürlicher Verbindung, dass sie auch eine Hafenbeschützende war, wegen der Kriegsflotte, die den Hafen bewacht. In Buporthmos hatte sie als P r o m a c h o r m a , Hafenbeschützerin, einen Tempel. Eine Menge Beinamen im Kultus wie in der Poesie drückt nach den verschiedensten Richtungen die kriegerische Bedeutung der Göttin aus. In der Iliade wird sie A l a l k o m e n e i s , d.h. die Göttin von A l a l - k o m e n a i , einer Stadt in Boiotien, genannt, wo sie einen alten Kultus hatte. Dieses Wort heißt jedoch dem Stamm nach zugleich die wehrhafte Göttin.

Eine dritte Entwicklungsform der Blitzgöttin ist ganz ähnlich derjenigen, die wir auch bei Hephaistos als Blitzgott gesehen haben. Denn wie er gehört Athene zu den Feuer bringenden Gottheiten und damit wird sie eine Göttin aller der Gewerbe und Künste, bei denen das Feuer eine notwendige Bedingung ausmacht. Aber es ist natürlich, dass, wo die Bedeutung zweier Götter ineinander läuft, mehr oder weniger unter dem Einfluss der anderweitigen individuellen Gestaltung derselben eine Scheidung eintritt. So unterschied sich Ares von der Athene, ebenso Athene von Hephaistos. Denn obwohl beide Feuergottheiten sind, welche die Metalle zu bearbeiten lehrten, so ist Athene doch in einem viel allgemeineren Sinn eine Künstlerin als Hephaistos und dann wird bei ihr vielmehr der freie, geniale Sinn, mit dem die Kunstgeschicklichkeit ausgeübt wird, als bei Hephaistos hervorgehoben. Mit Ausnahme des Kaufmannes und des Dichters preisen alle, der Landmann, der Handwerker, der Schiffsbauer, der Industrielle, der Bergmann, der Architekt, der bildende Künstler, die Verständigkeit und Geschicklichkeit in der Ausübung ihres Berufes als eine Gunst und Gabe der Göttin und wer sich in seiner Kunst auszeichnete, war ihr Liebling. Der Umstand, dass in den frühesten Zeiten die Kunstfertigkeit des Webens und Stickens von den Frauen geübt wurde, hat die Göttin auch besonders zu einer Frauengöttin gemacht. Sie war die Lehrmeisterin der Penelope und unterrichtete die tugendhaften Frauen der Phäaken im Weben. E r g a n e oder die W e r k - m e i s t e r i n war ihr Name als Göttin der Gewerbe und technischen Künste. Das Gewerbe erzeugt Wohlstand und Reichtum. Daher hatten die Thespiäer neben die Bildsäule der Athene den Gott des Reichtums P l u t o s hingestellt. In keiner griechischen Landschaft aber entfalteten Gewerbe und Künste eine solche Blüte als in Attika, weshalb die Athenienser sich mit Recht rühmen konnten, Athene Ergane sei zuerst bei ihnen verehrt. Das Symbol dieser werktätigen Göttin war der H a h n .

Eine Göttin, die eine solche Fülle ihrer Natur in Beziehung auf die wesentlichsten Interessen des Staates entfaltete, eine Göttin, die Frucht und Segen dem Acker wie der Familie und den Geschlechtern verlieh, die den Staat gegen auswärtige Feinde schützte, die im Inneren Künste und Gewerbe blühen ließ, die eignete sich wohl wie keine andere, dass man an ihre Huld und ihren Schutz, wie bei dem Höchsten der Götter, das Bestehen des Staates überhaupt knüpfte und dass sie als die eigentliche Göttin des Staates, als eine politische Göttin Verehrung genoss und als solche hieß sie A t h e n e P o l i a s , die Göttin der Stadt oder des Staates als einer wohlgeordneten politischen Einheit. Als Herrin und Beschützerin der Städte ward sie an vielen Orten in Griechenland verehrt und ihre Tempel standen meist auf den Zitadellen derselben. Natürlich stehen unter dem Schutze dieser Göttin auch die politischen Institutionen und Körperschaften des Staates und werden

von ihrem Geiste durchwaltet, wie der Rat der Städte und die Volks-
versammlungen. Diese Athene Polias war in erweiterter Bedeutung
auch die Göttin von Völkervereinen. So ward sie als Bundesgöttin
von allen Achäern zu Patrai verehrt und unter dem Namen I t o n i a
war sie die Schutzgöttin des boiotischen Bundes. Man sieht also die
bedeutsamen Beziehungen der Athene zu dem Kulturleben und zur
höheren Menschlichkeit und wie erklärlich es ist, wenn man sie als die
Göttin der W i s s e n s c h a f t e n und K ü n s t e und der W e i s h e i t
überhaupt auffasste. Das echte Zeichen aber der Weisheit ist die kluge
Voraussicht in die Zukunft, die auf dem tiefen Verständnis der Ver-
gangenheit und Gegenwart beruht, und auch diese Eigenschaft ward
der Athene in dem Beinamen P r o n o i a beigelegt. Dass sie aber als
solche einen eigenen Kultus fand, dazu kann nach einer wahrscheinlichen Vermutung der äußerliche Anlass in dem gleichklingenden Beinamen P r o n a i a gelegen haben. In Theben nämlich standen in dem
Pronaos, dem Vorhof des Heiligtums des Ismenischen Apollon, ihre
und des Hermes Statuen, beide unter dem Namen „die Gottheiten des
Vorhofes", und in Delphi hatte Athene einen Tempel vor dem Apol-
lon-Tempel unter demselben Namen. Fasst man die Göttin nach ihrer
individuellen Persönlichkeit, wie diese in der Poesie und in der Kunst
erscheint, so spiegelt sich in ihr das schöne Bild insbesondere des attischen Geistes auf seiner höchsten Entwicklungsstufe.

Der K u l t der Athene war über ganz Griechenland verbreitet und
alle hellenischen Stämme verehrten die himmlische Jungfrau. Aber
wie das Wesen der Göttin im Glauben am reichsten bei dem Volke
Attikas entwickelt war, so hatte auch der Kultus bei demselben die
schönste Blüte entfaltet. Wo Athene sonst in Griechenland verehrt
wird, da geschieht dies in den mannigfaltigsten Formen auf Grund der
mythischen Seiten der Göttin. Bald herrscht die agrarische Seite vor,
bald ist sie vorzugsweise als kriegerische Göttin, bald als Ergane verehrt und am verbreitetsten war ihr Kult als Polias. Die Feste und die
eigentümlichen Gebräuche ihres Gottesdienst sind uns in Attika am
bekanntesten. Die Hauptfeste der Athene in ihrer heiligen Stadt waren
folgende. Den Anfang in dem natürlichen Jahre, etwa in unserem Februar, im Beginn des Frühlings, machten die „Procharisteria" oder das
Fest der Dankesvorfeier, wenn die Göttin in den Frühlingsgewittern

aufs Neue ihren Segen bekundete und die jungen Keime der Erde entsprießen ließ oder nach anderer mythischer Anschauung wenn der Aufgang der Kora erfolgte. Von den obrigkeitlichen Personen wurden der Athene Dankopfer im Voraus für den Segen dargebracht, den sie aufs Neue in den fruchtbaren Frühlingsgewittern verleihen würde. Wie die Kora so war auch nach der Winternacht die Blitzgöttin wieder erschienen. Kurz vor Beginn des Sommers wurde der Göttin das Fest der W a s c h u n g und S c h m ü c k u n g gefeiert „P l y n t e r i e n und K a l l y n t e r i e n". Die Natur hatte unter dem Segen der Gewittergöttin vollständig das alte Gewand des Winters abgelegt und stand in der reichen Pracht des Sommers geschmückt da. Zum Zeichen und Dank dafür ward auch das heilige Bild der himmlischen Jungfrau des alten Schmuckes entkleidet und demselben ein neues Gewand angelegt, welches Jungfrauen der Stadt unter Leitung der Priesterin gewebt und gestickt hatten. Es schloss sich an diese Schmückung die schöne Sitte, dass auch die atheniensische Jugend in Waffenschmuck erschien. Alle Geschäfte ruhten und in einem Aufzuge wurden der Göttin die Erstlinge ihres Segens, reife Feigen, dargebracht. Das Abtun des Alten und das Anziehen des Neuen, ethisch gefasst, hatte zu den Sühngebräuchen geführt, die mit diesem Feste verbunden waren. Die heilige Handlung der Sühne lag seit Alters her dem Geschlechte der Praxiergiden ob. Die Legende, welche den Ursprung dieses Festes erklärte, dichtete, Aglauros sei ursprünglich die erste die Göttin schmückende Priesterin gewesen, nach ihrem Tode seien die heiligen Gewänder der Göttin ein Jahr lang nicht gewaschen und zum Andenken an die erste Waschung und Schmückung sei das Fest gestiftet. Zur Zeit, wenn die Hitze sehr heftig wurde und der Boden ausdörrte, wurde zu Ehren der Göttin das Fest des S c h a t t e n s und S c h i r m e s, auch Schirmträgerfest genannt, die sogenannten S k i r e n oder S k i r o p h o r i e n, gefeiert. Höchst wahrscheinlich war dasselbe ursprünglich ein Bittfest, um die Blitzgöttin anzuflehen, sie möge in der beschattenden Wolke erscheinen, gegen die Hitze schirmen und den ersehnten Regen und Tau aus der Wolle spenden. Nördlich unweit von Athen hatte die A t h e n e S k i r a s in einer schattigen Gegend (Skiron) einen Tempel, wo ihr in der schattenlosen Zeit der ausdörrenden Sonnenhitze alljährlich Opfer dargebracht wurden. In der Prozession, welche von der Akropolis sich dorthin begab, ging die Priesterin der Athene Polias unter einem weißen Schirm, dem Symbol der Wolke, einher und zwar zugleich mit den Priestern des Wassergottes Poseidon und des Sonnengottes. Auch das Fell eines geopferten Widders wurde umhergetragen, gleichfalls ein Symbol der Regenwolke. An dieses Fest schlossen sich die A r r e p h o r i e n oder E r r e p h o r i e n zu Ehren der Herse oder Athene Herse, d.i. der Regen und Tau bringenden Göttin, also das Fest der Regenbringung. Nächtlich im Geheimen trugen vier im Tempel der Athene Polias erzogene, junge Mädchen aus dem Heiligtum derselben Kästchen mit einem unbekannten Inhalt an einen unterirdischen Ort, wahrscheinlich eine symbolische Handlung mit Beziehung auf Tau und Regen, welche die Göttin aus der Wetterwolke in die Erdtiefe sendete. Hierauf, um die Zeit, wenn die Ernte vorüber war, erfolgte das glänzendste und wichtigste Fest, die P a n - a t h e n ä e n, das Fest der Athene für alle, das jedes fünfte Jahr mit ganz besonderem Glanze gefeiert wurde. Diesem Feste lagen wohl ursprünglich die Vorgänge, wie der Mythos sie von der Geburt des Erichthonios, seiner Erziehung und dem Segen, den er dem Lande gebracht hatte, erzählte, zu Grunde; doch hat dasselbe im Verlaufe der Zeit zu der agrarischen Bedeutung noch andere Beziehungen zur Kultur und zum Staatsleben bekommen. Theseus gab dem Feste zugleich eine politische Bedeutung, indem dasselbe auch an die Einigung der attischen Gemeinden erinnern sollte. Es fanden Wettkämpfe, gymnastische Spiele, Waffentänze, musikalische Aufführungen und vor allem Vorträge der homerischen Gesänge statt. Am glänzendsten aber war die große Prozession, in welcher für die Statue der Göttin im Parthenon der sogenannte Peplos, ein Umhang für das Bild, gebracht wurde. Athen erschien an diesem Feste in seinem höchsten Glanze. Der Feste, welche Athene mit anderen Göttern gemeinschaftlich hatte, wie der Prometheen, Hephästeen oder Chalkeen mit den feuerbringenden Göttern (S. 162 f.), der Apaturien mit dem Zeus, haben wir schon Erwähnung getan. Die beiden berühmtesten Tempel der Jungfrau auf der Burg waren der P a r t h e n o n oder der Tempel der Jungfrau, zu dem Perikles den Grund legte und das altertümliche Haus des Erechtheus, das sogenannte E r e c h t h e i o n, mit dem alten vom Himmel gefallenen Bilde der Athene und den Spuren des Streites zwischen ihr und Poseidon. Sie selber wurde dort als die Göttin der Burg und der Stadt verehrt. – Die ältesten Bilder der Göttin waren roh gearbeitet Holzbilder und zeigen uns die Pallas meist als eine mit Helm, Schild und Speer bewehrte kriegerische Göttin; die Bilder hießen P a l l a - d i e n , waren nach der Sage, wie schon erwähnt, vom Himmel gefallen und ihr Besitz verbürgte die Herrschaft der Stadt. Am berühmtesten in der Sage war das troische Palladion; doch hatte in diesem Bild die kriegerische Göttin in der einen Hand auch einen Spinnrocken. Phidias schuf das Ideal und auf der Burg standen die Hauptwerke des genialen Meisters, die Statute der himmlischen J u n g f r a u aus Gold und Elfenbein im Parthenon, ferner das Erzbild der P a l l a s P r o - m a c h o s der Kriegsgöttin zwischen dem Erechtheum und dem Parthenon, und endlich die sogenannte lemnische Göttin, von der Insel Lemnos aus geweiht, auch die s c h ö n e G ö t t i n genannt, indem das männlich Strenge dem jungfräulich Lieblichen in dieser Statue Platz gemacht hatte. Eine einfache und schöne Darstellung der Athene im Brustbilde nach einem antiken geschnittenen Stein befindet sich auf dem hier beigefügten Holzschnitt.

Wir sehen die Pallas, die Brust bekleidet mit der Aigis, die das von Schlangen umringte Haupt der Medusa kennzeichnet, dazu den Helm in den Nacken gerückt, so dass das Visier aufwärts gerichtet, also das ganze Antlitz frei ist, wogegen im Kampfe die hohe Kopfbedeckung vorwärts geschoben Wangen und Nase schützt.

Hermes (Mercurius)

Von den verschiedenen Deutungen des ursprünglich in mystischer Naturanschauung wurzelnden Wesens dieses Gottes scheint diejenige die richtigste zu sein, nach welcher Hermes in der Urzeit der indogermanischen Stämme ein Gott der W i n d e und der S t ü r m e war, der am Himmel und über die Erde dahin fährt, die Wolken vor sich her treibt und verjagt oder wieder her>>aufführt, ein Bild rastloser Tätigkeit und unermüdlicher Bewegung. Aus den wichtigsten Mythen der Hellenen von diesem Gotte schimmert wie aus einer überlagerten Schicht diese Bedeutung vielfach hervor und die wichtigen Beziehungen, welche der Gott allmählich zum Kulturleben bekommen hat, stehen damit in Einklang; auch liegt dem Namen des Gottes sprachlich höchst wahrscheinlich eine Wurzel zu Grunde, welche „stürmen" bedeutet. Hermes, heißt es in einem homerischen Hymnos an den Gott, erzeugte Zeus in der Nacht, während dass Hera schlief, in verstohlener Umarmung mit der holden M a j a in einer d u n k l e n G r o t t e im G e b i r g e. Als die Zeit vollendet war, wurde am frühen Morgen der Götterknabe geboren; am Mittag schlug er schon die von ihm selbst erfundene Laute und am Abend entwendete er die Rinder des Apollon. Die Laute erfand er, da er am ersten Mittage sich aus der Wiege stahl und eine Schildkröte ihm entgegen kam, deren umwölbende Schale ihm sogleich ein schickliches Werkzeug schien, um von dem Klange darauf gespannter Saiten widerzutönen. Wenn du tot bist, sprach er zu der Schildkröte, dann wird erst dein Gesang anheben. Und als er ihr nun das Leben geraubt hatte und die Umwölbung leer war, spannte er sieben aus Sehnen geflochtene, miteinander tönende Saiten darüber und schlug sie mit dem Klang entlockenden Stäbchen, jeden einzelnen Ton verfluchend, der tief im Bauch der Wölbung widerhallte. Nun konnte er auch der Lust zum Singen nicht widerstehen und besang, die Laute schlagend, was nur sein Auge erblickte, die Dreifüße und Gefäße in seiner Mutter Hause; aber er sang auch schon mit höherem Schwunge des Zeus' Liebesbündnis mit der Maja, als seiner eigenen Gottheit Ursprung. Als nun am A b e n d d e r S o n - n e n g o t t m i t R o s s u n d W a g e n u n t e r d i e E r d e ging und in den Okeanos tauchte, war er schon auf den in Schatten eingehüllten Pierischen Gebirgen, wo die Herden der seligen Götter weideten. Fünfzig entwendete er von Apollons Rindern und trieb sie mit manchem listigen Kunstgriff über dunkle Gebirge, rauschende Schluchten und blumige Ebenen, dass niemand die Spur des Raubes entdecken konnte, wenn nicht ein Greis (Battos), der auf dem Felde grub, den Knaben mit den Rindern vor sich her bemerkt und ihn dem Apollon verraten hätte. Endlich gelangte er zum Alpheiosstrom und sodann in die Gegend von Pylos. Dort trieb er die Rinder in eine Höhle. Zwei aber schlachtete er von den Rindern und opferte sie sich und den anderen Göttern, löschte dann das Feuer wieder aus, verscharrte die Asche in den Sand und warf die Schuhe von grünen Reisern, womit er die Fußstapfen unkenntlich zu machen gesucht, in den vorüberströmenden Alpheios, damit auch hier sich keine Spur mehr zeige. Als der Tag anbrach, schlich er sich leise wieder in die Wohnung seiner Mutter, wie ein feiner Morgennebel durchs Schlüsselloch, und legte sich in die Wiege, die Windeln um sich her, die Laute als sein liebstes Spielzeug mit der Linken haltend. Die Morgenröte erglänzte; da kam Apollon, der den Raub bald bemerkt, zürnend wegen seiner Rinder. Der Räuber stellte sich, als ob er in der Wiege im süßen Schlummer läge, die Laute unterm Arme. Apollon drohte ihn in den Tartaros zu schleudern, wenn er nicht schnell den Ort anzeigte, wo die entwendeten Rinder wären. Da antwortete der listige Knabe: Wie grausam redest Du, Letos Sohn, einen kleinen Knaben an, der gestern geboren ist und dem ganz andere Dinge lieb sind, als Rinder hinwegzutreiben, der sich nach süßem Schlummer und nach der Brust der Mutter sehnt und dessen Füße viel zu weich und zart sind, als dass sie raue Pfade betreten könnten. Doch will ich bei meines Vaters, des Zeus' Haupte schwören, dass ich die Rinder weder selbst entwendet habe, noch den Täter weiß. Hierauf erschienen, um ihren Streit zu schlichten, beide vor dem Vater der Götter auf dem Olymp. Apollon brachte zuerst wegen der entwendeten Rinder seine Klage vor. Hermes aber stand in Windeln da, um durch sein zartes Alter selbst die Klage zu widerlegen. Seh' ich denn wohl, so sprach er zum Zeus, einem starken Manne gleich, der Rinder hinwegzutreiben vermag? Gewiss sollst Du, mein Erzeuger, selbst die

Wahrheit von mir hören: Ich lag im süßen Schlummer und habe die Schwelle unserer Wohnung nicht überschritten; Du weißt auch selber wohl, dass ich nicht schuldig bin; doch will ich es noch durch den größten Schwur beteuern und jenem einst sein grausames Wort vergelten. Du aber stehe dem Jüngern bei. So sprach Hermes mit den Augen blinzelnd und Zeus lächelte über den Knaben, dass er so schön und klug den Diebstahl zu leugnen wusste. Zugleich befahl er dem Hermes, den Ort zu zeigen, wo die Rinder verborgen wären, und als er dem Befehle gehorchte, ward auch Apollon wieder mit ihm versöhnt und die vom Hermes erfundene Laute war der Versöhnung Unterpfand. Denn als der Gott der Harmonie ganz entzückt den lieblichen Ton vernahm, der fähig ist, Liebe und Freude und Schlummer zu bewirken, gewann er auch den klugen Erfinder lieb und sprach, die Erfindung sei der fünfzig geraubten Rinder wert. Da schenkte ihm Hermes die Laute und war über den Besitz des kostbaren Schatzes hoch erfreut. Damit ihm dieser aber vollkommen gesichert sei, bat er den Hermes, ihm noch einen großen Eid zu schwören, dass er die sanft ertönende Laute ihrem nunmehrigen Besitzer nie wieder entwenden wolle. Darauf schenkte Apollon dem Hermes auch den goldenen, schönen, dreiblättrigen Stab des Segens und des Reichtums, der ihn behüten sollte. Die Kunst der Weissagung aber schlug er ihm ab. Beide, die nahverwandten Götter, kehren Hand in Hand geschlungen zurück zur Freude des Zeus. Dies ist das Wesentliche aus dem Hymnus, in welchem der mythische Stoff mit Humor und feiner Charakteristik vom Dichter behandelt ist. Aber aus der dichterischen Hülle des Mythos können wir den alten Naturmythos noch erkennen. Der Wind- und Sturmgott ist in einer dunklen Höhle auf dem Gebirge geboren, wo auch nach hellenischem Glauben diese Götter hausen. Die Kühe sind die Wolken des Gewittergottes. Der Sturm erhebt sich und sie sind verschwunden. Der Sturmgott hat sie weggeführt und über dunkle Gebirge, rauschende Täler und blumige Ebenen getrieben und zwar zuletzt in eine dunkle Grotte, d.i. unter den Horizont, gleichsam in die Unterwelt. Keine Spur ist von ihnen zu sehen; der Himmel ist heiter und der Licht- und Sonnengott kommt, um seine Rinder zu suchen; aber der Sturmgott hat sich in seine Höhle zurückgezogen. Mit dieser Mythisierung eines nächtlichen, den Himmel rein von Wolken säubernden Sturmes verknüpft die Phantasie den Zweck des Herganges am Himmel. Der Sturmgott nämlich hat die Kühe gestohlen, um sie zu schlachten und zu opfern. Der nächst wichtige Mythos, aus welchem sich gleichfalls das Wesen des Gottes in der angegebenen Bedeutung offenbart, ist die Tötung der A r g o s durch den H e r m e s, weshalb dieser das alte Beinwort führt des A r g o s - t ö t e r s (A r g e i p h o n t e s). Io war die Tochter des Inachos und eine Priesterin der Hera. Zeus liebte sie und als Hera dies erfuhr, verwandelte sie die Io in eine weiße Kuh und stellte ihr in dem A r g o s P a n o p t e s, dem Riesen, einen Wächter zur Seite, der rings um seinen Körper wie mit Augen übersät war. Da erteilte Zeus dem Hermes den Auftrag, die Kuh zu rauben, und der listige Gott schläferte den allschauenden Riesen durch Spiel und Gesang ein, dass ein Auge nach dem anderen in Schlaf fiel. Darauf schnitt er ihm mit einem sichelförmigen Schwerte den Kopf ab. Hera aber versetzte die Io in Wahnsinn, so dass sie in rasender Wut auf dem ganzen Erdkreis umher getrieben wurde. So weit im Wesentlichen der Mythos. Io ist der Mond, den man weiblich gedacht wegen der Mondhörner als eine Kuh vorstellte. Der Riese mit den vielen Augen ist der gestirnte Himmel, der die Mondkuh bewacht. Da kommt singend und pfeifend der Sturmgott mit dunklen Wolken herbei, überzieht den mond- und sternenhellen Himmel, und die Sterne verschwinden einer nach dem anderen und die Mondkuh dazu. Es gewährt also dieser Mythos das umgekehrte Bild von dem vorhergehenden. Auch in dem Mythos von der Fesselung des A r e s durch die riesigen Söhne des Aloeus, Otos und Ephialtes (S. 17) und den der Befreiung desselben aus seinem ehernen Kerker durch H e r m e s scheint dieser als Sturmesgott gefasst werden zu müssen, der einen anderen Sturmgott befreit, der von Riesen gefangen gehalten wurde, so dass das Bild von der Entfesselung eines Sturmes zu Grunde liegt, eine häufige mythische Anschauung bei den verwandten Völkern. In dem G i g a n t e n k a m p f e ferner hatte Hermes die unsichtbare Tarnkappe des Aïdes auf und tötete in der Schlacht den H i p p o l y t o s. Wenn nach einer wahrscheinlichen Deutung Hippolytos oder der Rossabschirrer die untergehende Sonne bezeichnet, dann ist die Szenerie bildlich dargestellt, wie der Sturmgott mit dem Wolkenkleide angetan die Sonne noch vor ihrem Scheiden ereilt, in Wolken hüllt und sie verschwinden lässt oder tötet. In dem furchtbaren Kampf zwischen Z e u s und dem T y p h o n endlich gewann dieses Ungeheuer den Sieg, indem es dem Zeus die Sichel entriss, ihm die Sehnen ausschnitt, diese in ein Bärenfell wickelte und verbarg, den Zeus selber aber in eine Höhle sperrte und durch die Schlangenjungfrau D e l p h y n e bewachen ließ. Hermes mit dem A i g i p a n stiehlt aber die Sehnen und gibt sie dem Zeus zurück, der nun seine Kraft wieder gewinnt und den drachenköpfigen Typhon besiegt. In dieser Erzählung ist zweifelsohne der Wechsel der Hauptjahreszeiten mythisch als ein Kampf zwischen Göttern dargestellt. Zeus, der sommerliche Himmelsgott, wird von Thphon, dem winterlichen Gott, gelähmt und gefangen gehalten, bis im Frühling der Sturmgott Hermes im Gewitter erscheint und den sommerlichen Gott zu neuer Kraft erweckt. Aus der Vorstellung von Hermes als Wind- und Sturmgott sind auch die ihm eigentümlichen Attribute erklärlich: die R u t e oder der S t a b mit Schlangen umwunden, die F l ü g e l s o h l e n , der b r e i t k r e m p i g e H u t (Petasos), der W i d d e r , den auf Bildwerken Hermes trägt oder der umgekehrt den Gott trägt, und endlich der B e u t e l . Der Sturmgott kam natürlich auch im Gewitter, Blitze werfend, herauf. Der Blitz ist sein Stab, seine Waffe, ist golden und dreiblättrig. Derselbe ist den Entwickelungsphasen des Gottes entsprechend aufgefasst worden, indem aus dem Blitzstab ein Zauberstab, eine Segensrute, ein Herolds- und Friedensstab ward. Der dahineilende Gott des Sturmes hat sehr angemessen Flügelsohlen oder bedient sich überhaupt der Flügel. Als Hermes vom Zeus zur Kalypso gesandt ward, um die Entlassung des Odysseus zu bewirken, band er sich, wie es in der Odyssee heißt, die schönen, unsterblichen, goldenen Sohlen unter die Füße, die ihn über Land und Meer mit des Windes Wehen trugen. Dabei nahm er auch seinen Stab und flog fort über Pierien, senkte sich aus der hellen Luft herab ins Meer und stürmte, der Möwe gleich, über die Wogen hin. Der Petasos und der Widder sind höchstwahrscheinlich Symbole der Sturm- und Regenwolke. In T a n a g r a war die Sage, Hermes habe einst dadurch die Stadt von der Seuche befreit, dass er um die Mauer einen Widder umhertrug, weshalb an seinem Feste der Brauch herrschte, dass ein Jüngling einen Widder auf den Schultern um die Stadt trug. Diese Sage lässt uns in

Hermes gleichfalls den Windgott erkennen, der auf der Wolke herbeieilt und die stagnierenden schädlichen Dünste vertreibend Gesundheit bringt und von der Seuche befreit. Der Beutel erinnert uns an den mit einem glänzenden, silbernen Faden zugeschnürten Sack oder Schlauch, in welchem Odysseus vom Windgott Aeolos die Winde in seinem Schiffe mitbekam. Es ist die Wolke, als Beutel oder Sack gefasst, in welchem die Winde enthalten sind. Auch dass dem Hermes die Zahl v i e r heilig war und dass seine alten Bilder, die sogenannten Hermen, viereckig waren, lässt sich wohl am einfachsten auf die vier Hauptrichtungen, aus welchen der Windgott herauskommt, deuten. Im Kult des Hermes findet sich unter anderen zu Koronea in Boiotien noch eine unmittelbare Hindeutung auf Hermes als Windgott, indem dort mit seinem Heiligtume ein Altar der Winde verbunden war. – In nächster Beziehung mit des Gottes ursprünglichem Wesen steht die Vorstellung von dem dahineilenden, die dunklen Wolken am nächtlichen Himmel hintreibenden Sturmgott als einem Gotte, der auf dunklen Pfaden die Seelen der Abgeschiedenen in die Unterwelt geleitet (S. 118). In der Odyssee bringt Hermes die Seelen der getöteten Freier ins Schattenreich, indem er sie mit seinem goldenen Stabe leitet. Hermes ist also ein S e e l e n - u n d T o t e n f ü h r e r und dieser n ä c h t l i c h e , chthonische Hermes hat überhaupt die Macht, die Toten in den Hades zu geleiten und von dort wieder auf die Oberwelt zurückzuführen, ist daher ein Vermittler zwischen Lebenden und Toten. Ihn riefen die Sterbenden um gutes Geleit in den Tod an; an ihn wandte man sich, wollte man mit den Verstorbenen in Verbindung treten und sie beschwören. Mit der Vorstellung von dem zwischen Toten und Lebenden vermittelnden Gott hängt ferner wohl der Glaube zusammen, dass Hermes der Gott der T r ä u m e und des S c h l a f e s sei. Die Träume dachte man sich im Reiche der Schatten und sie erschienen als Boten von den Göttern, welche Hermes den Schlafenden zuführt. Dieser Traum bringende Gott ist denn auch Gott des Schlafes. Der Schlaf schien die Wirkung einer zauberischen Berührung, welche Hermes mit seinem Stabe ausübte, mit welchem er die Augen der Menschen, welche er will, zum Einschlafen bezauberte und wieder zum Wachen öffnete. Ihm wurde vor dem Einschlafen eine Spende dargebracht. – Das ursprüngliche, in der natürlichen Erscheinung wurzelnde Wesen der Götter ist im Glauben nach den realen und idealen Bedürfnissen des Volkes weiter entwickelt und zwar oft in anscheinend unvereinbaren Richtungen. So offenbart sich uns in dem i t h y - p h a l l i s c h e n H e r m e s eine ganz von der bisherigen verschiedene Entfaltung seines Wesens. Als der unter diesem Namen bekannte Gott ist nämlich Hermes H e r d e n g o t t und wurde als solcher besonders in Arkadien verehrt. Er gibt den Herden schöne Weiden, kräftigt und mehrt sie. Aber auch dieser Fruchtbarkeit und dadurch Segen und Reichtum spendende Gott ist aus der ursprünglichen Bedeutung erwachsen. Denn der Windgott führt die Regenwolken herauf und schüttet aus ihrem Schoße das himmlische Nass herab, das die Fruchtbarkeit des Bodens bedingt. Reiche Herdenbesitzer hießen Lieblinge oder Schützlinge oder Söhne des Hermes und P o l y m e l e , die Schafreiche, ist seine Geliebte, mit der er nach einer thessalischen Sage den E u d o r o s , G a b e n r e i c h , zeugte. Den A t r i d e n gab Hermes einen goldenen Widder, d.h. Macht und Reichtum durch schöne Herden. Nach arkadischer Sage war Hermes Vater des Pan (S. 137). Als Gott der Fruchtbarkeit und Seelengeleiter war Hermes unter dem Namen K a s m i l o s einer der S. 92 erwähnten K a b e i r e n , die in einem mystischen Kulte auf Samothrake verehrt wurden. – Nichts ist natürlicher, als dass man sich den am Himmel und auf Erden in rastloser Tätigkeit hineilenden Windgott als einen B o t e n und B e s t e l - l e r dachte, als einen H e r o l d zwischen Göttern und zwischen Göttern und Menschen. Als solcher hatte er den Beinamen D i a k t o r o s . Dieses Boten- und Heroldsamt ist in der dichterischen Ausbildung des olympischen Götterlebens dem irdischen Amte der Herolde, wie diese beim Opfer und bei den verschiedensten Verrichtungen im Dienste der Öffentlichkeit tätig waren, nachgebildet. Hermes ist auch selbstverständlich der besondere Gott aller Boten, Herolde und Gesandten. Der Stab des Götterboten ist ein Herolds- und Friedensstab geworden (Kerykeion). Ganz ebenso leicht ist es ferner zu begreifen, dass Hermes zu einem Gott des Verkehrs überhaupt geworden ist, des internationalen Verkehrs sowohl zur Vermittlung von Waffenstillständen und Bündnissen als insbesondere des Markt- und Handelsverkehrs. In letzterer Beziehung ist Hermes Gott d e r K a u f l e u t e u n d a l l e r i n G e s c h ä f t e n R e i s e n d e n . Damit hängt natürlich zusammen, dass er ein Beschützer d e r W e g e u n d L a n d s t r a ß e n ist, auf welchen er die Reisenden geleitet und ans Ziel bringt, dass er allen Handelsleuten Gewinn und Reichtum gewährt und dass ihn endlich die Schankwirte als ihren Schutzpatron ansehen. Vereinzelt ist es, dass er auch als Gott der Heerstraße verehrt wurde. Die Feldherren, wenn sie mit dem Heere auszogen, brachten ihm Opfer. Nach diesem Gott der Land- und Heerstraßen wurden die Steinhaufen, welche in alten Zeiten die Richtung der Wege und die Grenzen bezeichneten und welche anzuhäufen allen Reisenden eine religiöse Pflicht war, H e r m ä e n genannt. – In dem oben zuerst erwähnten Mythos wird als ein Verdienst des klugen Hermes die Erfindung der Leier, durch den Fund einer Schildkröte veranlasst, gepriesen. Auf einer Vase schwebt Hernes mit der Schildkrötenleier über die Wogen dahin. Den Argos tötete er, nachdem er ihn durch Gesang und Spiel eingeschläfert hatte. So ist denn auch aller Wahrscheinlichkeit nach Hermes, wegen des Singens und Pfeifens des Windes, ursprünglich als ein himmlischer Spielmann gedacht; doch tritt diese Funktion viel bedeutungsvoller beim Apollon hervor, der dem Hermes in mancher Beziehung verwandt ist und von dessen Freundschaft mit unserem Gotte oben die Rede war. – Wenn die bisher angegebenen Seiten des Hermes unmittelbar aus dem ursprünglichen Wesen desselben entspringen, so gibt es doch einige Beziehungen zum Leben, welche aus dem Bilde, das man sich von seiner individuellen Persönlichkeit machte, herzuleiten sind. Hermes ist von Anfang an im Volksglauben als ein l i s t i g e r, s c h l a u e r Gott gefasst, dem alten Mythos entsprechend, nach welchem er die Rinder des Apollon auf eine höchst schlaue Weise stiehlt. Andererseits mussten sich bei dem Gotte als Boten und Vermittler alle jene Eigenschaften ergeben, welche diese Verrichtungen erfordern, Gewandtheit, Erfindsamkeit und Beredsamkeit, alle in Verbindung mit jenem anmutigen Zauber, welchen, wie es bei Homer ist, Hermes auch allem Tun der Menschen verleiht. Was die diebische Natur des Gottes betrifft, so hielt das Volk so treu an dem Glauben des überlieferten Mythos, dass es unter anderen keinen Anstand nahm, vom A u t o l y k o s, dem Großvater des Odysseus, zu erzählen, dieser habe sich durch Spitzbüberei und Eidschwüre vor allen ausgezeichnet, und zwar hätte Hermes ihm diese Eigenschaften verliehen. Von Dichtern ist dann des Gottes schelmische Dieberei mit Vorliebe ausgemalt. Er stiehlt dem Poseidon den Dreizack, dem Ares das Schwert, dem Apollon Bogen und Pfeile, der Aphrodite den Gürtel, dem Hephaistos die Zange, dem Zeus das Zepter und seiner eigenen Mutter und ihren Schwestern die Kleider beim Baden. Ganz natürlich daher, dass er ein S c h u t z p a t r o n d e r D i e b e war. Aus dem behänden gewandten Wesen des Gottes dagegen, den man sich, wo er nicht als Hirtengott gedacht wurde, nicht anders als in jugendlicher Gestalt vorstellen konnte, ist herzuleiten, dass er der Gott der K a m p f s p i e l e war, in denen die geistige Bildung der Hellenen in der schönen Gewandtheit und Behändigkeit des Leibes in die Erscheinung trat, wovon Hermes das ideale Bild war. Daher war er auch Gott der G y m n a s i e n und P a l ä s t r e n , in welchen die Jugend für jene Harmonie der geistigen und leiblichen Schönheit herangebildet wurde. Dass endlich dem Boten, Vermittler und Gesandten, der seine Aufträge im Sinne seines Auftraggebers frei auszuführen hat, vor allem die schöne Rede den Erfolg seiner Sendung sichern muss und dass daher Hermes auch Gott der B e r e d s a m - k e i t war, ist leicht einzusehen. In dieser Eigenschaft wurden ihm die Zungen der Opfertiere geopfert und Milch und Honig dargebracht. Auch den Hermes hat eine spätere Zeit mit fremden Göttern, unter anderen mit dem ägyptischen Thoth, gleichgestellt. Dadurch ist auf ihn manches übertragen, was dem rein hellenischen Gott eigentlich nicht gehört, wie die Erfindung der Zahlen, der Messkunst u.a.

Hermesdienst war überall verbreitet, wo hellenische Stämme waren. Aber eine ganz besondere Verehrung genoss er in dem Hirtenlande Arkadien und zwar vorzüglich als Herden mehrender und Fruchtbarkeit fördernder Gott. Nirgendswo sind die Mythen von ihm mehr lokalisiert als in diesem Lande. Überall gab es von ihm Tempel und Altäre; überall auf Wegen und Stegen sein Bild; überall Erzählungen, wo der Gott geboren, wo er nach der Geburt gewaschen, erzogen und gebildet sei. Die Hauptgeburtssage nannte aber das Gebirge Kyllene mit der Grotte, wo die Geburt erfolgte und von dieser Stätte hieß Hermes schlechtweg der „K y l l e n i e r ". An einigen Kultusstätten hatte Hermes auch Orakel. Aber er ist in dieser Beziehung besonders der Gott, der durch das glückliche Los und Gewinn beim Würfelspiel seine Kraft offenbart. Dabei treibt der Zufall vorzüglich sein Spiel und so ward Hermes ein Gott des glücklichen Zufalls. Jeder unverhoffte Gewinn, jeder glückliche Fund war sein Werk. War er doch selber nach dem Mythos so glücklich gewesen, gleich nach seiner Geburt die Schildkröte zu finden, deren Gehäuse er zu einer so schönen Erfindung benutzte.

Die bildlichen Darstellungen des Hermes wurzeln ganz besonders ursprünglich in roher Symbolik: Der Phallos war das Bild des Gottes. Die sogenannten H e r m e n waren viereckige, mit Kopf und Phallos versehene Säulen, die nicht mit den Hermäen (s. oben) zu verwechseln sind, sich aber wohl mit denselben auf Straßen und Wegen verbunden fanden. Die viereckige Gestalt diente, wie oben vermutet ist, zur Angabe der vier Haupt-Himmelsrichtungen. Später waren die Hermen zugleich Meilensteine; auch waren Sprüche auf denselben zur Beherzigung der Vorüberziehenden. Die frei bildende Kunst hat den Herdengott Hermes als alten bärtigen Mann, als Botengott aber und in seinen anderen Beziehungen als eine schöne, anmutige Jünglingsgestalt dargestellt. Die Mythen boten natürlich der darstellenden Kunst reichlichen Stoff dar. Wir geben nach einem schönen, antiken geschnittenen Steine die nebenstehende Abbildung.

Hermes mit Flügelhut, herabhängendem Mantelkragen (Chlamys) und Schlangenstab, berührt einen Meilenzeiger, der mit einem Ölzweige, dem Zeichen für die Sicherheit der Wege, geschmückt ist

und auf den ein Reisender als Dank für glücklich vollbrachte Wanderung seinen Stab niedergelegt hat. Hermes als Seelengeleiter befindet
sich auf der Abbildung S. 119.

Apollon (Apollo)

Aus den verschiedenen in Griechenland lokalisierten Mythen und
Sagen dieses Gottes erkennen wir noch ziemlich deutlich die allgemeinen Mythen, welche uns in dem ursprünglichen Wesen des Apollon
einen L i c h t g o t t enthüllen, der im B l i t z e und in der S o n n e zur
Erscheinung kommt und seine Macht entfaltet. Im Wesentlichen lautet
der auf Delos von seiner Geburt lokalisierte Mythos nach verschiedenen Überlieferungen folgendermaßen. L e t o irrte, von dem Drachen
P y t h o n verfolgt und vom stürmischen A r e s und der Regenbogengöttin I r i s bewacht, weit und breit umher, einen Ort für die Geburt
des Apollon und der Artemis zu suchen. Aber die Länder und Inseln
zitterten vor ihrer Aufnahme; denn die Hera in ihrem Zorn und ihrer
Eifersucht war es, welche die Geburt der Kinder verhindern wollte und
nach einer Sage die Göttin zur Verwandlung in eine W ö l f i n genötigt
hatte. Endlich führt B o r e a s , der Gott des Nordwindes, die Leto auf
Geheiß des Zeus zum Poseidon und dieser bringt sie nach der rauen,
unfruchtbaren Insel D e l o s , welche früher A s t e r i e , das Sterneneil-
land, hieß. Die Göttin verspricht Delos, dass ein Tempel auf seinem
felsigen Boden erbaut werden solle, in welchen alle Völker Geschenke
und Hekatomben bringen würden, wenn es den fernhin treffenden
Gott in seinen Schoß ausnehme. Da schwebte Delos zwischen Freude
und Furcht, dass, wenn sein Name gleich zu ewigen Zeiten erglänzen
würde, der Gott, sobald er das Licht erblicke, es wegen seines rauen
Bodens verachten und in den Abgrund des Meeres zürnend versenken
möchte. Leto musste mit dem unverletzlichen Schwur der Götter dem
besorgten Eilande schwören, dass auf ihm der erste Tempel dem Apollo
erbauet werden und auf seinem Altare beständig die Opferflamme
lodern sollte. Nun gebar nach langem Kreisen die Göttin an einem Pal-
menbaum den Apollon. Die Erde lächelte unter ihr und der junge Gott
sprang ans Licht. Ganz Delos erglänzte in Gold; Schwäne umkreisten

die Insel; die anwesenden Göttinnen jubelten und Jauchzen erfüllte den Äther. Der Knabe ward in zarte Windeln gewickelt, allein er sog die Brust der Mutter nicht; ihm reichte Themis Nektar und Ambrosia dar. Und als ihn zum ersten Male die Götterkost genährt, da hielten ihn seine Bande nicht mehr; auf seinen Füßen stand der blühende Götterknabe und auch das Band der Zunge war gelöst. Die goldene Zither, sprach er, soll meine Freude sein, der gekrümmte Bogen meine Lust und in Orakelsprüchen will ich die dunkle Zukunft prophezeien. Und als er dies gesagt hatte, schritt er schon als blühender Jüngling einher; er kam zur felsigen Pytho und stieg von da zum Olymp hinauf, schnell wie ein Gedanke, in die Versammlung der übrigen Götter. Da herrschte auf einmal Gesang und Saitenspiel; die Charitinnen und die Horen tanzten und die Musen sangen mit wechselnden Stimmen die Freuden der seligen Götter und den Kummer der Menschen, die keine Mittel finden, dem Tode zu entgehen. Dann stieg er vom Olymp herab und begab sich wieder zu der Stelle, wo an einer schön strömenden Quelle die Drachenjungfrau Delphyne oder der D r a c h e P y t h o n lag. Apollon erlegte den Drachen mit seinen Pfeilen und nach der Besiegung ward das Siegeslied (Paian) angestimmt. Diesem entwickelten Mythos von der Geburt des Apollon und der Tötung des Drachen liegt höchstwahrscheinlich folgende mythische Anschauung zu Grunde. Leto, deren Name ebenso wie Apollons wissenschaftlich noch nicht erklärt ist, wird eine in dunkles Gewand gehüllte Göttin genannt und es ist zu vermuten, dass sie die blitzschwangere Wolke ist, die gleichsam kreisend vor dem Ausbruch des Gewitters am Himmel umherzieht, vom Python, dem Gewitterdrachen, verfolgt und von dem Sturmgott Ares und der Regenbogengöttin Iris beobachtet, bis endlich auf Asterie, im Sternenlande, im Blitz ein göttliches Lichtwesen in die Erscheinung tritt, mit seinem Bogen und Pfeil bewaffnet der Herrschaft des Winterdrachens ein Ende macht und selber sein mildes Frühlings- und Sommerregiment beginnt, worüber Jubel und Freude im Himmel und auf Erden herrscht. Dass in dem Wechsel der sommerlichen und winterlichen Jahreszeit oder in den Frühlings- und Herbstgewittern mythisch ein Kampf zwischen göttlichen Wesen am Himmel angeschaut wurde, haben wir schon anderweitig erwähnt. Aber die schöne Sommerzeit verschwindet wieder und also auch der milde Licht- und

Sonnengott. Wo bleibt er? Darauf antwortet die mythische Phantasie, er sei wieder in seinen schönen Himmel, woher er gekommen, zurückgekehrt oder er sei von dem finsteren Winterdrachen bezwungen und müsse Knechtsdienst tun oder er sei gestorben und in den Hades gegangen. Diese mythischen Anschauungen sind in verschiedenen, hier und da lokalisierten Mythen ausgedrückt. Die erstere Vorstellung ist in der eigentümlichen Sage von dem Volke der H y p e r b o r ä e r enthalten, zu welchem Apollon zum Beginn der Winterszeit zurückkehrt, das heißt, er kehrt in das schöne Land der himmlischen Wesen zurück. Dieser Mythos ist dann auf das geben eines fabelhaften Volkes auf der Erde übertragen, das über den Boreas hinaus wohnte, zu welcher Lokalisierung ohne Zweifel dunkle Gerüchte von dem Polarlande, in welchem die Sonne im Jahre nur einmal auf- und untergeht, Anlass gegeben haben. In einem solchen vermeintlichen Sonnenlande lebte das glückliche Volk in einer schönen, paradiesischen Natur und kannte weder Krankheiten noch Zwietracht. Wer endlich des Lebens satt war, bekränzte sich und sprang ins Meer. Das Volk war ganz dem Dienst des Apollon zugetan, dem es Hekatomben von Eseln opferte. Aus diesem schönen Lande kehrt mit Beginn der schönen Jahreszeit auf Erden Apollon zurück und zieht mit frischem Kern von den H y p e r b o r ä - e r n ein, weshalb ihm zu Delphi das Fest der Wiederscheinung, der E p i p h a n i e , gefeiert wurde. Eine ähnliche Vorstellung von dem Aufenthalt des Gottes im Winter liegt der auf Delos lokalisierten Sage zu Grunde, in der es hieß, Apollon sei ins Lichtland, nach L y k i e n , gegangen, ein Name, der auf die Landschaft in Kleinasien von dem dort herrschenden Kult des lichtgeborenen Apollon (Lykegenes) übertragen ist. Düsterer Art ist die andere oben erwähnte Vorstellung von dem Leben des Apollon im Winter; denn er ist in Knechtschaft geraten und dienstbar geworden. Diese Vorstellung spricht sich in zwei lokalisierten Sagen aus. Er musste dem A d m e t o s , König von Thessalien, und ebenso dem L a o m e d o n , König von Troja, dienstbar sein. – Gleichwie seine Geburt an mehreren Stellen lokalisiert war, so sprachen auch andere Sagen noch die Kämpfe des Gottes aus, denen dieselben erwähnten Vorstellungen zu Grunde liegen. So tötet er im Verein mit der Artemis den Riesen T i t y o s und die A l o i d e n (S. 17) und ferner die K y k l o p e n , nachdem Zeus seinen Sohn Asklepios getötet hat, ähnliche Wesen wie der Drache Python. Auch in der Sage von der Tötung der N i o b e und ihrer s i e b e n K i n d e r ist eine verwandte Anschauung enthalten. – In allen den erwähnten Mythen haben wir den Apollon aber nur nach seiner wohltätigen Seite und daher als heiteres, schönes Lichtwesen kennen gelernt, P h o i b o s A p o l l o n. Aber derselbe Gott, der die schöne Frühlings- und Sommerzeit bringt, wirkt auch verderblich, wenn er im Sommer mit dem Aufgang des Hundsgestirns durch die Hitze zerstörend wirkt und Tod den Menschen und der Natur bringt. Diese seine vernichtende Wirkung schildert die Sage von dem Tod des H y a k i n t h o s. Er war ein Liebling des Gottes, ein Sohn des Oibalos, eines lakedämonischen Fürsten. Einst wetteiferten beide im Scheibenwerfen; aus der Hand des Gottes flog die Wurfscheibe und Boreas, auf den Apollon eifersüchtig, lenkte sie in der Luft und trieb sie an des Jünglings Haupt, welcher tot darnieder sank. Apollon ließ aus seines Lieblings Asche die Hyazinthen hervorgehen und die Lakedämonier feierten jährlich ein Fest bei dem Grabe des Jünglings, der in des Lebens Blüte ein Raub des Todes ward. Hyakinthos, die schöne, blühende Vegetation, stirbt unter der Glut der Sonne. Der Glaube an den Tod, den Apollon der Blumen- und Blütenwelt bringt, scheint u r s p r ü n g l i c h auch zu folgenden mythischen Dichtungen Anlass gegeben zu haben. K y p a r i s s o s, ein schöner Knabe und Liebling des Apollon, besaß einen zahmen Hirsch, der ihm vorzüglich lieb war und von seiner Kindheit an ihm Freude machte. Diesen erschoss er unversehens im Dunkel des Waldes und sein zu weiches Herz ließ ihn diese Tat so sehr bereuen, dass er unaufhörlich träumend die einsamsten Schatten suchte und sich in Kurzem zu Tode härmte. Als er gestorben war, ließ Apollon aus seinem Grabe die dunkle Cypresse emporsteigen, die den Namen des Entschlummerten verewigte und immer ein Sinnbild der Trauer blieb. L e u k o t h o e, des Orchamos Tochter, pflog mit dem Apollon eine verstohlene Liebe. K l y t i e, eine andere Geliebte des Apollon, hierüber eifersüchtig, verriet dem strengen Orchamos das Liebesverständnis seiner Tochter. Dieser vergrub sie lebendig in die Erde und Apollon, der sie nicht retten konnte, ließ zum bleibenden Andenken ihrer Zärtlichkeit und ihres Schicksals die Weihrauchstaude ans ihrem Grabe emporwachsen. K y l t i e aber hatte durch ihren Verrat des Gottes Liebe auf immer verscherzt; untröstlich darüber kehrte sie neun Tage lang, ohne Speise und Trank zu nehmen, ihr Antlitz nach der S o n n e , dem glänzenden Bilde des Gottes. Zuletzt ward sie, von Gram und Kummer aufgezehrt, in eine Blume verwandelt, in welcher Gestalt sie immer noch, wie ehemals, sich nach der Sonne wendet. D a p h n e , des Flussgottes Peneios Tochter, entschlüpfte der Umarmung des Apollon. Als sie, von ihm verfolgt, nicht weiter fliehen konnte, flehte sie ihren Vater um Rettung an und dieser verwandelte sie in einen Lorbeerbaum, der nachher dem Apollon beständig heilig war und mit dessen Zweigen er seine Schläfe umkränzte. Wir reihen hieran die Fabel von der schönen Tochter des aetolischen Königs Euenos, der M a r p e s s a , wiewohl die zu Grunde liegende Naturanschauung anderer Art zu sein scheint. Apollon liebte sie. Aber der Messenier I d a s entführte sie auf einem von Poseidon erhaltenen Flügelwagen. Idas gelangte mit der schönen Beute nach Messenien. Da trat ihm Apollon in den Weg und beide kämpften um das Mädchen, bis Zeus sich ins Mittel legte und der Marpessa zwischen beiden die Wahl ließ. Sie entschied sich für den Idas, indem sie befürchtete, Apollon möchte sie verlassen, wenn sie alt werde. – Die Vorstellung vom Apollon als dem durch die Sonnenhitze Tod und Verderben der Natur bringenden Gott hat überhaupt zu dem Glauben an ihn und seine Schwester Artemis als T o d e s g ö t t e r geführt Sie teilen sich in die Gattung. Jener nimmt sich den Mann und dieser das Weib zum Ziele. Wen Altersschwäche beschleicht oder wer in der Blüte der Jugend plötzlich ein Raub des Todes wird, den haben sie mit sanften Pfeilen getötet. Das kleine glückliche Eiland, wo ich geboren bin, erzählt Eumaios dem Odysseus, liegt unter einem gesunden, wohltätigen Himmelsstrich. Keine verhasste Krankheit rafft dort die Menschen hin, sondern, wenn das Alter da ist, so kommen Artemis und Apollon mit ihren Bogen und töten die Menschen mit ihren sanften Pfeilen. Wenn Odysseus in der Unterwelt den Schatten seiner Mutter fragt, wie sie gestorben sei, so gibt sie ihm zur Antwort: Mich hat nicht Artemis' sanfter Pfeil getötet, auch hat mich keine Krankheit dahin gerafft, sondern mein Verlangen nach Dir und mein Kummer um Dich, mein Sohn, haben mich des süßen Lebens beraubt. Doch gibt Apollon nicht immer einen leichten, wohltätigen Tod. In der Ilias zürnt er auf das Heer der Griechen und schickt eine Pest in ihr Lager, die plötzlich

Mann auf Mann dahin rafft, dass unaufhörlich die Scheiterhaufen der Verstorbenen lodern; wie die Nacht schreitet er einher, spannt den silbernen Bogen und sendet die verderblichen Pfeile ins Lager. – Die weiteren Entwicklungen des Gottes schließen sich an die ursprüngliche Vorstellung von ihm als einem im Frühlingsgewitter Segen verleihenden göttlichen Wesen an. Der sommerliche Gott bringt Luft und Freude in die Natur. Er hat von der bösen, finsteren Winterszeit Land und Volk befreit, und somit ist er überhaupt ein Gott, der Unglück und Übel abwehrt, (A p o l l o n   A l e x i k a k o s), und Schutz und Heil gewährt. Damit scheint es zusammenzuhängen, dass er als A g y i e u s die Straßen der Stadt, den Ein- und Ausgang des Hauses schützt und schirmt, weshalb sein Bild als ein zugespitzter Kegel vor den Türen, namentlich Athens, stand. Wie Apollon in die Natur Leben und Gesundheit bringt, so vermag er auch den Krankheiten und Seuchen unter den Menschen zu befreien. Er ist also auch Heilgott, A p o l l o n   U l i o s . Doch tritt im Kult diese Seite mehr bei seinem Sohne A s k - l e p i o s (Aesculap), dem eigentlichen Gott der H e i l k u n d e , hervor. Nach den wichtigsten Mythen und Sagen dem Asklepios scheint er aus ähnlichen Anschauungen zu einem Heil- und Gesundheitsgott entwickelt zu sein, wie Apollon selber. Dieser erzeugte ihn mit der K o r o - n i s , der Tochter des thessalischen Königs Phlegyas oder mit des Leukippos' Tochter A r s i n o e . Als Koronis aber mit dem Ischys einer heimlichen Liebe pflog, bestrafte Apollon ihre Untreue mit dem Tode. Den Asklepios aber, mit dem sie schwanger war, rettete er noch, da sie schon auf dem Scheiterhaufen brannte. Nun wurde der Göttersohn in der Höhle des weisen C h e i r o n erzogen, der ihn in jeglicher Wissenschaft und vorzüglich in der Kräuterkunde unterwies, welche Wissenschaft Asklepios zur Wohltäterin der Menschen machte, indem er, die Kräfte der Pflanzen erforschend, die mannigfachsten Heilmittel für die mannigfaltigen Krankheiten des Körpers daraus erfand. Er trieb die Kunst so weit, dass er nicht nur das Sterben zu verhindern, sondern auch Verstorbene wieder zu erwecken wusste. Er hatte nämlich von der Athene von dem aus den Adern der Gorgo fließenden Blute empfangen; was aus den Adern nach links geflossen war, gebrauchte er zum Verderben, was nach rechts, zum Heile der Menschen. Zeus aber, besorgt, die Menschen möchten ihm gegenüber dadurch zu mächtig werden, schleuderte seine Blitze auf den Asklepios. Apollon, darüber zürnend, tötete die Kyklopen, die dem Zeus die Blitze verfertigt hatten, musste dafür aber dem Admetos dienstbar werden (s. oben). Eine andere Sage lässt den Asklepios bei Epidauros geboren, von einer Ziege (Wolke) genährt und von einem Hirten, wie er vom Blitzglanz umflossen war, gesunden werden. Seine Söhne M a c h a o n und P o d a l e i - r i o s waren im trojanischen Kriege als Anführer und Helden und zugleich wegen ihrer großen Wissenschaft in der Heilkunde berühmt. Ihm waren an vielen Orten Haine, Tempel und Altäre geweiht; vorzüglich wurde er zu E p i d a u r u s verehrt. Die Kultusstätten waren zugleich Heilanstalten, an denen Religion und Heilwissenschaft im Bunde wirkte. Die Schlange, das Symbol des Blitzes, blieb dem Asklepios heilig. Neben ihm findet man zuweilen einen kleinen Knaben abgebildet, mit einer Mütze auf dem Kopfe und in einen Mantel ganz eingehüllt. Sein Name ist T e l e s p h o r o s und seine Kindergestalt und sonderbare Umhüllung scheinen auf den Zustand der Wiedergenesenen anzuspielen. H y g i e i a , die Gesundheit, wurde als Tochter des Asklepios angesehen und göttlich verehrt. Die Erhaltung der Gesundheit ist ihr Geschäft und sie bringt als eine milde Gabe diese Wohltat von den Göttern zu den Sterblichen hernieder. Auf den nebenstehenden Holzschnitten sind Asklepios, ganz so wie er gewöhnlich in Statuen u.s.w. gebildet wird, ein bärtiger Greis, die Brust unbekleidet, stehend und auf seinen Schlangenstab gestützt und H y g i e i a , die aus einer in der Linken gehaltenen flachen Schale eine Schlange trinken lässt, beide nach antiken geschnittenen Steinen dargestellt.

Verfolgen wir die Entwicklung des Wesens unseres Gottes weiter, so müssen wir zunächst den Glauben und die Verehrung desselben hervorheben als seines Gottes der W e i d e n , T r i f t e n und der H e r - d e n . Der Gott, welcher Licht und Wärme bringt, der selber am Himmel die Wolkenherde führt, ist ebenso natürlich ein Hirtengott, der den Herden Gedeihen gibt, wie Hermes als ursprünglicher Windgott. Als Hirtengott heißt Apollon besonders K a r n e i o s und N o m i o s , Gott der Schafe und Weiden. Dass er auch an einigen Stellen als Gott der Jäger verehrt wurde, hängt mit der alten Anschauung von dem Drachentöter zusammen, von dem von Anfang an Bogen und Pfeil unzertrennlich waren. Auch werden wir diese Seite ganz besonders bei seiner Zwillingsschwester Artemis entwickelt finden. Da mit dem Beginne der Herrschaft des Gottes in der Natur, wenn der Winter vorüber ist, die Schifffahrt eröffnet wird, so ward er auch unter dem Namen D e l p h i n i o s , der Delphingott, als Herr und Schützer der Schifffahrt verehrt. Den Delphin haben wir bereits (S. 151) als das menschenfreundliche, gesellige Tier des Meeres kennengelernt und sehr natürlich dachte man sich den Delphingott selbst in der Gestalt des Delphins und der Delphin ward das Symbol der friedlichem, sturmlosen Sommerzeit, in welcher die Meeresfahrten ausgeführt werden, auf denen Apollon die Seefahrer vom Einschiffen bis zur Landung begleitet. An die Beziehungen, in welche Apollon zum Hirtenleben, zur Viehzucht und zur Schifffahrt getreten ist, reiht sich der Glaube an seine Wichtigkeit für die Saaten und Früchte des Feldes

und also für den Ackerbau. Als solcher heißt er Apollon Tharge-
lios, befördert durch Wärme das Wachstum der Saaten und hält die
schädlichen Einflüsse des Mehltaus, der Insekten und der Mäuse ab.
Wie andere agrarische Gottheiten ist Apollon der Gott, der Land und
Leute nährt und der namentlich eine tüchtige Jugend heranreifen
lässt. Die Jünglinge weihten ihm ihre Locken und an ihren Bildungs-
stätten, den Gymnasien und Palästren, stand neben Hermes und
Herakles die Bildsäule des Apollon und diese drei waren die Ideale
ihres jugendlichen Ringens und Strebens. Höchstwahrscheinlich mit
Apollons ursprünglicher Bedeutung als des milden, lieblichen Gottes,
der, wenn der Sommer kommt, von den Hyperboräern unter Gesang
und Jubel und zur Freude aller Kreaturen zurückkehrt, hängt die Vorstellung von ihm als Gott des Gesanges und des Saitenspiels zusammen. Apollon ist der himmlische Spielmann unter den
olympischen Göttern, der im Verein mit den Musen dieselben mit
Gesang und Saitenspiel erfreut und zum Tanze die Lyra ertönen lässt,
und wie er dann im schönen Schritt auf derselben spielend einhergeht,
umstrahlt ihn heller Glanz. Neben den Musen ist Apollon denn auch
Gott der Barden und der Zitherschläger, die er zum
Gesang und Spiele begeistert. Die große Bedeutung, welche die apollinische Kultusmusik für das hellenische Leben hatte, hat es veranlasst,
dass Apollon selber der Führer der Musen, der eigentlichen Göttinnen
des Gesanges und der Dichtkunst, Musagetes, genannt wurde. Alle die
bisher entwickelten Seiten und Eigenschaften unseres Gottes treten
jedoch in der historischen Zeit vor der großen, tiefgreifenden Bedeutung zurück, welche Apollon als Gott der Weissagung hatte
(Pythios). Der Glaube, dass die Gottheit entweder mittelbar durch
die Natur und durch Zeichen aller Art ihren Willen kund gibt, oder
unmittelbar durch plötzliche Erfassung und Erregung des Innern des
Menschen zu einer Art Hellsehens und damit zur visionären Erkenntnis künftiger Dinge führt, war wie bei den Völkern überhaupt, so ganz
besonders bei den Hellenen lebendig, und fast alle ihre Götter sind
mehr oder weniger sich in solcher Weise offenbarende Wesen. Apollon aber ist der eigentliche Gott der Offenbarung und Weissagung; doch hat auch er nach griechischem Glauben dieses Amt
vom Zeus, dem höchsten der Götter, welcher die Quelle aller Offen-

barung ist und in der Stimme des Donners zu den Menschen redet. Der Volksglaube an die unmittelbare Offenbarung, welche die Gottheit Einzelnen gewährt und wozu nach hellenischer Auffassung die dem Dienst derselben gewidmete Person gleichsam von dem Gotte gezwungen wird, so dass dieser durch jener Mund redet, kann durch Klügere und Mächtigere zum Guten und Bösen benutzt werden. Aber es darf wohl behauptet werden, dass bei keinem Volke ganze Zeiten hindurch derselbe so sehr als Mittel zu weisen Zwecken gedient hat, wie bei den Hellenen, was eben so sehr der Klugheit und Mäßigung der Leiter, als dem nach Klarheit und Selbstständigkeit ringenden, wenn auch im Wunderglauben befangenen Volke, beizumessen ist. Es entwickelte sich nämlich schon in frühester Zeit im Dienste des Apollon die Mantik in der Weise, dass sich eine den Willen des Gottes deutende Priesterschaft um seine Orakelstätten bildete. Von diesen bekam aber D e l p h i im Verlaufe der Zeit den Vorrang und ward als Weissageort des p y t h i s c h e n A p o l l o n ein praktisch religiöser Mittelpunkt für alle hellenischen Staaten, von wo aus gleichwie mit unsichtbaren Händen die Entwicklung derselben geleitet und gefördert und der substantielle Lebensinhalt der Gesamtheit, die Rechtssatzungen und die sittlich-religiösen Grundsätze, im Bewusstsein der Nation lebendig erhalten wurden. Wir müssen annehmen, dass in Delphi die das Orakel innehabenden Geschlechter viele ausgezeichnete und tätige Männer hervorbrachten, welche Jahrhunderte hindurch fern von hierarchischen Zwecken aus lebendiger Vaterlandsliebe den Fragenden aufgrund einer tiefen Einsicht in die Zwecke des hellenischen Lebens überhaupt wie in die Bedürfnisse und Zustände der einzelnen Staaten ihre Ratschläge durch Orakelsprüche erteilten. Die wunderbare Weise, in welcher die Orakel durch den Mund der Pythia erteilt wurden, war althergebracht und hing mit dem mythischen Glauben zusammen. Natürlich war das Ganze ein frommes Blendwerk, das gleichwohl in den Augen der wundersüchtigen Menge und bei allen abergläubischen Gemütern den Sprüchen der Pythia ein umso größeres Ansehen verlieh, da man sie für unmittelbare Eingebungen des Gottes selbst ansah. Mit dem Verfall des hellenischen Lebens wich natürlich auch der gute Geist, der die leitenden Persönlichkeiten an der Orakelstätte belebt hatte. Die gewöhnliche Sage über die Stiftung des Orakels lautete etwa folgendermaßen. Am Abhange des Parnassos war schon in den ältesten Zeiten eine Höhlung in der Erde, woraus ein betäubender Dampf aufstieg, der diejenigen, welche sich der Öffnung näherten, in eine Art von Wahnwitz versetzte, woran sie zuweilen, wie im begeisterten Taumel, sich selber unbewusst, von hohen Dingen sprachen, entfernte Begriffe aneinander knüpften und eine Art von dunkler Dichtersprache redeten, die auf mannigfaltige Weise gedeutet werden konnte. In den ältesten Zeiten war es die Erde selber, welche hier unmittelbar ihre Orakelsprüche erteilte. Zu den Zeiten des Deukalions war es Themis (S. 52 f.), welche hier die dunkle Zukunft und den Schluss des Schicksals den Sterblichen offenbarte. Apollon tötete den Drachen Python, der das Heiligtum bewachte, und bemächtigte sich selber des Platzes, wo er von nun an durch die begeisterte Priesterin, die von dem getöteten Drachen P y t h i a hieß, in Orakelsprüchen seinen Willen offenbarte. Als Apollon hier sein Heiligtum gründen wollte, erblickte er den fern ein segelndes Handelsschiff aus Kreta; plötzlich sprang er ins Meer und warf sich in der Gestalt eines ungeheuren Delfins in das Schiff der kretischen Männer und zwang es, vor allen Küsten und vor Pylos, wohin es segeln sollte, vorbei in den Hafen von K r i s s a einzulaufen, wo er den Männern plötzlich in seiner majestätischen Jünglingsgestalt erschien und ihnen verkündigte, dass sie nie in ihr Vaterland wiederkehren, sondern in seinem Tempel als Priester ihm dienen würden. Und die Kretenser folgten mit Lobgesängen dem ausübt-enden Gotte zu seinem Heiligtume an dem felsigen Abhange des Parnassos. Als sie aber die unfruchtbare Gegend erblickten, flehten sie zum Apollon um Hilfe gegen Armut und Mangel. Dieser blickte sie lächelnd an und sagte: „O ihr törichten Menschen, die ihr euch selber Sorgen macht und mühsame Arbeit aussinnt, vernehmt ein leichtes Wort: hier halte ein Jeder das Opfermesser in seiner rechten Hand und schlachte unaufhörlich Opfer, die hier von allen Seiten aus allen Ländern zuströmen werden." Nun wurde D e l p h i nahe am Tempel des Apollon erbaut, und seine Einwohner wurden reich und glücklich, wie der untrügliche Gott geweissagt hatte.

Über der dampfenden Höhle stand der goldene Dreifuß, auf welchen sich die P y t h i a setzte, wenn sie drei Tage gefastet, den Saft aus den

Blättern des Lorbeerbaums gesogen und im Kastalischen Quell sich gebadet hatte. Dann wurde sie von den Priestern mit Gewalt ins Heiligtum geführt. Sobald sie auf dem Dreifuß saß und der aufsteigende, begeisternde Dampf auf sie zu wirken anhub, sträubte sich ihr Haar empor; ihr Blick wurde wild; der Mund fing an zu schäumen; Zittern ergriff ihren ganzen Körper. Sie arbeitete mit Gewalt, sich loszureißen und ihr Geheul erscholl im ganzen Tempel, bis nach und nach einzelne abgebrochene Laute der Sprache über ihre Lippen kamen, die, j e d e r D e u t u n g f ä h i g , von den Priestern ausgezeichnet und zu Orakelsprüchen in abgemessenem Silbenfall gebildet wurden; indes man die ohnmächtige Pythia in ihre Zelle führte, wo sie nur langsam von der Ermattung sich erholte. Denn nach dem Volksglauben war es die Gegenwart des Gottes, welcher die Pythia selbst erfüllte, dessen Joch sie kämpfend und sich sträubend von sich abzuschütteln und seiner überwältigenden Macht, so lange sie konnte, zu wiederstehen suchte, bis sie endlich besiegt die eingehauchten Götterworte aussprach und kraftlos niedersank. Wenn sie auf dem Dreifuß saß, so war sie von den Priestern des Heiligtums rings umgeben. Zwei Priesterinnen hielten die Ungeweihten ab, sich ihr zu nähern. Das Heiligtum selber war mit Lorbeerzweigen rings verdeckt, und selbst der angezündete Weihrauch hüllte alles in eine Wolke, wie in geheimnisvolles Dunkel ein, das keine frevelnde Neugier zu erforschen wagte. – An die apollinische Musik und Mantik reiht sich endlich die Idee vom Apollon als einem Gotte, der nicht nur von der schlimmen Winterzeit befreit und den Menschen böse Krankheiten abwehrt und Gemütsstörung heilt, sondern der auch die Angst des Gewissens löst und die Schuld sühnt, wenn man sich ihm bittend und büßend naht. So ist also Apollen ein Gott d e r R e i n i g u n g u n d d e r S ü h n e (Kathartik). Nicht nur Einzelne, sondern ganze Gemeinden und Volksstämme nahmen ihre Zuflucht zum Apollon, um sich von Schuld reinigen und sühnen zu lassen. Zur Sühne wurden in den ältesten Zeiten nicht selten Menschen geopfert; doch hat die hellenische Humanität diesen blutigen Brauch bald abgeworfen. Der Glaube an eine religiöse Sühne durch göttliche Vergebung ist ein wichtiger Fortschritt im Bewusstsein von Schuld und Strafe und hat namentlich zur Beseitigung der Blutrache beigetragen, da sich nun ein Mord durch Blutgeld oder Flucht nicht mehr sühnen ließ, sondern das geängstigte Gewissen durch Reinigung und Buße der göttlichen Vergebung bedurfte. Betrachtet man die apollinische Religion mit Rücksicht auf die zuletzt erwähnten Beziehungen zu dem Leben des hellenischen Volkes, so wird man den wichtigen Einfluss begreifen, den dieselbe auf die Entwicklung desselben gewann, als sie sich unter Stämme verbreitete, bei denen der Glaube und Kult des Gottes noch auf einer weniger entwickelten Stufe stand. Alle Spuren weisen aber darauf hin, dass die Verbreitung des Apollokults in seiner entwickeltsten Gestalt von K l e i n a s i e n und ganz besonders von der Landschaft Lykien nach dem europäischen Griechenland namentlich durch die J o n i e r erfolgt ist, wo unter den dortigen Stämmen vorzüglich die Dorier die Bedeutung desselben für das soziale und politische Leben im ganzen Umgange zu würdigen wussten. Unter den zahlreichen Kulturstätten blieben D e l p h i und D e l o s die wichtigsten, letzteres natürlich besonders wegen der großen Bedeutung als Orakel- und Sühnstätte und Mittelpunkt des religiösen Lebens. Auf Delos vereinigte sich der a t t i s c h i o n i s c h e Volksstamm zur Festfeier; dort sangen, heißt es in dem Hymnos auf Apollon, Jungfrauen von Delos einen Lobgesang, worin alle Völker ihre eigenen Worte und Töne zu hören glaubten, so harmonisch war des Liedes Klang. Unter den Festen zu D e l p h i sind vor allen die sogenannten „p y t h i s c h e n S p i e l e" bekannt, eine nationale, sich alle fünf Jahre wiederholende Feier zum Andenken an den Sieg des Apollon über den Drachen, bei welcher musische und gymnische Wettkämpfe den Glanzpunkt bildeten. In Attika wurde während des Sommers eine ganze Reihe apollinischer Feste gefeiert. Im Allgemeinen knüpfen sich dieselben hier wie anderswo an die Naturbedeutung des Gottes an, wie sie sich in den Mythen aussprach an die Geburt des Gottes, seinen Sieg über den Winterdrachen, sein Wiederkommen und Scheiden, und ebenso an alle die wohltätigen Seiten des schönen Gottes ; doch fand auch seine Verderben bringende Kraft ihren Gottesdienst, wie an den H y a k i n t h i e n zu Sparta. Mit den Festen waren natürlich vielfach die Gebräuche verbunden, welche Reinigung und Sühnung bezweckten. – Aus der Pflanzen- und Tierwelt stehen hauptsächlich L o r b e e r, Wo l f, S c h w ä n e und D e l f i n e in symbolischer Beziehung zum Apollon, ursprünglich wahrscheinlich unter dieser Gestalt mythisch aufgefasste, die Geburt und die Taten des Gottes begleitende Naturerscheinungen, wie z.B. der Lorbeer als Gewitterbaum, den nach der Sage kein Blitz traf, der Wolf als das im Wintersturm dahin jagende und heulende Tier, welches Apollon glücklich wie den Winterdrachen tötet, die Schwäne als die weißen die sommerliche Erscheinung des Gottes begleitenden Wolken. Was die individuelle Gestaltung des Gottes in Poesie und bildender Kunst betrifft, so tritt er uns der uralten mythischen Vorstellung von ihm gemäß in zwiefacher Gestalt entgegen: A p o l l o n   m i t   B o g e n   u n d   P f e i l und A p o l l o n   m i t   d e r   L y r a , also einmal als der Drachentöter und der Todesgott, und dann als der milde, erfreuende Sommergott, und zwar stets als ein schöner, kräftiger Jüngling mit goldenen Locken.

Viele Darstellungen behandeln natürlich Szenen aus dem reichen Mythenkranz des Gottes. Auf dem vorstehenden nach einer antiken Gemme angefertigten Holzschnitte lehnt sich Apollon auf eine niedrige Säule (Cippus), in der Linken den Bogen, die Leier zu seinen Füßen. Man erkennt in ihm den Gott, den nach des Dichters Ausdruck der blitzende Bogen schmückt, der aber auch den Chören der Musen sich zugesellt und der die zerschellten Glieder durch heilende Kunst erquickt. Auf dem anderen Holzschnitte sehen wir nach Moritz´ Erklärung den Apollon, wie er auf dem Haupte der Pythia, welche die

Opferschale in der Hand hält, seine Leier stimmt, also der Priesterin, die seine Göttersprüche verkündigen sollte, die himmlischen Harmonien einflößt, die ihr den Blick in die Zukunft geben.

Die neuere Wissenschaft aber macht aus der Pythia eine kleine altertümliche Statue von zweifelhafter Deutung, eine Sieges-, Schicksals- oder Liebesgöttin. Wir fügen hier noch nach einer antiken Gemme eine Abbildung vom Sturz des Phaëthon (S. 47 ff.) bei.

Phaëthon mit der Sonnenfackel in der Hand, ist unfähig das Viergespann noch zu lenken und im Begriff vom Wagen zu stürzen. Unten
sitzen neben einer Herme der Flussgott Eridanos und die Göttin Tel-
lus mit dem Ausdrucke der Befürchtung; es möchte die Erde zugrunde
gehen.

Artemis (Diana)

Zuerst gebar L e t o die Artemis und dann den Apollon, sodass nach
einer Sage jene als E i l e i t h y i a sogleich das Amt der Geburtshilfe
übernahm. War nun, wie wir sahen, Apollon der aus der dunklen
Wetterwolke geborne Blitz- und Lichtgott, so hat die Deutung große
Wahrscheinlichkeit, dass Artemis ursprünglich die Windsbraut, der
Wirbelwind ist, welcher der Entladung des Gewitters voran geht und
dem Blitzwesen gleichsam zur Geburt verhilft. Wie Apollon dann als
Blitzgott mit Pfeil und Bogen einherzieht und den Winterdrachen verfolgt und tötet, so muss Artemis gleichfalls ursprünglich, als die dem
Apollon vorauseilende Windsbraut, mit Bogen und Pfeilen bewaffnet dargestellt worden sein. Dass die Artemis ursprünglich wirklich
ein göttliches Wesen war, das diesem Kreise der mythischen Naturanschauung angehört, darauf deuten noch mehrere mythische Züge,
dass sie den O r i o n (S. 51) und den T i t y o s (S. 121), die sich an
ihr vergreifen wollten, und ferner die sie verfolgenden A l o i d e n (S.
17), endlich die N i o b e allein oder mithilfe ihres Bruders tötet; darauf deutet ferner, dass sie ihre Pfeile bei den Blitzriesen, den Kyklopen,
schmieden lässt, dass sie ihre Fackeln, womit sie auch vielfach auf Bild-
nissen erscheint, an den Blitzen des Zeus anzündet, dass sie, wenn auch
vereinzelt, mit Schlangen in der Hand und mit F l ü g e l n abgebildet
vorkommt, und dass sie endlich vielfach auch Feuer- und Lichtgöttin
genannt wird, was freilich später, als sie mit Mondgöttinnen vermischt
und selber als eine solche aufgefasst wurde, auch auf das Mondlicht
bezogen werden konnte. Die Artemis ist gewiss von jeher als eine keusche, j u n g f r ä u l i c h e Göttin vorgestellt worden, was vielleicht
ähnlich wie bei der Athena und der Hestia aus der Anschauung von der
Verfolgung derselben durch andere göttliche Wesen, wie die soeben

erwähnten, derer sie sich erwehrt, hervorgegangen ist, ebenso wie auch den eigentlichen Mondgöttinnen dieser Charakter eigen gewesen sein kann wegen des stillen, frischen Glanzes des Mondlichts, welcher das Bild des Glanzes frischer Jugendblüte gewährt. Die mythische Grundanschauung von Apollon und Artemis hat bewirkt, dass beide als ein eng und treu verbundenes Geschwisterpaar im Glauben angesehen werden; die Artemis ist das weibliche Gegenbild des Apollon. Dass nun freilich jene nicht alle Entwicklungsphasen ihres Bruders mit durchmachen konnte, liegt in der Natur der Sache; gleichwohl teilt sie mehrere Verrichtungen mit ihm; sie ist wie er e i n e t o d b r i n g e n d e G ö t t i n , die sich nach einer Sage zu diesem Geschäfte an Bäumen, dann an Tieren und zuletzt an einer u n g e r e c h t e n Stadt übt, wo sie die Menschen mit verderblichen, Krankheit und Seuchen dringenden Pfeilen erlegt. Sie erfreut sich ferner, wie er, an Gesang, Spiel und Tanz, hat mit ihm Beziehungen zur Schifffahrt als D e l p h i n i a und ward mit ihm und der Leto zusammen verehrt. Dagegen hat die L e t o i d e A r t e m i s eine Seite in viel ausgedehnterem Maße entwickelt als ihr Bruder. Wir sahen nämlich, dass auch Apollon als Jäger vorgestellt ward. Diese Eigenschaft aber ist es, die seiner Zwillingsschwester ihren eigentümlichen Charakter gibt. Sie ist eine J ä g e r i n und damit eine Göttin der Jagd und alles wilden Getiers. Ohne Zweifel ist diese Bedeutung aus der auch bei anderen verwandten Völkern herrschenden mythischen Anschauung abzuleiten, dass im Gewittersturm auch ein weibliches Wesen im lauttosenden Jagdzug dahineilt, so dass Artemis zu Apollon in ähnlicher Beziehung stehen mag wie Wodan zur Fricka in der deutschen Sage. Nachlänge dieser Vorstellung finden wir auch noch in einem homerischen Hymnos an Artemis, wenn es von ihr der „sausenden" (Keladeine) Göttin heißt: Auf schattigen Bergen und lustigen Höhen erfreut sie sich an der Jagd und spannt ihren Bogen aus lauterem Golde, mit dem sie seufzerreiche Geschosse entsendet; es erzittern der hohen Berge Häupter, und es hallt der schattige Wald vom Geheul der wilden Tiere; die Erbe und das *fischwimmelnde* Meer schaudern; aber die Göttin mit mutigem Herzen schweift überallhin, vertilgend wilder Tiere Gezücht. Die ursprüngliche Anschauung von der Artemis als einer wilden Jägerin oder fahrenden Frau wird bestätigt durch die Schilderung von der mit ihr aus einer Wurzel erwachsenen

H e k a t e , wie diese mit ihren Hunden und von Hundegekläff umhallt dahineilt, die riesige Gattin mit Schlangenfüßen und Schlangenhaaren, Fackel und Schwert in der Hand, während donnerähnliche Stimmen erschallen. Es ist indes in dein hellenischen Bewusstsein diese Auffassung von der Artemis als einer wilden Jägerin zurückgetreten, und sie ist zu einer schönen Jägerin veredelt worden, welche sich in der freien Natur an der Jagd erfreut, Tiere erlegt, aber auch hegt und pflegt, die von Allen verehrt wird, welche das Waidwerk treiben, und die, wenn sie ihrer Jagdluft Genüge geleistet, sich zur hohen Wohnung ihres Bruders nach Delphi begibt, ihren Bogen aufhängt und die Chöre der Musen und Charitinnen anführt, welche das Lob der himmlischen Leto singen, die solche Kinder gebar. Diese Letoide Artemis erschöpft aber keineswegs das Wesen aller der Gottheiten, die wir an vielen Orten in Griechenland unter demselben Namen verehrt finden, sodass wir deutlich zwei Gruppen von Artemiden unterscheiden können, die d e l p h i s c h - p y t h i s c h e Artemis, die Z w i l l i n g s s c h w e s t e r des Apollon, und die zahlreichen A r t e m i d e n l o k a l e r K u l t e , welche ursprünglich ohne alle Beziehung zum Apollon und zur Leto sind und doch gleichfalls den Namen Artemis tragen. Zur Erklärung dieser Erscheinung sind sehr annehmbare Vermutungen aufgestellt worden. Wie nämlich der Name des A p o l l o n als des delisch-pythischen Lichtgottes sehr wahrscheinlich im Verlauf der Zeit allmählich auf eine Reihe lokaler Sonnengötter übergegangen ist, ebenso ist dasselbe höchstwahrscheinlich mit dem Namen A r t e m i s in Bezug auf ursprüngliche Mondgöttinnen geschehen. Es ist aber in manchen Beziehungen nicht mehr zu erkennen, was von dem Wesen der Letoide Artemis auf diese Mond-Artemiden oder von diesen auf jene übergegangen ist, zumal da, um die Schwierigkeit der Unterscheidung noch größer zu machen, mit den echt hellenischen Artemiden fremde jungfräuliche Göttinnen ähnlicher Natur vermischt sind. Natürlich müssen sich zwischen der Jägerin Artemis und den lokalen Mondgöttinnen, deren Namen verloren gingen, verwandte Beziehungen dargeboten haben, die zur Verschmelzung führten. Vielleicht liegen diese außer der oben bereits erwähnten Verwandtschaft des jungfräulichen Charakters darin, dass sich beide Arten Artemiden zu Göttinnen der Fruchtbarkeit durch Tau und Regen entwickelten, die Mondgöttinnen wie die

Windsbraut; jene wurden dadurch auch zu Göttinnen der Tiere mit Bezug auf die nährende Kraft der Feuchtigkeit für die Vegetation und damit für alles Getier. So konnten auch die Mondgöttinnen zu Göttinnen der Jagd werden und waren dieselben wie die Jägerin Artemis.

In anderen Beziehungen behielten sie Eigentümlichkeiten im Kultus bei, welche der Letoide ursprünglich nicht angehören. Unter diesen meist ursprünglichen Mondgöttinnen haben wir zunächst die an verschiedenen Orten, aber besonders in Sparta verehrte A r t e m i s O r t h i a hervor. Der Beiname besagt die g e r a d e, straffe, vielleicht nur mit Beziehung auf das alte, steife Holzbild in ihrem Tempel. Der Glaube, dass die Mondgöttin, wenn ihr Licht verschwand, sich abwende und entferne und zwar als zürnende, mochte in alten Zeiten zu den Menschenopfern geführt haben, deren Spuren wir auch in dem Kult gerade bei dieser Artemis antreffen. Auch scheint, dass das Verschwinden der Mondgöttin bildlich dadurch nachgeahmt wurde, dass das Bild der Göttin im Tempel den Blicken der Menge entzogen wurde, indem man es mit Lygosgebüsch verhüllte, weshalb die Göttin die Lygosumwundene hieß, und wieder frei ausstellte, sobald die Göttin in ihrem vollen Lichtglanze wieder erschien. Von dem Aufenthaltsorte der Göttin scheint man sich ein ähnliches Phantasieland gebildet zu haben wie beim Apollon. Man stellte sich ferner die Mondgöttin mit Stierantlitz vor wegen der Mondsform, oder auf einem Stiere reitend, und sie hieß deshalb die t a u r i s c h e oder die S t i e r g ö t t i n. Als nun die Hellenen von einer jungfräulichen Göttin im Lande T a u - r i e n, der heutigen Krimm, hörten, und dass dieser von dem Volke in der T a u r i e r Menschenopfer dargebracht würden und zwar noch zu einer Zeit, da dieser barbarische Brauch bei ihnen längst abgeschafft, aber wohl noch in Erinnerung war, – wie denn der Artemis Orthia zu Ehren Knaben an ihrem Altar blutig gegeißelt wurden, was Lykurg beibehielt, um die Jugend in der Ertragung von Schmerzen zu üben, – da glaubte man in der Taurischen Göttin am schwarzen Meer die eigene Taurische oder Stiergöttin wiederzuerkennen, und der Aufenthalt der Artemis, wenn sie sich entfernt hatte, ward nun dort lokalisiert, und es hieß, sie kehre von dort zurück. Diese Vorstellungen bilden die Grundzüge in der Sage von der Iphigenia, der Tochter des Agamemnon, der Priesterin der Artemis, deren Name auch ein Beiname der Artemis war und von der es dann hieß, sie hätte der Göttin geopfert werden sollen, sei aber von ihr nach Taurien gerettet und von da wieder mit ihrem Bruder und dem heiligen Bilde der Artemis zurückgekehrt, seit welcher Zeit derselben keine Menschen mehr geopfert seien. Eine vorzüglich auf K r e t a verehrte Göttin hieß B r i t o m a r t i s oder die süße Jungfrau, oder Diktynna, und galt für eine ähnliche Göttin wie die Artemis, da sie wie diese eine Jagdgöttin war. Nach der Sage verfolgte Minos die jungfräuliche Göttin neun Monate lang, bis sie endlich, um sich zu retten, von einem Berge ins Meer sprang, sich aber in ein Fischernetz verwickelte und dann von der Artemis gerettet ward. Hier scheinen wieder ähnliche Anschauungen zugrunde zu liegen, wie bei der vom Orion oder Tityos verfolgten Artemis. Gleichwohl konnte auch diese Göttin, die von Jägern und Fischern vorzüglich verehrt wurde, als Mondgöttin dargestellt werden, indem man ihr Verschwinden ins Meer auf den in die Flut untertauchenden Mond bezog. Die sogenannte A r t e m i s   v o n   E p h e s u s wird nach einer Überlieferung gleichfalls eine Tochter der Leto genannt und teilt mit den anderen Artemiden verwandte Bezüge. Doch ward sie besonders als eine Göttin der nährenden und treibenden Naturkraft gedacht, weshalb in ihrem Tempel ihre Bildsäule mit v i e l e n   B r ü s t e n stand. Eine zahlreiche Priesterschaft, unter denen Verschnittene waren, versah den Gottesdienst. Aus den entferntesten Ländern wurden Wallfahrten zu ihrem nach der Sage von den Amazonen gegründeten Tempel gemacht, welcher als einer der erhabensten Göttersitze zugleich durch seine äußere Pracht, die das Werk vieler Könige war, die Sterblichen zur Verehrung der innewohnenden Gottheit einlud.

Die Artemis hat, wie bemerkt, den Charakter strenger, keuscher Jungfräulichkeit, und sie ist deshalb eine S c h u t z -   u n d   S c h i r m - g ö t t i n   d e r   J u g e n d , welche ihr vor der Vermählung ihre Locken weihte. Ihr widmeten sich die Jungfrauen, die das Gelübde der Keuschheit taten, dessen Verletzung sie mit grausamen Strafen rächte. Als einst eine Priesterin ihren Tempel durch die Annahme der Besuche ihres geliebten Jünglings in demselben entweihte, bestrafte die Göttin das ganze Land mit Pest und Seuchen, bis man das schuldige Paar ihr selber zum Opfer brachte. Diese keusche jungfräuliche Göttin ist nun gleichwohl als eine g e b u r t s h e l f e n d e Göttin, A r t e m i s

Eileithyia, verehrt worden. An dem Widerspruch zwischen dieser ihrer Natur und diesem Amte nahm der mythische Glaube keinen Anstoß, weil, wie schon erwähnt ist, jene Seite der Göttin mit dem alten Naturmythos zusammenhing. Dass sich übrigens diese geburtshelfende Tätigkeit auch aus dem Wesen der Mondgöttin entwickeln konnte, ist aus naheliegenden Gründen leicht einzusehen. Der Kultus der Artemis allein oder mit Apollon und Leto war, wie erwähnt, überall bei den Hellenen verbreitet, ganz besonders aber in Arkadien, wo sie unter anderem auch unter dem Namen „d e r s c h ö n s t e n G ö t - t i n " (Kallisto), verehrt wurde, von welcher sogar die Arkadier ihren Ursprung ableiteten (S. 96). Dass ihre Heiligtümer vielfach in der Nähe feuchter Gründe, an Flüssen, Quellen und Bächen standen, hing wahrscheinlich mit dem Glauben an ihre durch fruchtbare Vegetation das Wild ernährende und pflegende Macht zusammen. Unter den Tieren war ihr besonders die H i r s c h k u h heilig, und sie selber ward auch die H i r s c h g ö t t i n genannt, der unter anderem in Attika der Monat um die Zeit des Frühlingsanfangs heilig war, der sogenannte H i r s c h - t ö t e r m o n a t . An ihren Festen ward die Göttin durch Gesänge und Tänze der Jungfrauen vielfach verehrt, wie unter anderem die reizenden Tänze der Mädchen von Karyai (Karyatiden), einer Ortschaft im Eurotasthale, bemerkenswert sind. Die Dichtkunst wie die bildende Kunst verherrlichen die jungfräuliche Jägerin als eine hohe, schöne Gestalt. Auf dem beigefügten Holzschnitt befindet sich eine Abbildung der Artemis, wie sie, den verschlossenen Köcher auf dem Rücken, den Bogen gesenkt in der Linken haltend, ruhig vor einem Pfeiler steht und in eine bergige Gegend, den Lieblingsaufenthalt der Jäger, sieht.

Ares (Mars)

Die ursprüngliche Bedeutung dieses Gottes ist bereits bei der Erwähnung des Mythos von seiner Fesselung durch die A l o ï d e n und seiner Befreiung durch H e r m e s angedeutet worden, und in der Tat erscheint unter den verschiedenen Deutungen diejenige, dass er ursprünglich ein G o t t d e s S t u r m e s ist, der wildtobend am Himmel hinbraust und das Bild eines w i l d e n S t r e i t e r s u n d K ä m p f e r s gewährt, am meisten mit den Mythen und Sagen von ihm in Einklang zu stehen. Einer zweiten Fesselung des Ares zusammen mit seiner Buhlerin, der Aphrodite, durch den Blitzgott Hephaestos ist gleichfalls Erwähnung geschehen, und scheint auf einer verwandten mythischen Naturanschauung zu beruhen wie die obige durch die Aloïden. Die Grundanschauung ist die, dass man sich den Sturmgott, wenn er ruhte, den anderen himmlischen Wesen in Fesseln gelegt dachte, wie auch noch die Fesseln andeuten, mit welchen ein altes Bild des Ares in einem Tempel zu Sparta angetan war. Gewöhnlich galt Ares für einen Sohn des Zeus und der Hera, doch war nach Einer Über-lieferung Ares den der Hera allein geboren und zwar nach der Berührung der Göttin mit einer Blume, eine Anschauung, die ursprünglich wahrscheinlich zusammenhängt mit der Verstellung von der Wolke als e i n e m B a u m e (Wetterbaum), oder einer am Himmel a u f b l ü h e n d e n B l u m e, welche dann gleichsam aus sich den W e t t e r s t u r m entsendet. Ares hat mit Apollon eine nördliche Heimat. Aber wie Apollon als milder, sommerlicher Gott aus dem Norden erscheint, so kommt Ares als ein streitbarer Gott des rauen, tobenden Sturmes daher. Nach hellenischer Vorstellung war seine Heimat das raue, von kriegerischen Stämmen bewohnte Thrakien, wo auch Boreas mit den anderen Winden hauset (S. 45). Dieser Sturmesgott, der auf den Wolken einher eilt, führt den Blitz als seine Lanze wie Athene, die Kriegsgöttin, und sendet Pest und Seuchen wie Apollon. Daher tritt auch der Blitzdrache mit ihm in Verbindung, der seine heilige Quelle, oder das goldene Vlies, d.i. das himmlische Gewässer in der Wolke, bewacht, nach der lokalisierten Sage, die A r e s q u e l l e bei Theben und den A r e s h a i n zu Colchis. Auf die Anschauung vom Ares als Sturmesgott lässt sich auch zurückführen, was von seinen Kämpfen erzählt wird, wie z.B. gegen den Herakles, gegen welchen er und sein Sohn Kyknos (Wolkenschwan) wie Feuer und Sturmwind ziehen. Auch die Insel, wo die stymphalischen Vögel hausten, mythische Bilder der Stürme, war ihm heilig. Aber diese ursprüngliche Bedeutung des Ares ist bei den Griechen in die Bedeutung desselben als eines streitbaren, wild kämpfenden Gottes überhaupt übergegangen, eines Gottes, der in den Schlachten sein Wesen treibt; und somit ist Ares der nationale Gott der Schlachten bei den Griechen geworden.

In welchem Verhältnisse er zu der Kriegsgöttin Athena steht, haben wir bereits gesehen (S. 175). Besonders die epische Poesie schildert den Schlachtengott als einen wilden, ungestümen Streiter, der durch die Heere wie ein Wetter hinfährt, Wagen zertrümmert, Helme zerschellt, den Tapfern wie den Feigen im wirbelnden Sturme zu Boden wirft und über die grauenvolle Verwüstung triumphiert. Als er vom Diomedes vor Troja verwundet sich beim Zeus beklagte, schalt ihn dieser mit zürnenden Worten: Belästige mich nicht mit deinen Klagen, Unbeständiger, der du mir der Verhassteste unter allen Göttern bist, die den Olymp bewohnen; denn du hast nur Gefallen an Krieg und Streit; in dir wohnt ganz die Gemütsart deiner Mutter, und wärest du der Sohn eines anderen Gottes und nicht mein Sohn, so lägst du längst schon tiefer als Uranos Söhne liegen. In anderen Schilderungen leuchtet noch ganz die Natur des Sturmesgottes hindurch; so bei der eben gedachten Bewunderung desselben: da brüllte er wie zehntausend Mann im Schlachtgestümmel, und Furcht und Entsetzen kam die Trojaner und Griechen an, als sie den ehernen Gott brüllen hörten. Dieser aber erschien dem Diomedes wie nächtliches Dunkel, das vor dem Sturme hergeht, als er in Wolken gehüllt zum Himmel stieg. Und als er einst untätig in der Nähe des Kampfplatzes vor Troja weilte, lag seine Lanze und sein Gespann in Nebel gehüllt.

Dieses letztere wird von den Dichtern besonders hervorgehoben. Auf ehernem Wagen, den goldene Rosse ziehen, fährt Ares einher, und als einst Zeus' drohendes Gebot den Göttern untersagt hatte, in den Krieg der Trojaner und Griechen sich zu mischen, und Ares ver-

nahm, sein Sohn A s k a l a p h o s sei erschlagen, so ließ er seine Die-
ner S c h r e c k und E n t s e t z e n (Deimos und Phobos) die goldge-
zäumten Pferde vor seinen ehernen Wagen spannen, legte selber seine
hellstrahlende Rüstung an und Schreck und Entsetzen nahmen gleichfalls Platz im Wagen. Zu seiner dämonischen Umgebung gehört auch
die E n y o, die Göttin des Schlachtrufs, die K e r e n, die Todesgöt-
tinnen des Wahlplatzes, Kydoimos, der Dämon des Schlachtenlärmes,
und Eris, die Zwietracht, seine Schwester und Gefährtin, die ganz klein
sich erhebt, dann aber riesengroß ihr Haupt bis zum Himmel streckt
und auf der Erde hinschreitet. Der besondere Beiname des Ares als
Schlachtengottes ist E n h a l i o s, wie er auch oft schlechthin genannt
wird, d.i. der zur Schlacht Rufende. D e i m o s und P h o b o s werden
seine Kinder genannt, die er ebenso wie die schöne H a r m o n i a,
die mit K a d m o s sich vermählte, mit der Aphrodite erzeugt hatte. –
Außer den erwähnten Mythen gibt es noch eine Reihe lokaler Sagen
vom Ares, in denen er als Vater von Heroen auftritt, die er entweder
mit Nymphen oder Fürstentöchtern erzeugt hat. Zum Teil soll damit
wohl nur die kriegerische Bedeutung einzelner Volksstämme angedeutet werden, wie z.B. wenn Ares der Stammvater des B i t h y s war, von
dem die B i t h y n e r abstammten; in anderen Sagen sind wahrscheinlich uralte lokalisierte mythische Naturanschauungen enthalten, deren
Auflösung im Einzelnen seine Schwierigkeit hat. So erzeugt er mit der
A l t h a i a, der Nährenden, den M e l e a g r o s, mit der A s t y o c h e
den A s k a l a p h o s u.a. – Berühmte Kulturstätten, wie die meisten
anderen Götter, hatte Ares nicht, und überhaupt ward, soweit wir wissen, der Gott der Schlachten nicht besonders verehrt. Seine mythische
Natur bot fast gar keine wohltätigen Seiten dar, die in wichtige Beziehung zum Leben hätten treten können, und dann waren die eigentlichen Gottheiten des Krieges, in welchem das Volk seine Freiheit
und Unabhängigkeit verteidigte, meist die von jeder Stadt und jedem
Stamme am meisten verehrten göttlichen Persönlichkeiten, wie z.B.
A t h e n a. In der Poesie und der bildenden Kunst ist Ares der wilde
Gott der Schlachten, und er hat im Kult aus seiner alten Naturbedeutung keine fürs Leben wohltätige Seite, wie eben bemerkt, entwickeln
können. Nur könnte dahin gehören der A r e s A p h n e i o s, d.h. der
reiche Gott, der zu T e g e a ein Heiligtum hatte, wo die Sage war: Ares

habe eine Geliebte, die „Aerope", die Lustige gehabt, eine Tochter des K e p h e u s , Sohnes des A l e o s ; die Mutter sei bei der Geburt des Kindes, später Aeropos genannt, gestorben, aber das Kind habe noch reichliche Milch zur Ernährung aus den Brüsten gesogen, was A r e s bewirkt habe. Vielleicht ist hierin der Niederschlag einer alten mythischen Anschauung, nach welcher der Sturmgott die Wolken zusammentreibt, aus denen dann das segensreiche Nass, die Milch des Himmels, fließt; so konnte Ares also auch ein Gott heißen, der reich ist und also Reichtum spendet; auch erinnert das Sterben des Kindes bei der Geburt an ähnliche mythische Züge wie beim Dionysos u.a. In Athen hieß eine alte Gerichtsstätte, der A r e s h ü g e l (Areopagos), nach einer Sage deshalb so genannt, weil Ares dort in einem Streit mit dem Poseidon freigesprochen sei. Poseidons Sohn nämlich, H a l i r r h o - t i e s , der Rauschesee, hatte des Ares' Tochter, A l k i p p e , Streitross, an einer Quelle überwältigt. Ares vom Poseidon verklagt, ward auf jenem Hügel, wo er seine Lanze in den Boden schlug, freigesprochen, und davon hieß die dort sich befindende Gerichtsstätte der Areshügel. Was in dieser Sage für eine mythische Anschauung ausgesprochen ist, ist schwer ersichtlich. Vermutlich hat der Hügel, wo der alte Gerichtshof stand, seinen Namen von einem Heiligtum des Ares, das sich dort ehemals befunden haben mag. – Auf dem beigefügten Holzschnitt nach einem geschnittenen Steine aus der Lippertschen Daktyliothek, ist nach Moritz´ Erklärung der Kriegsgott abgebildet, wie er sich mit der Rechten stützend, und Spieß und Schild in der Linken tragend, vom Gipfel des umwölkten Olympos herniedersteigt.

Aber schon früher hatte Winkelmann darin den Ajax Oïleus erkannt, wie er durch Schiffbruch an einen Felsen geworfen auf diesen sich rettet und hier noch den Göttern trotzt.

Aphrodite (Venus)

In den Mythen und dem Kult dieser Göttin sind echt hellenische mit orientalischen, besonders semitischen Anschauungen aufs Innigste ineinander verflochten. Es ist eine wohlbegründete Vermutung, dass die Hellenen eine der römischen Venus ähnliche Göttin, in deren Wesen die Keime zur Entwicklung der Liebesgöttin Aphrodite lagen, schon hatten, als sie mehr und mehr mit ähnlichen Göttinnen des Morgenlandes, besonders mit der syrisch-phönizischen Astarte (Astaroth) bekannt wurden, deren Kult, durch phönizische Handelsleute in ihren Faktoreien und Niederlassungen an griechischen Küsten ausgeübt, auf die Bildung und Verehrung der einheimischen verwandten Göttin den größten Einfluss gewann. Das doppelte Element in der Religion der Aphrodite tritt in den Mythen, aber viel mehr in dem Kult der Göttin hervor. Was zunächst den Geburtsmythos der Göttin betrifft, so ist ihr hellenischer Ursprung darin angedeutet, dass sie eine Tochter des Z e u s und der d o d o n i s c h e n D i o n e war; ihre morgenländische Herkunft dagegen spricht sich in der auf Zypern (Kypros) lokalisierten Sage aus, auf welcher Insel die Göttin aus dem Meere ans Land stieg (A n a p h o m e n e, die Emportauchende), weshalb sie auch sehr häufig schlechthin „d i e K y p r i e r i n" oder die „K ö n i g i n v o n P a p h o s", „d i e G ö t t i n v o n A m a t - h u s" (Amathusia) oder von I d a l i o n (Idalia), nach Städten auf Zypern genannt wurde. Diesen lokalisierten Geburtsmythen der Göttin und den sonstigen Angaben über ihre Entstehung liegt dieselbe allgemeine mythische Anschauung zugrunde. Sie ist eine Tochter des Zeus und der Dione, d.h. sie ist himmlischen Ursprungs; sie ist aber aus den himmlischen Gewässern, den Wolken geboren. Das ist der Kern des Mythos von ihrer Entstehung aus dem S c h a u m d e s M e e r e s, welcher sich um die abgeschnittenen Glieder des K r o - n o s gebildet hatte. Sie wurde geboren beim feucht wehenden

Z e p h y r, und nach ihrer Geburt von den Göttinnen des Lenzes, den Horen, mit Blumen geschückt; sie ist also im Frühling geboren, und zwar in den fruchtbaren Frühlingsgewittern. Daher ist sie die Gemahlin des Gewitterschmiedes H e p h a i s t o s, die mit dem Gott des Gewittersturms, dem A r e s buhlt. Sie ist als G e w i t t e r g ö t t i n ebenso streitbar und kampfgerüstet wie Athena; darauf deutet, dass ihre alten Kultusbilder vielfach mit Wehr und Waffen versehen waren. Aus gleicher mythischer Wurzel mit den drei jungfräulichen olympischen Göttinnen, besonders mit der Athena entsprungen, hat die Aphrodite doch eine wesentlich verschiedene Entwicklung von jenen genommen, wozu der Keim in dem alten Mythos von ihrer Buhlerei mit Ares lag. Athena erwehrt sich des verfolgenden Gewitterschmiedes Hephaistos, Aphrodite aber gibt sich seiner wie des Ares' Liebe hin. Indem nun der dahin bezügliche Mythos im Volksglauben hervorgehoben wurde, war der Grund gelegt zu ihrer ferneren Entwicklung als Göttin der Liebe im weitesten Sinne des Wortes, als Göttin des Triebes, der alle Wesen fortpflanzt, der Fülle der Lebenskraft, die in die nachkommenden Geschlechter sich ergießt, des Reizes der Schönheit, der zur Vermählung lockt. Indes der Ursprung der Göttin aus der Natur und die Einwirkung der semitischen allnährenden und allgebärenden Naturgöttin sind der Anlass gewesen, dass die Göttin außer ihrer Hauptbedeutung als Göttin der individuellen Liebe noch andere Seiten aus sich entwickelt hat, doch immer so, dass beide Elemente sich durchdringen, oder der Begriff der individuellen Liebe als allgemeinen Triebes auch auf das Werden in der Natur und auf alle Kreaturen überhaupt übertragen wird. Als eine im Frühlingsgewitter gebotene Göttin nämlich ist sie es zugleich, die durch ihre Macht die blühende Frühlingsvegetation ins Leben ruft, die Blüten und Blumen den Keimen entlockt, welche die Myrte, die Rose und Anemone entstehen lässt, und Wonne und Lust über alle Wesen, selbst über das Wildeste, verbreitet. Schmeichelnd folgen ihr die wilden Tiere des Waldes, als sie sich zu ihrem geliebten A n c h i s e s begibt. Diese Frühlingsgöttin ist die A p h r o d i t e i n d e n G ä r t e n, a u f d e r Wi e s e, i m R o h r, e i n e B l u m e n - u n d G a r t e n g ö t t i n , was auch die italische Ve n u s war. Aber gleich der Persephone e r s c h e i n t sie und v e r s c h w i n d e t, wie das Erzeugnis des Lenzes blüht und verwelkt; als Göttin der ersterbenden Vegetation stirbt sie daher, steigt in die Unterwelt und wird zu einer am Grabe verehrten Göttin (Epitymbia, Venus Libitina), oder sie heißt „d i e s c h w a r z e G ö t t i n" (Melainis). Dagegen tritt sie in ihrem Verhältnisse zum A d o n i s als eine der Demeter in deren Beziehung zur Persephone oder der Kybele zum Attis ähnliche Göttin auf, und in dem Mythos, der dasselbe behandelt, und im Kult beider, der auch in Griechenland Eingang fand, macht sich der morgenländische Einfluss ganz besonders geltend. Nach der gewöhnlichen Erzählung war A d o - n i s ein Sohn der M y r r h a oder S m y r n a , der Tochter des K i n y - r a s , mit dem sie in nächtlichem Dunkel, ihm selber unbewusst, eine Zeit lang blutschänderischer Liebe pflog, bis einst zufällig die grässliche Szene erleuchtet wurde und der Vater unter tausend Verwünschungen und Flüchen mit dem tötenden Eisen seine Tochter verfolgte, die nach Arabien floh, wo sie, ihr Vergehen bereuend, so lange Tränen weinte, bis sie zuletzt in eine Myrrhe verwandelt das Bewusstsein ihrer Tat verlor. Noch während ihrer Verwandlung ward Adonis von ihr geboren, den die Nymphen des Waldes erzogen und welchen Aphrodite, da er ein Jüngling war, vor allen zu ihrem Lieblinge wählte, und weil sie keinen Augenblick ihn verlassen wollte, sogar einen Teil ihrer Sanftheit ablegte und auf der Jagd der Hirsche und Rehe ihn begleitete. So oft er aber allein die Spur der reißenden und gefährlichsten Tiere verfolgte, warnte sie ihn jedes Mal, wenn er von ihr ging, sein ihr so teures Leben nicht in Gefahr zu setzen. Allein bei dem jungen Adonis überwand sein kühner Mut die Zärtlichkeit, er folgte der Warnung der Göttin nicht. Schon schwebte sein schwarzes Verhängnis über ihm. Er stieß auf einen ergrimmten Eber, schoss vergebens seinen Jagdspieß ab; schon senkte des Ebers weißer Zahn sich in des Jünglings Hüfte; häufiges Blut entströmte der Wunde, und Aphrodite, welche schon mit Angst und Zagen ahnungsvoll ihren Liebling suchte, fand ihn erblasst in seinem Blute liegend. Vergebens suchte sie ihn ins Leben zurückzurufen und klagte zürnend das Schicksal an. Allmählich verwandelte ihre Verzweiflung sich in sanftere Traurigkeit, sie ließ aus ihres Lieblings Asche die A n e m o n e entsprießen und gab ihm dadurch eine Art von Unsterblichkeit. Nach einer anderen Überlieferung konnte sich Persephone selbst von dem schönen Adonis in der

Unterwelt nicht trennen, und da sich hierüber zwischen ihr und der Aphrodite Streit erhob, schlichtete Zeus denselben in der Weise, dass Adonis einen Teil des Jahres bei der Aphrodite, den anderen bei der Persephone weilen sollte. Der mythische Kern in jener poetisch ausgeschmückten Sage ist, dass der schöne Adonis, das geliebte Geschöpf Aphrodites, zu der Göttin unaussprechlichem Schmerz von einem E b e r, in den nach einigen Traditionen sich bald A r e s bald A p o l - l o n verwandelt hat, oder der auf Anstiften der A r t e m i s gegen ihn geschickt wird, in der Blüte seiner Jahre erbarmungslos getötet wird. Dass nun auch darin himmlische Naturvorgänge mythisiert sind, etwa derart, dass Adonis das im Gewitter von dem Sturmeber in der himmlischen Jagd verfolgte Wesen ist, das im Frühling geboren, in den Herbstgewittern getötet wird, leidet wohl keinen Zweifel. Aber so wie Aphrodite zur Göttin der fruchtbaren Erdvegetation geworden, so ist auch Adonis wie Persephone das Geschöpf des Frühlings, das schöne, blühende Blumen- und Pflanzenleben, welches kommt und verschwindet. Der Kult des Adonis war, wie erwähnt, syrisch-phönizischen Ursprungs, die „K l a g e u m d e n A d o n i s" war im Orient allgemein. An dem ihm gefeierten Feste beklagten die Weiber seinen Tod und beweinten, indem sie Gefäße mit schnell verwelkenden Blumen ausstellten, die man A d o n i s g ä r t e n hieß, des Jahres und des Lebens kurze Blüte. – Nach dem Mythos war Aphrodite aus dem Wasser geboren, nämlich dem himmlischen Gewässer der Wolke. Dies ward auf das irdische Wasser übertragen, und so ist es kein Wunder, dass sie, d e s M e e r e s T o c h t e r, selber eine Göttin des Meeres ward, die sogenannte „M e e r - o d e r S e e - A p h r o d i t e". Sie ist aber, ähnlich wie nach einer Seite Ino-Leukothea, Göttin der stillen, besänftigten See, deren Wogen sich vor ihrer Macht glätten. Sie gab eine gute Reise zur See und ward als eine solche vielfach in Häfen und an Küsten verehrt. Aus dieser ihrer Bedeutung entspringt ihr Verhältnis zum P o s e i d o n, mit dem sie an einigen Orten gemeinschaftlichen Kult hatte, und zu den Wassergottheiten und Wassergeschöpfen überhaupt. Nicht selten ist Aphrodite auf Kunstwerken mitten unter allerlei Meeresdämonen und Meeresungeheuern, die wie die wilden Tiere des Waldes gleichfalls ihrer Macht huldigen. So herrscht also die Göttin im H i m m e l, im M e e r u n d a u f d e r E r d e, ursprünglich nur in dem Sinne als Göttin vom Himmel gekommen, aus dem Wasser geboren, und im Frühling in der Natur erscheinend, aber dann zugleich als Göttin, die in allen drei Reichen ihre Macht in dem Liebestriebe offenbart; denn diese Bedeutung ist es, die die vorherrschende ist und gegen welche jene eben erwähnten Seiten zurücktreten.

Dass die individuelle Liebe ihren sittlichen Wert nur in der Ehe hat, dessen waren sich die Hellenen lebendig bewusst, und somit ist die Verehrung einer A p h r o d i t e - H e r a, welcher die Mütter vor der Hochzeit ihrer Töchter opferten, begreiflich. In der Erzählung von den verwaisten Töchtern des P a n d a r e o s pflegte Aphrodite die Mädchen mit süßer Milch und lieblichem Wein, und nachdem sie sie groß erzogen hatte, begab sie sich zum Zeus und bat für die Mädchen um einen Mann. Sie ist die Göttin also, welche zur Hochzeit und zur Ehe die Jungfrauen erzieht; sie ist wie die Artemis, die Schutzgöttin der Bräute; aber ebenso wie junge Mädchen baten auch Wittwen sie um einen Ehemann und brachten ihr Opfer dar. Bei Hochzeiten ward ihr auch geopfert und gespendet. Als E h e g ö t t i n hat sie eine nahe Beziehung zu den Geburtsgottheiten, und sie hieß wahrscheinlich deshalb in Athen in einer Inschrift die älteste der M o i r e n, der bei der Geburt des Menschen tätigen Schicksalsschwestern (S. 26). In der Kunst und Poesie hat die Aphrodite besonders entweder als die Göttin des Liebreizes, des Reizes weiblicher Schönheit, oder der Liebe als einer dämonischen, zu tragischen Konflikten führenden Gewalt ihre Bedeutung. Beides tritt in den Sagen hervor, in denen von ihren Lieblingen erzählt wird, von Männern, welche sie liebt, wie A n c h i s e s und P a r i s, oder von Frauen, welche ihre unwiderstehliche Macht im vollen Maße empfinden, wie H e l e n a, M e d e a, P a s i p h ä e, A r i a d n e und P h a i d r a. Als Aphrodite zum Anchises kam, der den Helden A e n e a s mit ihr erzeugte, sprach sie zu ihm, da sie als Göttin sich ihm zu erkennen gab: Sei ohne Furcht, du wirst nichts Schlimmes wegen meiner Liebe erdulden. Ich werde nicht wie Eos zu ihrem Tithonus die Unsterblichkeit für dich erbitten, sondern dich wird das schnelle Alter so wie die anderen Sterblichen überschleichen. Die Nymphen des Waldes aber sollen den Sohn, den ich gebäre, erziehen. Wenn er mannbar ist, sollst du an seiner götterähnlichen Gestalt dich weiden. Und wenn dich Jemand fragt, wer diesen Sohn geboren, so sollst du sagen: eine der Nymphen, die diese Berge bewohnen; rühmst du dich aber töricht, dass du in Kytherens Arm geruht, so wird dich Zeus Blitz zerschmettern. Dies präge tief dir ein und fürchte den Zorn der Götter. Dem P a r i s , der ihr vor allen Göttinnen den Preis der Schönheit zuerkannte, hatte sie das schönste Weib versprochen; nun stiftete sie ihn selbst an, dem griechischen Menelaos seine Gattin, die Helena, zu entführen, und flößte dieser selbst zuerst den Wankelmut und die Treulosigkeit in den Busen ein. So hielt sie dem Paris ihr Wort, ganz unbekümmert, was für Zerstörung und Jammer daraus entstehen würde. Im Kriege vor Troja hüllte sie ihn, als Menelaos ihn im Zweikampf töten wollte, in nächtliches Dunkel ein und führte ihn in sein Schlafgemach, wo sie selber die Helena zu ihm rief. Und als diese, ihre Schuld bereuend, sich weigerte, der Liebesgöttin Ruf zu folgen, so sprach Aphrodite mit zürnenden Worten: Elende, reize mich nicht, damit ich nicht ebenso sehr dich hasse als ich bis jetzt dich liebte. Unter den Trojanern und Griechen stifte ich dennoch verderblichen Hader an, dich aber soll ein unseliges Schicksal treffen. Und nun lässt die gebietende Göttin, dem rechtmäßigen erzürnten Gatten zum Trotz, den wollüstigen Paris die Freuden der Liebe genießen. Die Denkungsart eines edlen, kriegerischen Heldengeschlechtes in Bezug auf die Liebe und ihre Bedeutung ist in den homerischen Liedern in dem Verhältnisse, in welchem die A p h r o d i t e zur A t h e n a steht, veranschaulicht. Aphrodite besitzt den höchsten Liebreiz, aber Athena, der es ganz an weiblicher Zärtlichkeit mangelt, ist ihr an Macht weit überlegen. Im Treffen vor Troja, wo zuletzt die Götter selber sich zum Streit auffordern und Aphrodite den Trojanern, Athena den Griechen beisteht, gibt diese jener, die dem Ares zu Hilfe eilt, mit starker Hand einen Schlag auf die Brust, dass ihre Knie sinken und Athena sagt triumphierend: „Mögen doch Alle, die den Trojanern beistehen, der Aphrodite an Tapferkeit und Kühnheit gleichen!" Als Aphrodite, von Diomedes in die Hand verwundet, gen Himmel stieg und bei ihrer Mutter Dione über die verwegene Kühnheit der Sterblichen sich beklagte, spottete Athena ihrer mit den Worten: „Gewiss hat Aphrodite irgendeine schöne, geschmückte Griechin überreden wollen, dass sie ihren geliebten Trojanern folgen möchte, und beim Liebkosen hat sie sich an der goldenen Schnalle die zarte Hand geritzt." Da lächelte der Vater der Götter und Menschen, rief die Aphrodite zu sich und sprach zu ihr mit sanften Worten: Die kriegerischen Geschäfte, mein Kind, sind nicht dein Werk; die Freuden der Hochzeit zu bereiten ist dein süß Geschäft; lass du nur für das wilde Kriegsgetümmel Ares und Athena sorgen!

Die Hauptkultusstätten der Aphrodite waren die Inseln K y p r o s und K y t h e r e , von welcher letzteren Insel sie oft schlechthin „d i e G ö t t i n v o n K y t h e r e", (Cythere) hieß, ferner K o r i n t h und der Berg E r y x auf Sizilien. An letzten beiden Orten gab es in dem Heiligtum zahlreiche Priesterinnen der Göttin (Hierodulen). In der Religion der Aphrodite fand das Tiefste und Schönste, wie das Niedrigste und Gemeinste der menschlichen Natur, die Liebe in ihrer ethischen Bedeutung, wie Unzucht und unnatürliche Laster, religiöse Verehrung. Außer den vielen besonderen Beinamen im Kult ward sie oft unter dem Beinamen „U r a n i a", des Himmels Tochter, oder „die Himmlische", und unter dem Beinamen „P a n d e m o s", die Göttin der Liebe für Jedermann verehrt. Doch hat die Bedeutung Urania einen doppelten Sinn. Sie hieß einmal so nach der syrisch-phönizischen Aphrodite, die denselben Beinamen hatte, und dann war sie eine ähnliche Göttin der sinnlichen Liebe wie die Pandemos, aber andererseits war die U r a n i a die in der Natur herrschende Göttin, und die Göttin der Liebe in der ethischen Bedeutung des Wortes, und trat dadurch in Gegensatz zur P a n d e m o s. In der künstlerischen Auffassung der Göttin hatte sie aus dem Pflanzenreich Myrten, Rosen und andere Blumen, aus dem Tierreich Widder, Tauben, Schweine, Sperlinge, Schwäne als S y m b o l e , Tiere, welche teils den Liebestrieb mit besonderer Heftigkeit zeigen, teils wie der Schwan, der Wolkenvogel, ursprünglich auf Naturanschauung beruhen. Hierzu kommt noch der „G ü r t e l" der Aphrodite, in welchem aller Liebreiz und alle Anmut verborgen war, und welche sich Hera, der jene Eigenschaften mangelten, von ihr borgen musste. Vermutlich ist dieser Gürtel ursprünglich aus einer Auffassung des Regenbogens, mit der die Gewittergöttin Aphrodite sich bekleidete, hervorgegangen. Von den vielen b i l d - l i c h e n Darstellungen der Göttin im Altertum ist uns eine große Anzahl erhalten. Die gepriesensten Statuen waren die des P r a x i -

t e l e s , eine bekleidete zu K o s und eine unbekleidete zu K n i d o s , die den Ruhm der ersteren noch verdunkelte. Unter den vorhandenen sind durch Zeichnungen und Gipsabgüsse folgende am bekanntesten. Zwei gehören zur Klasse der ganz unbekleideten. Die sogenannte „M e d i c e i s c h e Ve n u s " hält schamhaft die linke Hand vor dem mäßig eingezogenen Unterleib, die rechte vor der Brust; ihr zur Linken ein Delfin. Durch Winkelmann ward sie das Ideal weiblicher Schönheit und galt als solches bis in das jetzige Jahrhundert hinein. Die K a p i t o l i n i s c h e hält die Hände ebenso, steht weniger schüchtern und hat um die auf dem Scheitel erhöhten Haare ein schmales Band geschlungen; neben ihr steht ein Salbengefäß mit einem fransenbesetzten Badetuch darüber. Die beiden anderen Statuen sind halb bekleidet, indem der gehobene Schenkel das vom Oberkörper herabgelassene Gewand um die Hüfte hält. Die Venus von C a p u a stellt den linken Fuß auf den Helm des Ares, in den vorgestreckten Händen (so hat man sich die Bildsäule zu ergänzen) hält sie dessen Schild und spiegelt sich darin; das wenig gesenkte Haupt ist mit einem Diadem (Stephane) geschmückt; sie ist in prüfender Betrachtung ihrer Anmut versunken. Die erhabenere A p h r o d i t e v o n M e l o s dagegen schaut stolz aufwärts, ihrer Allmacht als Königin der Schönheit sich bewusst. Auf unserem Holzschnitt reicht Aphrodite dem E r o s zwei Pfeile (ähnlich wie Fig. S. 163).

Neben ihr ist eine Fackel mit einem Schmetterling, dem Bilde der menschlichen Seele, darüber; wobei einige Erklärer an die quälende Kunst der Liebesgöttin gedacht haben, die hier zürnend dargestellt sei.

Beim E ros (S. 19) folgt eine Abbildung nach der berühmten Gemme des Protarchos.

Der Liebesgott reitet die Leier spielend auf einem ruhig dahinschreitenden Löwen. Liebe und Tonkunst zähmt selbst den Wildesten.

Nymphen. Musen. Horen. Chariten.

N y m p h e n ist der allgemeine Name für eine Gattung weiblicher Gottheiten des Wassers, ursprünglich des himmlischen Wassers der Wolke, also des Regens, und daher heißen sie Töchter des Aigis tragenden Zeus, also des Gewitterzeus, und sind im Besitze des Hornes der Amaltheia (S. 10), ursprünglich des himmlischen Füllhorns der Wolke, aus welcher der Segen quillt. Auch diese himmlischen Wesen sind Gottheiten der irdischen Gewässer, der Meeres- oder der Landgewässer geworden. Die Okeaniden und Neröiden haben wir schon kennengelernt (S. 42 f.). Mannigfach sind die besonderen Namen der Nymphen der Landgewässer. N a j a d e n heißen sie als Nymphen des quellenden, fließenden Wassers, O r e a d e n als Nymphen der Berggewässer, O r y a d e n und H a m a d r y a d e n als Nymphen, welche durch Wasser die Bäume speisen und wachsen lassen; auch sind sie häufig nach bestimmten Örtern genannt, wo sie sich vorzugsweise aufhielten und wo sie verehrt wurden. Überall wo es rieselt und rinnt, auf Wiesen, Bergen, in Wäldern und Grotten weilen diese lieblichen Wasserjungfern; sie scherzen und tanzen auf grasigen Plätzen, weben in Grotten schöne Gewänder und singen beim Weben, wie die Nymphen K a l y p s o und K i r k e , dass die Diele dröhnt; auch nähren und erziehen sie Götterkinder und sind im steten Gefolge mancher Götter, wie die O r e a d e n unter anderen mit der A r t e m i s die Spur des Wildes verfolgen, jeder zärtlichen Neigung ihr Herz verschließend, wie die strenge Göttin, die sie begleiten. Zwar bringen sie den Menschen Fruchtbarkeit und Segen, aber dennoch haben sie, namentlich für schöne Jünglinge, etwas dämonisch Verlockendes und verwirren die Sinne, und solche Sinnverwirrte nannte man „N y m - p h e n b e s e s s e n e ". Sich ihren Liebkosungen hinzugeben war gefährlich. Die N a j a d e n umarmten unter anderen den schönen H y k a s , des Herakles Liebling, als er Wasser schöpfte und zogen ihn zu sich in den Brunnen herab. Vergebens rief Herakles seinen Namen; nie ward sein Liebling wieder gesehen. Überaus häufig sind die Nymphen in den Sagen die göttlichen Ahnfrauen von Heldengeschlechtern. Mit ihrem Wasserkruge saß in der einsamen Mittagsstunde die N a j a d e an der Quelle und ließ mit sanftem Murmeln des Baches klare Flut hinströmen. Im heiligen Dunkel des Waldes wohnten die D r y a d e n , und die H a m a d r y a d e bewohnte ihren e i n z i g e n B a u m , mit dem sie geboren ward und starb. Vermutlich ist dieses Entstehen und Verschwinden aus der ursprünglichen Anschauung von der Wolke als dem himmlischen Wetterbaume zu erklären, mit dessen Verschwinden auch die Regennymphen verschwinden. Auf ähnlichen Anschauungen beruht auch der Mythos von den aus dem Blutstropfen des Uranos entsprungenen M e l i s c h e n Nymphen oder den Nymphen des E s c h e n b a u m e s , die mit den lanzenschwingenden Giganten als streitbare Wesen dem Gewitterbaum entspringen (S. 8). Um die Huld der Nymphen zu gewinnen, wurden ihnen Opfer und Spenden dargebracht; auch wurden sie in eigenen Heiligtümern, N y m p h ä e n , verehrt.

Die M u s e n sind ursprünglich h i m m l i s c h e S ä n g e r i n n e n und T ä n z e r i n n e n , die man im Rauschen und Singen des Windes zu vernehmen glaubte. Es ist derselben als solcher Wesen schon in dem auf dem Helikon lokalisierten Wettstreite mit den Töchtern des Königs von Pieria, des Pieros, (S. 145), gedacht worden, wobei, als diese sangen, alles d u n k e l und f i n s t e r wurde, während beim Gesange der Musen die ganze Natur sich freute und der Helikon sich vor Entzücken emporhob. Die Töchter des Pieros wurden in V ö g e l verwandelt. Einen anderen Wettstreit hatten die Musen mit den S i r e - n e n , ursprünglich ähnlichen Sängerinnen, und nur in ihrer weiteren Entwicklung verschieden. Der Gesang der Musen nämlich war treu und wahr; falsch und verführerisch aber waren die schmeichelnden Lieder der Sirenen, womit sie die an ihrer Insel Vorbeischiffenden in Tod und Verderben lockten. Sie waren nach einer Überlieferung Töch-ter des (himmlischen) Stromgottes A c h e l o o s und der S t e r o p e , der Blitzjungfrau, und sind also im Unwetter geboren. Man stellte sie sich als V o g e l j u n g f r a u e n vor, die aus einer blumigen Wiese ihren Gesang erschallen ließen. Diese also ließen sich auf Anstif-ten der H e r a mit den Musen in einen Wettkampf ein und wurden besiegt. Die Musen rupften ihnen die Federn aus und machten daraus Kränze für sich. Es ist die mythische Auffassung eines Kampfes ver-schiedener Windgottheiten miteinander, die sich in diesen Erzählun-gen ausspricht; die milderen und sanfteren Winde gewinnen den Sieg über die Winde des Unwetters. Indem man im Rauschen des Windes den F l ü g e l s c h l a g e i n e s V o g e l s zu hören glaubte, dachte man sich dem entsprechend die Sirenen als geflügelte Jungfrauen, wie auch die Musen in Sagen und in der Kunst mit Flügeln vorkommen. Der Wind lässt nach, er wird besiegt und verliert seine Schwingen. Auch der Sage vom Wettkampfe des thrakischen Sängers T h a m y - r i s mit den Musen, den sie besiegten, mit Blindheit bestraften und der Gabe zu dichten ganz beraubten, mag eine ähnliche Anschau-ung zugrunde liegen. Später sah man in diesen Wettkämpfen mit den Musen in Musik und Dichtkunst ein strenges Urteil gegen angemaßte Kunsttalente, gegen Eitelkeit und Überhebung ausgesprochen, wie auch M a r s y a s vom A p o l l o n geschunden wurde, weil er auf ein zu hohes Kunsttalent Anspruch machte und es wagte, mit dem Gotte der Tonkunst selber in einem Wettstreite es aufzunehmen, wo er mit der Flöte die Leier zu überwinden dachte. Auf das Leben der Musen als Windgottheiten im Unwetter bezieht sich wahrscheinlich auch das sonst unerklärliche Opfer, welches die Blitzriesen, O t o s und E p h i -

a l t e s, ihnen zuerst auf dem Helikon dargebracht haben sollen. Man glaubte nämlich, dass im Gewitter ein Opfer dargebracht werde. Diese h i m m l i s c h e n Sängerinnen, die Töchter des Uranos oder des Zeus, des Himmelsgottes im eigentlichen Sinne, haben bei den Hellenen als Gottheiten des Gesanges und der Dichtung eine schöne Entwicklung gefunden. Sie sind nach der gewöhnlichen Sage Töchter des Z e u s und der M n e m o s y n e, der Göttin der E r i n n e r u n g und des G e d ä c h t n i s s e s, in welchem Sinne, ist schon bemerkt worden (S. 53). Neun Nächte lang umarmte Zeus die Mnemosyne, als er die Musen mit ihr erzeugte. Ihr Gesang ertönt zum Preise der Götter; sie singen allein oder im wechselnden Gesange mit Apollon (S. 200), der in der Folge ihr Führer, M u s a g e t e s, ward, und wenn sie singen, dann lacht der Palast des donnernden Zeus; es hallt der Gipfel des Olympos und der Sitz der Unsterblichen. Aber sie lassen sich auch zu den Menschen herab und gießen auf die Lippen desjenigen, welchem sie günstig sind, den Tau der sanften Überredung aus; sie geben ihm Weisheit, Recht zu sprechen, Zwist zu schlichten, und machen ihn unter seinem Volke berühmt. Den Dichter aber lehren sie selber auf Bergeshöhen und im einsamen Tale die göttlichen Gesänge, welche Jedem, der sie vernimmt, die Sorgen und den Kummer aus der Brust verscheuchen. Gesang, Tanz und Musik sind das eigentliche Geschäft der Musen. Aber mit der Entwicklung dieser Künste ist jeder einzelnen Muse des g a n z e n C h o r s d e r n e u n M u s e n eine besondere Beschäftigung zuerteilt. Die vielfache Zahl bezeichnet die Harmonie jener schönen tönenden und redenden Künste, welche verschwistert Hand in Hand gehen und nicht zu scharf voneinander abgesondert werden müssen. So stellt auch in den Abbildungen eine jede einzelne Muse die übrigen in sich dar. K a l l i o p e ist die Muse des Heldenliedes, der epischen Dichtkunst, K l i o die Muse der nach hellenischen Begriffen im Ursprung der epischen Erzählung verwandten Geschichte, M e l p o m e n e die tragische, T h a l i a die komische Muse; P o l y h y m n i a, die hymnenreiche, ist die Muse des religiösen, gottesdienstlichen Gesanges, welcher mit mimischen Darstellungen der mythischen Göttergeschichten verknüpft war; U r a n i a s Blick gen Himmel misst und umfasst den Lauf der Sterne; die übrigen drei, E u t e r p e, T e r p s i c h o r e und E r a t o, teilen sich in Musik,

Gesang und Tanz. E u t e r p e spielt die Flöte; T e r p s i c h o r e tanzt; E r a t o singt der Liebe süße Lieder. – Die älteste Stätte der Verehrung der Musen war P i e r i a , eine Gegend am Olymp, wo die T h r a k e r , ein gesangliebendes Volk oder eine Sängerzunft, waren und wohin der Geburtsort der Musen versetzt wurde. Von dieser Landschaft hießen sie die P i e r i s c h e n Göttinnen. In dieser Gegend lagen auch zwei Ortschaften, L i b e t h r o n und P i m p l e a , und ebenso war dort eine heilige Quelle P i m p l e a , die in immerwährender Fülle sich ergoss und den Musen heilig war, auf deren Lippen nie der Strom des preisenden Gesanges und der süßen Rede versiegte. Dort war auch die Heimat des mythischen Sängers O r p h e u s . Andere berühmte Kultusstätten der Musen sind die Berge H e l i k o n , P a r n a s s o s und P i n d o s . Am Helikon entsprang neben dem Hain der Musen die Quelle A g a n i p p e und am Gipfel des Berges vom Fußtritt des Pegasos die begeisternde H i p p u k r e n e (S. 144). Am Fuße des Parnassus strömte die K a s t a l i s c h e Q u e l l e . – Was die Abbildung der Musen betrifft, so findet man sie am öftersten dargestellt mit einer S c h r i f t r o l l e , mit zwei F l ö t e n oder mit einer L e i e r in der Hand. Die Pergamentrolle bezeichnet die K l i o als Muse der Geschichte; K a l l i o p e als die Muse des Heldengedichts hat Griffel und Schreibtafel.

M e l p o m e n e , die tragische Muse, wird an der tragischen, T h a - l i a , die komische Muse, an der komischen Larve erkannt. P o l y - h y m n i a ist verschleiert, mit ernstem Blicke. Bei der Flöte denkt man sich die E u t e r p e als die Muse der Tonkunst und bei der Leier die E r a t o als die Muse der Liebe einflößenden Gesänge. T e r p s i - c h o r e , die Muse der Tanzkunst soll sich durch eine tanzende Stellung unterscheiden. U r a n i a zeichnet sich durch die Himmelskugel und ihren gen Himmel gehobenen Blick aus. Die Darstellungen der Musen sind indes im Altertum schwankend, indem die Einbildungskraft der Alten sich dabei freien Spielraum ließ. Man sieht auf alten Marmorsärgen die versammelten Musen auf mehr als einerlei Art und in abwechselnden Stellungen. Auch A p o l l o n a l s M u s a g e t e s ist oft mit den Musen dargestellt und zwar gewöhnlich bekleidet, in einem langen, fast weiblichen Gewande, der bei den Alten gebräuchlichen Feiertracht der Sänger. Auf einem alten Denkmal ferner ist eine

S e i r e n e dargestellt, bis auf die Mitte des Leibes wie eine Jungfraum, nach unten zu wie ein Vogel gestaltet, mit großen Flügeln auf dem Rücken, zwei Flöten in den Händen und sich betrübt nach der Muse umsehend, welche, stolz auf ihren Sieg mit der einen Hand den Flügel der Seirene hält, indes sie mit der anderen ihr die Federn ausrupft.

Auf dem Holzschnitt ist nach einer schönen antiken Gemme eine Muse abgebildet, welche vor einer auf einer Säule stehenden Statuette ihre Leier stimmt. Letztere ist für eine Aphrodite gehalten – wo dann die Muse Liebeslieder anstimmen will und als E r a t o genauer zu bestimmen wäre, – aber auch für ein Apollon. In neuester Zeit ist jedoch die Muse in Berücksichtigung des entblößten Oberkörpers für eine menschliche Kitharspielerin erklärt.

Den H o r e n, heißt es im Homer, ist das Amt übertragen, das Himmelstor durch Wolken zu schließen und zu öffnen, und ferner: es gedeihen die Früchte, wenn sie, des Zeus' Horen, schwer von oben herabströmen. Schon aus diesen Andeutungen schimmert die ursprüngliche Auffassung derselben als Wolkengöttinnen durch, die sich auch im Kultus derselben, unter anderen in Athen, darin ausspricht, dass man zu ihnen beim Opfern betete, sie möchten die austrocknende Hitze und Dürre vertreiben und mit angemessener Wärme und mäßigem Regen die Früchte zur Reise bringen, also als Wolken erscheinen und Regen spenden. Wenn es ferner beim Pindar heißt, dass der Frühling mit seinen Blumen und Blüten erschiene, wenn sich das Gemach der Horen öffne, so ist unter diesem Gemache gleichfalls die Wolke zu verstehen. Dasselbe ist der Fall, wenn es von einem lieblich duftenden Gegenstand hieß, er sei in der Q u e l l e d e r H o r e n gebadet, d.h. in dem himmlischen Nass der Wolke, das auf Blumen und Blüten herunterströmend neue und frische Wohlgerüche denselben sich ergießen lässt. Mit der Anschauung der Wolke als einer himmlischen Blume hängt es gleichfalls zusammen, dass die H o r e n die Liebesgöttin Aphrodite mit Narkissen schmücken und dass sie, wenn Apollons milde Herrschaft in der Natur beginnt, mit den C h a r i t e n bei den Klängen seiner Lyra tanzen. Auch sind sie als Wolkengöttinnen Ammen und Dienerinnen der Hera, nähren und pflegen die Götter der Fruchtbarkeit D i o n y s o s und H e r m e s und sind selber die Göttinnen, welche Blüte und Frucht zeitigen, weshalb in Athen zwei H o r e n , T h a l l o und K a r p o , die Blüten- und die Fruchtgöttin, verehrt wurden. Wenn die Horen in ihrem mythischen Ursprunge anderen göttlichen Wesen ähnlich sind, so hat doch ihre weitere Entwicklung einen charakteristischen Weg genommen, und auch sie können zum Beweise dienen, welche Fülle der verschiedensten Beziehungen die Hellenen aus ursprünglich verwandten mythischen Anschauungen zu entwickeln wussten. Man fasste nämlich an diesen Göttinnen der Wolken und dann der durch dieselben gedeihenden Blüten und Früchte das Regelmäßige ihrer Wirksamkeit besonders auf, was sich schon in dem Öffnen und Verschließen der Himmelstore oder der regelmäßigen Aufeinanderfolge des wolkenbefreiten und bewölkten Himmels ausspricht. So wurden die Horen zu G ö t t i n n e n d e s r e g e l m ä ß i g e n N a t u r l a u f e s i n d e r W i t t e r u n g , d e r w e c h s e l n d e n J a h r e s z e i t e n , worauf sich aller Natursegen gründet. Aus diesen Göttinnen der friedlichen Ordnung in der Natur sind dann, indem man sie in Beziehung zum sittlichen Leben setzte, die beim Hesiod erwähnten H o r e n hervorgegangen, welche sich uns als die Mächte der gesetzmäßigen Bewegung des s i t t l i c h e n Lebens kundgeben, und die zur Mutter die Göttin der Satzungen und der Gerechtigkeit, die T h e m i s , haben. Sie heißen E u n o m i a oder die Göttin der guten gesetzlichen Ordnung, D i k e , die Göttin des Rechts, E i r e n e , die Göttin der Eintracht und des Friedens. Wo auf dem Grunde einer guten gesetzlichen Ordnung das Recht gehandhabt wird, da herrscht Eintracht und Friede, und wo diese sittlichen Mächte herrschen, da erblüht Glück und Frieden. Als nachgeborener Mythos ist wahrscheinlich zu betrachten, dass die Horen auch als G ö t t i n n e n   d e r   w e c h s e l n d e n   S t u n d e n gefasst werden und als solche jeden Morgen die Rosse an den Sonnenwagen spannen.

Die Figur auf dem hier beigefügten Holzschnitt ist nach Moritz eine tanzende Hore mit Palmblättern auf dem Haupte, die Winkelmann der Früchte wegen für eine Hore des Herbstes erklärt; auf den beiden anderen Seiten des dreiseitigen Marmordenkmals seien die Horen des Frühlings und des Winters dargestellt. Nach Anderen ist dieselbe dagegen eine Tänzerin im Dienste einer Gottheit (eine Hierodule), mit einem Kopfschmuck von Schilf.

D i e   C h a r i t e n (Grazien) sind nach der gewöhnlichen Überlieferung Töchter d e s   Z e u s   u n d   d e r   E u r y n o m e , einer Tochter des O k e a n o s , also einer Meergöttin, ursprünglich einer Göttin des himmlischen Gewässers der Wolke. Dies letztere ist noch darin angedeutet, dass sie den verstoßenen Blitzgott Hephaistos in ihren Schoß aufnahm und verbarg: in dem Wolkengewässer ist der Blitz geborgen. Auch bezieht sich vielleicht auf diese ihre Bedeutung, dass sie eine Gemahlin des O p h i o n , des Schlangenmannes, ursprünglich der Blitzesschlange, genannt wird. Ferner erzählt P a u s a n i a s , bei P h i - g a l i a sei ein altes, schwer zugängliches, von Zypressen umgebenes Heiligtum der Eurynome; nur einmal im Jahre an einem bestimmten

Tage werde es geöffnet, und von Seiten des Staates wie der Einzelnen würden ihr dann Opfer dargebracht; das alte Bild der Göttin im Tempel sei mit goldenen Ketten umwunden und halb Fisch- halb Weibsgestalt. Ohne Zweifel lag der Gestaltung dieses Kultus, wie des Bildes eine uralte Tradition zugrunde. Sieht man nun auf das Fischelement in den Mythen anderer Völker, so treffen wir den Glauben bei mehreren an, dass im Gewitter ein Fischfang vor sich gehe und die Wolke, als Fisch vorgestellt, von dem Blitz in seinem Netze gefangen werde; auf dieses Blitznetz deuten noch die goldenen Fesseln. Nun waren also die Chariten Töchter dieser Gewitterwolkengöttin, und wirklich war eine Sage in Orchomenos, die ältesten Bilder dieser Göttinnen seien S t e i n e und diese seien vom Himmel gefallen. Nehmen wir noch hinzu, dass auf dem Wege von Sparta nach Amyklai ein Tempel zweier Chariten stand, welche K l e i t a und P h a e n n a , Schall und Lichtglanz, hießen, so können wir mit Grund vermuten, dass auch die Chariten ursprünglich Gewitterwesen waren, deren Kult in Orchomenos noch auf dem Glauben beruhte, dass im Niederschlagen des Blitzes Steine auf die Erde herabgeschleudert würden. Hephaistos, der Gewitterschmied, hatte nach einer Sage (S. 160) eine C h a r i s zur Gemahlin, von welchem Bunde eine spätere Zeit, die nur das entwickeltste Wesen vor Augen hatte, erst sagen konnte, es sei dadurch die Vermählung von Kunst und Anmut ausgesprochen, während die ursprüngliche Naturbedeutung nach dem Bisherigen nicht zweifelhaft sein kann. Den Ansatz zum Übergang in Göttinnen der Fruchtbarkeit aus Gewitterwesen sehen wir im Kult der zwei Chariten A u x o , der Wachstumehrerin, und H e g e m o n e , der zum Ziel, zur Reife geleitenden, welche in Athen verehrt wurden. Ihre letzte Entwicklung zu Göttinnen der A n m u t vermittelte sich endlich in der Weise, dass sie die im Gewitter erzeugten und nach roher Auffassung als Steine vom Himmel gefallenen Wesen sind, die nach dem Gewitter, wenn die Natur sich wieder beruhigt hat, Heiterkeit und Lust, Schönheit und Anmut über dieselbe verbreitet haben, weshalb eine Sage von ihnen meldete, sie seien Töchter des H e l i o s und der A i g l e , der Sonne und des Glanzes, also des Sonnenglanzes, in welchem die Natur nach einem Gewitter verjüngt wieder pranget. So sind sie also im menschlichen Leben Göttinnen, welche dort herrschen, wo von dem Einzelnen wie von einem geselligen Ganzen uns glänzende Luft und Freude, Anmut und Heiterkeit entgegenstrahlen. Gesellige Lust, Freude und Frohsinn bezeichnen auch ihre besonderen Namen A g l a i a , T h a l i a und E u p h r o - s y n e . Es waren ihnen allenthalben Tempel und Altäre errichtet; um ihre Gunst flehte jedes Alter und jeder Stand; ihnen huldigten Künste und Wissenschaften; auf ihren Altären zündete man täglich Weihrauch an; bei jedem frohen Gastmahle waren sie die Losung, und man nannte mit Ehrfurcht ihre Namen. Dem Eros und den Musen, der Aphrodite und dem Dionysos wurden sie zugesellt. Oft hatten sie mit dem Eros, öfter noch mit den Musen gemeinschaftlich einen Tempel; sie umgaben selbst Zeus´ Thron; im Himmel und auf Erden erkannte man ihre Herrschaft an und huldigte ihrem Einfluss, ohne welchen die Schönheit selber zum toten Gemälde wird. Denn durch die Chariten, in tanzender Stellung abgebildet, wird vorzüglich der R e i z d e r B e w e g u n g in Gang, Geberden und Mienen ausgedrückt, wodurch die Schönheit am meisten die Seele fesselt. Hand in Hand geschlungen bezeichnen sie jede sanfte Empfindung des Herzens, die in Zuneigung, Freundschaft und Wohltun sich ergießt. Auf dem Holzschnitte nach einer antiken Gemme sind die drei Chariten in gegenseitiger Umarmung.

Die Unbekleidete legt beide Hände auf die Schwestern; von den beiden leicht Bekleideten hält in der freien Hand die Eine einen Zipfel ihres Gewandes, die Zweite einen Zweig.

Vierter Abschnitt

Die Heroensagen oder die Sagen von dem

götterähnlichen Menschengeschlecht.

G ö t t e r und H e r o e n sind ursprünglich aus einer mythischen Wurzel erwachsen und erst in einer langen Entwicklung des Volksglaubens zu jenen, voneinander ihrem Wesen nach verschiedenen, hehren und schönen Gestalten gebildet worden, wie wir sie aus Mythos und Sage, aus der Dichtung und bildenden Kunst der Hellenen kennen. Wenige Naturerscheinungen, wie Gewitter, Sturm, Regen, Regenbogen, das Wandeln der Gestirne u.a., kurz die Vorgänge am Himmel und im Luftmeer waren ursprünglich die Gegenstände des mythischen Glaubens und der kindlichen Bewunderung des Volkes, soweit wir dies wenigstens bei den indogermanischen Völkerstämmen verfolgen können. In allen diesen Vorgängen sah die gläubige Volksphantasie eine Menge Wesen tätig, die ganz nach dem Bild des irdischen Tuns und Treibens miteinander lebten und verkehrten, die aber nach dem Volksglauben, weil die Erscheinungen so mächtig und gewaltig ihre Wirkungen äußerten, auch diese entsprechenden Kräfte besaßen, und denen der Glaube bald Gestalten, aber meist in riesiger Größe, aus dem Pflanzenreiche, bald aus dem Tierreiche, bald die eigene menschliche Gestalt lieh. Zu diesen E l e m e n t a r g e i s t e r n trat aber von Anfang an, auf dem Grunde des Glaubens an eine Fortdauer der Seele nach dem Tode, die Schar d e r G e i s t e r d e r V e r s t o r b e n e n, d e r h e i m g e g a n g e n e n V ä t e r, die der einfache Volksglaube miteinander in Verbindung treten ließ, ohne sie bestimmt zu unterscheiden. So bildete sich eine zahlreiche, sich immer erneuernde Menge dämonischer Wesen, die wie eine geheimnisvolle Welt von

Geistern im Himmel und im Luftkreis den Menschen umgab, und diese Wesen waren die Vorbilder der großen Götter, der Nebengottheiten und der Heroen, die sich alle aus ihnen bis zu fest ausgeprägten Gestalten entwickelten. Indem nämlich einige derselben durch ihren Kultus eine solche Bedeutung bekamen, dass sie als große, nationale Gottheiten galten, sanken andere immer mehr zu Sterblichen herab, und immer mehr nahm das Streben überhand, das Leben, die Kämpfe, kurz das ganze Tun und Treiben dieser Wesen an irgendeine Örtlichkeit des Landes zu heften oder die Mythen zu lokalisieren, womit der Glaube an das ursprüngliche Lokal am Himmel und im Luftkreis sich immer mehr verlor. So knüpften sich denn überall an jeden Punkt des Landes Sagen von Kämpfen riesiger und wunderbarer Wesen, und als dann die Zeit des Heldenalters der Nation kam, die Zeit, wo das Volk sich allmählich aus der Rohheit und Unbildung durch eigene Anstrengung herausarbeitete und also der dämmernde Anfang der Geschichte begann, da wurden gar bald mit jenen ursprünglichen Göttermythen von Kämpfen und Verfolgungen die eigenen historischen Traditionen von den Heldentaten des Volkes und seiner Führer verbunden, und es entwickelten sich die Heroensagen, die in den großen epischen Gedichten der Nation sich zu bestimmten Ganzen oder Kreisen zusammenschlossen. Wir können demnach zweierlei Arten Heroen unterscheiden, einmal die halbgöttlichen Ortsheroen, die einen bestimmten lokalen Kult hatten und mit der Zeit sich noch vermehrten, einer früheren Epoche der mythischen Entwicklung angehörig, und dann die entwickeltste Gattung der Heroen, die epischen Heroen oder die nationalen Helden der epischen Dichtung. Die ursprüngliche Ähnlichkeit der Heroen mit göttlichen Wesen, den Elementargeistern oder den seligen Geistern der Verstorbenen, ist noch in den uralten, bei Hesiod aufbewahrten, oben schon erwähnten Traditionen (S. 115) angedeutet. Heroen und Dämonen leben beide im Luftkreis, diese nach Hesiod, jene nach Pythagoras; die Dämonen sind mit Kronos im Himmel, die Heroen mit ihm auf den Inseln der Seligen. Auch sind beide, Heroen und Dämonen, Wohltäter, Schützer und Schirmer des Volkes und des Landes. Was insbesondere die epischen Heroen betrifft, mit denen wir es vorzugsweise zu tun haben, so galten sie in dem Bewusstsein des hellenischen Volkes als götterähnliche, göttergleiche, von Göttern abstammende Menschen, die man als die Helden der Vorzeit rühmte, kühne Recken, die, vom Heldendrange beseelt und begünstigt durch irgendeine Gottheit, auf abenteuerliche Kämpfe auszogen, die aber zugleich auch heldenmütig für Land und Leute sich manchen Gefahren und Leiden unterzogen und also dem Volke die Bahn zur Freiheit und Gesittung brachen. Von riesenhafter, edler, schöner Gestalt, waren sie zugleich mit Zauber- und Wunderkräften ausgestattet. Als Nestor, welcher zwei Menschenalter durchlebt hatte und nun schon im dritten über Pylos herrschte, vor Troja den Streit des Achilles und des Agamemnon zu schlichten suchte, so leitete er seine Rede mit der Erinnerung ein, dass er mit s t ä r k e r e n   M ä n n e r n gelebt habe, als das jetzige Zeitalter sie hervorbringe, mit einem K a i n e u s , D r y a s ,   P e i r i t h o o s und T h e s e u s , mit denen niemand von den jetzigen Menschen es wagen würde, sich in einen Wettkampf einzulassen, und dass diese dennoch ihn gehört und seinen Rat befolgt hätten; Achilles und Agamemnon möchten dieser wegen ein Gleiches tun. So schilderte Nestor die Helden vor dem Trojanischen Krieg, und der Dichter der Jliade selber schildert wiederum die Helden im Trojanischen Krieg, wie sie die Menschen seinerzeit an Stärke übertrafen. Hektor, sagt er, ergriff einen Stein, den zwei der stärksten Männer zu unseren Zeiten nur mit Mühe vom Boden auf den Wagen zu heben vermöchten; den schleuderte Hektor mit leichter Mühe gegen das Tor der griechischen Mauer, dass mit einem Mal die Türen aus ihren Angeln sprangen.

Argivische und Korintische Sagen.

Perseus. Um des Perseus irdische Abstammung zu verfolgen, steigen wir bis zum a l t e n   I n a c h o s hinauf, mit dessen Tochter I o   Z e u s in Ägypten den E p a p h o s erzeugte. Die königliche Tochter des Epaphos, L i b y a , gebar von Poseidons Umarmung den B e l o s und A g e n o r .   B e l o s erzeugte den D a n a o s und A i g y p t o s . D a n a o s schiffte nach Griechenland, um seine Ansprüche auf das von seinem Ahnherrn Inachos ihm angestammte Königreich Argos gegen den G e l a n o r, der damals diese Gegend beherrschte, zu behaupten. Das Volk sollte den Ausspruch tun, und während es noch unschlüssig war, fiel ein Wolf in eine Herde von Kühen und besiegte den Stier, der sie verteidigte. Diese unvermutete Erscheinung nahm man von den Göttern als ein Zeichen an, dass der Fremde und nicht der Einheimische herrschen solle; man schrieb das Zeichen dem wahrsagenden Apollon zu, welchem Danaos wegen Sendung des Wolfes unter dem Namen des l y k i s c h e n A p o l l o n einen Tempel erbaute. Danaos lehrte die Argiver Brunnen graben und größere und bequemere Schiffe bauen. Nach der alten Sage hatte er fünfzig Töchter, sowie sein Bruder Aigyptos fünfzig Söhne. Diese kamen nach Griechenland, um mit den Töchtern des Danaos sich zu vermählen. Dem Danaos aber war geweissagt worden, dass einer seiner Tochtermänner ihn der Herrschaft entsetzen würde. Daher befahl er seinen Töchtern, die sich mit den Söhnen des Aigyptos vermählten, ihre Männer in der ersten Nacht zu ermorden, welches sie taten, bis auf die H y p e r m n e s t r a, die mit ihrer eigenen Gefahr den L y n k e u s, ihren geliebten Gatten entfliehen ließ. Eine, sagt ein Dichter aus dem Altertum, eine unter vielen, ihres geliebten Jünglings wert, hinterging mit glorreicher List des Vaters Grausamkeit, und ewig glänzt ihr Ruhm. Steh´ auf, rief sie dem schlummernden Gatten zu, damit nicht, ehe du es vermutest, ewiger Schlaf dich drücke! Flieh meinen Vater und meine blutdürstigen Schwestern, die ihre Männer wie Löwinnen zerreißen. Mein Herz ist aus weicherem Stoff. Dich töten kann ich nicht und werde dich nicht in diesen Mauern gefangen halten. Mag mein Vater mich mit schweren Ketten belasten, weil ich mitleidsvoll des Gatten schonte, oder mag er mich in die ödeste Wüste verjagen. Gehe, wohin dich Füße und Winde tragen, so lange Aphrodite und die Nacht dich schützt; geh´ unter glücklichen Zeichen und ätze, meiner eingedenk, der einst auf meinen Grabstein deine Klage um mich! – Lynkeus entfloh, aber er kehrte wieder. Denn Danaos wurde mit seiner Tochter ausgesöhnt, und von dem treuen Paare L y n k e u s und H y p e r m n e s t r a stammten P e r s e u s und H e r a k l e s, die götterähnlichen Helden, ab. Die grausame Tat der übrigen Töchter des Danaos blieb nicht ungestraft; sie mussten noch in der Unterwelt für ihren Frevel büßen. – A b a s , ein Sohn des Lynkeus, herrschte nach seines Vaters Tode über Argos und hinterließ zwei Söhne, den P r o - i t o s und A k r i s i o s , die sich zu verschiedenen Zeiten einander die Oberherrschaft streitig machten. P e r s e u s war des Akrisios Enkel. A k r i s i o s befürchtete wieder Verderben von seinen Nachkommen. Ihm war geweissagt worden, dass einer seiner Enkel ihn töten würde. Er verschloss daher seine einzige Tochter, die D a n a e , in einen ehernen Turm, um die Weissagung zu vereiteln. Allein durch eine Öffnung in dem Dache senkte sich Zeus in einem goldenen Regen in D a n a - e n s Schoß hernieder und erzeugte mit ihr den Perseus, welchen Akrisios, sobald er geboren war, nebst der Mutter in einem zerbrechlichen Nachen den Wellen übergab. Die wohltätigen Meergöttinnen nahmen den Göttersohn mit seiner Mutter in den Schoß der Wasserwogen auf und ließen den Nachen an dem Strande der kleinen Insel S e r i p h o s im Ägäischen Meere landen, wo P o l y d e k t e s , der Beherrscher der Insel, Mutter und Kind aufnahm und für die Erziehung des jungen Perseus sorgte. Und nun nahte die Zeit heran, wo die Ungeheuer, welche die Nacht oder das ungestüme Element aus seinem Schoße geboren hatte, von den aufkeimenden Helden besiegt und der Erdkreis von seinen Plagen befreit werden sollte. Die erste und kühnste Tat, welche Perseus, sobald er die angestammte Götterkraft in sich fühlte, unternahm, war, das Verderben bringende, versteinernde Haupt der M e d u s a von ihrem Körper zu trennen und dieser Schreckensgestalt sich selber zu bemächtigen. Mit dem unsichtbarmachenden Helm des A ï d e s , den Flügeln des H e r m e s und dem Schilde der A t h e n a von den Göttern selber ausgerüstet, unternahm er die kühne Tat mit weggewandtem Blick, indem er das Bild der schlummernden Medusa erst in dem Spiegel seines Schildes sah und Athena unsichtbar den Arm ihm lenkte, damit er nicht seines Zieles verfehlte. Als nun Perseus den tödlichen Hieb vollführt hatte, so seufzten und ächzten S t h e n o und E u r y a l e , die beiden unsterblichen Schwestern der Medusa, so laut über diesen Anblick, und das Zischen der Schlangen auf ihren Häuptern tönte so kläglich in ihr Ächzen, dass Athena, dadurch gerührt, eine Flöte erfand, wodurch sie die Vorstellung dieser traurigen Töne, durch verschiedene Arten des Schalls sie nachahmend, wieder zu erwecken suchte. Mit dem P o s e i -

d o n hatte Medusa das Heiligtum der Athena entweiht; darum hatte diese ihren Tod beschlossen. Dessen ungeachtet sprang, vom Poseidon erzeugt, der geflügelte Pegasos aus ihrem Blute hervor, der auf den Befehl der Götter die Überwinder der Ungeheuer, den P e r s e u s und nach ihm den B e l l e r o p h o n, trug. Mit dem versteinernden Haupte in der Hand schwebte nun Perseus über Meer und Länder. Den A t l a s, der ihm den Zugang zu den Gärten der Hesperiden versagte, verwandelte er durch den Anblick des Medusenhauptes in ein G e b i r g e, das nachher stets den Namen dieses Sohnes des Japetos führte. – Nach dieser ersten Ausübung seiner Macht, die ihm der Besitz des Hauptes der Medusa verlieh, sah Perseus, auf die Phönizische Küste hinunterblickend, ein Mädchen an einen Felsen geschmiedet, und ein Ungeheuer, sie zu verschlingen, aus dem Meere aufsteigend, indes die Eltern verzweiflungsvoll die Hände ringend am Ufer standen. Perseus stürzte sich auf das Ungeheuer nieder, das gerade seinen Raub zu verschlingen im Begriffe war und befreite die schöne A n d r o m e d a, welche, den Zorn der beleidigten Gottheit über die Vermessenheit ihrer Mutter zu versöhnen, als ein schuldloses Opfer dastand. Denn K a s s i o p e i a, die Mutter der Andromeda und Gemahlin des K e p h e u s, Königs der Aithiopen, hatte es gewagt, den mächtigen N e r e ï d e n an Schönheit sich gleich zu schätzen, und nun verheerten Plagen das Land, die nach dem Orakelspruch des Zeus Ammon nicht eher aufhören sollten, bis Andromeda, von einem Seeungeheuer verschlungen, den Frevel der Mutter gebüßt hätte. Die Eltern der Andromeda, welche selber Zeugen ihrer Rettung waren, vermählten mit Freuden dem edlen Perseus ihre Tochter. P h i n e u s aber, des Kepheus Bruder, dem Andromeda vorher versprochen war, trat bei dem Vermählungsfeste mit bewaffneten Männern in den Hochzeitssaal und drang wütend auf den Perseus ein, den nur das Haupt der Meduse retten konnte, indem er seinen Freunden zurief, ihr Antlitz hinwegzuwenden, und den Phineus mit seinem Gefolge versteinerte. Nach diesen Taten führte Perseus seine Vermählte nach S e r i p h o s, wo er den Polydektes und seine Mutter wiedersah. Gegen den Polydektes selber, der ihm aus Furcht nach dem Leben trachtete, musste er das versteinernde Haupt der Meduse kehren, und dieser musste, in Fels verwandelt, für seinen feigen Argwohn büßen.

Da nun Perseus erfuhr, dass sein Ahnherr A k r i s i o s von P r o i t o s seines Reiches beraubt sei, so eilte er großmütig, statt sich zu rächen, mit seiner Mutter und seiner Vermählten nach Argolis, um den Akrisios in sein Reich wieder einzusetzen. Er überwand und tötete den Proitos und übergab dem Akrisios wieder die königliche Würde, der nun in seinem gefürchteten Enkel seinen Freund und Wohltäter voll Dank und Freude umarmte. Allein der tragische Ausgang lauerte dennoch im Hinterhalte; das Schicksal, welches mit den Hoffnungen der Menschen spielt, hatte bei diesem verführerischen Anschein die alte Drohung noch nicht zurückgenommen. Perseus, welcher wusste, wie sehr Akrisios an der Geschicklichkeit seines Enkels in jeder Leibesübung sich ergötzte, wollte ihm eines Tages von seiner Fertigkeit eine Probe ablegen. Die unglückselige Wurfscheibe fuhr aus der starken Hand und flog, wie vom bösen Dämon gelenkt, dem Akrisios an das Haupt, der tot darnieder sank. Hierüber brachte Perseus seine übrigen Tage in Schwermut zu, indem er unverschuldet sich dennoch einen Vatermörder schalt. Der Aufenthalt in Argos ward ihm unerträglich. Er bewog den Sohn des Proitos zu einem Tausche seiner Länder, und als er Argos verlassen hatte, so fand er auch in Tiryns, der Hauptstadt des anderen Reiches, noch keine Ruhe, sondern baute, um des Vergangenen so wenig wie möglich sich zu erinnern, die neue Stadt M y k e n a i . Das Haupt der Medusa wurde von Perseus der A t h e n a geweiht, die es in die mächtige A e g i d e , ihren leuchtenden Schild, versetzte, wo es ein bedeutendes Symbol ihrer furchtbaren Macht und der z u r ü c k s c h r e c k e n d e n   K ä l t e , als des Hauptzugs in ihrem Wesen, wurde. P e r s e u s selber und die Hauptpersonen aus seiner Geschichte, A n d r o m e d a , K a s s i o p e i a u.s.w. sind in den Dichtungen der Alten unter die Gestirne versetzt, welche noch jetzt diesen Namen führen. Unter den Kindern, welche Perseus mit der Andromeda erzeugte, war A l k a i o s , der Vater des A m p h i t r y o n , der mit der Mutter des Herakles vermählt war. E l e k t r y o n war der Vater der A l k m e n e , die mit dem Amphitryon vermählt war und von Zeus den Herakles gebar. Ein dritter Sohn, namens S t h e n e l o s , war der Vater des E u r y s t h e u s , der Mykenai beherrschte und welchem Herakles dienen musste. Obgleich dem Perseus auch an einigen Orten Tempel und Altäre errichtet waren und er der älteste unter den berühmten Helden der Vorzeit ist, so war dennoch der glänzendste Ruhm dem Herakles aufgespart, der die größten Mühseligkeiten des Lebens trug und, vom Hass der Hera von Kindheit an verfolgt, sich endlich durch ausharrende Geduld den Weg zur Unsterblichkeit und zum Sitz der Götter bahnte. Des Perseus Ruhm und Taten wurden durch Alkmenes Sohn verdunkelt, dem man allenthalben Tempel und Altäre erbaute und ihn, nachdem er seine Laufbahn auf Erden, mit Ruhm gekrönt, vollendet hatte, den G ö t t e r n   d e s   H i m m e l s zugesellte. Die Heldenrolle des Perseus aber ist liebenswürdiger und hat bei ihrem grauen Altertum viel Ähnlichkeit mit dem Rittermäßigen der neueren Zeiten. Eine schöne und bedeutende Abbildung des Perseus nach einem antiken geschnittenen Steine befindet sich auf dem beifolgenden Holzschnitt, wo er stehend dargestellt ist, das Schwert in der rechten Hand, d a s   H a u p t   d e r   M e d u s a   m i t d e r   L i n k e n   b e h u t s a m   a u f   d e m   R ü c k e n   h a l t e n d.

Diese Darstellung fasst gleichsam die ganze Dichtung von dem Haupte der Medusa in sich, weil sie am deutlichsten die furchtbare Kraft desselben bezeichnet, wodurch der Held, der dessen Anblick selbst vermied und es nur gegen seine Feinde kehrte, unüberwindlich war.

B e l l e r o p h o n. Eben der P r o i t o s, den sein Bruder A k r i - s i o s des Reichs entsetzt hatte und der zuletzt von Perseus, dem Enkel des Akrisios, überwunden und getötet ward, gab auch dem Bellerophon, durch einen falschen Verdacht gereizt, den ersten Anlass zu seinen Heldentaten. Bellerophon war nämlich ein Enkel des S i s y - p h o s , welcher Korinth erbaute und selbst ein Urenkel des nach der Vertilgung der Menschen durch eine vom Zeus geschickte g r o ß e F l u t allein mit seiner Gemahlin P y r r h a geretteten D e u k a l i o n und ein Sohn des A i o l o s war, von dem der A i o l i s c h e Helden-stamm in manchen Zweigen der fürstlichen Geschlechter Griechen-lands sich ausbreitete. Wegen einer Mordtat musste Bellerophon aus Korinth entfliehen und nahm zu Proitos seine Zuflucht, der damals über Argos herrschte und sein Verbrechen aussöhnte. Des Proitos Ver-mählte war A n t e i a , eine Tochter des Königs J o b a t e s in Lykien. Eine zärtliche Leidenschaft, die sie gegen den Jüngling fasste und wel-che dieser standhaft von sich wies, verwandelte sich in Hass. Sie for-derte selbst den Proitos zur Rache gegen den Bellerophon auf, den sie mit schwarzem Trug beschuldigte, dass er sie zur Untreue habe ver-leiten wollen. Dem Proitos waren die Rechte der Gastfreundschaft zu heilig, als dass er selbst den Bellerophon hätte töten sollen; er schickte ihn nach Lykien zum Jobates, dem Vater der Anteia, mit einem Briefe, welcher den Auftrag enthielt, an dem Überbringer das ihm angeschul-digte Vergehen durch dessen Tod zu rächen. Allein Jobates las erst die-sen Brief, nachdem er den Bellerophon schon gastfreundlich bewirtet hatte, und scheute sich ebenfalls, in ihm das h e i l i g e G a s t r e c h t zu verletzen; er stellte daher den Tod des Fremden dem Zufall anheim, indem er ihn zu den gefahrvollsten Unternehmungen sandte, wobei sein Untergang unvermeidlich schien.

Unter den Ungeheuern, die von dem Phorkys und der schönen K e t o abstammen und wovon die schreckliche G o r g o schon von Perseus überwunden ist, tritt nun die feuerspeiende C h i m a i r a , mit dem Kopfe des Löwen, dem Leibe der Ziege und dem Schweif des Drachen, in dieser Sage auf, um Bellerophons Heldenmut zu prü-fen und von des Sisyphos tapferem Enkel besiegt zu werden, zu wel-cher Tat die Götter den P e g a s o s , der den Perseus trug, auch ihm gewährten. Aus den Lüften kämpfte er nun mit dem Ungeheuer, das er nach einem fürchterlichen Streite überwand. Aber nicht genug, dass Bellerophon die Chimaira, die Pest des Landes, überwunden hatte, musste er auch noch die Feinde des Jobates, die tapferen S o l y m e r

und die A m a z o n e n , bekriegen, und als er auch von dieser Unternehmung siegreich zurückkehrte, lauerte noch im Hinterhalte ein
Trupp von Lykiern auf ihn, die ihn ermorden sollten. Als er auch diese
schlug und der drohenden Gefahr aufs neue entging, so erkannte
Jobates endlich, dass der Held aus g ö t t l i c h e m   G e s c h l e c h t e
sei, vermählte ihm seine Tochter und teilte sein Königreich mit ihm.
Allein auch dieses Glück war nicht von Dauer. Als Bellerophon, seiner
Siege froh, sich einst mit dem geflügelten Pegasos in die Luft schwang
und sich dem Sitz der Götter nähern wollte, so stürzten ihn diese so
tief herab, als er hochgestiegen war; sie schickten eine Bremse, deren
Stich den Pegasos rasend machte, der hoch in der Luft sich bäumend
seinen Reiter abwarf. Der, welcher vorher ein Liebling der Götter
war, schien ihnen von nun an verhasst zu sein. Sein niederbeugender
Fall und Kummer über häusliches Unglück kürzten seine Tage; einsam, vor den Menschen verborgen, überließ er sich ganz der finsteren Schwermut, bis ihn sein Gram verzehrte. – Nach dem beigefügten
Holzschnitt beginnt B e l l e r o p h o n , aus dem Flügelross Pegasos
durch die Luft reitend, den Kampf mit der Chimaira, einem Löwen,
aus dessen Nacken Hals und Kopf einer Ziege sich erhebt und dessen
Schweif eine Schlange ist.

Der erste tragische Dichter der Griechen lässt den P r o m e t h e u s, der, an den Felsen geschmiedet, der unglücklichen Io seine Leiden klagt, die Geburt seines Befreiers, des Herakles, vorher verkündigen. Io, welche in eine Kuh verwandelt durch Heras Eifersucht auf dem ganzen Erdkreise in rasender Wut umher getrieben wurde (S. 185), kam nämlich auch in die einsame Gegend, wo Prometheus duldete, der alle ihre Schicksale ihr enthüllte und ihr kundtat, einer ihrer Nachkommen, der D r e i z e h n t e von ihr, werde sein Erretter sein. Die D r e i z e h n in ununterbrochener Geschlechtsfolge aber sind: Io, Epaphos, Libya, Belos, Danaos, Lynkeus, Abas, Akrisios, Danaë, Perseus, Alkaios, Alkmene, Herakles. Zwei der furchtbarsten Erzeugungen des Phorkys und der schönen Keto sind schon vom Perseus und Bellerophon überwunden; allein die größten Taten sind dem Herakles aufgespart, der Ungeheuer besiegen, Tyrannen beugen und selbst der Ungerechtigkeit des Donnergottes ein Ziel setzen muss, indem er den Prometheus, der für seine den Menschen erwiesene Wohltaten noch immer büßen musste, endlich befreit. In die irdische Abstammung des Herakles hatten die Moiren sein künftiges Schicksal schon verwebt; zum Herrscher geboren, wurde er durch die Macht der Fügung gezwungen, zu gehorchen und seine glorreichsten Taten auf den Befehl eines Schwächern, der ihn fürchtete, zu vollführen.

E l e k t r y o n, S t h e n e l o s, A l k a i o s, M e s t o r waren die Söhne des Perseus. Elektryon folgte dem Perseus in der Regierung zu Mykenai. Die Kinder des Alkaios waren A n a x o und A m p h i - t r y o n. Mit der Anaxo vermählte sich Elektryon, der zu Mykenai herrschte, und erzeugte mit ihr A l k m e n e, die Mutter des Herakles. Amphitryon, der Sohn des Alkaios, welcher wegen seiner Schwester Anaxo dem Elektryon nun doppelt verwandt war, lebte an dessen Hofe und hatte die sicherste Hoffnung, in der Regierung ihm zu folgen, weil Elektryon seine Tochter Alkmene, die nächste Erbin seines Reiches, mit dem Amphitryon zu vermählen schon fest beschlossen hatte. Allein schon schwebte der unglückliche Zufall näher, der dem Amphitryon seine Aussicht vereitelte und in der Folge auf das Schicksal des Herakles einen dauernden Einfluss hatte. T a p h i o s nämlich, ein Enkel des M e s t o r, eines Sohnes des Perseus, errichtete auf der Insel T a p h o s eine Pflanzstadt, deren Bewohner sich wegen der weiten Entfernung von ihrem Vaterlande auch T e l e b o e r nannten. Nach dem Tode des Taphios machte dessen Sohn und Nachfolger S t e r e l a o s wegen seiner Abstammung von Mestor, einem Sohne des Perseus, Ansprüche auf seinen Anteil an der Erbschaft von Mykenai und schickte seine Kinder dahin, um seine Forderung geltend zu machen. Als Elektryon sich weigerte, etwas herauszugeben, so verwüsteten die Söhne des Pterelaos mit ihrem Volke das Land und führten des Königs Herden hinweg. Die Söhne des Elektryon versammelten nun auch ein Heer und ließen sich mit den Söhnen des Sterelaos in ein Treffen ein, worin die Anführer von beiden Teilen umkamen, so dass von den Söhnen des Elektryon nur der einzige L i k y m n i o s, und von den Söhnen des Pterelaos nur der einzige E u e r e s übrig blieb. Elektryon, um den Tod seiner Kinder zu rächen, überließ seiner Tochter Alkmene und dem Amphitryon die Regierung mit dem Versprechen, dem Amphitryon seine Tochter zu vermählen, sobald er von den Teleboern siegreich zurückkehren würde. Er kehrte siegreich zurück und brachte auch die Herden wieder, welche die Feinde ihm geraubt hatten. Elektryon, nun seines Glückes gewiß, eilte ihm freudenvoll entgegen, und als von der wiedereroberten Herde eine Kuh entspringen wollte, warf Amphitryon mit einer Keule nach ihr und traf den Elektryon, welcher tot darnieder fiel. Dieser unglückliche Zufall war es, der den Amphitryon des Königreichs Mykenai beraubte und zugleich zu dem künftigen Schicksal des Herakles den ersten Grund enthielt. Denn obgleich die Tat des Amphitryon unvorsätzlich war, so lud sie doch den Hass des Volkes auf ihn. Sthenelos, der Bruder des erschlagenen Elektryon, bemächtigte sich daher mit leichter Mühe der Oberherrschaft über Mykenai, und Amphitryon flüchtete nach Theben, wohin ihm Alkmene folgte. K r e o n, der zu Theben herrschte, nahm beide in Schutz. Alkmene aber wollte sich mit dem Amphitryon nicht eher vermählen, bis er, um den Tod ihrer Brüder zu rächen, die Teleboer aufs neue bekriegt und den Pterelaos überwunden hätte. Amphitryon trat mit dem K e p h a l o s, H e l e i o s und einigen anderen benachbarten Fürsten in ein Bündnis, um die Inseln der Taphier oder Teleboer zu bekriegen. Pterelaos wurde besiegt, und Amphitryon schenkte die eroberten Inseln seinen Bundesgenossen, wovon die eine, welche noch jetzt Cefalonia heißt, von dem Kephalos ihren Namen Kephallene erhielt. Alkmenes Reize hatten indes den Donnergott von seinem hohen Sitz herabgezogen. In der Gestalt des Amphitryon, der nun siegreich zurückkehrte, genoß er ihrer Umarmung und verlängerte zu einer d r e i f a c h e n   D a u e r die Nacht, worin er den H e r a k l e s mit ihr erzeugte.

Unbeschadet der Ehrfurcht gegen das Göttliche und Erhabene benutzten die komischen Dichter der Alten diesen Stoff, indem sie das lächerliche Verhältnis des wahren Amphitryon gegen den Zeus in der Gestalt desselben auf der Schaubühne darstellten und beide darauf erscheinen ließen. Die komische Muse der Alten durfte es sich erlauben, in dergleichen kühnen Darstellungen selbst mit dem Donnergott zu scherzen, der zu den Töchtern der Sterblichen sich herabließ.

Dem Amphitryon, der auf Alkmene zürnte, gab Zeus endlich selber, um ihn zu besänftigen, seine Gottheit zu erkennen; und indes Alkmene nun zugleich mit dem Herakles und mit einem Sohne des wirklichen Amphitryon schwanger war und dem Sthenelos, der zu Mykenai herrschte, ebenfalls ein Sohn geboren werden sollte, ging Folgendes im Rate der Götter vor. An dem Tage nämlich, an welchem Herakles geboren werden sollte, sprach Zeus rühmend in der Versammlung der Götter: Heute, alle ihr Götter und Göttinnen, verkündige ich euch, wird aus dem Geschlechte der Menschen, das von mir abstammt, ein Held geboren werden, der über alle seine Nachbarn herrschen wird! Listen ersinnend sprach die holde Hera: ich zweifle dennoch an der Erfüllung deiner Worte, wenn du nicht mit dem underletzlichen Schwur der Götter schwörst, dass derjenige, welcher heute aus dem Geschlechte der Menschen, das von dir abstammt, geboren wird, über alle Nachbarn herrschen soll. Kaum hatte Zeus den unverletzlichen Schwur getan, als Hera den Olymp verließ und schon in Argos war, wo die Vermählte des Sthenelos erst im siebenten Monate mit dem E u r y s t h e u s schwanger ging, dessen Geburt die mächtige Hera schnell beförderte, obwohl die Zahl der Monden noch nicht voll war. Alkmenes Niederkunft aber hielt sie auf und kehrte nun triumphirend zum Olymp zurück. Nun ist schon der Held geboren, sprach sie zum

Zeus, der die Argiver beherrschen wird. Er ist aus dem Geschlechte der Menschen, das von dir abstammt; denn es ist Eurystheus, ein Sohn des Sthenelos, dessen Vater Perseus, dein Erzeuger, war. Keinem Unwürdigen ist also das verheißene Königreich beschieden. Da nun Zeus seinen Schwur nicht zurücknehmen und sich an der Hera nicht rächen konnte, so ergriff er die A t e oder die Schaden stiftende Macht, welche eine Tochter des Zeus u n d   s e l b e r   m i t   i n   d e r   R e i h e   d e r   G ö t t e r   w a r, bei ihrem glänzenden Haar und schleuderte sie vom Himmel zur Erde herunter mit dem unverbrüchlichen Schwur, dass sie nie zum Olymp zurückkehren solle. Seitdem wandelt sie über den Häuptern der Menschen einher und sät, wo sie kann, Verderben und Zwietracht aus; wenn daher Streitende sich versöhnten, so schoben sie auf die Ate den Anfang ihres Zwistes. – Das Schicksal selber hatte dem Herakles die härtesten Prüfungen zugedacht, welche Götter und Menschen nicht hintertreiben konnten. Eurystheus war nun durch den Schwur des Zeus zum Herrscher geboren, und durch eben diesen Schwur gebunden, konnte Zeus seinen geliebten Sohn von der harten Dienstbarkeit nicht befreien. Alkmene gebar zwei Söhne, den H e r a k l e s vom Zeus, und den I p h i k l e s von ihrem Gemahl A m p h i t r y o n. Wer von beiden der Sohn des Donnergottes sei, offenbarte sich schon, da noch ein hohler Schild, den Amphitryon von Pterelaos erbeutet hatte, die Wiege der Kinder war und Hera zwei Schlangen schickte, die den Herakles töten sollten, der sie mit seiner zarten Hand in der Wiege erdrückte. Nun legte Zeus, da er einst die Hera schlummernd fand, den Herakles ihr an die Brust, und dieser sog ihr unbewusst die Göttermilch. Als aber Hera erwachte, so schleuderte sie den kühnen Säugling weit von sich hinweg und verschüttete auf des Himmelswölbung die Tropfen Milch, die ihrer Brust entfielen und deren Spur die M i l c h s t r a ß e bildete, auf welcher die Götter wandeln. Auf Zeus′ Befehl musste Hermes nun den Herakles seinen Erziehern übergeben, die ihn in den kriegerischen sowohl, als in den sanften Künsten unterwiefen. Unter den Lehrern und Erziehern des Herakles waren selbst Göttersöhne; in der Musik unterwies ihn L i n o s, ein Sohn des Apollon, C h e i r o n, der weise Kentaur, in der Arznei- und Kräuterkunde. In den kriegerischen Künsten waren die berühmtesten Helden der damaligen Zeit in jedem besonderen

Fache seine Lehrer. Da nun Herakles unter diesen Beschäftigungen zu den Jünglingsjahren gekommen war, begab er sich einst, über sein künftiges Schicksal nachdenkend, in die Einsamkeit und setzte sich, in Betrachtungen vertieft, auf einem Scheideweg nieder. Hier war es, wo die W o l l u s t und die T u g e n d ihm erschienen, wovon die erste ihm jeglichen Genuss einer frohen sorgenfreien Jugend anbot, wenn er ihr folgen wollte, die letztere ihm zwar mühevolle Tage verkündigte, aber in der Zukunft Ruhm und Unsterblichkeit verhieß, wenn er sie zur Führerin wählte. Die Tugend siegte in diesem Wettstreit; der Jüngling folgte ihr mit sicherm Schritte, fest entschlossen, jedes Schicksal, das ihm bevorstehe, mit Mut und Standhaftigkeit zu tragen, sich keiner Last zu weigern und keine Arbeit, sei sie noch so schwer, zu scheuen. – Die Eifersucht der Hera, die nicht ruhte, hatte schon dem Amphitryon selber Furcht und Argwohn eingehaucht, der den jungen Herakles an den Hof des Eurystheus nach Mykenai schickte, wo ihm von Zeit zu Zeit die gefährlichsten Unternehmungen und die ungeheuersten Arbeiten aufgetragen wurden, die seinen Mut und seine Standhaftigkeit auf die höchste Probe setzten. Als nun Herakles auf seiner Reise das Orakel zu Delphi wegen seines künftigen Schicksals fragte, so gab die Pythia ihm zur Antwort, z w ö l f A r b e i t e n m ü s s e e r a u f d e s E u r y s t h e u s B e f e h l v o l l e n d e n, u n d w e n n e r d i e s e v o l l e n d e t h a b e, s e i i h m d i e U n s t e r b l i c h - k e i t b e s t i m m t.

Die zwölf Arbeiten des Herakles.

D e r N e m e i s c h e L ö w e. Als Herakles noch im Jünglingsalter bei dem Walde von N e m e a die Herden des Eurystheus hütete, verwüstete ein Löwe, d e s s e n H a u t k e i n P f e i l d u r c h d r i n - g e n k o n n t e, die Gegend rund umher und drohte den Herden Unglück. Die erste der zwölf Arbeiten, welche Eurystheus dem Herakles anbefahl, war, dieses Raubtier zu erlegen. Der junge Herakles säumte nicht, die Spur des Löwen zu verfolgen, mit dem er sich, als er ihn traf, in Kampf einließ und ihn mit e i g e n e r H a n d erwürgte, weil kein Eisen ihn verwunden konnte. Zum Andenken dieser ersten

249

Tat, die allein schon für die Vollführung der übrigen bürgte, trug Herakles nachher beständig die Haut des Löwen um seine Schultern, und diese wurden nun nebst der K e u l e , die er von dem Aste eines wilden Ölbaums sich selber schnitt, das äußere Merkmal seiner unüberwindlichen Stärke und seines unbesiegbaren Heldenmuts. Herakles brachte den Löwen nach Mykenai; der verzagte Eurystheus aber befahl ihm, von nun an nicht mehr in die Stadt zu kommen, sondern vor den Toren von seinen vollführten Taten Rechenschaft abzulegen.

D i e   L e r n ä i s c h e   S c h l a n g e . In dem Sumpfe von L e r n a bei Argos hielt sich die vielköpfige H y d r a auf, deren in der Stammtafel der Ungeheuer, die vom Phorkys und der schönen Keto sprossten, schon gedacht ist. Die Zeit der Helden war der Tod der Ungeheuer, die der Arm der Göttersöhne eins nach dem anderen von der Erde tilgte, und auch Herakles ließ nun, so wie Perseus mit der Gorgo und Bellerophon mit der feuerspeienden Chimära, auf den Befehl des Eurystheus mit der vielköpfigen Hydra in den furchtbaren Kampf sich ein. So wie er einen Kopf des Ungeheuers mit seinem sichelförmigen Schwerte vom Rumpfe trennte, wuchs aus dem Blut ein neuer wieder, bis in der äußersten Gefahr, welche dem Helden drohte, sein Gefährte J o l a o s , des Iphikles Sohn, mit Feuerbränden, die er aus dem nahe gelegenen Walde holte, nach jedem Hieb des Herakles sogleich die Wunde zubrannte, ehe noch aus dem Blute ein neuer Kopf emporschoß. Nun aber erschwerte H e r a dem Herakles seinen Sieg, indem sie einen Seekrebs schickte, der dem Helden, so wie er kämpfte, an den Fersen nagte und ihn sich umzuwenden zwang. Auch diesen Angriff bestand der Sohn des Donnergottes und grub nach langem Kampf das letzte Haupt der Hydra, das unverletzlich war, tief in die Erde und wälzte einen ungeheuren Stein darüber. Zum Lohn für seine Arbeit tauchte er in das vergossene Blut der Hydra seine Pfeile, die durch das tödliche Gift nun doppelt furchtbar waren und über ihren Besitzer, selbst durch seines Feindes Tod, dereinst noch Qual und Verderben bringen sollten.

Wenn unüberwindlicher Mut und Standhaftigkeit bei der Überwindung unzähliger Hindernisse und immer erneuerter Gefahren irgend durch ein treffendes Sinnbild bezeichnet wird, so ist es in dieser Dichtung von dem Siege des Herakles über das vielköpfige Ungeheuer. Alte und neuere Dichter haben daher dies Bild auch stets genützt, weil es sich durch kein bedeutenderes ersetzen lässt.

D e r   E r y m a n t h i s c h e   E b e r. Ein ungeheurer Eber aus dem E r y m a n t h i s c h e n   G e b i r g e verwüstete die Fluren von Arkadien. Dem Eurystheus war dies erwünscht, um den Herakles zu einer neuen gefährlichen Unternehmung auszuschicken. Dem Überwinder des Nemeischen Löwen und der vielköpfigen Hydra war es ein Leichtes, den Eber zu fangen, welchen er gebunden dem Eurystheus brachte, der vor Schrecken über den Anblick des Ungeheuers sich in ein ehernes Faß verkroch. In dieser lächerlichen Stellung ist Eurystheus unter anderen auf einem antiken geschnittenen Stein abgebildet. Der auffallende Kontrast zwischen der Stärke und dem Heldenmut des Gehorchenden und der Schwäche und Verzagtheit des Befehlenden, welcher durch diese ganze Dichtung herrscht, gibt ihr ein desto lebhafteres Interesse. Dadurch, dass der Held sich ü b e r w i n d e t, nach dem Schluss des Schicksals dem Schwächeren zu gehorchen, erhalten seine kühnsten Taten einen doppelten Wert, weil er erst sich selber zum Gehorsam und dann die Ungeheuer zum Weichen zwingt.

D e r   H i r s c h   d e r   A r t e m i s. Um nicht nur die Stärke, sondern auch die Geschwindigkeit und Behendigkeit des Herakles zu prüfen, musste eine neue wunderbare Erscheinung sich ereignen. Auf dem Berge Mainalos ließ nämlich ein Hirsch mit goldenem Geweih sich sehen, welcher, obgleich der Artemis geheiligt, den Wunsch eines Jeden, ihn zu besitzen, auf sich zog. Eurystheus, der nur befehlen durfte, befahl dem Herakles, diesen kostbaren Hirsch lebendig zu fangen und ihn nach Mykenai zu bringen. Herakles, ohne sich zu weigern, verfolgte ein Jahr lang unermüdet die Spur des schnellen Hirsches, bis er ihn endlich in einem Dickicht fing und ihn auf seinen Schultern dem Eurystheus lebendig brachte.

D i e   S t y m p h a l i d e n. Eine Art gräßlicher Vögel hielt sich an dem S t y m p h a l i s c h e n   S e e in Arkadien auf. Die Einbildungskraft der Dichter malt ihr Bild auf das fürchterlichste aus: sie hatten eherne Klauen und Schnäbel, mit denen sie verwunden und töten und jede Waffenrüstung durchbohren konnten; auch waren sie mit Spießen bewaffnet, die sie auf die Angreifenden warfen. Der Ort, wo diese Vögel im Sumpf und Gebüsch ihre Wohnung hatten, war unzugänglich. Eurystheus befahl dem Herakles, diese Ungeheuer zu bekämpfen, und Athena, die dem Helden wohlwollte, schenkte ihm eherne Krotalen, durch deren Geräusch er die Vögel aus ihrem Sumpfe schreckte und, sobald er sie in der Luft erblickte, seinen Bogen spannte und mit seinen Pfeilen sie erschoß. Es schien, als ob der Held an jeder Gattung von Ungeheuern sich versuchen sollte; daher ließ ihn die Dichtung, nachdem er den Löwen besiegt, die Hydra getötet und den Eber gebändigt hatte, auch mit den Vögeln unter dem Himmel kämpfen.

Das Wehrgehenk der Königin der Amazonen. Schon Bellerophon musste gegen die Amazonen fechten, und Eurystheus versäumte nicht, dem Herakles diese gefahrvolle Unternehmung aufzutragen. Die Idee von den Amazonen, die ihre neugeborenen Söhne von sich schickten und ihre Töchter zu Waffenübungen und zum Kriege erzogen, ist an sich schon dichterisch schön, und wir finden sie häufig in die Dichtungen der Alten eingewebt. Auch die bildende Kunst der Alten verweilt gern bei diesem Gegenstand, und findet auf Marmorsärgen zum öfteren Amazonenschlachten dargestellt, wo die männliche Tapferkeit, mit der weiblichen Bildung verknüpft, im Angriff und im Sinken den reizendsten Kontrast verbietet. Vom Kriegsgott selber besaß die Königin der Amazonen das kostbare Wehrgehenk, das Herakles erbeuten sollte und das, von der Tapferkeit selbst verteidigt, ohne unüberwindlichen Heldenmut nicht zu erstreiten war. Theseus begleitete den Herakles auf diesem Zuge, und am Flusse T h e r m o d o n begann die Schlacht, wo Herakles über die Bundesgenossen der Amazonen siegte, die Königin selbst gefangen nahm und, nachdem er auf diesem Weg noch manche andre große Tat vollführt, das kostbare Wehrgehenk dem Eurystheus brachte.

Der Stall des Augeias. Augeias, der in Elis herrschte und ein Sohn der Sonne hieß, war wegen der vielen Herden, die er besaß, einer der reichsten Fürsten seiner Zeit, und weil man damals den Reichtum nach dem Besitz von vielen Herden schätzte, so waren auch die Beschäftigungen, welche hierauf Bezug hatten, noch nicht erniedrigend, und einen Stall zu reinigen, war damals noch keine erniedrigende Beschäftigung, wie wir sie uns jetzt nach unseren Begriffen denken. Augeias hatte nämlich nach der Dichtung, die dem Helden die Arbeiten gern so schwer wie möglich macht, dreitausend

Rinder in seinen Ställen stehen, und diese Ställe waren seit dreißig Jahren nicht gereinigt. Herakles übernahm auf den Befehl des Eurystheus die Reinigung der Ställe mit dem Beding, in wenigen Tagen die ungeheure Arbeit zu vollenden, wofür ihm Augeias, der an der Möglichkeit der Ausführung zweifelte, den zehnten Teil seiner Herden zum Lohn versprach. Herakles aber leitete den Alpheios durch die Ställe und verrichtete nun die Arbeit, die Jedermann für unmöglich hielt, an einem Tag mit leichter Mühe. Augeias aber verweigerte ihm den Lohn, worauf ihn Herakles bekriegte und tötete und dem P h y - l e u s , des Augeias Sohn, der edler als sein Vater dachte, zum Nachfolger im Reich ernannte. Von den erbeuteten Schätzen aber baute Herakles dem O l y m p i s c h e n   Z e u s einen Tempel und erneuerte die Olympischen Spiele. So krönte er seine Arbeit in den Ställen des Augeias.

D e r   K r e t i s c h e   S t i e r. Poseidon, der auf die Einwohner von Kreta zürnte, weil sie seine Gottheit nicht genug verehrten, schickte einen wütenden Stier auf ihre Insel, welcher Feuer aus der Nase blies und, weil ihn Niemand anzugreifen wagte, das Land umher verwüstete. Kaum hatte Eurystheus dies vernommen, so befahl er dem Herakles, diesen Stier lebendig zu fangen. E s   i s t   d i e   K ö r p e r k r a f t d e s   H e l d e n ,   w e l c h e   s i c h   g l e i c h s a m   g e g e n   d i e g a n z e   T i e r w e l t   m i s s t , indem sich Herakles auch dieses vom Poseidon gesandten Stiers bemächtigt und ihn auf seinen Schultern nach Mykenai bringt. – Die mannigfaltigen Abbildungen des Herakles, worunter sich auch diese befindet, wie er den Stier auf der Schulter trägt, machen daher ein schönes Ganzes aus, weil der Ausdruck von k ö r p e r l i c h e r   S t ä r k e in jeder Darstellung herrschend ist und die bildende Kunst keinen reicheren Stoff als diesen finden konnte, um das, was den Löwen besiegt und die ganze Tierwelt sich unterjocht, in jedem Muskel zu bezeichnen.

D i e   R o s s e   d e s   D i o m e d e s. Diomedes, ein König in Thrakien und ein Sohn des Ares, besaß vier feuerspeiende Rosse, die er mit Menschenfleisch sättigte und denen er die Fremdlinge, die er auffing, selbst zur Speise vorwarf. Da das Gerücht von dieser Grausamkeit allenthalben erscholl, so befahl Eurystheus dem Herakles, ihm die feuerspeienden Rosse zu bringen, und Herakles, der diese Tat vollführte, ließ auch den Diomedes für seine Tyrannei die g e r e c h t e S t r a f e erdulden, indem er ihn seinen eigenen Rossen vorwarf und auf diese Weise den an den Fremdlingen verübten Frevel rächte. Die Grausamkeit gegen d i e F r e m d e n ist in den Dichtungen der Alten, welche das Gastrecht über Alles heilig hielten, das höchste Merkmal von boshafter Tyrannei und Ungerechtigkeit; man betrachtete diese Tyrannen, welche die Fremden quälten und töteten, wie Ungeheuer, und es war das Geschäft der Helden, die von der Erde zu vertilgen. Man findet auf alten Denkmälern die Rosse des Diomedes abgebildet, wie sie vor einer Krippe stehen, in welcher ein Mensch ausgestreckt liegt und Diomedes aufrecht daneben steht. Auch findet man den Herakles im Kampfe mit den flammenatmenden Rossen dargestellt.

D e r d r e i l e i b i g e G e r y o n. In der Stammtafel der Ungeheuer ist des dreileibigen Geryon schon gedacht. Chrysaor, der aus dem Blute der Medusa entsprang, vermählte sich mit der Kallirrhoe, einer Tochter des Okeanos, und erzeugte mit ihr den dreileibigen Riesen G e r y o n und die E c h i d n a, die, halb Nymphe halb Drache, den dreiköpfigen Hund Kerberos, den zweiköpfigen Hund Orthos, die Lernäische Schlange, die feuerspeiende Chimaira und die Sphinx gebar. Den zweiköpfigen Hund O r t h o s nebst dem Hirten E u r y t i o n bewachten die Herden des Geryon, dessen Wohnsitz die Sagen an die entferntesten Ufer des Okeanos hinversetzen. Das Kostbarste, worin man damals den größten Reichtum setzte, hatte ein Ungeheuer im Besitz, und der Ruf von den schönen Herden des Geryon erscholl so weit, dass Eurystheus dem Herakles befahl, diese Herden himwegzuführen und sie als einen kostbaren Schatz von jenen äußersten Enden der Erde nach Mykenai zu bringen. Herakles bahnte sich einen Weg über Berge und Felsen und führte auf diesem weiten Zuge noch viele andere große Taten aus. Den zweiköpfigen Hund Orthos und den Eurytion erschlug er und bemächtigte sich der Ochsen des Geryon, die er vor sich hertrieb. Als nun der dreileibige Geryon, selber auf ihn zustürzend, sich ihm widersetzen wollte, erschlug er auch diesen mit seiner Keule und befreite die Erde aufs Neue von einem ihrer furchtbarsten Ungeheuer.

D i e g o l d e n e n Ä p f e l d e r H e s p e r i d e n. Das Allerkostbarste, das man sich in der weitesten Entfernung und am unmöglichsten zu erreichen dachte, waren die goldenen Äpfel in den Gärten der Hesperiden an den Gestaden des Atlantischen Meeres. Der Drache, welcher die Äpfel bewachte, war eine Erzeugung des Phorkys und der schönen Keto, und in der Reihe der Ungeheuer ist seiner schon gedacht. Die Hesperiden selber warens Töchter der N a c h t. Ihr Dasein und ihr Ursprung waren in Dunkel gehüllt. Ihre Namen waren A i g l e, E r y t h e ï s und H e s p e r i a. Dem Eurystheus die goldene Frucht nach Griechenland zu bringen, war nun die Elfte von den Arbeiten, welche Herakles, gehorchend dem fremden Befehl, vollbringen musste. Er tötete den Drachen, nachdem er vorher durch einen Trank ihn eingeschläfert hatte, und pflückte, n a h a m Z i e l e s e i n e r L a u f b a h n, die goldene Frucht. In einigen Abbildungen des Herakles sieht man auch den Baum mit der goldenen Frucht, um den sich ein Drache windet, vor welchem Herakles mit der Schale steht, die den einschläfernden Trank enthält. Die Hesperiden stehen trauernd über den Verlust des Schatzes, den sie bewahrten.

D e r H ö l l e n h u n d K e r b e r o s. Nun musste Herakles noch die letzte Probe seines Heldenmutes bestehen. Nicht genug, dass er auf der Oberwelt die Ungeheuer besiegt hatte, hies Eurystheus ihn hinab zu den Schatten steigen und den dreiköpfigen Hund Kerberos, den Wächter an Plutons Tor, herauf ans Licht ziehen. Die Sage von den zwölf Arbeiten des Herakles schließt sich mit der gefahrvollsten Unternehnumg unter allen, dem Tode selbst in s e i n e m G e b i e t e zu trotzen, in seinen offenen Schlund freiwillig hinabzusteigen und mit dem Könige der Schrecken im Kampf es aufzunehmen. Ehe Herakles die ihm aufgetragene Reise in die Unterwelt begann, l i e ß e r v o r h e r i n d i e E l e u s i n i s c h e n M y s t e r i e n s i c h e i n w e i h e n, gleichsam um auf Tod und Leben bei diesen Unternehnumgen gefasst zu sein; dann stieg er bei dem Vorgebirge T a i n a - r o s in die weite Höhle hinab, die zur Behausung der Schatten führt. Er zwang den Charon, ihn über den Styx zu fahren. Da erblickte er den K e r b e r o s und die ihm wohlbekannten Helden, den Theseus und Peirithoos, an Felsen geschmiedet, sie hatten die vermessene Tat begangen, zu den Schatten hinabzusteigen, um Persephone, die Königin der Toten selber, dem Pluton zu entführen, und nun war ihnen die Rückkehr auf ewig untersagt. Dessen ungeachtet gelang es dem Herakles, den Theseus zu befreien, nachdem er den Kerberos gebändigt hatte, der bis zum Palast des Pluton vor ihm floh. Und so wie Herakles, ihn verfolgend, sich dem düsteren Palast näherte, färbte sich der Kranz von Pappeln auf seinem Haupte schwarz. Hier kämpfte er mit dem Pluton selber und löste Theseus Bande; vergebens aber versuchte er es, den Peirithoos zu befreien den Plutons ganze Macht zurückhielt. Siegreich brachte nun Herakles den Kerberos auf die Oberwelt, wo von seinem Geifer eine giftige Wurzel sich erzeugte. Der erschrockene Eurystheus ertrug den furchtbaren Anblick nicht, und Herakles entließ den schwarzen Hüter des Höllentors, den er zwischen seinen Knien gebändigt hielt, nun auch der Qual, das Licht zu schauen. Die Schreckensgestalt sank wieder zur Unterwelt hinab. Des Herakles Arbeiten waren nun vollbracht.

Die Taten des Herakles, welche er nicht auf fremden Befehl vollführte.

Von den A r b e i t e n   d e s   H e r a k l e s kann man seine T a t e n unterscheiden, welche er aus eigenem Antriebe gleichsam in der Zwischenzeit vollführte, die ihm von den aufgegebenen Arbeiten übrig blieb, und worin seine unerschöpfliche Kraft und Heldenstärke sich doppelt offenbarte.

D i e   B e f r e i u n g   d e r   H e s i o n e. Herakles begleitete die Argonauten auf ihrem Zuge nach Kolchis, entfernte sich aber den den Übrigen, indem er in der Gegend von Troja ans Land stieg, um den Hylas, seinen Liebling, zu suchen, der Wasser zu schöpfen ausging und nicht wieder kam. Die Najaden hatten den schönen Knaben geraubt und in den Brunnen hinabgezogen; Herakles ließ vergeblich von dem Namen Hylas das ganze Ufer wiedertönen. Er setzte nun seine Reise mit den Argonauten nicht weiter fort, sondern ging nach Troja, wo Laomedon herrschte, der die Götter Poseidon und Apollon selber, welche in menschenähnlicher Gestalt die Mauern um seine Stadt zu bauen sich herniederließen, um ihren Lohn betrog. Der Frevel des Laomedon blieb nicht lange unbestraft. Der König der Wasserfluten drohte mit einer Überschwemmung Troja den Untergang und war nach dem Ausspruch des Orakels nur durch die Aufopferung der Hesione, der Tochter Laomedons zu versöhnen, die nun, gleich der Andromeda, an einen Felsen geschmiedet, von einem Meerungeheuer verschlungen werden sollte, gerade als Herakles ankam und dies Schauspiel sich seinen Augen darbot. Nicht so zärtlich wie Perseus übernahm Herakles erst gegen einen Zug von köstlichen Pferden, die ihm Laomedon zum Lohne versprach, die Hesione zu befreien. Laomedon aber, der schon die Götter betrogen hatte, betrog auch den Herakles und wagte es, ihm die Rosse zu verweigern, sobald er seine Tochter in Freiheit sah. Da griff Herakles Troja an, eroberte es mit stürmender Hand und erschlug den falschen, wortbrüchigen König Laomedon. Seinem Begleiter, dem T e l a m o n , der zuerst die Mauer erstieg, vermählte er die gerettete H e s i o n e und verstattete ihr, für einen der Gefangenen aus Laomedons Hause das Leben zu erbitten. Hesione wählte ihren Bruder Podarkes, welcher nachher sich P r i a m o s nannte und zu künftigem Jammer aufgespart, über Troja herrschte, dessen zweite Eroberung und schreckliche Zerstörung dont Schicksal schon beschlossen war.

D i e   Ü b e r w i n d u n g   d e s   A n t a i o s ,   B u s i r i s   und C a c u s . Als Herakles auf seinem westlichen Zuge nach Libyen kam, so stieß er auf den Riesen A n t a i o s , dessen Grausamkeit gegen d i e F r e m d e n ihn zum Ungeheuer machte, das ein mächtiger Arm vertilgen musste. Antaios zwang nämlich die ankommenden Fremden mit ihm zu ringen, und wenn er sie überwunden hatte, erwürgte er sie und pflanzte die Schädel um seine Wohnung auf. Was ihn im Kampfe unüberwindlich machte, war d i e   B e r ü h r u n g   s e i n e r   M u t t e r E r d e , wodurch sich seine Kraft verdoppelte. Herakles Arme aber fassten ihn um den Leib und hielten ihn i n   d e n   L ü f t e n schwebend, bis er, von des Helden Kraft erdrückt, seinen Geist aushauchte. In dieser Stellung, wie er den Riesen Antaios erdrückt, findet man auf den Denkmälern der Alten den Herakles zum öftern dargestellt. – B u s i r i s war ein grausamer König in Ägypten, der nebst seinen beiden Söhnen alle Gewalttätigkeit a n   F r e m d e n verübte, denen er auflauern ließ und, wenn er sie fing, sie ermordete. Dem Herakles, der dieses Weges zog, war ein ähnliches Schicksal zugedacht; allein er erschlug den Busiris mit seinen Söhnen und machte auch diese Straße für den Wanderer sicher. – Als Herakles mit den Rindern des Geryon, die er von den entfernten Ufern des Okeanos nach Griechenland brachte, bis in die Gegend des nachmaligen Roms, beim Tiberfluss am Aventinischen Berg, gekommen war, schlummerte er bei seinen Herden ein, und aus seiner Höhle am Aventinischen Berg kam der ungeheure flammenspeiende C a c u s, dessen beständiges Geschäft es war, die Fremden zu berauben. Dieser zog von den Ochsen einen nach dem anderen bei den Schwänzen in seine Höhle, um durch die umgekehrte Spur den Suchenden zu täuschen. Als Herakles nun erwachte und die geraubten Ochsen vermisste, verleitete ihn, da er sie suchen wollte, die falsche Spur, und schon wollte er weiter ziehen, als er das Gebrüll seiner Ochsen aus des Cacus Höhle vernahm, mit dem er sich nun im Kampf einließ, ihm bald seinen Raub abjagte und mit seiner Keule ihn zu Boden schlug. Hier war es, wo C a r m e n t a, die Mutter des E v a n d e r, der damals diese Gegend beherrschte, dem Herakles seine Gottheit prophezeite und wo noch bei seinem Leben der erste Altar ihm errichtet ward. Auf geschnittenen Steinen findet man den Herakles abgebildet, wie er bei seinen Herden schlummert, indes Cacus die Ochsen rückwärts in seine Höhle zieht.

D i e   B e f r e i u n g   d e r   A l k e s t i s   a u s   d e r   U n t e r w e l t. Herakles, welcher die Tyrannen vertilgte, die gegen die Fremden grausam waren, belohnte auch auf eine edle Weise die gastfreundliche Aufnahme, die er beim König A d m e t o s fand. Dieser Admet war mit der Alkestis, einer Tochter des Pelias, vermählt. Er wurde krank und konnte nach dem Ausspruch des Orakels nicht anders sein Leben stiften, als wenn Jemand freiwillig für ihn sich dem Tode weihte. Alkestis weihte sich heimlich den Göttern zum Todesopfer für ihren Gemahl; sie wurde krank, und die Genesung des Admet hielt nun mit ihrer zunehmenden Krankheit gleichen Schritt. Sie war verschieden, da Herakles beim Admet als Gast einkehrte. Das Gastrecht war dem Admet so heilig, dass er dem Herakles anfänglich seine Trauer verschwieg. Als dieser aber den Tod der Alkestis vernahm, versprach er seinem Gastfreund, das geliebte Weib, es koste auch was es wolle, ihm aus den Armen des Hades zurückzuführen. Und nun umfasste Herakles d e n   T o d   m i t   s t a r k e n   A r m e n und hielt ihn fest, bis er die Gattin seines Freundes ihm wiedergab und sich die Trauer nun in neue hochzeitliche Freude und süße Gespräche verwandelte.

D i e   B e f r e i u n g   d e s   P r o m e t h e u s   v o n   s e i n e n   Q u a l e n. In H e r a k l e s war die Menschheit bis zu dem Gipfel ihrer Größe emporgestiegen. Und auch der Duldung des Prometheus, an dessen Leber noch immer der Geier nagte, war nun ein Ziel gesetzt. Zeus willigte selber in die Befreiung des Prometheus ein, nachdem ihm dieser zum Lösegeld die lange verborgene Weissagung offenbart hatte: Thetis würde einen Sohn gebären, der würde mächtiger als sein Vater sein. Da nun Zeus schon entschlossen war, die Thetis zu umarmen, so drohte ihm ohne die Warnung Prometheus das Ende seiner Macht, deren Besitz er nun aufs Neue dem von ihm so hart gequälten Bildner der Menschen dankte. Nun spannte der Sohn des Donnergottes den Bogen und erschoss den Geier, der dem Prometheus die Leber nagte. Die Bande des an den Felsen Geschmiedeten fielen ab.

Die Aufrichtung der Säulen an der Meerenge zwischen Europa und Afrika. Die Dichtungen von den Taten des Herakles werden am Ende ganz k o l o s s a l und verlieren sich in dem Begriff einer Kraft, der Götter und Menschen nicht widerstehen können und die das Unmögliche möglich macht. Als A p o l l o n einst sich weigerte, dem Herakles wahrzusagen, so nahm er den goldenen Dreifuß weg, bis jener sein Verlangen erfüllte. Die Götter im Olymp beklagten sich über ihn, dass er einst selbst die H e r a verwundet und den P l u t o n mit seinen Pfeilen nicht verschonet habe. Als auf einer Fahrt nach Westen die Sonne ihm zu heiß schien, so spannte er seinen Bogen und schoß nach dem L e n k e r d e s S o n n e n w a g e n s , der durch ein großes goldenes Trinkgefäß ihn zu versöhnen suchte. Auch mit dem P o s e i d o n , da dieser einen Sturm schickte, nahm es Herakles auf und schoß seine Pfeile auf ihn ab. Dieser, um ihn zu besänftigen, ließ schnell die Sturmwinde schweigen und die Wellen das goldene Trinkgefäß emportragen, dessen sich Herakles wegen seiner Größe zugleich statt eines Fahrzeuges auf dem Meere bediente, ohne zu fürchten, dass es untersänke, da selbst der König der Gewässer und die Wasserwogen ihm untertänig waren. – Da er nun auf seinem Zuge nach Westen an das äußerste Ende der Erde kam, durchbrach er die Erdenge zwischen Europa und Afrika und vereinte das Weltmeer mit dem mittelländischen Meere. Da richtete er an der Meerenge, zum Andenken seiner verbrachten Taten und um das Ziel seiner Reisen zu bezeichnen, auf den einander gegenüberliegenden Bergen K a l p e und A b i l e z w e i S ä u l e n auf, zu deren

Andenken die Nachwelt jene beiden Berge selber die S ä u l e n   d e s
H e r a k l e s   nannte. Die Einbildungskraft konnte in dieser Dichtung
sich nicht höher schwingen; denn erst da, wo nach der Vorstellungsart
der Alten der Erdkreis selbst sich endigt und die Sonne ins Meer sinkt,
war das Ziel der mächtigen Heldenlaufbahn. Nur noch ein Zug wurde
hinzugesetzt. Der, welcher den Prometheus befreite, half auch auf eine
Weile d e m   A t l a s   d e n   H i m m e l   t r a g e n   und nahm die ewig
drückende Last von Japetos' Sohn auf seine Schultern, um jenem eine
kleine Zeit Erleichterung zu verschaffen. So findet man auch auf alten
Denkmälern den Herakles abgebildet, den Himmelsglobus auf den
Schultern tragend.

D i e   V e r m ä h l u n g e n   d e s   H e r a k l e s   u n d   s e i n e
V e r g e h u n g e n   u n d   S c h w ä c h e n . Dies sind nun außer den
zwölf Arbeiten des Herakles seine vorzüglichsten Taten. Die Dichtungen schreiben ihm noch viel mehr zu, weil Alles, wozu Standhaftigleit,
Heldenmut und Stärke gehörte, sich gerne an diesen Namen knüpfte,
der einmal alles Göttliche in sich fasste, was durch die Körperkraft
sich offenbart. Wenn aber bei irgendeiner Götter- oder Heldengestalt
der Begriff der Macht und Stärke über alles Andere überwiegend ist,
so ist dies beim Herakles der Fall, der gleichsam die aus ihrem ersten Schlummer erwachte Menschheit, im Gefühl ihrer ganzen Kraft
o h n e   m ü ß i g e s   D e n k e n   in sich abbildet, immer rastlos irgendein Ziel verfolgend, unbekümmert, was um ihn her steht oder fällt. Der
Begriff von einem Helden war in der Vorstellungsart der Alten mit dem
Begriff von einem Weisen gemeiniglich nicht verknüpft. Selbst beim
Odysseus geht die Weisheit in Verschlagenheit über, und bei dem weisen Nestor ist durch das Alter die Heldenkraft schon gelähmt. Bei den
Helden findet sich immer viel Licht und Schatten, und Herakles selbst
muss noch mit manchen Schwächen für seine Heldenkraft büßen.

In seinen Vermählungen und in seinen Ausschweifungen in der
Liebe fand Herakles sein Unglück und zuletzt einen qualvollen Tod,
welcher dessen ungeachtet der Übergang zur Unsterblichkeit für ihn
war. – Zuerst vermählte Kreon, Thebens Fürst, ihm seine Tochter
M e g a r a   zur Dankbarkeit für einen wichtigen Dienst, den Herakles
ihm geleistet, welcher durch seine Tapferkeit die Stadt von einem läs-
tigen Tribut befreite, den sie den O r c h o m e n i e r n   zahlen musste.

Nachdem er nun vier Söhne mit der Megara erzeugt hatte, versetzte Hera ihn in eine rasende Wut, worin er Mutter und Kind erschlug, deren abgeschiedenen Seelen man nachher in Theben jährlich Totenopfer brachte. Um diese schreckliche, obgleich unverschuldete Tat zu büßen, unterzog sich Herakles desto williger den Arbeiten, die ihm Eurystheus anbefahl, bis nahe an der Vollendung seiner Taten eine neue Liebe ihn fesselte und er sich, ungeachtet des tragischen Ausganges seiner ersten Ehe, zum zweiten Mal vermählte. Er kam endlich auf einem seiner Züge nach Kalydon zum König O i n e u s und sah dessen schöne Tochter D e i a n e i r a , welche dem Flussgott A c h e l o o s schon verlobt war.

Mit diesem ließ sich Herakles in einen Zweikampf ein, und da er ihn überwunden hatte, war Deianeira der Preis des Sieges. Als nun Herakles auf seiner Reise mit der Deianeira an den Fluss Euenos kam, an dessen Gestade der Kentaur Nessos seine Wohnung hatte, so trug er diesem auf, die Deianeira auf seinem Rücken durch den Strom zu tragen. Nessos wollte diese Gelegenheit nutzen, um die Vermählte des Herakles zu entführen; als diese aber um Hilfe schrie, spannte Herakles schnell den Bogen und durchschoss den Kentauren mit einem in das Blut der Lernäischen Schlange getauchten Pfeile. Nessos gab sterbend der Deianeira eine Hand voll von seinem Blute als ein kostbares Geschenk in einer Flasche und verhieß ihr, dass sie durch dies Mittel auf immer des Herakles Zuneigung sich versichern und jede fremde Liebe aus seiner Brust verscheuchen könne, wenn sie dereinst ein dicht am Leibe anliegendes Gewand mit diesem Blute bestriche und es dem Herakles, um es anzulegen, schickte. – Herakles, der nun wieder auf Taten ausging, entfernte sich von Zeit zu Zeit von der Deianeira. Einst blieb er lange, ohne dass Deianeira etwas von ihm vernahm. Ihn fesselte eine neue Liebe, die ihn mehr als alle seine überstandenen Gefahren darnieder beugte, weil sie ihn zu einer ungerechten Tat verleitete.

Als Herakles, noch nicht mit Deianeira vermählt, einst nach Euböa kam, erblickte er I o l e , die Tochter des Eurytos, der über O i c h a l i a herrschte. Er ward von I o l e s Reizen schnell besiegt und warb um sie bei ihrem Vater. Als dieser sein Verlangen abschlug, verließ er zürnend und auf Rache denkend die Wohnung seines Gastfreundes. Und als bald darauf I p h i t o s , des Eurytos Sohn, beim Herakles seine entlaufenen Stuten suchte, führte ihn dieser, der in der Tat die Stuten bei sich verbarg, auf die Felsenmauer von Tiryus und stürzte den Sohn seines Gastfreundes des, ehe dieser sichs versah, von der jähen Höhe herab. Durch diese Tat befleckte Herakles seinen Ruhm und musste auch auf den Befehl der Götter auf eine schändliche Weise dafür büßen. Er musste sich der wollüstigen Königin O m p h a l e in Lydien zum Sklaven verkaufen lassen und weibliche Geschäfte auf ihren Befehl verrichten. Hier stellt die bildende Kunst Omphale mit der Löwenhaut umgeben und mit der Keule in der Hand, den Herakles aber in Weiberkleidern am Rocken spinnend dar. – Der Held, der seine Laufbahn nun vollendet hatte, musste vor seiner Vergötterung noch das Los der Sterblichen empfinden und so tief von seiner Größe sinken als er hoch gestiegen war. Allein die bestimmte Zeit der Dienstbarkeit verfloß, und nun rüstete Herakles sich gegen den E u r y t o s , der seine Tochter Iole ihm versagt hatte. Mit stürmender Hand eroberte er die Stadt Oichalia und zerstörte sie, erschlug den Eurytos selber, nahm I o l e gefangen und schickte sie als eine Sklavin seiner eigenen Gemahlin Deianeira zu. Deianeira nahm die Iole gütig auf; als sie aber durch das Gerücht vernahm, dass eben diese Gefangene ihre Nebenbuhlerin sei, da glaubte sie, dass es Zeit wäre, von dem Geschenk des Nessos Gebrauch zu machen, wodurch die Liebe des Herakles ihr versichert und jede fremde Zuneigung aus seiner Brust verscheucht würde. Sie nahm des toten Nessos langverwahrtes Blut und färbte damit ein köstliches Unterkleid, das sie dem Herakles durch den L i c h a s versiegelt entgegenschickte mit der Bitte, es nicht eher zu tragen, als bis er sich an einem Opfertage schön geschmückt den Göttern damit gezeigt habe.

D e s H e r a k l e s l e t z t e D u l d u n g u n d s e i n e V e r g ö t t e r u n g . Schon lange hatte ein Orakelspruch dem Herakles geweissagt, dass er den Tod von keinem Lebenden, sondern nur von einem Toten befürchten dürfe. Diese Prophezeihung war nun ihrer Erfüllung nahe. Aus dem Vorgebirge Kenaion von Euböa errichtete Herakles nach dem Siege über Eurytos dem Zeus einen Altar und war die Opfertiere zu schlachten im Begriff, als L i c h a s ihm das Geschenk der Deianeira überbrachte. Herakles freute sich des Geschenks und zog sogleich das Kleid als einen festlichen Schmuck zum Opfer an, brachte nun eine Hekatombe den Göttern dar und ließ die Flamme von den

Altären gen Himmel lodern, als plötzlich das Gewand wie angeleimt an seinem Körper klebte und Zuckungen durch alle seine Glieder fuhren. Es war das Gift der Hydra, die er selbst erlegt hatte, das nun sein Innerstes verzehrte. Er rief den unglücklichen L i c h a s , der ihm das Kleid gebracht und schleuderte ihn, da der Schmerz in seinen Eingeweiden wütete, an einen Felsen, an welchem sein Schädel zerschmettert ward. Mitten in seinen Qualen ließ Herakles sich nach Trachis bringen. Kaum aber hatte Deianeira die Wirkung ihres Geschenkes vernommen, so gab sie verzweiflungsvoll sich selbst den Tod. – H y l l o s , ein Sohn des Herakles, den er mit der Deianeira erzeugt, stand ihm in seinen Qualen bei und brachte auf seinen Befehl ihn auf den Berg O i t a , wo Herakles auf dem lodernden Scheiterhaufen seine Leiden durch einen freiwilligen Tod zu enden beschlossen hatte, indem er zugleich dem Hyllos seine geliebte Iole empfahl und Pfeile und Bogen seinem treuen Gefährten, dem P h i l o k t e t e s , des P o i a s Sohn, zum Erbteil hinterließ. Als Herakles nun den Scheiterhauer bestiegen hatte und die lodernde Flamme ihn umgab, da heiterte sich sein Antlitz auf. Er hatte die Leiden der Menschheit ausgeduldet und ihre Schwächen abgebüßt; die sterbliche, den Schmerzen unterworfene Hülle fiel von ihm ab, sein Schattenbild nur sank zum Aïdes nieder, s e i n   e i g e n e s   S e l b s t stieg in die Versammlung der Götter zum Olymp empor. Hera war versöhnt, und Hebe, d i e   G ö t t i n   d e r   e w i g e n   J u g e n d , ward nach des Schicksals Schluss dem neuen Gott vermählt. –

Auf dem ersten Holzschnitt, nach einem antiken geschnittenem Steine, erwürgt Herakles als Jüngling stehend den Nemeischen Löwen, seine erste Arbeit; der zweite, ebenfalls nach einer antiken Gemme, stellt ihn dar, wie er als gereifter Mann mit der Keule auf einem mit der Haut des Nemeischen Löwen bedeckten Felsen ruht; vor ihm hängen an einem Lorbeerbaum Bogen und Schild.

Lakedämonische Sagen

Kastor und Polydeukes (Pollux). Oibalos, ein König in Lakedämon, aus einem Zweige vom alten Stamme des Inachos entsprossen, erzeugte den Tyndareus, der ihm in der Regierung folgte und mit der Leda, einer Tochter des Thestios, sich vermählte. Die Schönheit der Leda zog den Zeus von seinem Sitz herab; er senkte sich an den Ufern des Eurotas in der Gestalt eines Schwanes zu ihr hernieder oder nahm vielmehr seine Zuflucht in ihren Schoß, indem die Aphrodite in der Gestalt eines Adlers ihn verfolgte. Leda, die zugleich von Zeus und von Tyndareus schwanger war, gebar zwei Eier, wovon das eine den Kastor und Polydeukes, das andere die Klytaimnestra und Helena in sich einschloss. Von den Kindern der Leda, die aus den Eiern hervorgingen, waren Polydeukes und Helena aus Zeus' Umarmung, Kastor und Klytaimnestra aber von Tyndareus erzeugt. Unsterblich waren

Polydeukes und Helena, Kastor und Klytaimnestra aber sterblich. Ungeachtet der Verschiedenheit ihrer Abstammung waren Kastor und Polydeukes unzertrennlich. Beide waren tapfer und heldenmütig, und beide waren in edler Leibesübung geschickt; Kastor vorzüglich in der Kunst zu reiten und Pferde zu bändigen, Polydeukes in der Kunst zu ringen. Kastor und Polydeukes waren auch die Zeitgenossen der berühmtesten Helden und begleiteten die Argonauten auf ihrer Fahrt nach Kolchis, wo Polydeukes unterwegs den A m y k o s , einen Sohn Poseidons, der jeden Fremden zum Gefecht mit Streitkolben hohn-sprechend aufzufordern pflegte, im Zweikampf erschlug. Auch sah man einst bei dieser Fahrt bei einem schrecklichen Sturm zwei Flam-men über den Häuptern des Kastor und Polydeukes lodern, als der Sturm sich legte, worauf man diese beiden Feuer, so oft sie nachher den Schiffern auf dem Meere im Sturme erschienen, Kastor und Poly-deukes nannte und von ihnen Rettung und Hilfe sich versprach. Über-haupt richtete man in den größten Gefahren sowohl zu Wasser als zu Lande an den Kastor und Polydeukes sein Gebet, welche man beide unter dem Namen der D i o s k u r e n oder der Söhne des Zeus, als den Notleidenden zu jeder Zeit gewärtige, Hilfe leistende Wesen, vor allen anderen ehrte. Da sie von dem Argonautenzuge wiederkehrten, hatte Theseus ihre Schwester, die Helena, welche nachher dem Paris folgte, entführt und sie seiner Mutter Aithra in Aphidnai zur Aufsicht übergeben. Kastor und Polydeukes eroberten die Stadt, befreiten ihre Schwester und nahmen die Mutter des Theseus als Gefangene mit, verübten aber nicht die mindeste Gewalttätigkeit in der Stadt, noch in dem Attischen Gebiete. Die schonende Güte, welche die Helden-taten des Kastor und Polydeukes begleitete, flößte den Sterblichen das vorzügliche Zutrauen ein, womit man sie als Rettung und Hilfe gewährende Götter ehrte. Aber auch die Treue, womit diese beiden sich einander in Gefahren beistanden, machte die göttergleichen Hel-den den Menschen zum Gegenstande der Liebe und des Vertrauens und ist zugleich einer der schönsten Züge, welche die Dichtung in das glänzende Zeitalter der Helden eingewebt hat. Als nämlich Kastor und Polydeukes um die Töchter des L e u k i p p o s , P h o i b e und H i l a -e i r a , sich bewarben und erst mit ihren Nebenbuhlern, den Söhnen des A p h a r e u s , I d a s und L y n k e u s , jeder um seine Geliebte

kämpfen musste, wurde Kastor, d e r n i c h t u n s t e r b l i c h w a r ,
von Lynkeus überwunden und erschlagen. Obgleich nun Polydeukes
den Tod seines Bruders an dem Lynkeus rächte und mit Idas focht, bis
ein Blitzstrahl auch diesen erschlug, so konnte er dennoch den Toten
nicht wieder aufwecken und flehte zum Zeus, ihm selber das Leben zu
nehmen oder zu vergönnen, dass er mit seinem Bruder seine Unsterblichkeit teilen dürfe. Zeus gewährte die Bitte, und Polydeukes stieg
nun wechselnd den einen Tag mit seinem Bruder ins Schattenreich
hinab, um sich des anderen Tages unter dem Antlitz des Himmels wieder mit ihm des Lebens zu erfreuen. – Dem Kastor und Polydeukes
waren häufig Tempel und Altäre geweiht. Die Einbildungskraft ließ sie
zuweilen in großen Gefahren den Sterblichen erscheinen. Dann waren
es zwei Jünglinge auf weißen Pferden, in glänzender Waffenrüstung,
mit Flämmchen oder Sternchen über ihren Häuptern.

So wurden sie gemeiniglich dargestellt, entweder nebeneinander reitend, oder einander gegenüberstehend und jeder ein Pferd am Zügel
haltend, mit Lanzen in den Händen und Sternchen neben den Häuptern. Auf diese letzte Art sind sie auch auf dem vorstehenden Holzschnitt nach einem antiken geschnittenen Steine abgebildet. Auf dem
folgenden Holzschnitt (siehe Seite 267) befinden sich, ebenfalls im
Umriss, nach einer antiken Gemme, die bloßen Köpfe des Kastor und
Polydeukes mit Sternen darüber einander zugewandt.

Die Sage von Jason und den Argonauten

Jason war aus dem Aiolischen Heldenstamme entsprossen, aber kein Göttersohn, und Hera selber, welche die Söhne
des Zeus mit ihrem Hass verfolgte, nahm ihn in ihren Schutz. Aiolos, Deukalions Enkel, der in Thessalien herrschte, erzeugte
den Salmoneus, Sisyphos, Athamas und Kretheus.
Salmoneus wurde von Zeus' Blitz erschlagen, Sisyphos musste in der
Unterwelt für seine Macht auf Erden büßen, und Athamas starb in
Raserei. Tyro, eine Tochter des Salmoneus, gebar, ehe sie vermählt
wurde, nach Poseidons Umarmung den Pelias und Neleus. Und
da sie mit ihres Vaters Bruder, dem Kretheus, sich vermählte, gebar
sie ihm den Aison, der seinem Vater in der Regierung folgte und
Jason, den göttergleichen Helden, mit der Alkimede erzeugte.
Pelias aber, Aisons Bruder von mütterlicher Seite, beraubte diesen
seines Thrones, ohne ihn dessen ungeachtet aus Jolkos zu verjagen,
welches der Sitz der Könige von Thessalien war. Den Jason aber, da er
kaum geboren war, suchte Pelias, als einen ihm gefährlichen Sprößling
von Aisons Hause, aus dem Weg zu räumen. Aison und Alkimede, welche die Absicht des Tyrannen merkten, streuten aus, dass Jason krank,
und bald darauf, dass er gestorben sei, indes seine Mutter ihn auf den
Berg Pelion zu dem weisen Cheiron brachte, welcher, obgleich
in ungeheurer Gestalt, halb Mensch halb Pferd, in jeder Wissenschaft
erfahren, sich in seiner einsamen Grotte der Erziehung der jungen
Helden annahm und unter dessen Leitung auch Herakles seine edle

Laufbahn antrat. Als Jason zu den Jünglingsjahren gekommen war und schon der männliche Mut in seiner Brust erwachte, ging er nach dem Ausspruch des Orakels mit einem Pantherfell um seine Schultern und mit zwei Lanzen bewaffnet nach Jolkos an des Pelias Hof. Dem Pelias aber war geweissagt, er solle vor dem sich hüten, der einst mit e i n e m S c h u h und mit dem anderen Fuße entblößt, vor ihm erscheinen würde. Als nun Jason auf dem Weg nach Jolkos über den Fluss Anauros zu gehen im Begriff war, erschien ihm Hera in der Gestalt einer alten Frau und bat, sie über den Fluss zu tragen. Als Jason sie hinübertrug, blieb ihm der eine Schuh im Schlamme stecken, und nun erschien er also mit dem einen Fuße entblößt in Jolkos vor dem Palaste des Pelias, der bei seinem Anblick mit Schrecken und Bestürzung an den Ausspruch des Orakels dachte. Auf die Frage, wer er sei, forderte Jason nun vor allem Volke von Pelias die Krone wieder, die dieser dem Aison, Jasons Vater, unrechtmäßiger Weise entrissen hatte. Die Einkünfte des Reichs sollten dem Pelias dennoch bleiben, nur der Oberherrschaft solle er sich begeben. Pelias, welcher bei diesem Antrag in die Seele des jungen Helden blickte, zweifelte nicht, ihn durch den anspornenden Reiz zu irgendeiner ruhmvollen Tat für jetzt noch zu entfernen. Er stellte sich, als sei er bereit, die Krone niederzulegen, wenn nur die Manen des P h r i x o s , der auch von Aiolos stammte und in dem entfernten K o l c h i s seinen Tod fand, erst versöhnt und das g o l d n e V l i e ß , was jener dorthin gebracht, erst wieder erbeutet wäre. Dieser Phrixos, welcher in Kolchis starb, war nämlich ein Sohn des A t h a - m a s und des Aiolos Enkel. Athamas, der in Böotien herrschte, hatte mit der N e p h e l e d e n P h r i x o s und die H e l l e erzeugt, nachher aber mit der I n o , des Kadmos Tochter, sich vermählt, die jene beiden Kinder des Athamas mit stiefmütterlichem Hass verfolgte und ihren Tod beschloss. Nephele erschien ihren Kindern und entdeckte ihnen die Gefahr, worin sie schwebten, Schlachtopfer von Inos Hass zu werden, wenn sie nicht schnell die Flucht ergriffen, zu deren Beförderung schon ein W i d d e r m i t g o l d e n e m F e l l bereit stand, der auf den Wink der Götter den Phrixos und die Helle über Länder und Meere auf seinem Rücken trug. Die Fahrt ging gegen Morgen nach dem entfernten Kolchis, wo Aietes, ein Sohn der Sonne, herrschte. Helle, die Schwester des Phrixos, aber sank unterwegs in die Fluten,

und das Meer, wo sie untersank, wurde nach ihrem Namen der H e l -
l e s p o n t o s genannt. Phrixos langte in Kolchis beim Aietes an, wo er
den Widder, der ihn trug, den Göttern zum Opfer brachte und das goldene Fell des Widders oder g o l d e n e V l i e ß als ein kostbares Heiligtum in einem geweihten Hain aufhing; er selber vermählte sich mit
der Tochter des Königs und starb im fremden Lande. – Das goldene
Vließ in Kolchis, wovon das Gerücht erscholl, erweckte schon lange
die Sehnsucht aller, die etwas Köstliches zu erstreben wünschten. Es
war im f e r n e n O s t e n das, was im Westen die goldenen Äpfel der
Hesperiden waren; man dachte sich darunter etwas, das der größten
Mühe, Anstrengung und Gefahren wert sei, so wie denn überhaupt
bei den Alten das Bild vom Widder und vom hochwolligen Widderfell
vorzüglich den Begriff des R e i c h t u m s in sich fasste. Das Wunderbare aber und die weite Entfernung lockte am meisten den Mut der
Helden an; und Jason hatte kaum des Pelias Wort vernommen, so war
auch schon sein Mut zur rühmlichen Tat entflammt; er verpflichtete
sich, das goldene Vlies zu holen, und zu Gefährten der kühnen Unternehmung lud er Griechenlands berühmteste Helden ein.

D i e F a h r t d e r A r g o n a u t e n. Zu der Fahrt nach Kolchis
wurde aus Fichten vom Berge Pelion ein Schiff erbaut, das größer,
als alle bisherigen und dennoch leicht zum Segeln war, weswegen
man es A r g o, d i e S c h n e l l s e g e l n d e, nannte und diejenigen, welche darauf nach Kolchis schifften, die A r g o n a u t e n hießen. Aus dem Walde zu Dodona, wo die Eichen wahrsagten, war der
Mast genommen, und man betrachtete nun die Argo als ein beseeltes, mit dem Schicksal einverstandenes Wesen, dem man sich desto
sicherer anvertraute. Die folgenden Namen glänzten vorzüglich unter
der Zahl der Helden, die den Jason begleiteten: H e r a k l e s, K a s -
t o r und P o l y d e u k e s, K a l a ï s und Z e t e s, die Söhne des
Boreas, P e l e u s, der Vater des Achilleus, A d m e t o s, der Gemahl
der Alkestis, Neleus, der Vater des Nestor, M e l e a g r o s, der Aeto-
lier, O r p h e u s, der thrakische Sänger, T e l a m o n, der Vater des
Aias, M e n o i t i o s, der Vater des Patroklos, L y n k e u s, der Sohn
des Aphareus, T h e s e u s von Athen und P e i r i t h o o s, der Lapi-
the, sein Freund. Die Väter der berühmtesten Helden, die im Trojanischen Kriege glänzten, sind auf der Fahrt nach Kolchis zum Teil

noch in blühender Jugend. Ein Heldengeschlecht geht hier voran, um mit vereinten Kräften einen kostbaren Schatz den Händen der Barbaren zu entreißen, so wie nachher das zweite Heldengeschlecht, vereint, durch Trojas Zerstörung den Raub der Schönheit rächte. Bei günstigem Winde segelte die A r g o aus dem Hafen von J o l k o s in Thessalien ab. Orpheus schlug die Harfe, und sein Gesang belebte den Mut bei drohenden Gefahren; des Lynkeus scharfer Blick durchdrang die fernste Gegend, und der schifffahrtskundige T i p h y s lenkte mit weiser Hand das Steuerruder. Die Fahrt der Argonauten war eine Zeitlang glücklich von Statten gegangen, als sich plötzlich ein Sturm erhob, der sie nötigte, in den Hafen von L e m n o s einzulaufen. Merkwürdig ist es, dass einige der Helden bei diesem Sturm gelobten, sich in die S a m o t h r a k i s c h e n Geheimnisse einweihen zu lassen, ebenso wie Herakles, da er zu der gefahrvollsten Unternehmung in die Unterwelt hinabstieg, sich erst in die Eleusinischen Geheimnisse einweihen ließ. In Lemnos drohte den Argonauten eine größere Gefahr, als selbst der Sturm war, der sie dorthin verschlug. Die Schönheit und die Liebkosungen der Lemnierinnen fesselten die Helden und verweilten ihre Fahrt nach Kolchis auf eine geraume Zeit. Kurz vor der Ankunft der Argonauten hatten nämlich die Einwohnerinnen von Lemnos alle Männer auf ihrer Insel ermordet; nur H y p - s i p y l e hatte ihrem Vater, dem Könige T h o a s, das Leben erhalten. Der Zorn der A p h r o d i t e gegen die Lemnierinnen, welche die mächtige Göttin nicht genug verehrten, veranlasste diese schreckliche Tat. Die zürnende Göttin flößte den Männern von Lemnos, welche mit den Thrakiern Krieg führten, eine unüberwindliche Abneigung gegen ihre Weiber ein, statt deren sie sich Thrakische Sklavinnen zu Beischläferinnen wählten, welche Schmach die Weiber von Lemnos nicht ertrugen, sondern alle ihre Männer, die nicht in Thrakien zurückgeblieben waren, in einer Nacht im Schlafe ermordeten. Als nun die Argonauten in Lemnos landen wollten, so widersetzten sich ihnen zuerst die Weiber, weil sie glaubten, es wären ihre aus Thrakien zurückkehrenden Männer, welche den Tod der Ermordeten rächen wollten. Sobald sie aber ihren Irrtum einsahen, nahmen sie die Fremden mit offenen Armen auf, welche nun zwei Jahre auf dieser Insel blieben, wo J a s o n mit der H y p s i p y l e zwei Söhne, den T h o a s

und den E u e n o s , erzeugte. Von Lemnos segelten die Argonauten
nach Samothrake, wo die E i n w e i h u n g i n d i e G e h e i m -
n i s s e den Helden zu ihrer gefahrvollen Unternehmung neuen Mut
gab. Als sie in Mysien landeten, wurden sie von dem Herakles, der
den Hylas suchte, und dem Telamon, dem Gefährten des Herakles,
verlassen. Am Fuße des D i n d y m o s lag die Stadt K y z i k o s , in
welcher ein König gleichen Namens herrschte, der die Argonauten,
als sie hier landeten, gütig aufnahm und mit Geschenken entließ. Da
aber in der Nacht ein Sturm das Schiff wieder in den Hafen trieb, hielt
K y z i k o s aus Irrtum die Landenden für Feinde und wurde, da er sie
angriff, von Jason im Gefecht erschlagen, der zur Aussöhnung dieser
obgleich unvorsätzlichen Tat der M u t t e r d e r G ö t t e r auf dem
Berge Dindymos Opfer brachte und einen Tempel baute.

Die Argonauten, welche immer nach Osten ihren Lauf richte-
ten, landeten nun in B e b r y k e an, wo Amykos herrschte, der zum
Gefecht mit Streitkolben jeden Fremden aufforderte und welchen
Polydeukes im Zweikampf überwand. Auf ihrer weiten Fahrt von hier
wurden die kühnen Schiffer durch einen Sturm an die Küste von Thrakien verschlagen und landeten zu S a l m y d e s s o s , wo der von den
Göttern bestrafte wahrsagende und blinde P h i n e u s herrschte, den
unaufhörlich die H a r p y i e n , die Töchter des T h a u m a s , quälten
(S. 36). Phineus war mit einer Tochter des B o r e a s vermählt, mit
welcher er zwei Söhne erzeugte, die er dem stiefmütterlichen Hass
seiner zweiten Gemahlin I d a i a preisgab, auf deren Anstiften und
Verleumdung er sie des Augenlichts beraubte und nun durch seine
eigene Blindheit für dies Verbrechen büßte, indes die wahrsagenden
Harpyien, K e l a i n o , A e l l o und O k y p e t e , welche ein jungfräuliches Antlitz hatten und übrigens grässlichen Raubvögeln gleich
gestaltet waren, dem P h i n e u s alle Speise, die er genießen wollte,
entrissen oder besudelten. Phineus, der in die Zukunft blickte, gab
den Argonauten weise Ratschläge zur Fortsetzung ihrer Reise und
einen Wegweiser durch die K y a n e i s c h e n F e l s e n oder S y m -
p l e g a d e n , deren Durchfahrt den Argonauten nun bevorstand.
K a l a ï s und Z e t e s , die Söhne des Boreas, welche beflügelt waren,
verjagten zur Dankbarkeit die H a r p y i e n von des Phineus Tische
und verfolgten sie bis an die S t r o p h a d i s c h e n Inseln, wo sie auf

den Befehl der Götter von ihrer Verfolgung abließen und zu den Argonauten wieder zurückkehrten, von welcher Rückkehr auch jene Inseln
bei den Alten ihren Namen führten. Die K h a n e e n oder S y m p l e -
g a d e n , durch welche die Argonanten nun schiffen mussten, waren
nach der Sage zwei Felsen, die am Eingang des schwarzen Meeres
einander gegenüber lagen und nach den verschiedenen Richtungen,
worin man sich ihnen näherte, sich b a l d ö f f n e t e n und b a l d
s c h l o s s e n , die also beweglich waren und sich wie Scheren auf und
zu taten, welches den Durchgang der Schiffe durch dieselben äußerst
gefahrvoll machte.

Nach glücklich vollendeter Durchfahrt durch die Symplegaden
worauf P o s e i d o n die Felsen befestigte, ward nun in dem Gebiet
des L y k o s angelandet, welcher, von Geburt ein Grieche, die Fremdlinge aus seinem Vaterlande mit offenen Armen aufnahm. Hier starb
Tiphys, der Steuermann der Argo, an dessen Stelle A n k a i o s trat,
worauf die weitere Fahrt nach Kolchis vor sich ging, wo endlich die
geweihte A r g o , nachdem sie lange das Meer durchschnitten und
manchen Sturm erlitten hatte, an das gewünschte Ufer stieß. Allein
hier war es, wo die größte Gefahr dem Jason drohte, wogegen ihn aber
auch schon im Voraus die Gunst der Götter schützte. A i e t e s nahm
die Argonauten nicht unfreundlich auf, schrieb aber dem Jason, der
das goldene Vlies begehrte, solche Bedingungen vor, deren Erfüllung
er selbst für unmöglich hielt, weil unter den Gefahren, die er aus-
gedacht, der kühnste Held notwendig erliegen musste. Zuerst sollte
Jason, um den Besitz des goldenen Vließes sich zu erwerben, zwei
flammenatmende, dem H e p h a i s t o s geweihte Stiere an eine dia-
mantene Pflugschar spannen und damit vier Morgen eines noch nie
gepflügten, dem A r e s geweihten Feldes aufreißen. Dann sollte er
den Rest der Drachenzähne des K a d m o s , welche A i e t e s besaß,
in die gepflügten Furchen säen, die geharnischten Männer, die aus
der furchtbaren Saat erwachsen würden, alle bis auf einen töten und,
wenn er das getan, den Drachen, der das goldene Vließ bewachte,
bekämpfen und erlegen. M e d e i a , eine Tochter des Aietes, mächtig
in Zauberkünsten, hatte kaum den Jason erblickt, als durch den Einfluss und die Veranstaltung der Götter, die den Helden schützten, eine
zärtliche Neigung gegen ihn sich in ihrem Busen regte, die bald bis

zur heftigsten Flamme der Leidenschaft emporschoss. Beim Tempel der H e k a t e , die mächtige Göttin anzuflehen, begegneten sich Jason und Medea. Medea entdeckte dem Jason ihre Liebe, und wenn er ihr Treue schwüre, versprach sie, in den Gefahren, die ihm drohten, ihm mächtig beizustehen und ihm zu helfen, sein glorreiches Unternehmen sicher zu vollführen. Jason schwur ihr Treue; Medea erwiederte den Schwur und machte durch ihre Zauberkraft den Helden unüberwindlich. Sie gab ihm einen Stein, um ihn unter die aufkeimende Saat der geharnischten Männer hinzuschleudern und reichte ihm Kräuter und einen Trank, den Drachen einzuschläfern. Als Jason mit seinen Gefährten nun am anderen Tage in Gegenwart des Königs und des Volks auf dem Felde des Ares erschien und man im Begriff war, zuerst die flammenatmenden Stiere loszulassen, stand Alles stumm und schweigend auf den Ausgang harrend. Wild und schnaubend stürzten die Stiere auf den Helden los, allein die Zauberkraft, womit Medea ihn begabt hatte, machte sie plötzlich zahm; sie beugten willig ihren Nacken unter das Joch, indem sie Jason an den Pflug spannte und auf dem F e l d e d e s A r e s die Furchen zog, worin er die Zähne des Drachen säte. Als nun plötzlich die Saat der geharnischten Männer aus dem Boden keimte, die alle ihre Schwerter gegen den Jason kehrten, so warf dieser in ihre Mitte den bezaubernden Kieselstein der ihre Herzen verhärtete, dass sie mit wechselseitiger Wut sich selbst aufrieben und mit ihren toten Körpern den Boden deckten, woraus sie kaum erst entsprossen waren. Ehe noch der König und das Volk von seinem Erstaunen sich erholten, eilte Jason schon, den Drachen einzuschläfern; er tötete das Ungeheuer, und triumphierend hielt seine Rechte das goldne Vlies empor. Siegreich kehrte er nun mit seinen Gefährten in sein Schiff zurück. Heimlich in nächtlicher Stille ihres Vaters Haus verlassend, um ihrem Geliebten nachzufolgen, begab sich Medea auf das Schiff, das in der Nacht noch unter Segel ging. Aietes, welcher bald die Flucht seiner Tochter inneward, verfolgte die schnell segelnde Argo mit seinen Schiffen. Als nun beim Ausfluß der Donau Medea die nahen Segel ihres Vaters erblickte, griff sie zu einem verzweifelten und grausamen Mittel, um sich und ihren Geliebten aus der Gefahr zu retten. Sie hatte ihren kleinen Bruder A b s y r t o s gleichsam als Geisel mitgenommen, und da sie kein anderes Rettungsmittel sah, tötete und zerstückte sie ihn, stellte Haupt und Hände auf einen hohen Felsen aus und streute die übrigen Glieder an dem Ufer hier und da umher, damit durch diesen jammervollen Anblick und bei dem Sammeln der Glieder seines Sohnes der Vater sich verweile und die Fliehenden zu verfolgen ablasse. Um diese Frevelat zu bezeichnen, wurden einige kleine Inseln in dieser Gegend nachher die A b s y r t i - s c h e n genannt.

Die Argonauten, denen P h i n e u s geraten hatte, sie sollten auf einem anderen Wege, als den, welchen sie gekommen waren, in ihr Vaterland zurückkehren, schifften nun die Donau hinauf, und da sie auf diesem Flusse nicht weiter kommen konnten, lässt die Sage sie das leicht gebaute Schiff eine Strecke von vielen Meilen über Berg und Tal bis an den adriatischen Meerbusen auf ihren Schultern tragen. Als sie sich hier nun wieder einschifften, ließ die Argo aus der Eiche des Dodonischen Waldes folgenden Orakelspruch ertönen, dass ihnen die Rückkehr in ihr Vaterland nicht eher bestimmt sei, bis Jason und Medea erst von dem Mord des Absyrtos losgesprochen und durch die auferlegte Büßung ihr Verbrechen gesühnt sei. Um dieser Sühnung willen liefen sie in den Hafen von Aiaia, dem Aufenthalt der K i r k e , einer Tochter der Sonne und Schwester des Aietes, ein, die sich aber weigerte, auf die Bitte des Jason und der Medea den Mord des Absyr- tos durch die gebräuchlichen Opfer zu sühnen, und ihnen verkün- digte, dass sie nicht eher, als auf dem Vorgebirge M a l e i a ihre Schuld würden tilgen können. Von hier schifften nun die Argonauten unter dem S c h u t z d e r H e r a glücklich durch die S k y l l a und C h a - r y b d i s Durch des Orpheus Überredung vermieden sie die Gefahr, die ihnen von den S i r e n e n drohte, und kamen nun auf der Insel der P h a i a k e n an, wo sie auf die Flotte der Kolchier trafen, die hier auf einem anderen Wege den Fliehenden gerade entgegen kamen und die Medea, wenn sie dem Jason noch nicht vermählt wäre, wieder zurück- verlangten. A l k i n o o s , der König der Phaiaken, ließ noch in dersel- ben Nacht den Jason und die Medea die Gebräuche der Vermählung feiern und verkündigte diese Verbindung am anderen Morgen den Abgeordneten von Kolchis, die mit ihrer Flotte den Rückweg nahmen.

Die Argonauten gingen nun wieder unter Segel und suchten dem Vorgebirge Maleia sich zu nähern, als plötzlich ein Sturm sie an die

Libyschen Sandbänke warf, von wo sie in den Tritonischen See gelangten. Hier erschien ihnen der Gott T r i t o n , der gegen das Geschenk eines köstlichen Dreifußes, den Jason im Schiffe mit sich führte, ihnen einen Weg zu zeigen versprach, wo sie der Gefahr entrinnen könnten. Jason schenkte den Dreifuß dem T r i t o n , der sich daran ergötzte, und dem E u p h e m o s , einem von den Argonauten, dessen Nachkommen in Kyrene über Libyen herrschten, als ein bedeutsames Gegengeschenk e i n e E r d s c h o l l e gab; als diese Erdscholle infolge ins Meer fiel, weissagte Medea dem E u p h e - m o s , dass seine Nachkommen nun noch sobald nicht in L i b y e n herrschen würden. Endlich langte nun die Argo bei dem Vorgebirge Maleia an, wo nach der Kirke Verheißung Jason und Medea, von dem Mord des Absyrtos gesühnt, sich nun das nahe Ende der langen Reise versprechen durften. Ohne irgendeinen neuen Unfall liefen die Argonauten glücklich in den Hafen von J o l k o s ein. Die A r g o weihte Jason auf dem Korinthischen Isthmos dem P o s e i d o n , und die folgenden Dichtungen lassen sie als ein leuchtendes Gestirn am Himmel glänzen.

Das goldene Vlies war nun erbeutet; allein die Absicht, weswegen Jason sich allen diesen Gefahren unterzogen hatte, war vereitelt, weil sein Vater Aison, ebenso wie Pelias nun schon ein abgelebter kindischer Greis, der glorreichen Taten seines Sohnes sich nicht mehr freuen konnte. Und nun war Jasons erste Bitte an Medea, durch die Gewalt der magischen Kräfte w o m ö g l i c h s e i n e n V a t e r z u v e r j ü n g e n . Medea ließ dem Aison aus verborgenen Kräutern den neuen Lebenssaft durch alle Adern strömen und dieser fühlte plötzlich die Rückkehr seiner munteren Jugend und neue Lebenskraft, indes die Töchter des P e l i a s , den Versuch der Medea töricht nachahmend, ihrem Vater, den sie auch verjüngen wollten, das Leben raubten, sodass dem Aison nun allein die Herrschaft blieb. – Jason begab sich mit der Medea nach K o r i n t h , das vormals Ephyra hieß und vom Aietes, dem Vater der Medea, ehe er nach dem fruchtbaren Kolchis ging, beherrscht ward. Medea bemächtigte sich der Regierung für den Jason, welchem, nachdem er hier zehn Jahre mit ihr verlebt, sowie dem Herakles, Perseus und Bellerophon, ein tragisches Schicksal noch zuletzt bevorstand. Medeens überdrüssig, war Jason im Begriff, sich mit der fürstlichen Tochter K r e o n s zu vermählen, uneingedenk der Rache verachteter Eifersucht und verschmähter Treue. Medea stellte sich sanft und duldend; sie schickte selber der Braut ein Hochzeitskleid. Kaum hatte diese es angelegt, so fühlte sie schon die Flamme ihr Innerstes verzehren und starb einen qualvollen Tod. Nun ließ Medea ihrer Rache freien Lauf: auf Kreons Palast ließ sie Feuer regnen, den Kreon selbst einen Raub der Flammen werden, ermordete ihre beiden Kinder, die Jason mit ihr erzeugt hatte, und eilte darauf in ihrem mit Drachen bespannten Wagen durch die Lüfte, indem sie den Jason seinem Gram und der Verzweiflung überließ, die seine Tage kürzte und ihm den Rest seines Lebens verbitterte.

Die hier folgende Kopie eines großen von Winkelmann zuerst gegebenen Reliefs habe ich nicht verwerfen wollen, weil sie die verbreitetste und zugänglichste geworden ist.

Moritz sah darin M e d e a und J a s o n, sich einander die Hände gebend, nebst Jasons Waffenträger, indes der mit dem Drachen umwundene Lorbeerbaum den Sieg des Jason schon im Voraus andeutet, der, mit Medeas Zauberkräften ausgerüstet, seiner Waffen, die an der Wand hängen, nicht mehr bedarf, und leicht bekleidet ohne Harnisch dasteht. Doch diese, wie manche andere Deutung aus mythologischen Personen, ist nicht mehr annehmbar. Vielmehr ist es ein der verstorbenen sitzenden Frau von dem vor ihr stehenden Mann errichtetes Grabdenkmal, in welchem das Pferd und die aufgehängten Waffen (Schild und Schwert) den Stand und die Beschäftigung des Mannes bezeichnen, die Schlange aber verschieden und der Speerträger mir nicht genügend erklärt ist.

Auf dem zweiten Holzschnitte nach einer antiken Gemme sitzt der Sänger der Argonauten O r p h e u s auf einem Felsen mit seiner Leier und hat durch sein Spiel die Tiere, als deren Repräsentanten drei dargestellt sind, herbeigelockt, ein bedeutendes Sinnbild, wie die Macht der Tonkunst die wilden Naturen zähmte und aus dem dumpfen tierischen Schlummer das Geschlecht der Menschen weckte. Die Sage lässt diesen m y t h i s c h e n S ä n g e r durch sein mächtiges Saitenspiel selbst den Gott der Unterwelt bewegen, ihm seine Gattin E u r y - d i k e zurückzugeben; nur sollte er nicht eher nach ihr sich umsehen, als bis er sie wieder auf die Oberwelt zum Anblick des Tages und des himmlischen Lichtes gebracht. Da sie nun bald der öden Schattenwelt entstiegen waren, so zog die zärtliche Besorgnis und der zweifelnde Gedanke, ob sein geliebtes Weib ihm wirklich folge, den Blick des Gatten, ihm selbst fast unbewusst, ein einziges Mal zurück, und nun war Eurydike auf immer für ihn verloren; ihr Bild verschwand in Nacht und Dunkel, und seine ganze süße Hoffnung war ein Traum. Die Freude seines Lebens war nun entflohen; die Leier schwieg; das wütende Geschrei der Bakchantinnen erscholl auf dem thrakischen Gebirge; sie zürnten auf den Dichter, dem nach Eurydikes Verlust das ganze weibliche Geschlecht verhasst war. Von den schrecklich begeisterten Mainaden zerfleischt, und in Stücken gerissen ward der Göttersohn ein Opfer rasender Wut.

Die Sage von Meleagros und der Kalydonischen Jagd

Oineus, der in Kalydon herrschte, war ein Vater berühmter Kinder, der D e ï a n e i r a, die dem Herakles vermählt war, des M e l e a g r o s und des T y d e u s, dessen tapferer Sohn Diomedes im Trojanischen Kriege es mit den Göttern selbst im Streit aufnahm. Dieser Oineus hatte das Unglück, den Zorn der A r t e m i s auf sich und sein Land zu laden, weil er beim Opfer sie vergaß, da er den übrigen Göttern für den Wachstum der Früchte des Feldes dankte. Artemis schickte einen ungeheuern Eber in das Kalydonische Gebiet, der die anfkeimende Saat zernichtete, die Äcker verwüstete und den Einwohnern des Landes rund umher Tod und Verderben drohte. Oineus erbat sich den Beistand der Helden, dies Ungeheuer zu erlegen, und dies war wiederum eine Unternehmung, welche, so wie die Fahrt der Argonauten, die gleichzeitigen berühmtesten Helden Griechenlands vereinte. Bei der Jagd des K a l y d o n i s c h e n E b e r s versammelten sich zum Teil die Helden wieder, die auf der Fahrt nach Kolchis manche Gefahr zusammen überstanden hatten. Die berühmtesten von den Argonauten, welche mit dem M e l e a g r o s, dem Sohne des Oineus, gegen das Ungeheuer kämpften, waren: J a s o n, K a s t o r und P o l y d e u k e s, I d a s und L y n k e u s, P e l e u s, T e l a m o n, A d m e t o s, P e i r i t h o o s und T h e s e u s. Zu diesem glänzenden Haufen gesellten sich die Brüder der A l t h a i a, der Vermählten des Oineus, einer Tochter des T h e s t i o s, der in P l e u r o n herrschte, und A t a l a n t e, die Tochter des S c h o i n e u s, eines arkadischen Fürsten, die gleich der Artemis selber die Jagd liebte und sich dem jungfräulichen Stande gewidmet hatte. Atalante verwundete zuerst mit ihrem Pfeil den Eber, und nun erlegte Meleagros das Ungeheuer, hieb ihm den Kopf ab und überreichte ihn der Atalante als der Siegerin, die den Preis in diesem Kampfe davongetragen hatte. Die Söhne des Thestios, Brüder der Mutter des Meleagros, machten den

Preis der Atalante streitig; und nun erregte Artemis, die ihrem Zorn noch keine Grenzen setzte, zwischen dem Meleagros und den Söhnen des Thestios einen Streit, der zu einem blutigen Kriege wurde und dieser Begebenheit e i n e n t r a g i s c h e n A u s g a n g gab. Meleagros tötete im Gefecht seiner Mutter Brüder. Als diese nun die Leichname der Erschlagenen erblickte, schwur sie, den Tod der Brüder an ihrem eigenen Sohne zu rächen. Die Moiren hatten nämlich bei der Geburt des Meleagros ein Scheit Holz nah an die Flamme auf den Herd gelegt mit dem Bedeuten, dass der Althaia Sohn so lange leben würde, als die Flamme nicht dies Holz verzehrte.

Althaia hatte wie ein köstliches Kleinod bis jetzt dies Scheit Holz aufbewahrt; nun warf sie es in die lichte Flamme mit lauten Verwünschungen gegen ihren Sohn, der plötzlich von verzehrender Gluth sein Inneres ausgetrocknet, seine Gebeine zermalmet fühlte und unter zuckender Qual verschied. Kaum aber vernahm Althaia die schreckliche Wirkung von dem, was sie getan, so gab sie aus Reue und Verzweiflung sich selbst den Tod. –

Auf dem Holzschnitte nach einer antiken Gemme steht Meleagros, zwei Speere in der Linken haltend und die Rechte ruhig auf die Hüfte stemmend, vor einem von einem Lorbeerbaum überwölbten Altar, auf dem der Kopf des Kalydonischen Ebers als Opfergabe liegt; neben demselben sitzt seinen Herrn anblickend der Jagdhund.

Auch A t a l a n t e erfreute sich ihres Sieges nicht lange; sie vermied, so lange sie konnte, sich zu vermählen, weil unvermeidliches

Unglück in der Ehe nach einer Weissagung ihr bevorstand. Um die Freier abzuschrecken, trug sie jedem, der um sie warb, einen Wettlauf an. Dem, welcher sie besiegen würde, versprach sie sich zu ergeben; den Besiegten aber war der Tod bestimmt. H i p p o m e n e s , der diesem gefährlichen Wettlauf sich unterzog, flehte die Aphrodite um Beistand an, die ihm drei goldene Äpfel schenkte, welche er, einen nach dem anderen, im Laufen fallen ließ, so dass er, als Atalante diese Äpfel sie bewundernd aufhob, vor ihr das Ziel erreichte. Allein Hippomenes vergaß des Dankes, den er der Aphrodite schuldig war, und Atalante musste, da sie mit ihm vermählt war, zugleich auch sein Vergehen gegen die Göttin büßen, auf deren Anstiften beide ein Heiligtum der K y b e l e entweihten, welche mit furchtbarer Gewalt das frevelnde, d u r c h d a s B a n d d e r E h e v e r k n ü p f t e P a a r in Löwen verwandelte, die u n t e r e i n e m J o c h e ihren Wagen zogen.

Kretische Sagen.

M i n o s . In der Gestalt des mutigen Stiers entführte Zeus die E u r o p a , des Agenors Tochter, nach Kreta, wo er den M i n o s mit ihr erzeugte, der, seines erhabenen Ursprungs würdig, den Völkern Gesetze gab und sie zuerst zu einem Staat durch weise Einrichtung bildete. Die Sage lässt den Minos in einer Grotte auf dem Ida von Zeit zu Zeit mit dem Zeus geheime Unterredungen pflegen, deren Inhalt er als die Grundlage seiner Gesetzgebung dem horchenden Volke bekannt macht. Wegen seiner weisen Regierung eignete die Dichtung dem Minos nebst seinem Bruder und Ratgeber R h a d a m a n t h y s , als den gerechtesten Menschen, das Richteramt über die Toten zu; zu diesen beiden gesellte sie den A i a k o s , des Peleus Vater, und, nach einer anderen Sage, auch den T r i p t o l e m o s , der ein Wohltäter der Menschen war. M i n o s , der Gesetzgeber, war zugleich ein tapferer und kriegerischer Fürst, der das mittelländische Meer von Seeräubern befreite und die Fahrt auf demselben wieder sicher machte. Allein ihn betrafen Unglücksfälle, wodurch seine glorreichsten Siege ihm vergällt, sein Leben verbittert wurde. Die Vermählte des Minos war P a s i p h a e , eine Tochter der Sonne und Schwester des Aietes. A p h r o d i t e wars auf dies Geschlecht einen alten Hass, weil H e l i o s oder die Sonne einst ihr Liebesverständnis mit dem A r e s entdeckt und verraten habe. Sie flößte der Pasiphae zu einem Stier, den Poseidon aus dem Meere steigen ließ, eine schändliche Liebe ein. Während der Abwesenheit des Minos beging Pasiphae das unnatürliche Verbrechen und gebar ein Ungeheuer, halb Mensch, halb Tier, das unter dem Namen des Minotauros zum öfteren in der Sage auftritt. D a i d a l o s, der kunstverständigste Bildner und Baumeister, welcher damals lebte, hatte sich wegen eines Verbrechens aus Athen nach Kreta geflüchtet, und Minos, um die Schande seines Hauses dem Blick der Menschen und dem Antlitz des Tages zu verbergen, trug dem Daidalos auf, ein unterirdisches Gewölbe mit unzähligen irreführenden Gängen ihm zu erbauen. Dies war das berühmte Labyrinth, in dessen Mitte der M i n o t a u r u s eingeschlossen nur von denen erblickt wurde, die ihm zur Strafe als Opfer vorgeworfen wurden und, um ihren Tod zu finden, das Labyrinth betraten. – A n d r o g e o s, ein Sohn des Minos, war während der Zeit nach Athen gereist, um dort mit vielen anderen Fremden den Atheniensischen Festspielen der Panathenäen beizuwohnen, wo er bei allen Kämpfen den Preis davon trug und durch den Beifall des ganzen Volks, den er sich erwarb, die Eifersucht und den Verdacht des kinderlosen A i g e u s rege machte, der damals Athen beherrschte und den hoffnungsvollen Sohn des Minos meuchelmörderischer Weise ermorden ließ. Kaum hatte Minos dies neue Unglück seines Hauses vernommen, so kam er mit seiner ganzen Macht, den grausamen und schändlichen Mord zu rächen. Zuerst belagerte er N i s a, wo N i s o s, ein Bruder des Aigeus, herrschte. Den Nisos verriet seine eigene Tochter S k y l l a, indem sie eine goldene Haarlocke, wodurch er unüberwindlich war, von seinem Haupte schnitt und sie dem M i n o s brachte, gegen den sie von Liebe entbrannt der Pflicht und kindlichen Zärtlichkeit vergaß und nach Verdienst bestraft wurde, indem sich Minos zwar ihres Geschenkes bediente, die Verräterin aber mit Zorn und Verachtung von sich stieß. Als Minos die Stadt Nisa, welche nachher Megara hieß, erobert hatte, rückte er gerade auf Athen, das schon vorher, von Dürre und Hungersnot gedrückt, der Götter Zorn empfand und unter seinem traurigen Schicksal seufzte. Als zu dem Allen noch das Orakel den Ausspruch tat, die Götter würden nicht aufhören, Unglück über die Stadt zu schicken, bis dieselbe dem Minos für den Mord seines Sohnes erst völlig Genugtuung geleistet, so schickten sie Abgeordnete an den König von Kreta, die in flehender Gestalt um Frieden baten. Die harte Bedingung des Friedens war, dass die Athenienser dem Minos jährlich sieben der schönsten Knaben und sieben der schönsten Mädchen nach Kreta schicken mussten, wo sie, um den Mord des A n d r o g e o s zu büßen, als Schlachtopfer für ihr Vaterland dem Minotaurus zur Beute wurden. Als Theseus endlich den Minotaurus erlegte und mit der A r i a d n e , des Minos' Tochter, entfloh, schloss Minos, da er sich weiter nicht rächen konnte, den Athenienser D a i - d a l o s nebst seinem Sohne I k a r o s in das von dem Künstler selbst erbaute Labyrinth. Dem Daidalos aber bot die Kunst ein Mittel dar, mit seinem Sohne dem Kerker zu entfliehen. K o k a l o s ein Fürst in Sizilien, nahm den Daidalos auf und lud den Minos, welcher kam und die Auslieferung des Daidalos verlangte, selbst zu einer Unterredung ein, stellte sich freundlich gegen ihn und bewirtete ihn in seinem Hause, wo er hinterlistiger Weise ihn zuletzt im Bade erstickte. So fand Minos, der tapfre Krieger, da er den Künstler verfolgte, den die Götter schützten, in einem fremden Land seinen Tod.

D a i d a l o s . In dem der Athena geweihten Athen entwickelten sich zuerst die bildenden Künste und hatten unter den Beschäftigungen der Menschen einen hohen Rang. Daidalos, der aus dem königlichen Geschlecht der E r e c h t h e i d e n stammte, gab nach der Sage den Bildsäulen, die er verfertigte, Leben und Bewegung. Er war es, der zuerst die dicht aneinander geschlossenen Füße, so wie man sie noch an den ägyptischen Bildsäulen sieht, voneinander trennte, die dicht anliegenden Arme vom Rumpf löste und seinen Bildsäulen eine f o r t s c h r e i t e n d e Stellung gab. Was Wunder, dass dieser ganz neue Anblick jeden in Erstaunen setzte und die Sage veranlasste, dass die Bildsäulen des Daidalos sich bewegten. In diesem ersten Schritt des Daidalos in der Kunst lag etwas Hohes und Göttliches, das die Verehrung und Bewunderung der Nachwelt auf sich zog und den Namen des Künstlers unsterblich machte, der dennoch seinen Ruhm durch eine grausame und schwarze Tat befleckte. Unter seiner Anleitung bildete sich ein Jüngling, Namens T a l o s , ein Sohn der Schwester des Daidalos. Als dieser einst mit dem Kinnbacken einer Schlange ein Stück Holz voneinander schnitt, kam er auf den Gedanken, die Schärfe der Zähne in Eisen nachzuahmen, und so erfand er die Säge, eines der nützlichsten Werkzeuge, deren die Menschen sich bedienen. Auch die Erfindung der T ö p f e r s c h e i b e war das Werk des Talos. Daidalos, über die Fortschritte seines Lieblings eifersüchtig, warf einen tödlichen Hass auf ihn. Der grausamste Künstlerneid war schon mit der ersten Entstehung der Kunst verwebt. Daidalos führte den Jüngling auf eine steile Anhöhe, wovon er, eher jener es sich versah, ihn hinunterstützte und so den T a l o s durch seinen Fall für die Erfindung büßen ließ, womit er seinen Meister überflügeln wollte. Als die grausame Tat des Daidalos kund wurde, ward er zum Tode verdammt und musste aus Athen entfliehen, worauf er erst eine Zeitlang flüchtig umherirrte, bis er in Kreta bei dem Könige Minos, dem e r d a s L a b y r i n t h erbaute, eine Zuflucht fand. Als Minos aber nachher den Daidalos mit seinem Sohn I k a r o s in dem von dem Künstler selbst erbauten Labyrinth gefangen hielt, so strebte die eingehemmte Kunst, selbst das Unmögliche zu versuchen, und, weil nur ein Ausgang nach oben war, mit angesetzten k ü n s t l i c h e n F l ü g e l n sich in die Lüfte emporzuheben. Daidalos suchte mit klebendem Wachs die Flügel zu verbinden und legte sie sich und seinem Sohne an, den er vorher sich üben ließ, allmählich sich emporzuschwingen. Als sie nun die Reise durch die Luft antraten, warnte Daidalos seinen Sohn, ja nicht zu hoch im Fluge sich zu erheben! Dieser aber vergaß der Warnung; da schmolzen ihm die Flügel im Sonnenstrahl, und er fand in dem Meere seinen Tod, das man nach seinem Namen das I k a r i - s c h e nannte. Daidalos, der den T a l o s stürzte, sah nun zu seiner Qual den Fall seines eigenen Sohnes, den er nicht retten konnte. Er selber ließ sich in Sizilien nieder, wo K o k a l o s ihn gastfreundlich aufnahm und ihn vor der Verfolgung des Minos schützte, dem er bei einem Besuch sogar das Leben raubte und auf die Weise den Daidalos sicher stellte, welcher zur Dankbarkeit verschiedene große Werke in dem Gebiete des Kokalos unternahm, Kanäle und Teiche grub, ein Schloß aus einem Felsen erbaute, den Gipfel des Berges Eryx ebnete und zuletzt eine goldene Kuh, von ihm selbst verfertigt, der E r y k i - n i s c h e n A p h r o d i t e weihte. Geraume Zeit nachher fand man noch Spuren von seinen Werken; sein Name ward zum Sprichwort, worunter man alles sinnreich Erfundene und Künstliche mit einem Male begriff. –

Auf einer antiken Gemme, deren Umriss auf dem hier beigefügten Holzschnitt sich befindet, ist Daidalos dargestellt, wie er sitzend und sinnend an dem vor ihm stehenden k ü n s t l i c h e n   F l ü g e l noch mit bildender Hand arbeitet.

Attische Sagen

Wie in A r g o s der Sohn des alten Flussgottes I n a c h o s , P h o - r o n e u s den Menschen den Gebrauch des Feuers lehrte und sie beredete, sich gemeinschaftliche Wohnplätze zu erbauen, da sie vorher zerstreut in Wäldern lebten, so leitet die A t t i s c h e   S a g e die ähnlichen Anfänge eines gesitteten Lebens von dem s c h l a n g e n - f ü ß i g e n   u r e i n g e b o r e n e n   K ö n i g e   K e k r o p s her, mit dem sich in Attika ein Geschlecht von Menschen bildete, die er lehrte in Hütten zusammen zu wohnen und unter denen er zuerst den Ehestand einführte. Die mythischen Könige Athens aus dem nachmaligen Stamme hießen von E r e c h t h e u s   d i e   E r e c h t h i d e n , und unter ihnen war T h e s e u s der berühmteste Held. Viel besungen in Sage und Dichtung ist das Schicksal der Tochter des Erechtheus, der P r o k r i s . K e p h a l o s nämlich, ein Sohn des D e ï o n e u s , Königs

von Phokis, war mit ihr erst kurze Zeit vermählt, als er einst am frühen Morgen auf dem H y m m e t t i s c h e n Gebirge jagte, wo E o s
ihn entführte. Da er zu seiner inniggeliebten Prokris wiederzukehren
wünschte, entließ ihn Eos mit dem Bedeuten, es werde mit seiner Vermählten ihm nicht nach Wunsch ergehen. Diese Worte fachten die
Eifersucht in seinem Busen an; unter einer Verkleidung suchte er die
Liebe der Prokris zu gewinnen; und als sie ihm kaum einen Schein der
Hoffnung blicken ließ, so gab er sich zu erkennen und klagte sie der
Untreue an, worauf sie unwillig ihn verließ. Als Kephalos nun nach
einiger Zeit sich wieder mit ihr versöhnte, ward Prokris von Eifersucht gequält, weil sie vernahm, dass ihr Gemahl die Nymphe A u r a
liebe, mit der er auf der Jagd verstohlenen Umgang pflege. Einst ver-
steckte Prokris sich im Gebüsch, um ihren Gatten zu belauschen. Dieser seufzte, erhitzt vom Jagen, unter dem Namen A u r a nach nichts,
als nach der k ü h l e n L u f t . Prokris aber, welche den Namen ihrer
Nebenbuhlerin von seinen Lippen zu hören glaubte, regte sich im
Gebüsche. Kephalos meinte das Rauschen von einem versteckten
Wild zu hören, wonach er seinen Jagdspieß warf, der seine unglückliche Gattin traf, welche sterbend ihren Irrtum erst erkannte.

T h e s e u s . A i g e u s , ein Sohn des Athenischen Königs P a n -
d i o n , welchem er in der Regierung folgte, tat, weil er ohne Kinder
blieb, eine Reise nach Delphi, um das Orakel des Apollon um Rat zu
fragen. Die Pythia befahl ihm, er solle bis nach seiner Zurückkunst
in Athen allen Umgangs mit Weibern sich enthalten; und gerade
dies Verbot bewirkte, dass er zum Gegenteil sich verleiten ließ. Er
kehrte auf seinem Rückwege in T r ö z e n beim P i t t h e u s , einem
Sohne des Pelops, ein und vermählte sich heimlich mit dessen Tochter Aithra. Als Aigeus von T r ö z e n abreiste, verbarg er unter einem
großen Steine sein Schwert und seine Schuhe und befal der Aithra,
wenn sie einen Sohn gebären sollte, denselben nicht eher zu ihm nach
Athen zu schicken, als bis er stark genug wäre, den Stein hinwegzu-
wälzen, worunter seines Vaters Schwert und Schuhe verborgen lagen.
Aithra gebar den Theseus, der unter des weisen Pittheus Aufsicht von
Konnidas erzogen ward; die Athenienser verehrten in der Folge, so
oft sie das Fest des Theseus feierten, auch das Andenken von diesem
K o n n i d a s , dem E r z i e h e r des Helden. Als Theseus erwachsen

war, führte ihn seine Mutter zu dem Steine, woran seine Stärke sich prüfen sollte und welchen er aufhob und darunter das Schwert und die Schuhe seines Vaters fand, so wie die Abbildung nach einem antiken geschnittenen Steine ihn darstellt.

Als Theseus seine Reise nach Athen antrat, so wählte er, durch das Beispiel des Herakles angefeuert, den gefährlichen Weg zu Lande, wo er mit Räubern kämpfen musste, die die Straße unsicher machten und auf eine grausame Weise die Fremden behandelten, die sie in ihre Gewalt bekamen. Obgleich nun Theseus den Herakles sich zum Muster nahm, so unterscheidet er sich dennoch durch eine gewisse Feinheit der Züge in seinem Wesen von jenem rohen Thebanischen Helden, der als ein kolossales Sinnbild von Körperkraft und unüberwindlicher Stärke überall in den Dichtungen auftritt und in dem Ausdrucke dieser Kraft auch durch die b i l d e n d e K u n s t sich darstellt, welche dem Theseus einen schlanken Wuchs und feinere Züge gibt. Als Theseus, mit seines Vaters Schwert bewaffnet, von Trözen auf den Isthmos zuwandernd, durch die Länder von E p i d a u r o s kam, stieß er zuerst auf den wegen seiner Grausamkeit berüchtigten P e r i p h e t e s, der bei seiner Riesenstärke, bloß mit einer Keule bewaffnet, den Reisenden furchtbar war; als er es wagte, den Theseus anzugreifen, schlug dieser ihn zu Boden und tötete ihn; nachher trug er beständig zum Andenken seines ersten Sieges die Keule des Periphetes. Da er nun auf dem Isthmos von Korinth anlangte, musste er mit einem noch grausameren Mörder, dem S i n i s, kämpfen, den man den Fichtenbeuger nannte, weil er die Fremden, zwischen zwei zur Erde gebeugten und schnell wieder in die Höhe fahrenden Fichten festgebunden, zu seiner Lust zu zerreißen pflegte. Als Theseus ihn überwunden hatte, ließ er mit der von dem Mörder selbst erfundenen Todesart ihn für seine Grausamkeit und seinen Frevel büßen. Auch befreite Theseus die Länder, durch welche er reiste, von Ungeheuern und tötete unter anderen die K r o - m y o n i s c h e Sau, welche, dem ganzen Lande furchtbar, überall Schaden stiftete und die Äcker verwüstete. Als er hierauf an die Grenzen von M e g a r a kam, überwand er den S k i r o n und stürzte ihn von demselben steilen Felsen ins Meer, von welchem dieser Tyrann die Reisenden, die vorbeikamen, hinunterzustürzen pflegte. In E l e u - s i s musste Theseus mit dem K e r k y o n kämpfen, den er überwand und tötete; und als er nicht weit davon in H e r m i o n e anlangte, besiegte er den D a m a s t e s , den man wegen der besonderen Art von Grausamkeit, womit er die Fremden misshandelte, den A u s d e h n e r oder P r o k r u s t e s nannte.

Dieser Prokrustes hatte nämlich zwei eiserne Betten von verschiedener Länge, worin er die Fremden legte. Die kurzen Personen legte er in das lange und dehnte ihre Körper mit Gewalt bis zu der Länge des Bettes aus; die langen Personen legte er in das kurze, und was über die Länge des Bettes reichte, hieb er von ihren Füßen ab. Es scheint, als wolle die Sage die Verletzung des Gastrechts in ihrem hassenswürdigsten Lichte darstellen; denn man kann sich nichts Grausameres denken, als dass selbst die Lagerstätte, die den müden Wanderer erquicken sollte, von dem Tyrannen zur Folterbank gemacht wurde. Die Heiligkeit des Gastrechts war es, unter dessen Schutz die Menschen zuerst einander sich mitteilen und wechselseitig sich bilden konnten. Die Störer dieses heiligen Gastrechts zu vertilgen, ist das Werk der Helden, welche Wohltäter der Menschen sind, wie Theseus war, der den Prokrustes erst die von ihm selbst erfundene Marter dulden ließ und dann von diesem Ungeheuer die Erde befreite. – Als Theseus nun in Athen anlangte, erkannte ihn Aigeus an dem Schwert und den Schuhen für seinen Sohn, worüber die Söhne des P a l l a s , eines Bruders des Aigeus, die schon mit der Hoffnung, dem kinderlosen Aigeus in der Regierung zu folgen, sich geschmeichelt hatten, einen Aufruhr erregten, den aber Theseus in seiner Entstehung dämpfte.

Nun war es gerade das dritte Jahr, in welchem die Athenienser
dem Minos wegen der Ermordung seines Sohnes A n d r o g e o s
den traurigen Tribut bezahlen mussten, der darin bestand, sieben der
schönsten Jünglinge oder Knaben und sieben der schönsten Mädchen, aus edlem Blute entsprossen, nach Kreta überzuschiffen, wo sie
im Labyrinth dem M i n o t a u r u s zur Beute wurden. So lange dies
Ungeheuer nicht erlegt war, hatten die Athenienser keine Befreiung
von dem traurigen Tribut zu hoffen. Als nun die Jünglinge und Mädchen schon das Todeslos gezogen hatten und, zu Schlachtopfern für
dies Jahr bestimmt, eingeschifft werden sollten, bot sich Theseus freiwillig zum Opfer für sein Vaterland in die Zahl der übrigen Jünglinge
dar, weil er in Ahnung seiner Heldenkraft den Minotauros zu erlegen
hoffte. Vor der Abreise tat Theseus dem Apollon ein Gelübde, jährlich
zu seinem Tempel ein Schiff mit Opfern und Geschenken nach der
Insel D e l o s zu schicken, wenn ihm sein Unternehmen glücke. Als
er nun auch noch das Orakel befragte, gab dieses ihm zur Antwort, er
werde dann glücklich sein, w e n n e r d i e L i e b e z u r F ü h r e -
r i n w ä h l e. Mit seinem Vater traf Theseus noch vorher die Abrede,
dass bei der Rückkehr des Schiffes statt des schwarzen ein weißes
Segel den glücklichen Ausgang des Unternehmens ihm verkündigen
sollte. Bald langte nun das Schiff mit günstigem Wind in Kreta an, und
kaum waren die übersandten Opfer dem Minos vorgestellt, als A r i -
a d n e , des Minos' Tochter, ihre Blicke auf den Theseus warf, dessen
Heldenwuchs und Schönheit auf die Königstochter einen unauslöschlichen Eindruck machte. Nun wählte auch Theseus nach dem Ausspruch des Orakels die Liebe zur Führerin, indem er aus den Händen
der Ariadne den Knäuel empfing, der ihm einen sicheren Ausgang aus
dem Labyrinth verschaffte. Mit dem Faden der Ariadne in der Hand
stieg er nun mutig mit seinen Gefährten in die unterirdische Wölbung
nieder, bis er selbst an den Aufenthalt des Minotauros kam, mit dem
er sich in Kampf einließ und den er mithilfe der Ratschläge Ariadnes
überwand. Da nun dies Ungeheuer erlegt war, so waren die Athenienser auch von dem Tribut befreiet, und ihre zum Tode bestimmten
Söhne und Töchter dankten dem Theseus nun ihr Leben. So stellt ein
in der verschütteten Stadt Herculanum gefundenes Gemälde den Helden dar, wie zarte Knaben, die dem Tode geweiht waren, die Hände

ihm küssen und zärtlich seine Knie umschlingen. Ariadne entfloh mit ihrem geliebten Theseus. Sie landeten auf N a x o s , wo Theseus auf den Befehl der Götter sie verließ, weil Ariadnes Reize den B a k c h o s selber gefesselt hatten, der hier die einsame verlassene Schöne unter nächtlichem Himmel schlummernd fand und, da sie erwachte, zum Zeichen seiner Gottheit die Krone von ihrem Haupte gen Himmel warf, wo sie als ein leuchtendes Sternbild glänzte und Zeuge der Vermählung der A r i a d n e und des B a k c h o s war. Ehe Theseus nach Athen zurückkehrte, segelte er, um dem A p o l l o n sein Gelübde zu bezahlen, nach der Insel Delos, wo er zugleich der Aphrodite wegen des Beistandes, den sie ihm geleistet, eine von D a i d a l o s verfertigte Bildsäule weihte. Und um das Andenken seines Sieges über den Minotauros zu erhalten, stiftete Theseus auf dieser Insel einen Tanz, worin man die Krümmungen des Labyrinths nachahmte. Mit der größten Sorgfalt beobachteten die Athenienser stets nachher jenes heilige Gelübde. Mit demselbigen Schiffe, auf welchem Theseus aus Kreta wiederkehrte, schickten sie jährlich Abgeordnete, mit Ölzweigen bekränzt, nach der Insel Delos. Auch suchten sie das heilige Schiff gleichsam unvergänglich zu erhalten, indem sie es nie mit einem neuen vertauschten, sondern durch immer neuen Zusatz, was die Zeit davon zerstörte, zu ergänzen suchten, um sich die Vorstellung zu erhalten, dass dieses dasselbe Schiff sei, welches den Theseus trug. Auch war es nicht erlaubt, so lange dies Schiff auf seiner Fahrt nach der Insel Delos unterwegs blieb, in Athen die Verurteilten hinzurichten. Denn da durch dies Gelübde die Rettung der Atheniensischen Jugend gefeiert wurde, so durfte man während der Zeit dem Tode kein Opfer bringen. Von Delos segelte Theseus grade auf Athen, die Botschaft der frohen Begebenheit zu bringen, welche dennoch nicht ohne einen t r a g i s c h e n A u s g a n g blieb. Da nämlich A i g e u s von einem Felsen mit ängstlicher Besorgnis dem kommenden Schiffe entgegensah und das s c h w a r z e S e g e l erblickte, welches der Steuermann mit dem weißen zu vertauschen aus der Acht gelassen, stürzte er sich voll Verzweiflung, weil er nun Alles für verloren hielt, vom Felsen in das Meer hinab, welches nachher nach seinem Namen das A i g e ï s c h e hieß. Den Theseus empfingen die Athenienser mit lautem Jubel als ihren Schutzgott, dem sie allein ihre Rettung dankten. Als Theseus nun in der Regierung dem Aigeus folgte, benutzte er die Liebe des Volks dazu, um einer weisen Gesetzgebung Eingang zu verschaffen. Er schuf zuerst den Staat, indem er das in kleinen Ortschaften zerstreut wohnende Volk in eine einzige Stadt zu versammeln suchte und es in Klassen teilte. Auch setzte er im Einverständnis mit den benachbarten Völkern dem Attischen Gebiete seine festen Grenzen. Und weil es ihm gelungen war, nach seiner Einsicht das Volk z u l e n k e n , so führte er zuerst den Dienst der P e i t h o , der Göttin der Ü b e r r e - d u n g , ein. Großmütig begab er darauf sich selbst des größten Teils seiner Gewalt, weil er schon damals nach einem Orakelspruch Athen zu einem F r e i s t a a t zu bilden suchte. Zu Ehren des P o s e i d o n s , den das Gerücht für seinen Vater ausgab, erneuerte er auch die I s t h - m i s c h e n S p i e l e , zu welchem man aus ganz Griechenland sich versammelte und wodurch die Mitteilung und wechselseitige Bildung der Völker vorzüglich mit befördert ward. Dessen ungeachtet ruhte Theseus auch von den kriegerischen Geschäften nicht. Als er den Herakles begleitete und ihm beim Flusse T h e r m o d o n die Amazonen besiegen half, vermählte dieser ihm zur Dankbarkeit die gefangene Königin A n t i o p e , mit welcher Theseus den H i p p o l y t o s erzeugte. Die Amazonen fielen hierauf ins Attische Gebiet, wo Theseus sie zum zweiten Mal besiegte.

Einen liebenswürdigen Zug in der Geschichte des Theseus macht noch die u n z e r t r e n n l i c h e F r e u n d s c h a f t , die zwischen ihm und dem P e i r i t h o o s herrschte. Dieser Peirithoos war ein Thessalischer Fürst und herrschte über die L a p i t h e n . Seine Freundschaft mit dem Theseus war entstanden, da sie einstmals, ein Jeder eifersüchtig auf des Anderen Ruhm, im Zweikampf ihre Stärke und Tapferkeit versuchten und auf einmal, von wechselseitiger Achtung und Zuneigung angezogen, dem Streit ein Ende machten und Hand in Hand ein unzertrennliches Bündnis knüpften. Keine Gefahr war nun so groß, worin die Helden sich nicht zur Seite standen. Peirithoos war in einen Krieg mit den K e n t a u r e n , einem Thessalischen Volke, verwickelt, welche die Sage, weil sie zuerst beständig zu Pferde stritten, gleichsam wie an das Ross gewachsen, halb als Menschen, halb als Pferde darstellt. Als Peirithoos nun mit der H i p p o d a m e i a sich vermählte, lud er außer dem Herakles, Theseus und mehreren berühmten Helden

bei einem Waffenstillstande auch die Kentauren zu seinem Hochzeits-
mahle, welche zuletzt, von Wein erhitzt, noch während des Gastmahls
einen Streit anhuben und die H i p p o d a m e i a selber zu entführen
drohten, wenn Herakles und Theseus nicht dem Peirithoos tapfer bei-
gestanden und der Kentauren Übermut bestraft hätten, die von dieser Zeit an in jedem Treffen die Flucht ergriffen, bis sie zuletzt von
Herakles, Peirithoos und Theseus gänzlich besiegt und geschlagen
wurden. Dies ist der berühmte Streit der K e n t a u r e n und L a p i -
t h e n , bei welchem die Dichtkunst und die bildende Kunst der Alten
oft verweilt. Auch die Gegenstände ihrer zärtlichen Wünsche halfen
sie sich einer für den anderen erstreiten. Peirithoos half dem Theseus
die H e l e n a entführen, welche dieser seiner Mutter Aithra in Aphidnai zur Aufsicht übergab, um wieder dem Peirithoos beizustehen, der
nach dem T o d e d e r H i p p o d a m e i a , um gleichsam an dem
P l u t o n sich zu rächen, entschlossen war, die P e r s e p h o n e selber aus der Unterwelt zu entführen. Theseus, seinem Freunde bis in
den Tod getreu, stieg mit ihm in das Reich der Schatten, wo Pluton,
als die vermessene Tat misslang, die beiden in Ketten gefangen hielt,
bis Herakles in der Folge den Kerberos bändigte und zugleich die
Banden des Theseus löste, den Peirithoos aber zu befreien vergebens
seine Macht anwandte, sodass nun doch der Tod das treueste Freundschaftsbündnis trennte.

Von nun an hoben auch die Unglücksfälle des Theseus an, die den
Rest seiner Tage ihm verbitterten. Ihn traf das Schicksal der größten
Helden, deren ruhmvolles Leben ein tragischer Ausgang schloss. Als
er nach Athen zurückkam, fand er das undankbare und unbeständige
Volk durch seine Feinde gegen sich aufgewiegelt. Hierzu kam noch
häusliches Unglück. Nach dem Tod der A n t i o p e hatte Theseus mit
der P h a i d r a , einer Tochter des Minos und Schwester der Ariadne,
sich vermählt. Der Hass der Aphrodite gegen die Pasiphae verfolgte
auch ihre Tochter, der sie eine strafbare Liebe zum Hippolytos, dem
mit der Antiope erzeugten Sohn des Theseus, einflößte. Als aber der
Jüngling ihrem Antrage kein Gehör gab, verwandelte sich ihre ver-
schmähte Liebe in Hass, und sie verläumdete den Hippolytos beim
Theseus, als habe er selber sie zur Untreue verleiten wollen. Theseus,
von schnellem Zorn entbrannt, erinnerte sich, dass ihm Poseidon ver-

heißen, drei Bitten unfehlbar ihm zu gewähren, und nun verwünschte Theseus seinen Sohn, der gerade um diese Zeit am Ufer des Meeres mit seinen Rossen den Wagen lenkte. Kaum war der Fluch über Theseus Lippen gekommen, so stieg ein Meerungeheuer aus der Tiefe empor, vor dessen Anblick des Hippolytos Pferde sich scheuten und den Unglücklichen schleiften und zerrissen. Als Phaidra dies vernahm, gab sie sich selbst den Tod, und Theseus, der zu spät die Unschuld seines Sohnes erfuhr, war der Verzweiflung nahe.

Die Unzufriedenheit des Volkes war während der Zeit noch höher gestiegen, und Theseus, endlich des Undanks müde, verbannte sich selber aus Athen und sprach, ehe er sich zur Abreise einschiffte, an einem Ort, der nachher der Ort der Verwünschungen hieß, gegen die Athenienser die bittersten Flüche aus. Er glaubte nun auf der Insel S k y r o s seine übrigen Tage in Ruhe zu verleben; allein der verräterische L y k o m e d e s, welcher in Skyros herrschte, verletzte aus Furcht vor des Theseus Feinden das heilige Gastrecht. Unter dem falschen Vorwande, ihm die Insel zu zeigen, führte Lykomedes den Theseus auf eine steile Anhöhe und stürzte, ehe dieser es sich versah, ihn von dem steilen Felsen herab. So fiel der Held, dem Griechenland Ruhe und Sicherheit, sein Vaterland seine Rettung dankte. Lange nach seinem Tode bauten die Athenienser dem Theseus Tempel und Altäre, verehrten ihn wie einen Halbgott, brachten ihm Opfer dar und stifteten Feste ihm zu Ehren. Man fand in der Folge in Skyros des Theseus Sarg, der durch seine Größe die damals Lebenden in Erstaunen setzte. Der Tempel des Theseus in Athen hieß das T h e s e i o n, worin die Taten des Helden in Gemälden dargestellt waren, und bis auf unsere Tage hat derselbe sich zum Teil erhalten.

Thebanische Sagen

K a d m o s. A g e n o r, dessen Tochter E u r o p a vom Zeus entführt ward, war auch der Vater des Kadmos, dem er befahl, die entführte Tochter in allen Ländern aufzusuchen und ohne sie vor ihm nicht wieder zu erscheinen. So rächte die z ü r n e n d e Eifersucht der H e r a sich an Agenors Hause. Wie ein Flüchtling musste Kadmos umherirren und durfte, da er seine Schwester nirgends fand, in seine väterliche Heimat nicht wiederkehren, sondern musste im fremden Lande sich einen Wohnsitz suchen. Er kam nach Böotien in Griechenland und wählte es einem Orakelspruch zufolge zu seinem Aufenthalt. Als er nun seine Gefährten, um Wasser zu einem Opfer zu schöpfen, in ein dem A r e s geweihtes Gehölz schickte, wurden sie von einem ungeheuren D r a c h e n , dem Hüter dieses heiligen Hains, getötet. Kadmos erlegte dies Ungeheuer und musste auf den Befehl der A t h e n a die Zähne des Drachen in die Erde sähen. Aus dieser Saat keimten geharnischte Männer auf, die sogleich Ihre Schwerter gegeneinander zückten und sich einander erschlugen bis auf fünf, die dem Kadmos Theben erbauen halfen. Diese Dichtung von den Kriegern, die, aus der Saat der Drachenzähne entsprossen, sich selbst einander aufrieben, ist schon ein dunkles Vorbild von all dem Jammer und der Zwietracht, welche die Nachkommen des Kadmos einst ihre Schwerter gegen sich selber kehren und sie in ihrem Eingeweide wüten lässt. Kadmos, der Stifter von Theben, vermählte sich mit der H a r m o n i a , einer Tochter des Ares und der A p h r o d i t e , und bildete das Volk, das er um sich her versammelte und dem er zuerst die S c h r i f t z e i - c h e n mitteilte, die er aus P h ö n i z i e n mit sich hierhergebracht. Er lebte mit der H a r m o n i a bis in sein spätes Alter. Zuletzt, heißt es in der Sage, wurden beide in S c h l a n g e n verwandelt.

Die Kinder des Kadmos, welche er mit der H a r m o n i a oder H e r - m i o n e erzeugte, waren I n o , A g a u e , A u t o n o ë , S e m e l e und ein Sohn Namens P o l y d o r o s . S e m e l e , die Mutter des Bakchos, deren schon öfter gedacht ist, kam in Flammen um, weil sie auf Anstiften der Hera den törichten unwiderruflichen Wunsch getan hatte, ihren Liebhaber, den Donnergott, in seiner ganzen Majestät zu sehen. A g a u e vermählte sich mit dem E c h i o n , einem der Übriggebliebenen von denen, die aus der Saat der Drachenzähne entsprossen waren, welcher den P e n t h e u s mit ihr erzeugte. Dieser Pentheus, der sich spottend der Verehrung des Dionysos widersetzte und dessen Priesterinnen verfolgte, wurde, wie schon gedacht ist, von seiner eigenen Mutter und den übrigen Bakchantinnen, die ihn für ein reißendes Tier ansahen, zerfleischt. Die I n o verfolgte der Zorn der Hera, weil sie den jungen Bakchos säugte. Sie war mit dem A t h a m a s vermählt. Diesen ergriff eine rasende Wut, in welcher er ihren ersten Sohn, L e a r c h o s , an einem Felsen zerschmetterte und, da sie mit ihrem jüngsten Sohn, M e l i k e r t e s , vor ihm floh, bis an eine Felsenspitze am Meere sie verfolgte. Hier stürzte Ino sich mit ihrem Sohne herab und ward sammt ihm von den Wellen emporgetragen. Beide wurden unter die Meergötter aufgenommen, und Ino ward unter dem Namen L e u k o t h e a , Melikertes unter dem Namen P a l a i m o n verehrt als hilfreiche Gottheiten in den Gefahren des Meeres. A u t o n o ë , die vierte Tochter des Kadmos, vermählte sich mit dem A r i s t a i o s , der den A k t a i o n mit ihr erzeugte, den seine eigenen Hunde zerrissen, als Artemis, die er im Bade erblickte, um seinen Frevel zu bestrafen, ihn in einen Hirsch verwandelt hatte. Dies sind die Schicksale der Töchter des Kadmos, welche ein feindseliges Verhängnis und den Hass der Hera, der auf ihres Vaters Hause ruhte, mehr oder weniger tragen mussten.

Kadmos selber begab sich in seinem Alter nach I l l y r i e n , wo nach der Fabel seine Verwandlung vorging. Die Herrschaft über Theben überließ er seinem Sohne, dem P o l y d o r o s , welcher den L a b d a - k o s erzeugte, der ihm in der Regierung folgte. Labdakos vermählte sich mit der N y k t e ï s , einer Tochter des N y k t e u s , und erzeugte mit ihr den L a ï o s , der noch minderjährig war, als sein Vater starb und an dessen Stelle L y k o s , ein Bruder des N y k t e u s , über Theben herrschte. A n t i o p e , eine Tochter des N y k t e u s , ward vom Z e u s geliebt, von ihrem Vater aber verstoßen; sie rettete sich zum E p o p e u s , dem Könige von S i k y o n , der sich mit ihr vermählte. L y k o s aber, der dem sterbenden N y k t e u s versprochen hatte, ihn an seiner Tochter zu rächen, erschlug den E p o p e u s und führte die A n t i o p e gefangen nach Theben, wo er sie seiner Gemahlin D i r k e übergab, von der sie auf das grausamste misshandelt wurde. A n t i - o p e hatte vom Z e u s den A m p h i o n und Z e t h o s geboren, die heimlich erzogen wurden. Sobald sie ein Mittel fand zu entrinnen eilte sie zu ihren Söhnen und forderte sie auf, die Schmach ihrer Mutter zu rächen. A m p h i o n und Z e t h o s drangen in Theben ein, erschlugen den L y k o s , verjagten den L a ï o s und banden die D i r k e , welche ihre Mutter so grausam misshandelt hatte, an die Hörner eines wilden Stiers, von dem sie zerrissen ward. A m p h i o n erbaute nun die Mauern von Theben und schloss die Stadt mit sieben Toren ein. Die

Überredungskunst, womit A m p h i o n zu diesem Werke die rohen Einwohner zu ermuntern wusste, hüllte die Sage in die schöne Fabel ein, dass er durch die Töne seiner Leier die S t e i n e selbst bewegt habe, sich zusammenzufügen und zu Mauern und zu Türmen sich zu bilden. Mit dem A m p h i o n war N i o b e , die Tochter des T a n t a - l o s , vermählt; sie gebar ihm sieben Söhne und sieben Töchter und spottete einst übermütig der Verehrung der L e t o , welche nur einen Sohn und eine Tochter habe. Kaum waren die frevelnden Worte über ihre Lippen, so flogen schon die unsichtbaren Pfeile des A p o l l o n und der A r t e m i s in der Luft. Mit dem nie verfehlenden Bogen tötete Apollon ihre sieben Söhne, und Artenis mit furchtbarem Geschoss tötete ihre sieben Töchter. Auf einmal aller ihrer Kinder beraubt, ward N i o b e , in Tränen aufgelöst, in einen Stein verwandelt der auf dem Berge S i p y l o s in Lydien, noch immer von Tränen träufelnd, ein Zeuge ihres ewigen Kummers ward.

Nach dem Tode des A m p h i o n und Z e t h o s riefen die Theba- ner den verjagten L a ï o s , des L a b d a k o s Sohn, zurück und gaben ihm die Herrschaft wieder, worauf er mit der J o k a s t e , der Schwes- ter des K r e o n , eines Thebanischen Fürsten, sich vermählte.

O i d i p u s . Dem L a ï o s war geweissagt worden, dass sein Sohn ihn erschlagen würde. Als ihm daher J o k a s t e den O i d i p u s gebar, so ließ er ihn in einer wüsten Gegend aussetzen. Der vertraute Bediente, der dies Geschäft verrichtete, durchstach dem Kinde zum Zeichen der Wiedererkennung die Knöchel. In diesem Zustande fand es P h o r b a s , der Aufseher der Herden des Königs P o l y b o s , der Kerinth beherrschte. Dieser nahm das Kind, als es ihm P h o r - b a s brachte, selbst an Kindes Statt an, und man gab ihm von seinen g e s c h w o l l e n e n Füßen den Namen O i d i p u s . Die Pflegeeltern des O i d i p u s verhehlten sorgfältig vor ihm die Ungewissheit seiner Abkunft, sodass er von Kindheit an sie für seine wahren Eltern hielt, bis in seinen Jünglingsjahren einige beunruhigende Zweifel ihn bewogen, das Orakel des A p o l l o n um Rat zu fragen. Das Orakel berührte den eigentlichen Punkt seiner Abkunft nicht, sondern warnte ihn nur v o r d e r R ü c k k e h r i n s e i n V a t e r l a n d , w e i l e r d a s e l b s t s e i n e n V a t e r t ö t e n u n d s e i n e e i g e n e M u t t e r z u m W e i b e n e h m e n w ü r d e . O i d i p u s suchte seinem Schicksale zu entgehen, indem er sich freiwillig von Korinth verbannte, das er noch immer für sein Vaterland hielt. In dieser Rücksicht begab er sich auf den Weg nach Theben und ging unwissend seinem Schicksal entgegen. Denn schon auf der Reise stieß er in einem engen Wege auf den L a ï o s , dem er nicht ausweichen wollte und darüber mit ihm und seinem Gefolge in einen Streit geriet, wovon das Ende war, dass O i d i - p u s unwissend seinen eigenen Vater erschlug und auf diese Weise ein Teil des Orakels in Erfüllung ging.

Als O i d i p u s nach Theben kam, fand er die S p h i n x , ein von der E c h i d n a geborenes und von der H e r a gesandtes geflügeltes Ungeheuer in Löwengestalt und mit jungfräulichem Antlitz, die Einwohner ängstigend. Auf einem Felsen nicht weit von Theben saß die S p h i n x und gab den Vorbeigehenden ein Rätsel auf: was für ein Tier am Morgen auf vier, am Tage auf zwei, am Abend auf drei Füßen gehe. Wer dies Rätsel nicht erriet, den stürzte sie von dem Felsen herab. O i d i p u s kam und deutete das Rätsel: der Mensch als Kind am frühen Morgen seines Lebens wälze sich auf H ä n d e n und F ü ß e n fort; am langen Tage des Lebens, wo noch die Kraft in seinen Gliedern wohnt, wandle er aufrecht auf z w e i F ü ß e n ; am Abend, wenn das Alter ihn überschleicht, gehe er gebückt am Stabe und setze auf diese Weise den d r i t - t e n Fuß sich an. Nun tötete O i d i p u s die S p h i n x , oder nach einer anderen bedeutenden Sage stürzte sie sich vom Felsen herab, sobald er das Rätsel erraten hatte. Da nun L a ï o s tot war, ohne dass man seinen Mörder wusste, so hatte man demjenigen, der das Rätsel der Sphinx auflösen und von diesem Ungeheuer das Land befreien würde, verheißen, dass die Königin sich mit ihm vermählen und ihm die Herrschaft über Theben zum Brautschatz bringen solle. Dem O i d i p u s ward nun, den Vielen beneidet, dies anscheinende Glück zuteil, womit der schreckliche Orakelspruch ganz und ohne Schonung in Erfüllung ging; denn indem er sich mit J o k a s t e , der Königin, vermählte, n a h m e r u n w i s s e n d s e i n e e i g e n e M u t t e r z u m W e i b e , n a c h - d e m e r s e i n e n V a t e r e r s c h l a g e n h a t t e . Eine Weile Lebensgenuss verstattete ihm noch sein feindseliges Geschick, indem es vor alle diese Gräuel einen Vorhang zog. O i d i p u s erzeugte mit J o k a s t e zwei Söhne, E t e o k l e s und P o l y n e i k e s , und zwei Töchter, A n t i g o n e und I s m e n e , ebenso unwissend über sein

Schicksal, als über das künftige Schicksal seiner Kinder. Die Tage dieser glücklichen Unwissenheit sollten nicht lange mehr dauern. Über Theben kam eine verwüstende Pest. O i d i p u s selber tat den Vorschlag, das Orakel zu befragen, ob etwa irgendein einzelner Mann den Zorn der Götter auf sich geladen und ob das ganze Land vielleicht die Schuld eines Einzelnen büßen müsse. Man folgte seinem Rate, und der furchtbare Ausspruch traf ihn selber, indem der blinde Seher T e i r e s i a s zuerst, von dem Könige gereizt, ihn als den Mörder bezeichnete. Er ruhte nicht nachzuforschen, bis er die Wahrheit ans Licht bringen oder die Verläumdung zu Schanden machen würde, und mit jeder Nachforschung entwickelte sich immer klarer die grässliche Geschichte. Als endlich nun kein Zweifel mehr übrig war und O i d i p u s mit schrecklicher Gewissheit der Blutschande und des Vatermordes sich schuldig fand, so vermochte er nicht länger des Tages Glanz zu tragen und blendete sich selber. Die unglückliche J o k a s t e gab sich mit dem Strange den Tod, und O i d i p u s irrte, des Augenlichts beraubt, von seiner Tochter A n t i g o n e geführt, beladen mit dem Hass der Götter, bis an seinen Tod im fremden Lande umher. – Dem O i d i p u s folgten in der Regierung seine beiden Söhne, E t e o k l e s und P o l y n e i k e s, dergestalt, dass beide abwechselnd ein Jahr um das andere die Herrschaft führen sollten. Aber auch diese traf das feindselige Verhängnis, das auf Theben und den Nachkommen des K a d m o s ruhte.

E t e o k l e s und P o l y n e i k e s. Diese beiden wurden ein Opfer ihres Zwistes, der aus Neid und Herrschaft sich entspann. E t e o k l e s trat die Regierung an. Das erste Jahr verfloss, und E t e o k l e s, der einmal im Besitz war, weigerte sich, dem P o l y n e i k e s auf das andere Jahr die Herrschaft abzutreten. P o l y n e i k e s ging aus Theben und begab sich zum A d r a s t o s, der über Argos herrschte. Dieser nahm ihn gütig auf, versprach ihm seinen Beistand und vermählte ihm seine Tochter. Auch T y d e u s, des O i n e u s Sohn und Bruder des M e l e a g r o s, begab sich zu eben dieser Zeit zum Könige A d r a s t o s, weil er aus Kalydon flüchten musste, und diesem vermählte A d r a s t o s seine andere Tochter. Um nun den P o l y n e i k e s seinen Anteil an der Herrschaft über Theben wieder zu verschaffen, schickte A d r a s t o s erst den T y d e u s zum E t e o k l e s, um Unterhandlung mit ihm zu pflegen. Da aber dieser, noch ehe er nach Theben kam, von einem

Hinterhalt, den E t e o k l e s ihm gelegt, verräterisch überfallen wurde und, nachdem er mit Mühe sich gerettet hatte, mit der Nachricht von dieser Verräterei nach Argos zurückkehrte, so rüstete A d r a s t o s sich schleunig zum Kriege gegen den E t e o k l e s.

D e r   T h e b a n i s c h e   K r i e g. Zu der Unternehmung gegen Theben vereinigte sich Adrastos mit seinen beiden Töchtermännern, dem T y d e u s und dem P o l y n e i k e s, um dessentwillen er den Krieg anhob. Zu ihnen gesellte sich der tapfere K a p a n e u s aus Messene, H i p p o m e d o n, ein Sohn der Schwester des A d r a s t o s, und P a r t h e n o p a i o s, ein schöner und tapfrer Jüngling aus Arkadien, dessen Vater M e i l a n i o n und dessen Mutter A t a l a n t e war. Mit der E r i p h y l e, einer Schwester des A d r a s t o s, war A m p h i a - r a o s vermählt, den man, an diesem Zuge teilzunehmen, lange vergebens zu überreden sich bemühte, weil sein Geist in die Zukunft blickte und er nicht nur das Unglück, das die Belagerer von Theben treffen würde, voraussah, sondern auch sicher wusste, dass in diesem Krieg ihm sein Tod bevorstand. Er verbarg daher den Ort seines Aufenthalts vor dem A d r a s t o s und P o l y n e i k e s, bis seine eigene Gemahlin E r i p h y l e, durch ein kostbares Halsgeschmeide, das ihr P o l y n e i - k e s schenkte, gewonnen, den Ort seines Aufenthalts entdeckte und A m p h i a r a o s nun wider Willen an diesem Kriege teilzunehmen genötigt wurde. Nun waren also der Anführer s i e b e n: A d r a s - t o s, P o l y n e i k e s, T y d e u s, A m p h i a r a o s, K a p a n e u s, P a r t h e n o p a i o s und H i p p o m e d o n. Allein schon unterwegs auf ihrem Zug ereignete sich ein tragischer Zufall. H y p s i p y l e, deren in der Geschichte der Argonauten schon gedacht ist, hatte nach der Abreise des J a s o n, von dem sie einen Sohn gebar, vor den übrigen Weibern aus Lemnos flüchten müssen, weil sie ihrem Vater T h o a s das Leben gerettet. Sie ward am Ufer des Meeres, wohin sie sich zu retten suchte, von Seeräubern gefangen, die sie dem L y k u r g o s, König von Nemea, verkauften, welcher sie zur Säugamme seines Sohnes O p h e l t e s machte. Da nun das vereinte Heer durch das Gebiet des L y k u r g o s zog, so fanden sie des T h o a s königliche Tochter allein in einem Gehölze, dem Knaben O p h e l t e s die Brust darreichend. Sie eilte den vor Durst verschmachtenden Griechen, die sie um Beistand flehten, eine Quelle zu zeigen und ließ den Knaben O p h e l -

t e s allein im Gras liegen. Als nun H y p s i p y l e an den Ort, wo sie ihren Säugling ließ, zurückkehrte, hatte diesen während der Zeit eine Schlange getötet. Die Griechen, über diese Begebenheit bestürzt und niedergeschlagen, hielten dem Kinde ein prächtiges Leichenbegängnis und stifteten ihm zu Ehren unter dem Namen A r c h e m o r o s heilige Spiele, welche nachher zu bestimmten Zeiten an ebendem Orte, zu Nemea, wiederholt wurden. Nach dieser vollbrachten Totenfeier setzte das Kriegsheer seinen Zug fort und kam vor Theben an. Die sieben Heerführer teilten sich, um die sieben Tore von Theben mit ihren Haufen zu berennen und durch eine Belagerung die Stadt zu zuzwingen. E t e o k l e s stellte einem jeden der Anführer in dem Heer des A d r a s t o s seinen Mann entgegen: dem T y d e u s den M e l a n i p - p o s, dem K a p a n e u s den P o l y p h o n t e s, dem H i p p o m e - d o n den H y p e r b i o s, dem P a r t h e n o p a i o s den A k t o r, dem A m p h i a r a o s den L a s t h e n e s; er selber stellte sich gegen den P o l y n e i k e s, seinen Bruder. Und nun begann, indem die Belagerten einen Ausfall taten, das für Sieger und Besiegte gleich unglückliche Treffen. H i p p o m e d o n und P a r t h e n o p a i o s fielen; K a p a - n e u s, der die Mauer erstieg, wurde vom Blitz getötet, T y d e u s von M e l a n i p p o s erschlagen, und E t e o k l e s und P o l y n e i k e s kamen Beide im Zweikampf um; den A m p h i a r a o s verschlang die Erde; nur A d r a s t o s entfloh auf seinem schnellen Ross A r e i o n, dessen schon bei den Erzeugungen des P o s e i d o n gedacht ist.

Die Regentschaft in Theben fiel dem K r e o n, dem Bruder der J o k a s t e, zu. Dieser befahl, den Leichnam des E t e o k l e s mit allen Ehrenbezeugungen zu begraben. Den Körper des Polyneikes aber verbot er bei Todesstrafe mit Erde zu bedecken und ließ ihn, so wie die übrigen Leichname der Gebliebenen von A d r a s t o s Heer unter freiem Himmel den Vögeln zum Raube liegen. A n t i g o n e, des O i d i p u s Tochter und Schwester des P o l y n e i k e s, achtete Kreons Verbot und die Gefahr des Todes nicht, sondern stahl sich bei einer mondhellen Nacht vor die Stadt hinaus, wo ihre Hände ihres Bruders Leichnam mit Sand bedeckten. Als sie für diese Tat lebendig ein Raub des Grabes werden sollte, kam sie dem Urteile schnell zuvor und gab mit dem Strange sich selbst den Tod. H a i m o n, K r e o n s Sohn, welcher sie zärtlich liebte, stieß verzweiflungsvoll sein Schwert sich in die Brust, da er A n t i g o n e als ein Opfer von seines Vasters Grausamkeit in ihrem Kerker tot fand. H a i m o n s Mutter überlebte den Verlust ihres Sohnes nicht, und verwaist stand nun K r e o n da und klagte verzweiflungsvoll sich selber und sein Verhängnis an. Adrastos hatte indes den T h e s e u s um Beistand angefleht, und dieser kam vor Theben, schlug die Thebaner und zwang sie, die Leichname der Gebliebenen von des A d r a s t o s Heer zum Begräbnis auszuliefern.

Alle die Unglücksfälle, womit dieser Krieg begleitet war, hatten dennoch nicht die Erbitterung ausgelöscht, welche zehn Jahre nachher bei den Söhnen der Erschlagenen zu einem zweiten Krieg ausbrach, der, weil ihn die N a c h k o m m e n der vorigen Feldherren führten, der Krieg der E p i g o n e n hieß. Ein Sohn des E t e o k l e s war L a o -d a m a s, der nach dem K r e o n über Theben herrschte. T h e r -s a n d r o s, des P o l y n e i k e s Sohn, unterstützt von den Söhnen der erschlagenen Feldherren und dem A i g i a l e u s, des A d r a s t o s Sohn, rückte aufs neue vor Theben, besiegte den L a o d a m a s und bemächtigte sich nun der Herrschaft wieder, die seinem Vater P o l y -n e i k e s unrechtmäßig entrissen war. L a o d a m a s aber entfloh nach Illyrien, dem alten Zufluchtsort des K a d m o s, als er Theben verließ. In diesem Krieg blieb von den Anführern nur A i g i a l e u s, dessen Vater A d r a s t o s in dem ersten Thebanischen Kriege allein sich rettete, da alle übrigen Feldherren fielen.

Nach einem antiken geschnittenen Stein aus der S t o s c h i s c h e n Sammlung befindet sich auf dem hier folgenden Holzschnitt eine Abbildung der Helden, welche in dem ersten Thebanischen Krieg, von A d r a s t o s angeführt, Theben belagerten.

Es ist ein seit Winckelmann häufig gezeichnetes und besprochenes Meisterwerk der Steinschneidekunst, kaum ¾ Zoll breit, etruskischer Arbeit; die in dieser Sprache hinzugefügten Namen der Helden sind hier weggelassen. In der Mitte sitzt A m p h i a r a o s mit niedergeschlagenem Blick, ihm gegenüber P o l y n e i k e s, in Nachdenken und Traurigkeit versenkt, den Kopf in die Hand gestützt. P a r t h e - n o p a i o s schlägt als Ausdruck trüber Stimmung die Hände um ein Knie zusammen. A d r a s t o s eilt mit Schild und Lanze fort, und ihm folgt T y d e u s, doch mit weniger Entschlossenheit und Hast. Um Einheit in die Gruppe zu bringen, hat man zuerst an die Wahrsagung des A m p h i a r a o s, dann an eine Beratschlagung der Helden vor dem Auszug aus Argos oder vor einer Unternehmung während des Krieges, nach Moritz in Folge eines erlittenen Verlustes, gedacht.

Der folgende Holzschnitt nach einer antiken Gemme, einem Werk des altertümlichen Stils, stellt den O i d i p u s dar, wie er im Begriff ist die S p h i n x zu töten.

Die Pelopiden

P e l o p s, ein Sohn des T a n t a l o s, der von den Göttern erhöht und gestürzt ward, kam nach Griechenland zum König von P i s a , O i n o - m a o s, der ihn gastfreundlich aufnahm. Er warb um die schöne H i p - p o d a m e i a, des Königs Tochter. Allein dem O i n o m a o s war geweissagt worden, dass sein Eidam ihn töten würde. Ein jeder, der um H i p p o d a m e i a warb, musste daher mit ihm zu Wagen einen Wettlauf halten, und wen er, ehe sie ans Ziel kamen, erreichen konnte, der ward von ihm mit dem Schwert getötet. P e l o p s wusste den M y r t i l o s , des O i n o m a o s edlen Wagenlenker, durch lockende Versprechungen zu bewegen, den Wagen des O i n o m a o s dergestalt einzurichten, dass er mitten im Laufe notwendig zertrümmern musste. Der König stürzte und verlor sein Leben. P e l o p s vermählte sich mit H i p p o d a m e i a , und weil er dem M y r t i l o s sein Versprechen nicht halten wollte, so stürzte er ihn, ehe dieser sich dessen versah, von einem Felsen ins Meer, welches nachher von ihm das M y r t o i s c h e hieß. Allein nach dieser Tat traf schnell ein Unglück nach dem anderen des P e l o p s Haus, obgleich seine Macht sich stets vergrößerte und man die ganze Halbinsel von Griechenland, worin er so viel beherrschte, nach seinem Namen P e l o p o n n e s o s nannte. Mit der H i p p o d a m e i a erzeugte P e l o p s den A t r e u s und T h y e s t e s . Diese brachten ihren Bruder C h r y s i p p o s , welchen P e l o p s mit der A s t y o c h e erzeugte, ums Leben, weil sie des Vaters Liebe zu ihm nicht dulden konnten. H i p p o d a m e i a , welche P e l o p s für die Stifterin dieses Mordes hielt, gab sich selber den Tod; T h y e s t e s und A t r e u s fluchteten. A t r e u s begab sich nach Mykenai zum E u r y s t h e u s , der seine Tochter A ë r o p e mit ihm vermählte und nach dessen Tode er über Mykenai herrschte. T h y e s t e s war ihm dahin gefolgt und nahm am Glück des A t r e u s Teil; allein er entehrte bald seines Bruders Bett, indem er mit der A e r o p e , des A t r e u s Gattin, zwei Söhne erzeugte. Als A t r e u s die Freveltat erfuhr, verjagte er den T h y e s t e s mit den von ihm erzeugten Söhnen aus dem Reiche. T h y e s t e s , auf Rache sinnend, hatte seinem Bruder einen Sohn entwandt, den er als den seinigen auferzog und, nachdem er mit Hass und Wut gegen den A t r e u s seine Seele erfüllt hatte, ihn abschickte, um den schrecklichsten Mord unwissend zu begehen. Unter den grausamsten Martern ließ A t r e u s den Jüngling hinrichten, dessen Vorhaben man entdeckt hatte, und erfuhr zu spät, dass er statt seines Bruders Sohn den eigenen getötet habe. Verstellt und auf noch höhere Rache sinnend, versöhnte sich A t r e u s zum Schein mit seinem Bruder, schlachtete dessen beide Söhne und tischte das Fleisch dem T h y e s t e s auf, welchem er nach genossenem Mahle Haupt und Hände entgegenwarf. Die Sonne, sagt die Dichtung, wandte schnell ihren Lauf zurück, um diese Szene nicht zu beleuchten.

T h y e s t e s erzeugte in Blutschande mit seiner eigenen Tochter P e l o p e i a den A i g i s t h o s, der, als er erwachsen war, den Atreus tötete und dessen Söhne A g a m e m n o n und M e n e l a o s verjagte, worauf Thyestes den Thron bestieg. Die vertriebenen Söhne des A t r e u s vermählten sich mit den Töchtern des T y n d a r e u s : A g a m e m n o n mit K l y t a i m n e s t r a und mit der H e l e n a M e n e l a o s. Sie rächten des A t r e u s Tod, verjagten den T h y e s - t e s und A g a m e m n o n erhielt seines Vaters Reich und herrschte zu M y k e n a i, wo er mit der K l y t a i m n e s t r a die I p h i g e - n e i a, die E l e k t r a und den O r e s t e s erzeugte; M e n e l a o s folgte dem T y n d a r e u s in der Herrschaft über S p a r t a.

Als A g a m e m n o n nun das Heer der Griechen gegen die Trojaner anführte, versöhnte er sich mit dem A i g i s t h o s, verzieh ihm seines Vaters Tod und vertraute sogar die Sorge für K l y t a i m n e s - t r a und sein Haus ihm an. A i g i s t h o s aber missbrauchte dies Vertrauen, verleitete die K l y t a i m n e s t r a zur Untreue gegen den A g a m e m n o n, und als dieser nach der Eroberung von Troja wieder in seine Heimat kehrte, ward er von A i g i s t h o s und seinem eigenen Weibe mitten unter dem Gastmahl ermordet, das man bei seiner Antu- uft, dem Scheine nach ihm zu Ehren, mit erdichteter Freude anstellte. Von den Kindern des A g a m e m n o n war I p h i g e n e i a schon bei der Fahrt nach Troja, wo sie für Griechenlands Wohl geopfert werden sollte, von A r t e m i s nach T a u r i s entrückt. O r e s t e s wurde von seiner Schwester E l e k t r a erhalten, die ihn heimlich zu dem mit der Schwester des A g a m e m n o n vermählten Könige S t r o p h i o s schickte, welcher zu Phokis herrschte und mit dessen Sohn P y l a d e s, O r e s t e s ein unzertrennliches Freundschaftsbündnis knüpfte. Nur Elektra blieb zuhause den Misshandlungen ihrer entarteten Mutter ausgesetzt. K l y t a i m n e s t r a vermählte sich ohne Scheu mit dem A i g i s t h o s und setzte ihm selber die Krone auf, die er behauptete, bis O r e s t e s in Begleitung des P y l a d e s kam, um seines Vaters Tod zu rächen. Sie streuten ein falsches Gerücht vom Tode des O r e s - t e s aus, worüber A i g i s t h o s und K l y t a i m n e s t r a vor Freude außer sich ihr schwarzes Verhängnis nicht ahnten. O r e s t e s erschlug mit eigener Hand s e i n e M u t t e r und den A i g i s t h o s, die Mörder seines Vaters. Weil er aber s e i n e M u t t e r getötet hatte, ward er von den E r i n y e n verfolgt umhergetrieben, und keine Aussöhnung vermochte das Andenken dieser Tat bei ihm auszulöschen, bis ein Orakelspruch des A p o l l o n ihm Befreiung von seiner Qual verhieß, wenn er nach Tauris gehen und die Bildsäule der A r t e m i s von dort nach Griechenland entführen würde. O r e s t e s begab sich mit seinem getreuen P y l a d e s auf die Reise, und als sie in Tauris anlangten, sollten sie beide oder einer von ihnen nach dem alten barbarischen Gebrauch, der alle Fremden traf, der Göttin geopfert werden. Hier war es, wo jeder der beiden Freunde großmütig sein Leben für den anderen darbot. O r e s t e s aber gab sich seiner Schwester I p h i g e n e i a, der Priesterin der A r t e m i s, zu erkennen, und diese fand ein Mittel, die Bildsäule der A r t e m i s auf ihres Bruders Schiff zu bringen und mit ihm und seinem treuen Freunde nach Griechenland zu entfliehen. Der Orakelspruch des A p o l l o n wurde erfüllt; O r e s t e s ward von den quälenden E r i n y e n befreit und herrschte ruhig zu Mykenai; der Zorn der Götter über P e l o p s Haus schien endlich zu ermüden.

Troja

Außerhalb Griechenland war T r o j a der vorzüglichste Schauplatz der tragischen Begebenheiten, welche, in Gesängen der Nachwelt überliefert und auf der Schaubühne dargestellt, in immerwährendem Andenken sich erhielten. Vom unerbittlichen Schicksal selber war die Zerstörung von Troja einmal beschlossen; zu ihrem Untergang musste sich alles fügen, und Götter und Menschen vermochten nichts gegen den Schluss des Schicksals.

In Thessalien herrschte einst P e l e u s, der einer der glücklichsten Sterblichen war. Denn er war der Sohn des gerechtesten Fürsten, der Vater des tapfersten Helden und der Gemahl einer Göttin, die vom Zeus selbst geliebt war. Eben die T h e t i s nämlich, des N e r e u s Tochter, vor deren Umarmung P r o m e t h e u s den Z e u s warnte, war es, welche mit dem P e l e u s, des A i a k o s Sohn, obgleich sich eine Zeit lang sträubend, auf aller Götter Zureden sich vermählte und von dem P e l e u s den A c h i l l e u s gebar, der, m ä c h t i g e r a l s s e i n V a t e r, den glänzendsten Heldenruhm erwarb. Bei der Hochzeit des P e l e u s waren alle Götter versammelt und brachten dem hochzeitlichen Paare Geschenke dar. Allein eben diese glänzende Hochzeitsfeier enthielt den ersten Keim zu dem verderblichen Kriege, der Troja verwüstete und Griechenland seiner tapfersten Söhne beraubte. Die E r i s nämlich, die Göttin der Zwietracht, war aus dem Kreise der göttlichen Gäste ausgeschlossen. Aber sie warf in das hochzeitliche Gemach, wo alle Götter und Göttinnen versammelt waren, einen goldenen Apfel mit der Inschrift, die ihn der S c h ö n s t e n weihte, und sofort wurden H e r a, A p h r o d i t e und A t h e n a unter allen Göttinnen, um den Preis der Schönheit zu wetteifern, einstimmig am würdigsten erkannt. Ein unbefangener Hirte, der auf dem I d a weidete, sollte den Ausspruch tun. Dieser Hirte war P a r i s, ein Sohn des P r i a m o s, der über Troja herrschte. Als die Göttinnen vor ihm erschienen und den entscheidenden Ausspruch von ihm verlangten, mussten sie sich entkleiden; eine jede von ihnen versprach ihm heimlich eine Belohnung, wenn er den Apfel ihr zuteilte; H e r a versprach ihm Macht und Reichtümer, A t h e n a Weisheit, A p h r o - d i t e das schönste Weib auf Erden – und P a r i s teilte den goldenen Apfel der A p h r o d i t e zu.

Von dieser Zeit an hegten H e r a und A t h e n a nicht nur gegen den P a r i s, sondern gegen das ganze Haus des P r i a m o s einen

tiefen Groll im Busen, während A p h r o d i t e darauf dachte, ihr
Versprechen dem P a r i s zu erfüllen. Das schönste Weib auf Erden
war H e l e n a, welche Z e u s in der Gestalt des Schwanes mit der
L e d a erzeugte, die vom T h e s e u s in ihrer Kindheit schon einmal entführt, von ihren Brüdern K a s t o r und P o l y d e u k e s aber
wieder nach Sparta zurückgebracht ward, wo sie mit dem Menelaos,
des Agamemnons Bruder, sich vermählte. P a r i s schiffte nach Griechenland und ward von M e n e l a o s gastfreundlich angenommen,
während dessen Abwesenheit es durch die Veranstaltung der A p h -
r o d i t e ihm gelang, die H e l e n a zu entführen. Als er nach Troja
zurücksegelte und die Winde schwiegen, prophezeihte der wahrsagende Meergott N e r e u s ihm alles Unglück, das für Troja aus dieser Entführung erwachsen würde, und nicht lange blieb die Erfüllung
aus. Ganz Griechenland nahm an dem Schicksale des Menelaos Teil.
Gegen Paris waren alle Gemüter wegen der Verletzung des heiligen
Gastrechts aufgebracht; auch hielt man die S c h ö n h e i t selber für
wichtig genug, um ihren Raub als den Raub von etwas Kostbarem zu
betrachten, das man der Mühe wohl wert achtete, um es den Händen
der Barbaren mit Kriegsmacht wieder zu entreißen. Als eine Gesandt-
schaft an den P r i a m o s die H e l e n a vergeblich zurückgefordert
hatte, verbanden sich die Fürsten Griechenlands mit einem Schwur
zum Kriege gegen Troja und teilten dem Agamemnon, welcher der
mächtigste unter ihnen war, den Oberbefehl im Heer zu. Ein jeder rüstete Schiffe aus, und in dem Hafen von A u l i s versammelte sich die
griechische Flotte. Die vornehmsten Anführer in diesem Krieg, deren
fast aller schon gedacht ist, waren A g a m e m n o n, M e n e l a o s,
N e s t o r, D i o m e d e s, des Tydeus Sohn, A i a s, der Sohn des
Telamon, O d y s s e u s, A c h i l l e u s, Peleus Sohn, P a t r o k l o s,
des Menoitios Sohn, P o d a l e i r i o s und M a c h a o n, Söhne des
Asklepios, P h i l o k t e t e s, der letzte Gefährte des Herakles, S t h e -
n e l o s, des Kapaneus Sohn, T h e r s a n d r o s, des Polyneikes Sohn,
I d o m e n e u s, des Minos' Enkel.

Als das ganze Heer in A u l i s versammelt war, zürnte A r t e m i s
auf den A g a m e m n o n, weil er einen ihr geweihten Hirsch getötet
hatte. Man harrte lange vergebens, und es erhub sich kein günstiger
Wind, mit dem die Flotte auslaufen konnte. Artemis forderte durch

den Mund des K a l c h a s die Tochter des Agamemnon selbst zum Versöhnungsopfer. I p h i g e n e i a wurde, begleitet von ihrer Mutter, zum Altar geführt, und schon war der Opferstahl gezückt, als Artemis in einer Wolke Iphigeneia nach T a u r i s in ihr Heiligtum entrückte; statt der verschwundenen Iphigeneia aber stand ein Reh zum Opfer am Altar. Artemis war nun versöhnt; die Flotte segelte nach Troja ab, und I l i o n , die eigentliche Stadt oder Burg des Königreichs Troja, ward belagert. Neun Jahre lang hatte nach der Voraussagung des wahrsagenden Priesters K a l c h a s die Belagerung schon gewährt, als erst im Zehnten das Verhängnis für Troja näher rückte. Die hohen himmlischen Götter alle nahmen an diesem Krieg teil; Zeus hielt des Schicksals Wage. Auf der Seite der Griechen standen Hera, Athena, Poseidon, Hephaistos, Hermes, auf der Trojaner Seite Aphrodite, Apollon, Artemis und Leto. Ares als der Gott des Krieges selber ging von einem Heer zum anderen, von den Griechen zu den Trojanern über. Wie die Götter an diesem Krieg teilnehmen, von Sterblichen verwundet werden, sich selber in dem Treffen der Griechen und Trojaner einander zum Streit auffordern und wie die Göttergestalten in ihren Zügen sich unterscheiden, dies alles ist bei den einzelnen Göttern schon erwähnt und auf die Weise ein großer Teil der Geschichte des Trojanischen Krieges in jene Schilderung schon vorläufig eingewebt. Was im zehnten Jahr der Belagerung die Eroberung von Troja verzögerte, war der Z o r n d e s A c h i l l e u s , der mit dem Agamemnon sich entzweite und eine Zeit lang am Krieg keinen teilnahm. Als nämlich Agamemnon sich weigerte, die gefangene, zur Beute ihm zugefallene C h r i s e ï s ihrem Vater, einem Priester des Apollon, gegen ein Lösegeld auf seine Bitten zurückzugeben, so hörte A p o l l o n das Flehen des verwaisten Vaters und sandte zürnend seine Pfeile in das Lager der Griechen, dass eine Pest entstand, welche, verheerend um sich greifend, zahlloses Volk hinraffte. Durch den Mund des Priesters K a l c h a s ward es offenbar, durch wessen Schuld die Griechen leiden mussten. Als Agamemnon nun die C h r y s e ï s zurückzusenden sich länger nicht weigern konnte, verlangte er, dass die Griechen ihn für den Verlust seiner Beute schadlos hielten. Da schalt Achilleus ihn seines Stolzes und seines Eigennutzes wegen, und als ihm Agamemnon drohte, war er schon im Begriff

gegen ihn das Schwert zu zücken, hätte nicht an den gelben Locken
A t h e n a selbst ihn zurückgehalten. Agamemnon aber, der auf die
Schadloshaltung um desto mehr bestand, ließ, um sich zu rächen,
die schöne B r i s e ï s aus dem Zelte des Achilleus holen. Da flehte
Achilleus am einsamen Ufer des Meeres seine Mutter T h e t i s an,
sie möchte den Zeus bewegen, von nun an den Trojanern beizustehen, damit die Griechen ihn vermissen und seinen Zorn empfinden
möchten. Zeus gewährte der Thetis Bitte und gab den Trojanern
Sieg, an deren Spitze H e k t o r, der Sohn des Priamos, focht und
sich unsterblichen Ruhm erwarb. Vergebens suchten die Griechen
den Achilleus wieder zu versöhnen. Sein Sinn blieb unbeweglich, bis
endlich die Trojaner so weit vordrangen, dass sie Feuer in die griechischen Schiffe warfen; da gab Achilleus seinem Busenfreunde, dem
P a t r o k l o s, seine Rüstung und schickte ihn statt seiner mit einem
Haufen, um den Griechen beizustehen. Des Patroklos Fall war schon
vom Schicksal beschlossen, allein vorher erwarb er sich noch glänzenden Ruhm; S a r p e d o n, Zeus Erzeuger, und viele andere tapfere
Helden fielen vor seinem Schwerte. Als aber sein Verhängnis nahte,
so stand in Nacht gehüllt A p o l l o n dicht hinter ihm. Auf Nacken
und Schultern schlug er ihn mit der flachen Hand, dass sich sein Auge
verdunkelte; er warf seinen Helm ihm vom Haupte, dass er unter die
Füße der Pferde rollte; in seiner Hand zerbrach er den schweren Spieß
und löste ihm selber den Panzer auf. Patroklos stand betäubt mit wan-
kendem Knie; Hektor gab ihm den tödlichen Stoß. Die Seele des Patroklos stieg zum Hades und t r a u e r t e ü b e r i h r S c h i c k s a l,
w e i l s i e d i e j u g e n d l i c h e K r a f t z u r ü c k l i e ß. Als aber
Achilleus des Patroklos Tod vernahm, so schwand aufeinmal sein
Zorn dahin. Jammernd und wehklagend um den Toten fand ihn seine
Mutter, die aus der Tiefe des Meeres emporstieg. Obgleich diese ihm
verkündigte, dass nach des Hektors Tod sein Fall beschlossen sei, so
schwur er dennoch des Freundes Tod zu rächen, gleichviel, was ihn
für ein Schicksal treffen möge. Als Thetis ihn fest entschlossen sah,
suchte sie ihn für die übrigen kurzen Tage zu trösten und aufzuhei-
tern, versprach und brachte ihm eine kostbare Waffenrüstung vom
Hephaistos geschmiedet, womit Achilleus ins Treffen ging, nachdem
sich Agamemnon wieder mit ihm versöhnt und ihm die B r i s e ï s

unberührt zurückgegeben hatte. Nun eilte auch der Zeitpunkt heran, wo H e k t o r fallen, sein alter Vater P r i a m o s und seine Mutter H e k a b e um ihn jammern und seine Gattin A n d r o m a c h e mit lauter Wehklage ihn betrauern sollte. Das Heer der Trojaner flüchtete in die Stadt; Hektor allein blieb zurück, um mit dem Achilleus den Kampf im Felde zu bestehen. Als dieser ihm aber nahe kam und die göttliche Waffenrüstung dem Hektor in die Augen blitzte, ergriff ihn plötzlicher Schrecken, er nahm die Flucht und dreimal jagte Achilleus ihn um die Mauern von Troja; solange hatte Apollon dem Hektor seine Knie gestärkt; als zum vierten Male der Lauf begann, nahm Zeus die Wagschale in die Hand und legte zwei todbringende Lose darauf, das eine des Hektors, das andere des Achilleus', und Hektors Schale sank zum Orcus nieder. Da verließ ihn Apollon. Die beiden Helden fochten; Hektor fiel und Achilleus band ihn mit den Füßen an seinen Wagen und schleifte ihn im Staube um die Mauern von Troja, dass H e k a b e heulend ihr Haar zerraufte und der alte P r i a m o s flehend seine Hände ausstreckte.

Das Leichenbegängnis des Patroklos wurde nun mit öffentlichen Kampfspielen im Namen der Griechen gefeiert, während Hektors Leichnam unbegraben lag. Allein in nächtlicher Stille, von Hermes geleitet, kam der Greis Priamos selbst in das Achilleus Zelt, umfasste dessen Knie und flehte ihn um den Leichnam seines Sohnes. Die Götter hatten schon des Achilleus' Herz erweicht; er dachte an seinen alten Vater P e l e u s , der auch bald den Tod seines Sohnes betrauern würde, und gewährte dem Priamos seine Bitte, der mit dem Leichnam Hektors schnell nach Troja eilte und ihm mit allem Volke die Totenfeier hielt. Auch war das Verhängnis des Achilleus nun nicht mehr weit entfernt; nachdem er noch einige ruhmvolle Taten vollbracht, traf, vom Apollon gelenkt, des Paris' tödlicher Pfeil ihn in die Ferse, wo er allein verwundbar war. Um seine Waffen entstand ein trauriger Streit; die Griechen sprachen sie dem O d y s s e u s zu, worüber Aias, welcher nach dem Achilleus der tapferste unter den Griechen war, aus Missmut sich selbst entleibte.

Paris ward bald nachher von P h i l o k t e t e s mit einem der Pfeile getötet, die, in das Blut der Lernäischen Schlange getaucht, vom Herakles ihm hinterlassen waren. Auch war der Fall von Troja nun beschlossen, das nach so vielem Blutvergießen dennoch am Ende nicht mit Macht, sondern mit List erobert werden musste. Auf den Rat des O d y s s e u s wurde nämlich ein ungeheuer großes h ö l z e r - n e s P f e r d gebaut, in dessen Bauch die Helden sich versteckten, während das Heer der Griechen sich auf die Schiffe begab und die Küste von Troja zum Schein verließ. Nur S i n o n blieb zurück und stellte sich als ein Flüchtling, der von den Griechen verfolgt, bei den Trojanern um Schutz und Hilfe flehte und wie ein Geheimnis ihnen entdeckte, dass dies hölzerne Pferd erbaut sei, um die Athena zu ver-söhnen, weil die Griechen das P a l l a d i o n, eine Bildsäule dieser Göttin, welche das Unterpfand dieses Reichs war, aus Troja entwen-det hatten. Hierzu kam noch, dass der Priester L a o k o o n, der vor dem Pferde warnte und mit dem Spieß in dessen Seite fuhr, von zwei großen Schlangen, die übers Meer kamen mit seinen Söhnen umwun-den und getötet ward. Nach dieser schrecklichen Begebenheit blieb an S i n o n s Aussage kein Zweifel übrig; man eilte, in vollem Jubel dies neue Unterfand der Wohlfahrt des Reichs in die Stadt zu brin-gen; Knaben und junge Mädchen freuten sich, mit an das Seil zu fas-sen; man riss einen Teil der Mauern nieder; das Pferd stand mitten in I l i o n. Man frohlockte bis tief in die Nacht, und Alles war zuletzt, vom Taumel der Freude berauscht, entschlummert, als S i n o n an des hölzernen Pferdes Bauch die Leiter setzte, die Tür sich öffnete und die Helden leise hinunterstiegen. In der Nähe stand schon das griechi-sche Heer, das Zeichen mit der angezündeten Fackel ward gegeben, durch die niedergerissene Mauer drang man in die Stadt, und während noch der Schlummer die Augenlieder seiner Einwohner deckte, war Troja schon ein Raub der Flammen. An seinem Hausaltar ward der Greis P r i a m o s von P y r r h o s, dem Sohne des Achilleus, getötet; H e k a b e, die Königin, und A n d r o m a c h e, Hektors Gattin, und die Töchter des Priamos, unter ihnen auch K a s s a n d r a, die den Untergang der Stadt, ohne Glauben zu finden, geweissagt hatte, wur-den gefangen hinweggeführt. Die Herrlichkeit von Troja war in Schutt und Asche versunken.

Doch mussten die Griechen auch bei ihrer Rückkehr für ihren teuer erkauften Sieg noch mit mancherlei Unglücksfällen büßen, am meisten unter allen O d y s s e u s, der zehn Jahre umherirrte, ehe er seine geliebte Heimat wieder erblickte. Mit Gefahr und List entkam er dem Kyklopen P o l y p h e m o s , der nach seinen Gefährten auch ihn zu verschlingen drohte. Aus dem stillen trügerischen Hafen der menschenfressenden L a i s t r y g o n e n , eines Riesenvolks, entrann er nur mit einem einzigen Schiff, womit er auf der Insel der mächtigen K i r k e landete und, ohne von ihrem Zaubertranke besiegt zu werden, ein Jahr bei ihr verweilte. Dann stieg er ins Reich der Schatten, schiffte, an den Mastbaum gebunden, nachdem er die Ohren seiner Gefährten mit Wachs verklebt, vor den S i r e n e n vorüber und hörte ohne Gefahr ihren verführerischen Gesang; zwischen dem Strudel C h a r y b d i s und der felsigen S k y l l a schiffte er die schmale gefährliche Straße hindurch und landete an einer Insel, wo seine Gefährten wider sein Verbot dem H e l i o s geweihte Rinder schlachteten und verzehrten. Sobald das Schiff aufs Meer kam, ward es von Zeus' Blitz zerschmettert; des Odysseus' Gefährten kamen um; er rettete sich allein und schwamm an die Insel der K a l y p s o , die ihm Unsterblichkeit versprach, wenn er mit ihr sich vermählen wolle und ihn, so sehr er sich auch nach seiner Heimat sehnte, geraume Zeit zurückhielt, bis sie auf den Befehl der Götter auf einem von ihm selbst gebauten Floß mit günstigem Winde ihn entließ. Als er nahe an I t h a k a war, erblickte ihn P o s e i d o n , der wegen seines Sohnes, des P o l y p h e m o s , noch auf ihn zürnte, dem Odysseus, um ihm zu entfliehen, sein einziges Auge ausgebrannt hatte. Plötzlich wurde das Meer vom Sturmwind aufgeregt. Von seinem Floß herabgeworfen, ein Raub der ungestümen Wellen, verzagte Odysseus, am Felsen angeklammert, im wilden Sturm nicht; schwimmend rettete er sich mit Gefahr und Not auf die Insel der P h a i a k e n , die ihn gastfreundlich aufnahmen und mit Geschenken überhäuft in seine Heimat sandten, wo er seine getreue Gattin P e n e l o p e , seinen Vater L a ë r t e s und seinen Sohn T e l e m a c h o s wiederfand. Er tötete zuerst die ungerechten und übermütigen Freier der P e n e l o p e , die schon seit Langem seine Habe aufzehrten und des jungen Telemachos Tod einmütig beschlossen hatten. Nun herrschte er wieder in seinem Reiche; die Seelen der getöteten Freier führte H e r m e s in die Unterwelt.

Auf dem ersten der beiden oben eingefügten Holzschnitte nach antiken geschnittenen Steinen ist das U r t e i l d e s P a r i s ; er überreicht den Apfel als Preis der Schönheit der Aphrodite.

Auf dem zweiten Holzschnitt bringt Achilleus seinem Freunde Patroklos an dessen Grabmahle von pyramidaler Form ein Totenopfer. Wir schließen hieran eine Abbildung des w e i s e n K e n t a u r e n C h e i r o n , des Lehrers und Erziehers von Königen und Helden, und besonders von A c h i l l e u s .

Nach der Sage pflog K r o n o s eine verstohlene Liebe mit P h i - l y r a , einer Tochter des Flussgottes A i s o p o s . Indem er sich mit ihr in Liebe verband, verwandelte er sich, um die eifersüchtigen Blicke der R h e i a zu täuschen, in ein Pferd und erzeugte mit ihr den C h e i - r o n , der halb Mensch, halb Pferd dennoch die Schätze hoher Weisheit in sich schloss. Als er Achilleus zum Kriege gegen Troja entließ, sagte er ihm die rührenden Worte: „O Sohn der Thetis, dich erwartet das Land des Assarakos, das der kalte Skamandros und der schlammige Simoeis durchschneidet. Von da haben dir die Moiren die Rückkehr abgeschnitten, und auf dem blauen Rücken des Meeres führt deine Mutter dich nicht zurück. Darum vergiss die Sorgen beim Wein und Saitenspiel und verscheuche den Kummer durch süße Gespräche." – Auf der Abbildung unterrichtet Cheiron den jungen Achilleus im Saitenspiel.

Anhang

Einige den Römern eigentümliche Gottheiten

J a n u s ist wahrscheinlich ein ursprünglicher H i m m e l s g o t t, der in einer späteren Periode in einen S o n n e n g o t t überging. Diese in der Natur wurzelnde Bedeutung leuchtet noch mehrfach aus seinem besonderen Wesen, zu welchem er sich bei den italischen Völkerschaften gestaltet hat, hindurch. Als H i m m e l s g o t t ist er Herr der himmlischen Gewässer und daher auf Erden ein Gott der Quellen, Bäche und Ströme. Als S o n n e n g o t t geht er morgens aus dem östlichen Tor des Himmels heraus und abends in das westliche hinein, öffnet und schließt also den Tag. Diesem h i m m l i s c h e n P f ö r t - n e r sind alle Durchgänge, besonders die Tordurchgänge der Stadtmauer heilig, und deshalb und weil in denselben sein Bild stand, hießen dieselben nach ihm „J a n e n" (*Jani*) und wurden zugleich als T e m p e l des Janus betrachtet. Nach der Sage ward seit Numa der Janustempel nordöstlich vom Forum zwischen der Südspitze des Quirinals und dem Capitol beim Beginn eines Krieges geöffnet und erst nach Beendigung desselben geschlossen, wobei man vielleicht an den Janus als Herrn des Ausganges und der Rückkehr gedacht hat. Dem Bilde des Gottes war ein d o p p e l t e s, nach vorn und nach hinten gewendetes, Gesicht gegeben, und als Pförtner der Himmelstore hält er öfters einen Schlüssel in der Hand. Dieser ursprüngliche Himmels- und Sonnengott ist im Kult zu einem Gott r e g e l m ä ß i g e r Z e i t - a b s c h n i t t e, der Monate und der Jahre, und zu einem Gotte d e s A n f a n g s überhaupt entwickelt worden.

F a u n u s, wörtlich der „gnädige, gute", ward als F e l d g e i s t, der die Felder und Herden beschützt, verehrt. Es gibt aber ein ganzes Geschlecht von solchen guten Feldgeistern oder Faunen, die durch griechischen Einfluss mit den Panisken vermischt werden, und im vorigen Jahrhundert nannte man F a u n e n , was wir jetzt Satyrn nennen. S i l v a n u s und S i l v a n e wurden als W a l d g e i s t e r verehrt. Den Wald benutzten die Hirten für ihre Herden und der Ackerbau lichtete ihn für Haus und Hof, und somit war der W a l d g e i s t auch ein Schirmherr der Herden, des Viehs, der Gärten und Getreidefelder und näherte sich dem F a u n u s .

V e r t u m n u s , dem Namen nach Gott des „W e c h s e l s", d.h. des Wechsels der Jahreszeiten, ward als Gott der Garten- und Feldfrüchte verehrt. Seine vom Ovid erzählte Liebe zur P o m o n a , der Göttin der Fruchtbäume, ist wiederholt Gegenstand der neuen Malerei geworden. Er sucht die Liebe dieser spröden Nymphe unter verschiedener Gestalt zu gewinnen, als Schnitter, Heumäher, Pflüger, Winzer, Obstsammler, Soldat und Fischer; zuletzt wirbt er als Mütterchen mit weißem Haar für Vertumnus. Aber die Spröde weist ihn stets ab. Erst als er seine Jünglingsgestalt wieder angenommen hat, ergibt sie sich. Die Grundgedanken dieser allegorischen Dichtung sind offenbar diese. Die Jahreszeiten erfordern verschiedene Beschäftigungen des Menschen; daher die verschiedenen Gestalten des Vertumnus als Pflüger (Frühling), Heumäher (Sommer), Winzer (Herbst), Greisin mit weißem Haar (Winter mit Schnee). Die Obstgöttin ist spröde, d.h. die Obstzucht verlangt ausdauernde Tätigkeit; sie ergibt sich dem Frühlingsgott, d.h. vom Frühjahr ab gedeiht das Obst nur durch den Wechsel der Jahreszeiten.

G e n i u s ist der S c h u t z g o t t des einzelnen Menschen. Er gibt ihm zunächst das Dasein, weshalb ihm vorzugsweise am Geburtstage aus Kuchen, Wein und Blumen bestehende Opfer dargebracht werden; er geleitet ihn unablässig bei allem Tun und Treiben bis zur Todesstunde, ihm Wohlsein und Wohlergehen, namentlich Kindesegen, in trüben Stunden auch Mitgefühl schenkend. Die Genien der Frauen hießen J u n o n e n . Der Glaube an g u t e G e i s t e r der Individuen ward erweitert auf Gemeinden und selbst auf Örter, so dass z.B. Italien, das römische Volk, Familien, Städte, Legionen, Theater, Äcker und Fluren ihren Genius hatten. Überall ist er ein g u t e r G e i s t , und erst nach dem Vorgang griechischer Philosophen entstand die Vorstellung eines b ö s e n , s c h w a r z e n G e n i u s , die aber nicht ins Volk gedrungen, sondern nur eine Abstraktion der Denker geblieben ist. Überhaupt aber hat der Begriff der G e n i e n nach dem Bildungsgrad der Zeit mannigfache Veränderungen erlitten und ist durch die mehr oder weniger klar und tief denkenden Schriftsteller noch verwickelter geworden.

L a r e n sind den Genien eng verwandt, aber Schutzgeister nicht Einzelner, sondern der Familie, des Hauses. Sie wurden selbst außerhalb des Hauses, an Wegen und auf Äckern verehrt. Diese eigentlichen H a u s g e i s t e r gingen aus dem Glauben an die verklärten Geister der verstorbenen Familienglieder oder überhaupt guter Menschen hervor, während die der b ö s e n L a r v e n oder L e m u r e s hießen, die Nachts umherschweiften und so für ihre Übeltaten gepeinigt die Lebenden als Gespenster zu peinigen liebten, M a n e n hingegen die vergöttlichten Seelen aller Verstorbenen besonders von den liebevollen Hinterbliebenen in Grabschriften genannt wurden.

P e n a t e n waren die von der Familie, der Gemeinde oder dem Staate meistens aus der Zahl der großen Götter besonders gewählten Schutzgottheiten, deren Bilder wie die der Laren auf oder an dem Herde standen.